화성,

정조와 다산의 꿈이 어우러진

대동의 도시

화성,

정조와 다산의 꿈이 어우러진

대동大同의 도시

더봄

저자의 말

정조正祖를 만난 것은 우연한 행운이었다. 대학원 석사과정 2학기 때였는데, 각자 읽고 싶은 조선시대 문헌을 해제하여 발표를 하는 수업을 듣게 되었다. 한문 공부도 제대로 못했는데 어떻게 이 어려운 발표를 할 수 있을까 하는 두려움을 갖고 서울대학교 규장각 소장 목록을 들여다보고 있었다. 당시 조선시대 문헌을 마이크로필름으로 출력하여 볼 수 있는 가장 좋은 곳이 규장각이었기 때문이다. 두꺼운 목록집을 들여다보던 중 『범우고』梵宇攷란 생소한 책 이름이 눈에 들어왔다.

범우고! 도대체 이 책은 무슨 내용인가, 하고 들여다보니 1799년(정조 23년)에 간행된 조선시대 불교 사찰의 현황에 대한 책이었다. 그 순간 조선은 억불숭유정책抑佛崇儒政策이 기본 이념인데 어떻게 사찰 현황을 정리한 책이 만들어졌을까 하는 생각이 들었다. 지금 생각하면 참으로 무식한 반응이었다. '억불숭유'라는 말이 너무 뇌리에 깊이 박힌 나머지 조선은 무조건 불교를 억압했다고만 생각했던 것이다. 그렇게 흥미를 느껴 그 책으로 발표를 하자고 마음을 먹고 규장각으로 가서 출력을 했다.

짧은 한문 실력 때문에 몇 주간 번역을 하느라 힘이 들었다. 특히 어려운 부분은 한문에 문리가 터진 선배들에게 부탁을 했다. 선배들의 도움을 받으며 읽다보니 깜짝 놀랄 만한 내용을 알게 되었다. 바로 정조가 쓴 책의 서문序文 때문이었다.

간단히 이야기하자면, 정조는 조선의 승려들도 나의 백성이기 때문에 이들을 잘 보살펴야 한다고 말하고 있었다. 그 글을 읽으면서 조선이 무조건 억불숭유정책만을 쓴 것은 아니구나 하는 생각이 들었다. 정조 때의 사찰 숫자는 『세종실록지리지』나 『동국여지승람』에 기록된 조선 초기 사찰 수보다 많았고, 정조 때 중건한 사찰도 상당수였다. 이런 내용만 보면 정조는 불교를 꽤나 인정해주고 승려들에게도 인간적인 대우를 해준 것으로 보였다. 그러다보니 점점 이런 정책을 만든 정조라는 인물에 대한 궁금증이 생겼고 본격적으로 정조를 깊이 있게 공부하고 싶은 마음이 생겼다.

그러나 정조를 전공하겠다고 하는 나의 결정에 주변 사람들의 반응은 부정적이었다. 1990년대 중반은 민주화 이후 사회주의 항일독립운동사가 한국사 연구의 주류였다. 필자 역시 처음 대학원 진학 시 그 분야를 연구하고 싶었다. 그런데 갑자기 조선시대 국왕 정조로 연구의 방향을 틀었으니 선배들은 필자가 전향을 한 것으로 본 모양이었다. 결국 선배들에게 사회주의 항일운동사 할 사람들은 내가 아니라도 널렸으니 나는 조선시대 국왕 정조를 공부하겠다고 선언해 버렸다. 그리고 한마디 더 했다. 정조 정도면 개혁군주인데, 이러한 군주를 연구하는 것도 우리 역사연구에 도움이 되지 않겠느냐고.

역사를 공부한 지 20년이 넘어 대외적으로 '정조 전문가'라는 평가를 받고 있기는 하지만 필자는 아직도 정조가 품었던 개혁의 꿈과 가슴 아픈 인생을 다 이해하지는 못한다. 우리는 흔히 정조를 조선후기 문예군주로 이해하고 있지만 그가 진정 꿈꾸었던 세상에 대한 이야기는 다 알지 못한다. 그가 꿈꾸었던 평화롭고 평등한 세상, 그리고 '청'淸이라고 하는 거대한 제국에 더 이상 속박 받지 않는 자주적인 국가를 만들기 위해 노력한 정조의 삶에 대한 이야기가 그다지 많이 남아있지 않기 때문이다. 그래서 필자는 문인文人 정조가 아닌 무인武人 정조의 모습을 밝혀보고자 노력했다. 그 결과 정조가 추구했던 국방개혁이 곧 사회개혁 전반에 영향을 미쳤다는 것을 어느 정도 드러낼 수 있게 되었다.

최근 각종 드라마와 다큐멘터리 등 정조를 재조명하는 프로그램이 많이 만들어지고 있다. 하지만 아직도 정조는 우리에게 낯선 인물이다. 과거 영화 '영원한 제국'을 통해 안경을 쓴 최초의 군주 내지는 노론老論 벽파僻派에 의해 독살된 국왕이라는 이야기를 통해 흥미로운 모습으로 우리에게 소개되었지만 그것은 대중적인 호기심 이상의 것은 아니었다. 이후 민주화시대에 접어들면서 시대의 개혁을 선도해 가고자 하는 이들의 모델로 자리매김하였지만 국왕 정조의 진실한 삶에 대한 이해는 아직도 연구 과제로 남아 있다.

필자가 언제부터 정조에 대한 애정과 호기심을 갖게 되었는지 콕 집어 말할 수는 없다. 다만 어린 시절 필자의 선친으로부터 영향을 받은 것은 분명하다. 필자는 어린 시절을 서해5도의 최서북단 섬인 백령도에서 보냈다. 초등학교 교사였던 선친께서 교감 승진을 위해 1년에 벽지근무 점수 5점을 주는 낙도인 백령도로 지원을 하셨기 때문이다. 필자와 가족들은 18시간이나 배를 타고 뱃멀미에 시달려가며 겨우 도착한 그곳에서 몇 해를 살게 되었다.

그 백령도에서의 삶은 비록 촌스럽기는 했지만 수원이라는 도시에 살았던 필자에게 전혀 다른 세상의 모습을 심어주기에 충분했다. 너른 바다와 높은 산, 그리고 정부에서 지원해주었던 수많은 책들은 어린 섬 소년에게 책을 사랑하고 역사에 관심을 갖게 할 수 있는 계기가 되었던 것 같다. 그리고 수원으로 돌아와 중학교에 입학한 후 인근 학교에 계셨던 선친의 출근길 자전거 뒤꽁무니에 앉아 학교를 가며 들었던 위인들의 이야기 덕분에 역사에 대한 재미와 관심을 갖게 됐다. 그렇게 해서 대학에 입학할 때 사학과 이외에는 생각도 하지 않을 만큼 역사공부만이 필자의 뇌리에 박혀버렸고, 결국 대학에서 평생을 역사와 함께할 새 인생을 시작하게 되었다.

1980년대 어느 대학이나 그러했듯이, 필자가 다니던 흑석동의 교정도 늘 최루탄으로 자욱했다. 때문에 강의실이나 도서관에서 차분하게 역사책이나 들여다볼 수 있는 상황은 아니었다. 대학 졸업 이후에도 역사공부와는 거리가 먼 단체에서 활동을 하고 있었는데, 큰 아이를 낳기 전에 "당신은 대학원에 가서 공부를 하면 잘 할 것 같다"는 아내의 권유로 대학원에 진학했다. 물론 그 당시에는 정조에 대한 연구를 하리라고는 꿈도 꾸지 않았다. 그런데 어쩌다 보니 석사학위 졸업 논문이 정조에 대한 것으로 채워졌고, 이후 박사논문까지 정조와 그 시대에 대한 내용을 다루게 되었다. 왜 내가 이런 내용으로 논문을 썼을까 하는 자문을 해본 적이 있는데, 결론은 역시 선친의 영향이었다. 늘 우리 민족의 역사와 그 역사의 중요성을 강조하셨던 선친의 말씀이 자연스럽게 필자를 역사공부로 이끌었고, 필자가 다니던 초, 중, 고교가 정조가 만든 대유평大有坪 위에 지어진 학교였기 때문이다. 정조를 잘 몰랐지만 어려서부터 들어왔던 마을의 이야기가 곧 정조의 역사였기에 자연스럽게 그를 만날 수 있었던 것 같다.

하늘이 정조를 더욱 가까이에서 만나라고 천명을 주셨는지 2003년 2월에는 수원시의 학예연구사가 되었다. 박사과정을 수료하고 시간강사로 뛰어다닐 때였는데, 그것만으로는 도저히 가족들의 생계를 감당할 수가 없었다. 마침 수원시에서 2002년에 화성행궁을 상당수 복원하게 되어 화성을 보존하고 연구할 수 있는 학예연구사를 뽑기로 하고 공채시험을 치렀다. 그 시험에 운 좋게 합격하여 연구직 공무원을 하게 되었다. 이때의 경험은 필자의 인생에서 가장 행복한 순간이었다. 마음껏 화성을 바라볼 수 있었고, 환한 보름달이 비친 방화수류정 아래에서 좋아하는 선배들과 밤새도록 막걸리를 마실 수 있었다. 그런 생활 속에서 정조는 더욱더 가슴 속으로 파고들었다. 정조가 좋아질수록 그와 한 몸이라고 생각한 다산茶山도 좋아하게 되었다. 정조正祖와 다산은 따로 떨어져 각각 연구할 것이 아니라 하나의 연구 속에 묶어야 한다는 생각을 하게 되었다. 다산에 대한 공부를 하다 보니 다산을 사랑하는 분들을 만나게 되었다. 『조선의 협객 백동수』의 저자 김영호 선생, 추사 김정희 선생 연구의 대가이자 고문헌 연구가인 박철상 선생, 강진의 다산동호회 윤동옥 회장이었다. 그분을 통해 그간 몰랐던 다산의 인생을 자세히 알 수 있었고 다산을 더욱 이해할 수 있게 되었다.

정조와 다산 두 사람을 보다가 문득 그런 생각을 해보았다. 화성 건설에서 두 사람의 역할은 무엇이었을까? 두 사람은 어떤 세상을 꿈꾸었을까? 과연 화성이 두 사람이 꿈꾼 개혁의 세상을 만들 수 있는 터전이 될 수 있었을까? 오랫동안 그런 고민을 했다. 그러나 그러한 고민은 부족한 내공으로 정리하기는 어려웠다. 다만 이 책을 통해 그간 생각했던 정조와 다산의 꿈을 이야기하고 그들의 지혜와 인간 존중의 정신이 어떻게 화성에서 구현되었는가를 이야기 해보고자 한다. 다산이 많은 사람들의 지혜를 모아서 화성 축성을 완성했다고 하듯이 이 글 역시 많은 분들의 지혜에 힘입어 쓸 수 있었고, 오래전부터 컴퓨터에 숨겨 놓았던 글을 꺼내 세상에 내놓았음을 밝혀두고자 한다.

대유평 학산재學山齋에서

김준혁

차례

05 | 저자의 말

1부 정조, 개혁군주를 꿈꾸다

15 | 사도세자의 죽음, 정조시대의 서막
27 | 정조는 어떻게 조선의 국왕이 되었는가?
38 | 정조의 즉위 과정과 정국동향
46 | 역린逆鱗! 구선복의 역모
54 | 백성을 위한 군대 장용영壯勇營
64 | 정조의 화성 축성 계획안, 『어제성화주략』
73 | 개혁군주 정조正祖의 꿈
82 | 정조시대의 문화적 다양성
90 | 정조의 좌우명과 대동사회의 실천
95 | 다산이 바라본 정조의 죽음

2부 다산 정약용, 화성을 설계하다

107 | 다산 가문의 위상과 학맥
114 | 다산의 성장과 공부
120 | 정조와 다산의 운명적 만남
128 | 정조가 내려준 다산의 관직
138 | 성호 이익과 다산의 만남
145 | 다산 형제들의 스승 녹암 권철신
152 | 형이자 스승인 정약전

차례

158 | 이가환, 다산과 함께 정조의 정치적 동반자
165 | 중국의 문화를 알려준 박제가
171 | 이승훈, 다산의 매형으로 신학문을 열다
177 | 토목학자 다산, 배다리를 축조하다
184 | 다산 실학의 결정판, 화성을 설계하다
195 | 정약용이 고안한 거중기와 갈릴레오 갈릴레이
203 | 다산의 인생과 '18'이라는 숫자

3부 화성, 정조와 다산의 풍운지회風雲之會

209 | 정조, 수원으로 생부 사도세자의 묘소를 옮기다
222 | 수원도호부를 화성유수부로 승격시켜 체모를 유지하라!
230 | 채제공의 화성 축성 방안과 지휘
239 | 농업과 상업 모두를 중시한 실학자 채제공蔡濟恭
249 | 화성 축성의 실질적 책임자 조심태
256 | 양반과 평민이 어우러진 화성의 새로운 상업개혁
266 | 실학정신과 백성에 대한 사랑으로 만들어진 화성
272 | 정조의 비밀 어찰과 화성華城
282 | 백성들에게 행복을 주는 정조 능행陵幸의 의의
288 | 1795년 윤2월 화성행차는 어떤 길로 갔는가?
295 | 혜경궁 홍씨 회갑 진찬연의 비밀
304 | 조선 최대의 행궁, 화성행궁
313 | 화성, 불취무귀不醉無歸의 산실

차례

4부 화성만의 독특한 건축물과 시대정신

321 | 화성의 신神을 받들어 모신 성신사城神祠

327 | 우아한 철옹성 공심돈空心墩

334 | 아름다움의 극치 방화수류정訪花隨柳亭

345 | 일곱 빛깔 무지개 화홍문華虹門

351 | 조선에 단 하나밖에 없는 봉돈烽墩

357 | 위엄과 사랑을 보여주는 동장대東將臺

363 | 화성유수부의 의원, 조선 의료 개혁의 시작

371 | 백성이 주인인 세상을 만든 터전 만석거萬石渠

376 | 화성에 국영농장인 대유둔을 건설한 정조

384 | 정조, 화성행궁에서 신무기를 실험하다

392 | 상하동락上下同樂의 잔치 화성 낙성연落成宴

398 | 8일 간의 화성 행차와 화성 축성을 기록한 『의궤』儀軌

407 | 에필로그

부록

411 | 정조대왕 연보年譜

416 | 다산 정약용 연보年譜

421 | 화성 축성 연표年表

1부

정조, 개혁군주를 꿈꾸다

사도세자의 죽음, 정조시대의 서막

정조의 개혁정책과 위민정책, 국왕으로서의 모든 정치적 행위는 바로 그의 선친이었던 사도세자思悼世子와 연관되어 있다. 그의 일생은 사도세자의 명예를 회복시켜주기 위한 끝없는 투쟁이었기에 우리는 정조를 이해하기 위해 사도세자의 삶과 죽음을 먼저 이해하여야 한다.

사실 사도세자의 비참한 죽음은 드라마 소재로 더할 나위 없이 좋은 이야깃거리이다. 장차 왕위를 이을 세자가 뒤주에 갇혀 죽었다는 것은 상상할 수도 없는 일이고 조선시대 500년 동안 가장 비극적인 역사적 사실이라고 할 수 있기 때문이다. 더구나 사도세자의 죽음에 주변의 가족이 관여되어 있다는 사실은 조선시대 정치의 비정함과 아울러 당파싸움의 본질을 확인할 수 있게 한다. 또한 사도세자의 죽음, 즉 임오화변에 대해 아들인 정조와 부인인 혜경궁 홍씨의 해석이 다르다는 것은 이 죽음이 갖는 정치적 의미가 그만큼 복잡하다는 것을 의미한다.

영조가 왜 사도세자를 죽였는지에 대하여는 단순히 영조와 사도세자와의 관계만을 볼 것이 아니라 그 앞의 이야기부터 풀어보아야 한다. 즉 숙종의 큰아들이자 영조 자신의 형이었던 경종과의 관계, 아니 그보다 앞서 자신의 어머니였던 숙빈 최씨와 경종의 어머니였던 장희빈과의 관계부터 보아야 한다. 이 앞선 세대의 질긴 악연이 영조로 하여금 자신의 아들인 사도세자를 죽게 만들었고, 손자인 정조를 선택하게 한 것이다.

사도세자의 죽음은 역사적 용어로 '임오화변'壬午禍變이라고 한다. 임오년, 즉 1762년에 있었던 화변이라는 것이다. '화변'이란 사전적 의미로 매우 심한 재변이란 뜻이니, 결국 임오년인 1762년에 일어난 국가의 가장 큰 재난이란 뜻일 것이다.

임오화변은 사건의 특수한 성격과 사건이 초래한 정치적 영향으로 인하여 사건 발생 초기부터 많은 사람들의 관심을 불러일으켰다. 사람들은 주로 사건의 발생 원인을 규명하고 이에 따라 책임 소재를 밝히는 데 관심을 집중시켰다. 그러나 사건의 직접적인 당사자가 군왕과 왕세자였기 때문에 사건의 성격이 분명하게 밝혀지지 못했고, 또한 사건에 대한 정확한 기록도 남기지 못했다.

임오화변은 사건이 발생한 이후 사건에 대한 논의가 일절 금지되었다. 이 때문에 임오화변에 대해서 기록한다는 것은 대단히 위험한 일이었다. 임오화변을 기록한 사람들은 적어도 기록을 남겨야 할 어떤 절실한 필요성이 있는 사람에 국한되었다. 이러한 기록자의 절실한 필요성은 사건의 성격을 왜곡시키는 중요한 원인이 되었다. 기록자들은 사건 자체의 성격보다는 그들과 임오화변과의 이해관계를 중심으로 사건을 기록하고 설명했다.

임오화변의 원인에 대한 당시 사람들의 주장은 대략 두 가지로 요약할 수 있다. 첫째는 임오화변을 부왕과 세자의 성격적 갈등으로 설명하는 주장이고, 둘째는 임오화변을 당파 간에 벌어진 권력투쟁의 산물로 설명하는 주장이다. 임오화변을 부자간의 성격적 갈등에서 비롯되었다고 하는 주장은 주로 임오화변에 대해 책임을 져야 할 사람과 그들의 입장을 옹호하는 사람들로부터 나왔고, 임오화변을 당파 간의 권력다툼의 결과라고 하는 주장은 주로 정치적으로 소외되어 있던 사람들과 그들의 입장을 이해하는 사람들로부터 나왔다. 그러나 임오화변의 결정적 원인은 구체적으로 파악하기 어려우며 다만 이 두 가지가 복합적으로 작용하고 있다고 볼 수 있다. 이 사건을 파악하기 위해서는 영조의 정신구조와 사도세자의 정신구조, 아울러 두 부자의 관계를 보다 깊이 살펴볼 필요가 있다.

영조는 국왕으로 즉위한 후 탕평정치를 국정목표로 삼았다. 탕평제도蕩平制度란, 군왕은 탕탕평평한 마음으로, 그리고 신하들은 무편무당한 자세로 정치에 임하는 것을 말한다. 그러나 탕평을 외쳤던 영조시대에도 정파는 존재하였다. 영조 역시 이들 정파를 인정하지 않을 수 없었다. 영조 역시 노론老論(조선 숙종 6년(1680)에 일어난 경신대출척庚申大黜陟 이후 남인南人에 대한 처벌을 놓고 서인西人이 강, 온 양파로 분리되면서, 강경 입장을 취한 노장층을 중심으로 이루어진 조선 붕당정치의 한 당파. 강경 입장을 취한 사람들은 주로 노장층이었으므로 노론, 온건 입장을 취한 사람들은 소장층이었으므로 소론少論이라고 하였다)의 기반 위에서 성장했기 때문이다.

영조가 노론을 기반으로 성장한 것은 그의 출생에서부터 비롯되었다. 영조는 어린 시절부터 많은 정신적 어려움을 겪으며 성장하였다. 그는 생모 숙빈 최씨가 비천한 출신이라는 것 때문에 주위의 사람들로부터 무시를 당했다. 또한 그의 생모는 당시 왕세자의 모후로 위세를 떨치던 왕비 장씨의 눈에 거슬리는 존재가 됨으로써 장희빈으로부터 심한 모욕과 박해를 받았다. 숙빈 최씨는 인현왕후를 모셨던 나인이었기에 본인의 의지와 관계없이 노론의 영향력 아래에 들어가게 되었다. 당시 장희빈을 비롯한 남인南人(학문적으

© 국립고궁박물관

장조 왕세자 책봉 죽책

莊祖王世子冊封竹冊

1736년 3월 15일 장조의 왕세자 책봉 시 반포한 글을 새긴 죽책이다. 제술관製述官은 윤순尹淳(1680~1741)이고 서사관書寫官은 김취로金取魯(1682~1740)이다. 죽책은 모두 6폭인데 1폭당 죽간竹簡 5개씩을 엮어 제작하였으며 총 30개의 죽간 중에서 28개의 죽간에 글을 새겼다. 상하단에 당초 무늬를 장식한 도금 판을 5개의 정침으로 부착하고 각 폭은 원형 고리로 연결하였다.

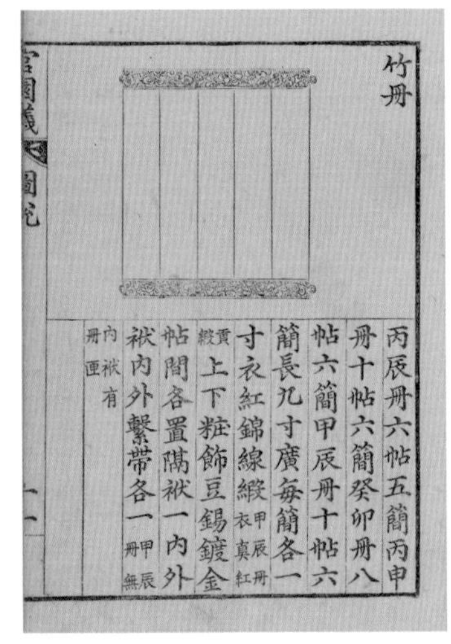
竹冊

丙辰冊六帖五簡丙申冊十帖六簡癸卯冊八帖六簡甲辰冊十帖六簡長九寸廣每簡各一寸衣紅錦線緞甲辰冊衣眞紅貫緞上下粧飾豆錫鍍金帖間各置隅袱一內外袱內外繫帶各一甲辰冊無內袱有冊匣

©국립고궁박물관

로는 이황李滉의 학통을 잇고, 지역적으로는 안동을 중심으로 하는 경상북도 지역과 서울·경기권을 주요 근거지로 삼아 활동했던 조선시대 붕당朋黨의 한 정파) 세력을 제거하기 위한 노론의 노력은 숙빈 최씨의 아들인 연잉군延礽君(훗날 영조)을 노론세력의 일원으로 성장시켰으며, 노론 대신들은 경종을 위협하여 연잉군을 왕세제로 책봉하게 하였다.

그 때문에 영조는 즉위 후 일관되게 탕평을 외쳤지만 결국은 노론에 비중을 더 둘 수밖에 없었다. 노론을 중심으로 정치적 안정을 기한 다음 그 바탕에서 노론과 소론의 탕평을 꾀했다.

앞서 말했듯이 영조는 생모의 신분 문제와 세자의 이복동생으로서 잠재적 왕위계승권자의 위치에 있었기 때문에 처신하는 데 있어 상당한 어려움이 있었다. 따라서 그는 어릴 때부터 언제나 자신의 위치를 지키기 위해서 오로지 근신하는 것에 힘을 쏟지 않을 수 없었다.

그러나 영조의 이러한 노력에도 불구하고 그는 신축(1721년·경종 1년), 임인(1722년·경종 2년) 연간에 신하들이 세제책봉과 대리청정을 놓고 전개한 정치적 싸움에 말려들어 왕위가 탐나 형인 경종을 독살했다는 혐의를 받게 되었다. 이러한 혐의는 본래부터 세심하고 비현실적인 이상주의자인 그에게 치명적인 마음의 상처를 주었다. 그는 이후 그러한 혐의를 벗어나기 위해 사소한 일까지 세심하게 신경을 곤두세우게 되었다. 그는 아무리 사소한 일이라 할지라도 그것이 의리와 관계된 일이라면 그것을 정당화시키기 위해 많은 노력을 기울였다.

영조가 내세운 탕평책은 자신의 입장을 정당화하고 실추된 왕권을 강화하는 수단이었다. 그는 노론에 대한 정파적 이해가 있었음에도 불구하고 최대한 불편부당不偏不黨한 탕평의 의리를 내세웠다. 그러나 그의 이러한 노력에도 불구하고 반대파들은 그가 주장하는 탕평의 의리를 불신했고, 끝내는 무신란戊申亂(이인좌의 난)으로 비화되었다. 소론과 남인, 북인의 불만세력들인 이인좌, 정희량, 박필현 등이 영조와 노론을 타도할 목적으로 군사를 모아 난을 일으킨 것이다. 그들은 경종을 위해 복수하고 소현세자의 증손인 밀풍군 이탄李坦을 왕으로 추대할 것을 표방하고 경종의 위패를 모시고 조석으로 곡을 하였다. 영조는 이러한 상황이 벌어지자 당시의 소론에게 반란군의 토벌을 맡겼고, 반란은 십여 일 만에 평정되었다.

영조는 소론이 무신란을 토벌하는 데 큰 역할을 하였음에도 불구하고 자신의 안정적 왕권을 유지하기 위해 자신의 정치적 기반이었던 노론이 주요 관직을 장악하게 하였고, 이로 인해 영조 연간에는 노론을 중심으로 한 탕평정권이 들어서게 되었다.

그렇다면 사도세자는 도대체 어떤 유형의 인물이었는가? 영조는 정비인 정성왕후 서씨와 계비 정순왕후 김씨 모두에게서 후사를 보지 못했다. 대신 정빈 이씨와 영빈 이씨와의 사이에 효장세자와 사도세자를 두었다. 영조는 그의 나이 35세가 되었을 때 하나뿐인 아들 효장세자를 잃었다. 이미 세자빈까지 맞아들인 10세가 된 세자의 죽음은 그에게 말할 수 없는 충격을 가져다주었다. 그러다가 7년 뒤인 42세에 다시 얻은 아들이 바로 사도세자였다. 영조는 이미 큰아들인 효장세자를 잃었기 때문에 사도세자의 탄생에 "삼종의 핏줄이 끊어지는가 했더니 이제는 지하에 가서 열조列朝를 뵈올 수 있게 되었다"고 할 정도로 기쁨을 감추지 못했다. 정조가 저술한 사도세자의 일대기인 『현륭원지』顯隆園誌에 의하면 사도세자는 세 살 때부터 글자의 뜻을 알고 왕王이라고 쓴 글자를 보고 영조를 가리키고 세자世子라고 쓴 것을 보고 자기를 가리켰으며, 또 천지天地·부모父母 등 63자의 글자를 알고 있었다고 한다. 또한 태어나기 전 구름이 가득했고 태어났을 때의 울음소리가 큰 종을 치는 소리와 같았다고 표현할 정도로 무협지의 주인공 같은 이야기가 기록되어 있다. 엄연한 실록의 기록이다.

사도세자는 천성이 어질고 너그러웠을 뿐만 아니라 배우지 않고도 글씨와 그림에 뛰어나 부왕인 영조와 같이 그림 그리기를 좋아했다고 한다. 예술가적 기질을 타고난 것이라 하겠다. 훗날 정조가 '파초도' 등 뛰어난 그림과 글씨를 남기게 된 것은 사도세자의 예술가적 기질을 그대로 물려받은 것이라 할 수 있다. 그러나 영조는 그의 의義에 대한 강박적 성격 때문에 아들에 대한 그의 사랑을 주로 세자에 대한 왕의 의리라는 형식으로 표현하였다. 그러다보니 자연히 아들에 대한 사사로운 정리情理보다는 세자에 대한 위의威儀와 체모體貌가 앞서게 되어 부자간의 관계는 점점 소원해지게 되었다.

새로 얻은 아들을 너무도 사랑했던 영조는 세자가 태어난 지 백일이 지나자 세자를 생모의 품에서 떼어내 저승궁儲承宮으로 보내 위의威儀를 갖추게 하였다. 이로써 어린 세자는 저승궁에 격리된 채 그를 둘러싸고 있는 나인들의 품에서 성장하게 되었다. 영조가 이렇게 한 것은 세자를 사랑하지 않아서가 아니라 자식에 대한 사랑보다 삼백년 종사를 이어갈 세자로서의 체모를 보다 중요하게 여겼기 때문이다. 또한 저승궁의 나인들은 경종을 모셨던 나인들이었기에 영조는 자신의 형이자 선왕이었던 경종에 대한 미안함과 경종 독살설에 대한 세간의 의심을 종식시키려고 하였다. 그러나 어린 세자의 입장에서는 부왕의 생각처럼 삼백년 종사의 중요한 의미로 받아들일 까닭이 없었다.

저승궁에서 경종을 모신 나인들은 원래 세자의 생모인 영빈 이씨보다 윗전 나인들이었기 때문에 점차로 영빈을 업신여기고, 영빈에게 '비록 세자를 낳았지만 사친이기 때문에 군신의 의가 있다. 따라서 빈번히 세자를 보게 해서는 안 되며 볼 때에는 반드시 빈이 정전正殿을 뵙는 예로써 해야 한다'고 요구하였다. 이렇게 되자 영빈은 세자를 보러 가는 횟수가 자연히 줄어들었을 뿐만 아니라 그곳에 가는 것조차 꺼리게 되었다. 영조 또한 이 사실을 알게 되자 나인들이 보기 싫어 세자에게 가는 것을 꺼렸다. 이런 가운데 세자는 나인들의 품에서 놀이 등에 빠져 들어 차츰 부모의 눈치를 살피고 부모를 두려워하게 되었다.

조급하고 민첩한 성격의 영조에 비해 세자는 말수가 적고 행동이 느린 편이었다. 이러한 세자의 모습이 영조의 입장에서는 못마땅했고, 그렇게 누적된 불만은 부자 사이를 더욱 멀어지게 만들었다. 무엇이든 마음에 맞지 않는 일이 있으면 참지 못하는 영조는 세자의 우물쭈물하고 민첩하지 못한 행동을 볼 때마다 즉석에서 화를 내고 꾸짖었고, 세자는 부왕의 이러한 점에 대해서 두려워하고 반발하게 되었다.

세자의 성격이 급격히 이상異常으로 치닫게 된 것은 세자의 부왕에 대한 두려움이 커지는 것과 함께 부왕에 대한 불신이 싹트면서였다. 영조는 『대훈』, 『자성편』, 『심감』 등의 책을 저술하여 세자에게 주면서 훌륭한 군왕이 되도록 열심히 공부할 것을 훈계하였다. 그러나 이것은 체모와 위의를 좋아하는 영조의 형식적인 사랑일 뿐 세자를 조용한 때에 가까이 앉혀놓고 진정으로 가르치는 일은 없었다. 그는 대부분 자기자랑을 장황하게 늘어놓은 책들을 세자에게 지어줌으로써 오히려 심적인 부담만 가중시켰다.

사도세자는 북벌을 주장했던 효종과 외모가 닮았다는 소리를 들을 정도로 기골이 장대한 데다 장난감 무기를 가지고 전쟁놀이를 즐겨할 만큼 어려서부터 무사적 기질을 보였다. 자라면서 칼쓰기와 활쏘기를 비롯한 기예에 특히 뛰어났고, 유교경전보다는 점복을 비롯한 잡서들을 즐겨 읽곤 했다.

당시 궁중에는 효종이 사용하던 청룡도가 있었는데, 무예의 고수들도 무거워서 제대로 사용하지 못하였다. 그러나 사도세자는 15~16세부터 이 청룡도를 자유롭게 사용할 정도로 신체 조건과 무예에 대한 능력이 뛰어났다.

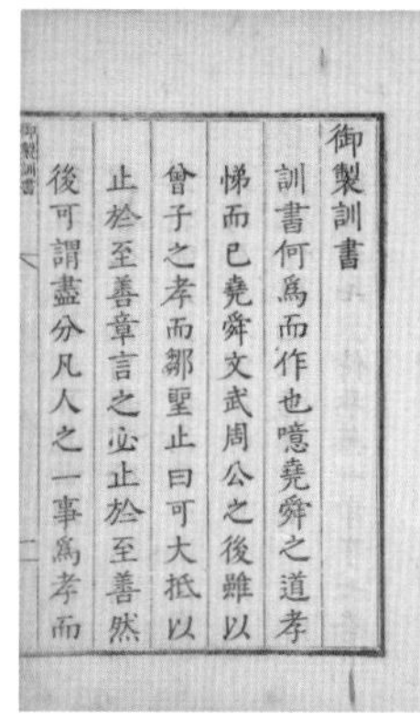
御製訓書
訓書何爲而作也噫堯舜之道孝
悌而已堯舜文武周公之後雖以
曾子之孝而夫子止曰可大抵以
止於至善章言之必止於至善然
後可謂盡分凡人之一事爲孝而

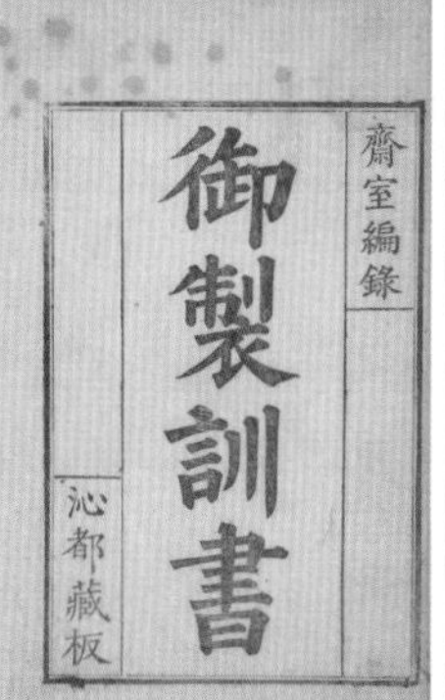
齋室編錄
御製訓書
沁都藏板

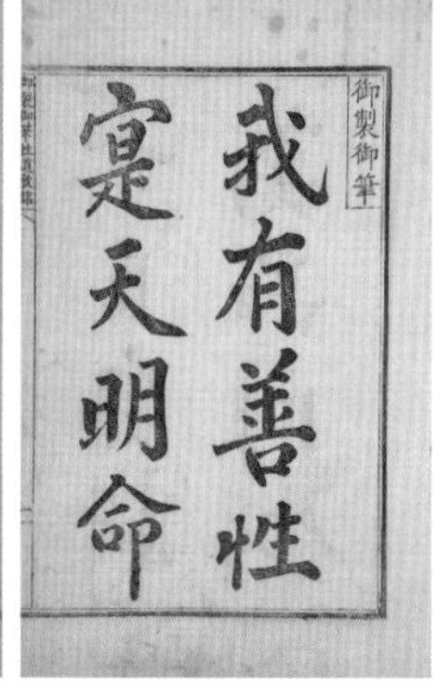
御製御筆
我有善性
寔天明命

어제훈서
御製訓書

영조가 사도세자에게 요순과 같은 성군이 될 것을 독려하기 위해 지은 책이다. 경천敬天·애민愛民·예신禮臣 등 세 항목으로 되어 있으며, 책머리에 성性·도道·교敎의 세 글자를 크게 썼고 그 밖에 16자의 제사題辭가 있다. 이 책에 쓰인 말은 대부분 『대학』大學, 『중용』中庸, 그리고 여타의 경서經書에서 인용한 것으로, 성·도·교의 3자는 영조의 친필이고, 발문은 춘추관 편수관인 서명응徐命膺이 왕명을 받들어 썼다.

왕세자 영서
王世子令書

1757년(영조 33년) 사도세자의 대리청정 당시 조돈趙暾(1716~1790)에게 내린 명령서이다. 조돈을 경기 관찰사 겸 병마수군절도사에 제수하면서 그 직책을 잘 수행하라며 훈유하는 내용이다. 서명응徐命膺이 왕명을 받들어 썼다.

결국 사도세자는 영조가 요구하는 학문 탐구보다는 활을 쏘고, 칼을 쓰며, 말을 타고 그림을 그리고 경문잡서經文雜書를 읽는 등 놀이와 잡기에 몰두함으로써 부왕이 요구하는 세자로서의 모습을 갖추지 못하고 반대로 나아가고 있었다. 이 때문에 세자는 부왕에 대한 두려움과 죄의식을 갖게 되었고, 부왕이나 주변 사람들이 바라는 대로 행동하지 못하는 자신에 대해 실망하기도 했다. 이러한 경향은 세자가 열서너 살이 될 때부터 나타나기 시작했다. 그리고 이와 함께 세자에 대한 부왕의 질책 또한 심해졌다.

영조는 자신의 기대를 충족시켜 주지 못하는 세자에 대한 실망이 차츰 미움으로 변하여 세자를 미워하게 되었고, 이로 인해 세자 역시 부왕을 불신하게 되었다. 영조는 미워하면 지극히 미워하는 성격이었기 때문에 세자에게 일반적인 부모라면 도저히 할 수 없는 방법으로 세자에 대한 미움을 표현했다. 부왕은 세자를 신하들이 모여 있는 곳이나 친인척들이 모여 있는 곳에서 꾸짖고 질책하는가 하면 자신이 당한 불결한 일이나 불길한 일들을 떠넘기기 위해 세자를 이용하고, 좋지 못한 사건들도 세자가 처리하도록 맡기며, 천재지변이 일어나면 그것을 세자의 잘못으로 돌리는 등 자식에 대한 부모의 태도라고는 생각할 수 없는 행동들을 서슴없이 했다. 이렇게 되자 세자는 차츰 자신에 대한 부왕의 사랑을 불신하게 되었다.

세자의 부왕에 대한 반발은 부왕이 싫어하는 일들을 저지름으로써 구체화 되어 갔다. 세자는 주색에 탐닉했고, 짐승은 물론 죄 없는 사람을 죽이는 행위마저 서슴지 않았다. 세자는 주색에 빠진 것이 발각되어 심한 꾸중을 듣자 분하다고 우물에 뛰어드는 소동을 벌이기도 하였다. 세자의 비행은 잦아졌고, 민간에 끼치는 피해도 늘어 세자의 비행은 온 도성 안의 화제가 되었다.

세자의 처신에 대해 그의 장인인 홍봉한洪鳳漢을 비판하는 공홍파攻洪派

© 김준혁

창경궁 문정전 문정문
昌慶宮 文政殿 文政門

사도세자는 1762년 윤5월 21일 창경궁 휘령전徽寧殿 앞마당에서 뒤주에 갇혀 8일 만에 죽었다. 당시 휘령전은 영조의 왕비 정성왕후의 위패가 봉안된 전각이었다. 후에 휘령전은 문정전文政殿으로 명칭이 변경되고, 국왕의 편전으로 사용되었다. 문정문은 문정전의 정문이다.

와 옹호하는 부홍파扶洪派 간의 의견이 대립했고, 설상가상으로 영조의 새 왕비 김씨의 친정이 공홍파에 적극적으로 가세하자 세자는 더욱 불안에 떨었다. 세자에게 동정론을 펴던 소론의 이종성마저 죽고 없었다. 공홍파들은 홍봉한의 세력을 약화시키기 위해 세자의 비행을 들추어냈다.

홍봉한을 중심으로 한 부홍파들은 세자의 비행을 감싸느라 바빴다. 홍봉한은 공홍파들의 공격을 피하기 위해 심지어 소론에게까지 도움을 요청하였다. 그것도 모자라 정적인 김상로와 홍계희 등에게도 접근했다. 그러나 세자의 비행은 이미 주체할 수 없는 지경에까지 이르렀다. 조정의 중론은 세자를 비난하는 방향으로 굳어졌고, 홍봉한조차도 세자를 포기할 수밖에 없게 되었다. 홍봉한이 보호해야 할 대상은 이미 세자가 아니라 세손이었다.

이러한 상황에서 1762년(영조 38년) 5월 22일, 나경언이 형조에 고변서를 올렸다. 고변의 내용은 국왕 주위의 내시들이 역모를 꾸미고 있다는 것이었다. 형조참의 이회중은 그 처리를 놓고 고심하다가 먼저 영의정 홍봉한에게 알렸다. 홍봉한은 나경언의 고변서를 영조에게 알려야 한다는 쪽으로 결론을 내렸다.

고변서를 본 영조는 즉시 홍봉한·윤동도·신만 등과 함께 친국을 실시했다. 친국 도중 나경언은 그의 옷 속에서 한 통의 글을 꺼내 왕에게 올렸다. 글에는 세자의 비행이 십여 조목에 걸쳐 자세히 기록되어 있었다. 세자의 작은 비행, 왕손의 어머니를 죽인 일, 낭비와 시전 상인들에 대한 부채 등에 관한 것이었다. 이를 통해 세자의 비행 전모를 알게 된 영조는 엄청난 충격을 받았다. 대신들은 이미 다 알고 있었지만 영조에게는 대부분이 금시초문인 사실들이었다.

1762년 윤5월 13일, 영조는 칼을 휘두르며 세자에게 자결할 것을 명하였다. 그러나 세자는 두려워하지 않고 오히려 "부왕께서 죽으라면 죽겠다"고 했다. 영조는 대성통곡하는 신하들을 내쫓았다. 그리고 다시 세자에게 칼을 던져 자결할 것을 재촉했다. 세자는 옷소매를 찢어 목을 묶는 시늉을 했고, 강관講官은 그러한 세자를 말렸다. 그러기를 여러 차례, 세자도 이제는 어쩔 수 없음을 알고 세손과 마지막 인사를 하게 해달라고 요청했다. 영조는 아비를 살려달라는 세손의 애원도 아랑곳하지 않고 손수 세자를 뒤주 속에 가두고 뒤주의 뚜껑에 자물쇠를 채우고 못을 박았다. 사도세자는 8일 동안 버텼지만 끝내 굶어죽었다.

세자가 죽은 후 영조는 곧 세자의 위호位號를 회복하고 자신이 직접 세자의 시호諡號를 사도思悼라고 정하였다. 장례 절차 또한 손수 신하들에게 지시했고, 세자의 묘지문도 손수 지었다. 그리고 세자의 장례일에는 직접 묘에 나가 곡을 하기도 하였다. 영조는 그날의 처분을 "의義로써 은恩을 제어한 것이며, 나라를 위해 의로써 결단을 내린 것"이라고 규정했다. 그리고 그는 앞으로 일절 이 사건을 재론하지 말도록 엄명을 내렸다. 그런 다음 영조는 세손이었던 정조를 후계자로 선택하였다.

정조는 어떻게 조선의 국왕이 되었는가?

사도세자의 죽음을 어떻게 볼 것인가에 대해서는 많은 논의가 있을 수 있다. 혜경궁 홍씨의 기록인 『한중록』閑中錄을 통해서 나타난 내용처럼 사도세자는 분명히 정신질환이 있었다. 혜경궁이 바라보는 영조의 입장은 사도세자가 미쳤다는 것이었다. 혜경궁 홍씨는 철저하게 영조의 입장을 대변하면서 자신의 남편인 사도세자의 부정을 강조하였다. 『한중록』에서 가장 충격적인 대목은 바로 사도세자가 자신의 후궁이었던 은전군의 어머니 빙애를 죽인 것이다. 이복동생의 어머니마저 죽일 정도의 인물이 장차 조선을 다스릴 수 있을지에 대하여 부친인 영조와 생모인 영빈 이씨를 비롯한 온 조정의 대소신료들이 우려하는 바였고, 그 결과가 바로 사도세자의 죽음이었다는 것이다. 그러면서 혜경궁은 빙애의 죽음에 더하여 충격적인 사건 하나를 더 언급하였다. 그것은 바로 사도세자가 자신에게 벼루를 던져 실명 직전까지 갔다는 것이다.

요즘의 부부 사이에도 물건을 던져 사람을 다치게 하는 것은 이혼 사유에 해당되는 것과 동시에 구속 사유까지 이어질 수 있는 중대한 범죄이다. 더구나 벼루라니? 왕실에서 사용하는 벼루는 일반 사대부나 평민들의 벼루와는 질적으로 다르고 규모 면에서도 차이가 있다. 충남 보령의 남포에서 채취한 오석烏石으로 궁중의 장인들이 만드는 벼루는 특별한 기물이었다. 그러한 벼루를 혜경궁의 면전에 던져 눈 바로 아래에 맞았으니 아무리 혜경궁이 남편을 존경하고 가정에 충실한 여인이었다 하더라도 이는 용서할 일이 아니었다. 하지만 혜경궁은 사도세자의 이러한 폭력들이 정신질환 때문이었다고 단정하였다. 그것은 사도세자를 국정운영을 맡아 대리청정을 할 수 없는 인물로 정의한 것이었기에 영조에 대한 적극적인 지지를 표명한 것일 수도 있다.

어머니의 이러한 인식이 아들인 정조에게 도움이 될 리 없었다. 그렇지만 11세의 세손 역시 죽음의 그림자를 느꼈던 것은 분명한 사실이었다. 얼마나 영민한 정조였는가! 조선시대 국왕 중에서 세종과 더불어 가장 영민한 국왕으로 평가받을 뿐 아니라 어린 시절부터 왕실에서 정치적 훈련을 받은 그였기에 아버지 사도세자의 죽음 역시 단순히 개인의 비극이 아닌 조선 전체의 문제로 바라보았을 것이다.

당파 간의 전쟁이 향후 조선을 이끌어 갈 세자마저 죽일 수 있다면 아버지 없는 세손에 불과한 자신의 축출이야 아무것도 아닐 것이라는 확신을 가졌을 것이다. 그래서 폐세자가 되어 8일 만에 뒤주에서 갇혀 죽은 아버지가 세자로 복권되어 창덕궁으로 돌아가던 날 정조는 더 이상 11살의 어린 세손이 아니었다.

정조는 정국의 추이를 관찰하였고 자신이 살아나갈 방법을 고려하였다. 어떻게 하면 살아남아 이 원수를 갚을 수 있을까? 정조의 마음을 직접 확인할 수는 없으므로 필자의 상상이 한낱 공상이 될 수도 있겠지만, 아마도 11살의 세손 정조는 아버지를 죽인 원수들을 바라보면서 가슴에 솟아오르는 분노를 누른 채 알 수 없는 표정을 지어보였을 것이다.

한편 혜경궁은 자신이 비록 남편과는 화해할 수 없는 지경에 이르렀다 해도 자신의 아들만은 반드시 조선의 국왕으로 만들고 싶었을 것이다. 몇 년 전 혜경궁을 주인공으로 방영한 한국방송의 '한국사전'韓國史傳에서 혜경궁은 철저하게 비련의 여인으로 묘사되었다. 사랑하는 남편을 잃고 시아버지 영조의 은혜로 아들 정조를 살리기 위해 고군분투하고, 더불어 정조의 죽음으로 창경궁에 유폐되다시피 하며 일생을 마친 여인의 삶으로 그려놓았다.

물론 이러한 내용으로 정의된 혜경궁의 모습도 충분히 이해할 수 있다. 비록 필자가 생각하는 혜경궁의 모습과는 차이가 있지만, 분명한 것은 혜경궁이 당시 조정의 정치적 상황을 충분히 이해하고 자신의 아들을 살리기 위해 엄청난 희생을 치렀다는 것이다.

혜경궁은 세자빈으로 복귀한 다음날 세손 정조를 시아버지인 영조에게 보냈다. 영조는 아들을 미워하다가 자신의 거처마저 창덕궁에서 경희궁으로 옮겼다. 임진왜란 이후 정궁正宮의 역할을 하던 창덕궁은 궁궐로서의 모든 조건을 갖추고 있는 기품 있는 궁궐이었다. 특히 금원禁苑이라 불리는 궁궐의 후원은 조정의 대소사로 인해 정신적 고통에 빠진 국왕의 심신을 편하게 해주는 특별한 공간이었다. 옥류천에서 흘러내리는 물소리는 그저 가만히 앉아서 듣고만 있어도 세상의 근심을 잊을 수 있는 곳이었다. 그럼에도 불구하고 사도세자를 미워하는 마음은 영조를 창덕궁에서 떠나 인왕산 자락의 경희궁으로 거처를 옮기게 한 것이다.

인왕산 역시 조선 건국 당시 무학대사가 도성의 주산으로 추천할 만큼 의미 있는 곳이기는 하였다. 임진왜란 이후 광해 임금이 인왕산 일대에 궁궐을 만들었고, 인조가 반정을 일으키기 전 이 일대에 거처할 정도로 왕기王氣가 서린 곳이지만 영조는 이런 의미로 경희궁에 거처한 것이 아니었다. 영

© 김준혁

© 김준혁

경희궁
慶熙宮

경희궁은 1617년(광해군 9년)에 건립되었고, 처음 이름은 경덕궁慶德宮이었다. 창덕궁과 창경궁이 복구된 뒤에도 경덕궁에는 여러 왕들이 머물렀고, 이따금 왕의 즉위식이 거행되기도 하였다. 즉 제19대 숙종은 이 궁의 회상전會祥殿에서 태어났고, 승하한 것도 역시 이 궁의 융복전隆福殿에서였다. 제20대 경종 또한 경덕궁에서 태어났고, 제21대 영조는 여기서 승하하였다. 경희궁에서 최초로 제22대 정조 임금이 이 궁의 숭정문崇政門에서 즉위하였다.

조는 스스로 공적公的 임무에 충실한 국왕이라는 것을 만천하의 백성들에게 보여주고 싶은 생각과 더불어 자신의 아들 사도세자를 잊기 위해서 경희궁을 선택하였다.

최근에 알려진 사실이지만 조선후기 문예부흥의 시대라고 일컬어지는 영·정조 대에 엘니뇨 현상이 극심하게 일어나면서 백성들의 경제적 삶이 어려워지자 영조는 스스로 근신勤愼을 선택하였다. 비단옷을 버리고 무명옷을 입고, 화려한 음식을 멀리하고 간단한 채소 위주의 음식을 선택한 것도 천성이 검약한 것을 좋아하는 품성도 있었겠지만 시대적 상황이 그를 이렇게 이끌었던 것이다. 이런 현실에서 화려한 창덕궁에서 정사를 보는 것이 아닌 비좁고 누추한 경희궁에서 천하를 다스리는 것이 백성들의 지지를 얻을 수 있었기에 영조는 경희궁을 자신의 거처로 선택하였던 것이다.

어쨌든 혜경궁은 자신의 사랑하는 아들 정조를 영조가 머물고 있는 경희궁으로 보냈다. 미우나 고우나 남편은 남편이었다. 한국방송에서 방영하는 '사랑과 전쟁'을 보면 폭력을 행사하는 남편에게도 일말의 애정을 가지고 있는 아내들이 있다. 비록 이혼 직전까지 가는 불화가 있다 하더라도 그 남편이 잘못되는 것을 원하지는 않는 것이다. 혜경궁 역시 남편이 바람을 피우고 민간의 기생집에서 술을 먹고 자신에게 벼루를 던졌어도 그 남편의 죽음은 슬퍼하였고, 남편 없는 자신의 처지를 비관하였다. 여기에 더하여 비록 자신의 집안이 노론세력의 중심가문이었다 하더라도 정치와 권력이라는 것은 피도 눈물도 없다는 것을 혜경궁은 정확히 알고 있었다.

결국 자신의 11살 난 아들 정조를 영조가 머물고 있는 경희궁으로 보내 3년 동안 떨어져 살기로 한 혜경궁은 그 기간 동안 정조와 단 하루도 빼놓지 않고 편지를 나누었다. 이른 새벽에 일어나 어머님께 문안 편지를 올리는 세손의 마음과 이를 읽고 통곡하는 혜경궁은 아마도 조선시대 전체를 통틀어 가장 비극적인 모자母子였을 것이다.

세손 정조는 그 기간을 잘 참고 버티었다. 영조의 가르침을 받으면서 조용히 책을 읽고 학문을 닦았다. 사대부들이 움직이는 조선사회를 정확하게 인식한 그는 신료들을 학문적으로 이기지 못하면 절대 승리할 수 없다는 것을 간파하였던 것이다. 자신의 부친인 사도세자가 영조에게 버림받은 이유 중의 하나가 바로 학문을 게을리 하였기 때문이라는 것을 영조로부터 듣고 또 들었기 때문이다. 사도세자는 어려서부터 천재 소리를 들었지만 동궁전의 시녀들에게 현혹되어 사서삼경을 위주로 하는 경학經學 공부보다 음양서와 병법서에 더 관심을 기울였고, 나아가 무예를 익히는 데 충실하였기 때문에 영조의 미움을 샀다.

영조는 무수리 출신의 어머니인 숙빈 최씨로 인하여 비천한 출신이라는 자괴감에 많은 심적 고통을 겪어야 했고, 이를 극복하기 위해서는 자신의 학문이 신료들의 수준보다 높아야 한다고 생각했다. 그래서 공부하고 또 공부해서 학문에 일가를 이룬 인물이었다. 이러한 자신의 성장과정에 대한 자부심으로 인해 자신의 아들인 사도세자 역시 그렇게 되기를 바랐다. 하지만 사도세자는 부왕의 뜻과는 거리가 먼 행동을 연이어 저질렀고, 공부를 하라는 읍박질은 사도세자로 하여금 정신질환에 빠지게 했다.

영조와 사도세자와의 관계를 알고 있었던 정조는 경희궁에서 철저하게 근신하며 자신의 학문을 발전시키는 데 전념하였다. 또한 동궁으로 책봉된 뒤에도 정치적 언사는 일절 삼가고 권철신, 홍대용 등 자신의 학문을 보좌하는 학자들과 토론하며 학문의 다양성을 추구하였다.

정조는 주자학 일변도의 학문연구 풍토를 비판하면서 이단이라 평가받고 있던 불교와 양명학 그리고 나아가 노장사상老莊思想에 이르기까지 학문의 영역을 넓혀갔다. 불교의 자비慈悲가 유교의 인仁과 동일하다고 판단하고

정종대왕 어서첩
正宗大王御書帖

ⓒ 수원박물관

정조가 동궁 시절에 쓴 글씨들을 모아서 만든 서첩이다. 총 38장이 실려 있으며 말미에는 1806년 홍인한洪麟漢(1722~1776)의 아들 홍낙술洪樂遂(1745~?)이 짓고 쓴 발문이 첨부되어 있다. 발문에 의하면 홍인한이 정조로부터 받은 염락시濂洛詩 칠언절구 8폭 병풍과 홍인한 부인이 대궐에 들어가 정조를 알현할 때 받은 중국산 작은 종이에 쓴 6폭 병풍을 혜경궁 홍씨한테 경비를 지원받아 서첩으로 개장改裝하였음을 알 수 있다. 또한 발문 내용 중에는 "선왕(정조)께서 선신先臣(홍인한)의 일에 대하여 중년 이래로 마음이 명백하게 풀렸다"는 구절이 있어, 서첩 제작의 목적을 짐작할 수 있다.

ⓒ 수원화성박물관

노장사상에서도 무소유의 삶이 곧 정신을 맑게 하는 것이라고 하면서, 어찌 주자학만이 옳다고 하느냐고 반문하였다. 훗날 그가 즉위한 이후 정치적 현실로 인하여 우암 송시열을 추숭하고 소론의 실제적 창시자였던 윤휴를 배척했던 것은 본인의 의지와는 관계없는 일이었다.

영조 어진
英祖御眞

1900년(광무4)에 이모移摸한 영조의 어진이다. 1744년(영조20) 육상궁毓祥宮의 냉천정冷泉亭에 모셨던 어진을 조석진趙錫晉(1853~1920)과 채용신蔡龍臣(1850~1941)이 본떠 그린 것이다. 1744년은 영조가 51세이고 사도세자는 10세때이다. 화면 우측 상단의 화제畵題는 고종황제가 친히 썼다. 좌안칠분면의 반신상을 취한후 머리에 익선관을 쓰고 곤룡포를 입은 영조의 모습에서 탕평군주로서의 위엄을 느낄 수 있다.

정조는 할아버지 영조가 사도세자를 죽였어도 영조를 사랑하고 존경했다. 국왕은 어떠한 행위를 하여도 정당성이 확보되는 신적인 존재였고, 그가 한 행동은 단순히 개인의 행동이 아니라 국가존엄성과 관련된 부분이었기 때문이다. 사도세자의 죽음 역시 영조가 사적私的인 감정을 억제하고 공의公義를 위해서 처리한 일이었기 때문에 그 사건에 대해 왈가왈부할 수 없었다. 더 나아가 자식을 희생시키면서까지 나라를 지키려한 가슴 아픈 노력을 높이 평가해주어야 한다고 생각했다. 그래서 세손 정조는 영조의 건강을 최우선으로 생각하고 영조가 병환이 나면 모든 일을 제쳐두고 간호에 전력했다. 영조와 어머니 혜경궁의 병간호를 위해 의학을 공부한 그는 훗날 『수민묘전』壽民妙詮이라는 의서를 편찬하기도 했다. 영조는 어린 세손이 진정 할아버지인 자신을 좋아하는 것을 깨달았고 혹시라도 있을 세손 제거에 촉각을 곤두세웠다.

영조는 매일같이 세손을 불러 같이 학문을 논하였고, 자신의 종묘행차와 능행차에 세손을 데리고 다녔다. 그리고 정치란 무엇인가, 백성은 어떤 존재인가를 확실하게 인식시켜 주었다. 조선왕조실록에 나오는 조손祖孫의 대화를 들여다보자.

신사년 봄, 영종英宗(영조의 원래 묘호는 영종이었으나, 고종 27년에 '영조'로 고쳐 올렸다)의 거둥 때는 왕이 모시고 뒤를 따랐는데 운종雲從 거리에서 행차를 멈추고는 구경 나온 사민士民들로 하여금 세손世孫을 만나보게 하였다.

환궁한 후 묻기를,

"오늘 구경 나온 사람들이 많았는데, 그들이 너에게 기대하는 것이 무슨 일이더냐?"

하니, 왕이 대답하기를,

"신이 선善을 하기를 바랐었습니다."

하였다. 또 묻기를,

"선을 하기가 그리 쉬운 일이더냐?"

하니, 대답하기를,

"예. 쉽다고 생각합니다."

하였다. 유선諭善 서지수徐志修가 아뢰기를,

"쉽다고 생각되어야지만 비로소 용감하게 전진할 수가 있는 것입니다."

하니, 영종이 매우 기뻐하였다.

이처럼 영조는 세손으로 하여금 백성들을 어떻게 하면 올바르게 다스릴 수 있을까 하는 군주 교육에 철저하였다. 영조는 세손을 동궁東宮으로 삼도록 명하고 세자궁에 춘방春坊과 계방桂坊을 두게 하였다. 단순히 자신의 손자가 아닌 훗날 자신을 대신해서 조선의 국왕이 될 사람이라는 것을 선포한 것이다. 그리고 빈대賓對 때나 또는 대소 신료들이 입시할 때면 자주 자신의 옆에서 시좌侍坐하도록 하고 혹 경전의 뜻을 변론하기도 하고 혹은 국정을 참여하여 듣도록 하였다. 언젠가 빈대의 자리에서 "삼남三南 지역에 흉년이 들었다는데 백성들을 어떻게 구제해야 하겠느냐?"라고 질문을 하였다. 이때 12살 난 동궁 정조는 "곡식이 있어야 구제할 수가 있습니다"라고 하였다. 그러자 영조가 곡식을 어디서 가져오겠느냐고 묻자, "양혜왕梁惠王이 했던 것처럼 하면 될 것입니다"라고 하였다. 이는 『맹자』에 나오는 이야기로, 양혜왕이 스스로 절약하여 곡식을 많이 모아 곤궁에 처한 백성들에게 나누어주었다는 고사를 인용하여 대답한 것이었다. 이는 스스로 절약을 실천한 영조의 행위를 찬양하는 내용과 자신도 앞으로 그러한 국왕이 되겠다는 의지를 보여준 것이었다. 이에 영조는 크게 기뻐하면서 "좋은 대답이다. 오늘 빈대하는 자리에서의 문답에 대해 너도 일찍 그 내용을 알도록 하기 위한 것이니라"라고 하였다.

어머니 혜경궁과 떨어져 살던 정조는 3년 뒤 창덕궁으로 돌아와 꿈에서라도 보고 싶었던 어머니와 만나게 되었다. 그로부터 자신이 죽는 날까지 어머니를 떠나지 않았으며 자신이 할 수 있는 모든 효도를 다하였다.

이렇듯 철저한 학문연구와 영조를 공경하는 정조의 모습은 신료들로 하여금 깊은 신뢰를 갖게 하였다. 그럼에도 불구하고 사도세자의 아들이라는 멍에는 짊어지고 가야 했다. 동궁 정조가 그렇게 열심히 노력해도 역적의 아들이라는 이름은 지워지지 않았고, 영조가 자신을 대신해서 대리청정을 시키고자 할 때도 노론의 신료들은 철저하게 막았다. 만약 정조가 조선의 국왕이 된다면 사도세자를 죽인 자신들을 제거할 것이라는 의구심을 갖고 있었기 때문이다.

이런 정치적 상황을 타개시킨 장본인은 바로 영조였다. 사도세자를 죽이는 데 결정적 역할을 한 홍인한洪麟漢은 세손은 이조판서와 병조판서를 알 필요가 없고, 노론과 소론을 알 필요가 없고, 조정의 대소사를 알 필요가 없다고 하는 '삼불필지설'三不必知說을 거론하면서 정조의 대리청정을 반대하였다. 영조는 이러한 홍인한을 비롯한 노론의 반대를 물리치고 마침내 세손 정조를 대리청정하게 조치하였고, 4개월 뒤 파란만장한 일생을 정리하였다.

영조의 죽음 이후 국왕이 된 정조는 자신을 제거하려는 노론 벽파 세력들이 자행한 경희궁 존현각 사건을 슬기롭게 극복하고 백성들의 지지를 받는 국왕으로 자리매김하기 위해 다양한 위민정책을 추진하였다. 정조의 개혁정책은 위민정책을 위한 과정의 하나였다. 인재양성을 위한 규장각奎章閣 설치, 버려진 아이들을 구제하기 위한 자휼전칙 제정, 서얼들의 차별을 없애 과거를 볼 수 있게 하는 서얼혁파 등을 통해 정조는 선대왕 영조보다도 더 백성들을 사랑하는 국왕으로 인정받게 되었고, 이를 기반으로 정조는 자신을 압박하는 반대세력을 제압하면서 지속적인 위민정책을 추진하였다. 이러한 위민정책을 펼치기 위한 명분으로 내세운 것이 바로 사도세자의 묘소를 수원도호부로 천봉遷奉하는 것이었고, 아버지의 묘소가 있는 그곳을 자신의 정치적 기반으로 삼고자 한 것이다. 이로써 효의 도시, 개혁의 도시, 위민의 도시 화성華城이 탄생하게 된 것이다.

정조의 즉위 과정과 정국동향

조선의 제22대 국왕이 된 정조正祖는 세손 시절뿐만 아니라 즉위 후에도 매우 어려운 정치적 상황에 놓여 있었다. 11세의 나이로 동궁이 된 정조는 영조의 보호 아래 있었지만 생부生父 사도세자(정조 즉위 후 장헌세자莊獻世子로 명칭 격상)의 죽음으로 자신 역시 궁중에서 제거될 수 있다는 불안감에 시달렸다. 비록 영조가 향후 정조의 왕위 계승을 수월하게 추진하기 위해 첫째 왕세자인 효장세자孝章世子의 후사로 삼도록 하였지만 이러한 부자연스러운 정황이야말로 오히려 정조의 즉위 후 왕권의 정통성이 위협당하는 직접 요인이 되고 있었다.

정조는 1775년(영조 52년), 82세의 고령이었던 영조英祖를 대신하여 대리청정代理聽政을 하게 되었다. 당시 정국은 영조의 척신인 풍산 홍씨豊山洪氏 일문과 영조의 사랑을 독차지했던 화완옹주和緩翁主의 양자 정후겸鄭厚謙이 강한 연대를 맺으며 정국을 주도하고 있었다.

홍인한을 비롯한 홍씨 일문은 당초 세손 보호를 표방하였으나 척신정치

戚臣政治의 폐해를 절감하고 있던 정조의 호의를 얻는 데 실패했고, 기존의 실력자들을 배제하고 새로운 세력을 결집하기 위한 홍국영의 노력이 결합되면서 점차 기득권을 유지하기 위해 정조의 즉위를 저해하는 세력이 되었다.

당시 영조는 조정의 대소 신료들에게 국왕의 임무 중 일부를 세손에게 대리청정시키겠다는 의지를 공식적으로 표명하였다. 하지만 부홍파의 중심인물이었던 홍인한은 '삼불필지설'을 주장하며 노골적으로 반대하고 나섰다.

이는 세손의 권능을 무시하는 것과 동시에 세손의 왕위 등극을 저지하고자 하는 의도였다. 부홍파는 정조의 국왕 등극을 저지하기 위해 정조 주위의 환관과 궁녀들 그리고 액정서의 하인들까지 모두 매수하여 정조의 일거수일투족을 감시하였다. 그랬기에 세손 시절 옷을 벗지 못하고 자는 일이 몇 달 동안이나 계속될 정도였다.

홍인한의 반대에도 불구하고 영조가 대리청정을 강행하려 하자 홍인한 세력은 '존현각 투서'尊賢閣投書 사건과 '장지항 자객설'張志恒刺客說, '세손 친위세력 제거' 등을 통하여 세손의 입지를 약화시키려 하였다. 또한 홍인한 세력은 홍국영과 정민시 등 세손 측근 궁료들을 제거하기 위해 이들의 학문적 실력을 비난하고 홍상간과 민항렬 등의 자파 세력을 임명하려고 시도하였다.

영조는 이 위기를 극복하기 위해 소론계 서명선에게 의뢰하여 "동궁은 알 필요가 없다"고 한 홍인한에 대한 탄핵 상소를 올리게 하였고, 이를 계기로 세손의 대리청정을 막는 홍인한과 한익모를 관직에서 물러나게 하였다. 아울러 영조는 대리청정을 받아들이지 않으면 아예 왕위를 물려주겠다고 강경한 자세를 취함으로써 마침내 세손의 대리청정이 시작되었다.

정조의 대리청정 기간에도 홍인한의 사주를 받은 심상운은 대리청정의 부당성을 강조한 흉서兇書를 은밀히 배포하였다. 이들은 정승 임명과 과거시험 합격자 선발을 자신들의 의도대로 진행하였으며, 정조와 가까운 남인을 대북大北으로 모함하여 이들을 제거하고자 하였다. 다행히 심상운의 의도가 발각되어 정조는 대리청정을 지속할 수 있었다. 결국 대리청정 후 4개월 남짓 만에 영조가 승하함으로써 노론은 세손의 즉위를 막지 못하였다.

1762년(영조 38년) 사도세자의 죽음 이후 정치적 어려움에 처해 동궁의 지위를 잃을 수도 있었던 정조는 즉위 당일 영조의 빈전殯殿 밖에서 신료들에게 자신이 사도세자의 아들임을 천명하면서 어느 누구라도 '임오화변'을 거론하거나 사도세자에 대한 추숭을 논하는 자가 있다면 대역죄로 처단하겠다고 공표하였다.

이와 같은 정조의 발언은 노론을 견제하겠다는 의미보다 사도세자에 대한 논의를 하지 않겠다는 영조와의 의리를 지키겠다는 의지를 표명하는 것이고, 더 이상의 붕당으로 인한 혼란은 피하자는 의도였다. 이에 따라 정조는 사도세자를 모해한 홍인한·정후겸·홍상간·민항렬 등 핵심 세력 일부를 처벌하였다. 이는 즉위 후 국정을 안정시키겠다는 정조의 의지였지만 한편으로는 정국을 장악하지 못했다는 것을 보여주는 것이기도 하다.

정조는 홍국영을 비롯한 동덕회同德會 회원들의 도움으로 국정을 운영하던 중 조선의 역사에서 가장 참람한 암살 기도 사건을 맞이하게 된다. 영조 때 영의정을 역임했던 노론의 거두 홍계희의 후예들이 정조의 즉위 후 자신들의 집안에 취한 조처에 불만을 품고 국왕을 시해하고자 한 것이다. 이는 정조의 왕권이 얼마나 취약했는지를 단적으로 보여주는 사례다.

정조 즉위 이듬해인 1777년(정조 1년) 7월 말에 홍계희의 손자이자 홍술해의 아들인 홍상범이 정조를 시해하기 위해 천민장사 전흥문과 국왕을 지키는 호위군관 강용휘 등을 고용하여 경희궁 존현각尊賢閣을 침범하였다. 이들은 궁중 내의 금군禁軍, 상궁尙宮 등과 모의하여 궁궐로 잠입하였는데, 위기를 모면한 정조가 8월 3일 창덕궁으로 이어하자 며칠 후 전흥문이 창덕궁

© 수원시

정조 어진

정조는 왕세손 시절인 1771년과 즉위 후인 1781년(정조 5년), 1791년(정조 15년)에 어진을 그렸다. 1791년에 주관화사 이명기, 동참화사 김홍도로 하여금 원유관遠遊冠과 강사포絳紗袍를 입은 어진御眞을 그리게 하였다. 이 어진을 그린 이후 융복戎服을 입은 어진을 그리게 하고 이를 현륭원 재실에 걸어놓게 하였다. 이 어진은 한국전쟁 이후 1954년 부산 세관청으로 옮겨졌다가 화재로 소실되었다. 정조 어진 표준영정은 2004년 수원시에서 정조실록을 토대로 새로 그린 어진이다.

으로 침입하다가 붙잡혀 사건의 모든 전모가 밝혀졌다.

홍상범에 의해 주도된 이 사건은 홍계희 집안 대부분이 함께 모의하였으며, 인조반정仁祖反正과 같이 정조를 시해한 뒤에 장헌세자의 세 번째 왕손인 은전군 이찬李禶을 추대하여 왕권교체를 단행하고자 하였다. 이 사건 후면에는 정순왕후의 친오라버니인 김귀주와 밀접한 연관을 맺고 있는 고상궁高尙宮, 복문상궁福門尙宮 등 상당수의 궁인宮人들이 관련되어 있었고, 궁궐 내의 호위무사 50명이 함께 거사를 추진하기로 했던 것으로 드러났다. 김귀주와 밀접한 두 상궁은 당연히 정순왕후의 대비전大妃殿 소속이었고, 결과적으로 정순왕후의 지시에 의한 음모였음이 분명하게 밝혀졌다.

영조의 계비인 정순왕후가 개입되어 있고 자신을 호위하는 금군마저 개입된 이 사건은 정조에게는 정치적으로 무척이나 예민한 사건이었다. 조선시대에는 반정反正이 모두 두 차례 있었지만 대비가 국왕을 교체하기 위해 정치적 실권을 지니고 있는 세력과 연대하여 국왕을 시해하고자 한 사건은 처음이었다. 그만큼 정조의 왕권은 취약하였고 자신이 추구하는 정치사상을 실현할 수 있는 정치운영체제를 확보할 수 없었다.

정조는 이 모든 일이 사도세자를 죽인 노론들이 추진한 일이라고 확신하면서도 시해사건에 공식적으로 연관된 홍계희 직계 가족들과 참여 무사들만을 법률대로 처리할 수밖에 없었다. 이는 정조가 당시에 자신의 정치적 한계를 명확히 인식했던 것으로 보아야 할 것이다.

이 사건으로 집권 세력인 노론은 은전군을 자진시키고 은언군을 유배 보내도록 정조를 압박하였다. 명분상으로는 은전군이 역모에 가담하였으니 가능한 일이었지만 실제 이들이 역모사건과는 아무런 관련이 없다는 것을 정조는 잘 알고 있었다. 따라서 정조는 은전군과 은언군에 대한 조처를 내릴 수 없다고 버텼으나 결국 노론의 요구대로 할 수밖에 없었다.

이후 홍국영의 역모사건이 벌어지고 산림山林 송덕상의 추종세력이 정조를 시해하고자 조직적이고 치밀한 거사를 준비한 이른바 '이경래李京來·문인방文仁邦 역모사건'마저 발생할 정도로 정조의 왕권은 취약했다. 이들은 도성都城을 공격하여 거사에 성공한 후 송덕상을 대선생大先生으로 추존한다는 계획을 세웠으나 주동인물 중 하나인 박서집의 고변으로 사전에 발각되어 실패로 끝났다. 오랜 기득권을 누려온 노론을 중심으로 하는 산림 세력은 정조가 자신들을 불신하자 기득권을 유지하기 위해 정조를 시해하고자 했던 것이다.

이처럼 집권 이후 계속된 역모사건으로 정조는 즉위 초의 어려움을 극복하고 개혁을 통한 낙국낙토樂國樂土 건설을 위해 선대 국왕들과는 다른 정치체제를 구성하여야 했다. 결국 탕평을 통한 각 정치세력 간의 조화를 통해 국왕의 국정운영 과제를 실현하고자 했다.

정조시대 정치세력은 노론·소론·남인이라는 붕당과 시파時派와 벽파辟派라는 집단 범주로 재편되었는데, 벽파는 반정·반개혁反正·反改革 세력으로서의 성격이 분명했던 것에 비해 시파는 '벽파에 가담하지 않은 사람'으로 친왕세력과 중도세력을 아우르고 있었다. 그럼에도 불구하고 노론의 상당수는 벽파에 해당하여 정조와의 정책 대립과 보합을 통해 긴장관계를 형성하였다.

정조의 정치체제 운영은 탕평이라는 대의명제에 영조의 탕평론도 계승하여 노론·소론·남인 삼당三黨을 함께 등용하고, 이들 간의 상호견제구도 위에 왕권을 강화하려는 것이었다. 그리하여 정조는 즉위 초부터 현인을 우대하고 외척들을 멀리하는 '우현좌척'右賢左戚과 학문을 높이 받드는 '우문정치'右文政治, 그리고 '탕평'蕩平을 정치이념으로 내세웠다. 그리고 왕권을 뒷받침하는 정치 기반으로서 노론뿐만 아닌 소론과 남인의 청론 사류들까지 적극 수용하여 이들을 화합시키는 탕평을 시도하였다. 이처럼 정조는 기본적인 탕평의 틀 속에서 정치체제를 운영하고 있었지만 개혁정책 추진 시기에 따라 정치운영체제가 변하는 것을 확인할 수 있다.

정조는 즉위 과정에서 정치적 어려움을 극복하고 조선의 국왕이 되었지만 여전히 소수세력일 수밖에 없었다. 숙종 시대의 경신처분 이후 노론의 집권이 장기화되고 있던 시절이었기에 비록 국왕이 되었다 하더라도 그가 할 수 있는 권능은 그리 높지 않았다.

그래서 정조는 세손 시절부터 자신을 보좌해왔던 노론 출신의 홍국영을 도승지로 임명하면서 권력의 대부분을 위임했다. 정조가 탕평을 기치로 내걸었다 하더라도 집권 초에는 홍국영, 김종수 등 노론이 정국을 주도하고 있었기에 소론 4대신 중 이광좌·조태억·최석항의 관작을 추탈하고 곧이어 소론의 거두이자 송시열과 대립관계를 이루었던 윤선거와 윤증의 관작도 추탈하였다. 뿐만 아니라 송시열을 효종 묘정에 추배하여 송시열에 대한 복권의 기회를 마련해주었다. 이는 즉위 초 노론을 중심으로 정국의 안정을 추구하는 것이기는 하나 한편으로 정조가 주도적으로 정국을 주도하지 못함을 보여주는 것이다.

즉위 초반 정국운영은 홍국영·김종수·서명선·정민시가 중심이었는데, 김종수로 대표되는 노론 청류의 공홍파 계열과 서명선의 달성 서씨 일문達城徐氏 一門, 측근 궁료인 정민시와 9촌 동당同黨으로 연결되는 소론 명문인 정창성-정창순 계열이다.

홍국영 등 4인은 서명선이 홍인한을 탄핵하는 상소를 올린 날을 기념해 매년 '동덕회'同德會라는 모임을 정조와 함께 가질 정도로 정조의 특별한 지우知友 대우를 받았다. 정조는 1775년(영조 51년) 11월에 있었던 영조의 대리청정 지시에 대한 홍인한의 반대를 서명선과 홍국영이 적극적으로 막아주지 않았다면 오늘날 자신이 국왕으로 등극하지 못했을 것이라며 그에 대한 고마움을 적극적으로 표시할 정도였다.

이처럼 국왕과 신료들이 개인적인 모임을 통해 지우知友가 된다는 것은 무척 이례적인 것으로서 정조는 반反 홍인한·정후겸 세력으로 뭉친 새로운 신진 권력층과의 적극적인 교류를 통해 자신의 왕권을 안정시키고자 하였던 것이다.

홍국영은 자신의 지위를 공고히 하기 위해 송시열의 현손인 송덕상을 산림山林으로 천거하였으나 그는 4년 뒤 홍국영을 두둔하다가 그와 함께 축출되었다. 송시열의 현손이자 산림으로 대우받던 송덕상에 대하여 정조는 그리 높은 평가를 하지 않았다. 그의 학문 수준과 정치적 역량이 조부인 송시열에 비하여 비교가 되지 않았기 때문이었다. 그럼에도 불구하고 홍국영의 입장을 고려하여 대우하였으나 홍국영의 역모사건 이후 과감히 축출하였다.

정조시대 또 다른 산림으로 대우 받던 홍계능 역시 홍국영과 연관되어 축출당하자 산림의 권위는 크게 실추되었다. 이로써 인조반정 이후 조선 정계의 지도자라는 평가를 받던 산림은 그 위상을 잃게 되고 우문정치와 학문 활동은 이들을 배제한 채 국왕과 측근 관료학자들에 의해 주도되었다.

역린逆鱗! 구선복의 역모

한때 한국 여인들의 흠모의 대상이 드라마 '시크릿 가든'의 주인공인 '현빈'이던 때가 있었다. 어느덧 50세에 이르는 필자의 아내는 지금도 현빈의 광팬이다. 현빈과 남편 중 누구를 선택할 것이냐는 물음에 단 1초도 고민하지 않고 현빈이라고 대답하는 아내를 보면 실소가 터져 나온다.

그런 현빈이 조선의 개혁군주 정조로 분해서 영화에 출현했다. 최종 관객수 385만 명을 기록한 영화 '역린'이다. 물론 아쉬운 부분이 많다. 해병대를 제대하고 처음 출연한 영화이기에 최소 500만 명 이상은 도달할 것이라고 생각했는데, 역대 관객순위 123위의 기록을 남겼으니 아쉬운 것이 사실이다.

이 영화는 잘 알려져 있듯이 1778년 7월 28일, 자객이 경희궁에 난입하여 정조를 시해하려고 했던 실제 사건을 다룬 것이다. 이는 조선 역사상 단 한 번도 등장한 적이 없던 국왕 시해기도 사건이다. 그만큼 정조의 왕권이 취약했고 정조를 죽이고자 하는 노론 세력들의 기세가 대단했다.

물론 이 영화처럼 정조가 자객들을 모조리 죽이지는 않는다. 영화는 그저 영화일 뿐이다. 그런데 필자는 이 영화를 보면서 실제 역사 속의 인물을 발견하였다. 영화에서도 비중 있게 등장한 구선복具善復이었다.

구선복이 정순왕후와 한편이 되어 정조를 죽이려고 하였는데, 시해 당일 밤 정조가 구선복을 찾아가 타협함으로써 구선복이 정조 편이 되어 정순대비의 쿠데타가 실패하였다는 것이 영화의 내용이었다. 매우 흥미로운 이야기이다.

실제 『정조실록』에는 구선복에 대해 무인들의 임금이란 '무종'武宗이란 말도 기록되어 있다. 그리고 정조가 사도세자의 죽음에 직접적으로 관여한 구선복을 죽이고 싶어했다는 기록도 나온다. 실제 구선복은 사도세자가 뒤주에 들어갈 때 얼굴에 침을 뱉었던 인물이었고, 이로 인하여 정조는 구선복을 마음속으로 철전지 원수로 여기고 있었다. 그리고 늘 그를 제거하고자 하였다. 하지만 조선시대 최고의 무반 가문의 중심인물이었던 구선복을 제거하는 것은 쉬운 일이 아니었다. 결국 구선복이 자신의 아들인 문효세자를 독살한 것을 확인한 이후에야 구선복을 제거하고 군사권을 장악하게 된다.

정조는 자신을 위해 만든 장용위壯勇衛가 호위부대에 불과하였기 때문에 오군영을 제어할 수 있는 보다 강력한 친위 군영으로 만들고자 하였다. 그래서 정조는 당시 군권을 장악하고 있던 구선복을 제거하고 이를 명분으로 친위 군영을 만들 기회를 준비하고 있었다.

정조 초년부터 구선복 옥사가 일어나는 정조 10년까지 중앙 오군영의 핵심인 훈련도감의 대장은 장지항, 홍국영, 구선복 3인만이 나타날 뿐이다. 이중 10여 년의 대부분인 7년여의 기간을 구선복이 장악하고 있었다.

장지항은 1778년(정조 2년) 영암으로 귀양을 가 있는 동안 장님 점쟁이를 통해 흉언을 퍼뜨리고 환시宦侍와 교류하여 불궤不軌(반역을 도모함)를 꾀

현고기
玄皐記

사도세자의 죽음과 구선복에 대한 기록이 정리된 책. 수원 화성 박물관 소장

했다는 이유로 국문을 받았고, 홍국영은 1779년(정조 3년) 9월에 실각됨으로써 이후 훈련대장은 구선복 혼자 오랫동안 역임하였다. 이처럼 구선복은 영조 시대부터 정조 10년에 이르기까지 군영대장을 역임하고 있었기에 대부분의 무장들이 무종武宗이라 받드는 위치에 오를 정도로 국왕이 제어하기 힘들 만큼 군권을 좌지우지하였다.

구선복이 이와 같이 조정에서 무반으로 강력한 영향력을 행사할 수 있었던 것은 능성 구씨 집안의 영향력 때문이었다. 능성 구씨를 무반 벌열閥閱로 성장시킨 인물은 인조반정으로 3등공신에 녹훈된 구인기이다. 구인기 가문은 인조반정의 정사공신으로 녹훈된 이후 훈무세가勳武世家로 평가받으며 음직을 통해서도 서용되는 조선후기 무반 가문의 중심에 자리잡게 되었다.

구선복은 1757년(영조 33년) 총융사로서 최초의 군영대장에 오른 이후 1765년(영조 41년)에 마침내 훈련대장에 올랐다. 구선복은 종형이었던 구선행과 번갈아가며 병권을 잡아 무반 벌열閥閱로서의 위세를 보여주었다. 정조 즉위 이후에는 홍국영과 번갈아 훈련대장과 금위대장을 역임하였으며, 홍국영의 실각 이후에도 여전히 영향력을 행사하며 1786년(정조 10년)까지 훈련대장의 직위를 유지했다.

구선복은 정조 즉위 초 영의정을 역임한 소론의 거두 김상철과 사돈을 맺고 있었다. 구선복의 딸과 김상철의 아들인 김영진이 혼인을 맺어 구선복은 정조 연간 강력한 세력을 형성할 수 있었다. 김상철의 경우 구선복이 무반 가문임에도 혼인을 맺은 것은 능성 구씨 집안의 영향력 때문이었다.

김상철은 장헌세자를 죽음으로 몰아넣은 화완옹주의 시아버지인 정우량鄭羽良의 사위로서 소론임에도 불구하고 정후겸·김귀주·홍인한과 밀접한 연관을 맺고 있었다. 따라서 구선복 역시 이들과 가까운 관계 속에서 사도세자의 죽음과 깊은 관련이 있었다. 하지만 정조는 이들의 세력이 너무도 강했기에 제거할 수가 없었다. 특히 구선복은 훈련대장으로 있으면서 훈련도감에서 궁중으로 파견 보낸 하리下吏들을 통해 오늘날의 조간 신문인 승정원에서 간행하는 조보朝報에 기록된 것 외의 조정 대소사를 일일이 보고받았다. 더구나 구선복은 정조의 모친인 혜경궁 홍씨의 오라버니인 좌의정 홍낙성을 국왕 앞에서 진행되는 경연에서조차 업신여길 정도로 그 위세가 대단하였다.

정조는 국왕으로서 군권을 장악하기 위해서는 구선복을 반드시 제거해야 했다. 마침 정조의 이복동생 은언군 이인李裀의 아들인 상계군 이담李湛이 갑작스런 죽음을 맞이했다. 이 죽음과 연관하여 뜻밖에 영조의 계비인 정순대비의 언문 전교가 승정원으로 하달되었다. 5월에 세자로 책봉된 문효세자文孝世子가 죽고, 9월에 세자의 모친이자 출산을 앞둔 의빈宜嬪 성씨成氏가 갑작스런 의문의 죽음을 당한 것이 바로 홍국영과 깊은 연관이 있는 상계군 이담의 일파가 독살했다는 주장이었다. 이에 역적을 찾아내어 처단해야 자신이 탕약과 수라를 먹겠다고 정조를 압박하였다. 실제 정순대비의 하교는 은언군 이인을 노린 것이었다. 정조의 하나밖에 남지 않은 동생인 은언군 이인을 죽여 만에 하나라도 정조가 후손을 낳지 못할 때 대를 이어줄 종실을 제거하고자 하는 것이었다. 이는 자연스럽게 정조의 왕권을 약화시키고자 하는 일이었는데, 대비의 의도와 다르게 정조는 상계군 이담의 죽음을 구선복 제거의 기회로 삼았다.

상계군 이담이 죽고 며칠 후 이담의 외조부인 송낙휴宋樂休가 이담의 죽음에 정조 즉위 초 영의정을 역임한 김상철과 구선복의 아들인 구이겸이 연관되어 있다는 고변을 하였다. 상계군이 죽기 전에 "김 정승이 살면 나도 살고, 김 정승이 죽으면 나도 죽는다"라는 말을 했고, 구이겸이 황해 병사黃海兵使로 있을 때 상계군에게 후한 선물을 주며 받들었다는 주장이었다.

당시 정조는 문효세자가 죽어 후사가 전혀 없는 상황이었고, 이미 나이도 30대 중반을 넘은 상태였다. 따라서 상계군은 장차 세자로 책봉될 가능성도 있는 인물임과 동시에 정조를 몰아내고 왕위를 차지할 수 있는 신분이기도 했다. 따라서 사도세자의 죽음에 참여하였던 김상철이 정조의 등극 이후 배척받는 위치에 처해져 구선복 가문과 연계하여 상계군을 추대하기로 했을 수도 있다는 주장이었다.

정조는 즉시 추국청을 설치하고 김상철의 아들 김우진과 구선복의 아들 구이겸을 추국하였다. 이 자리에서 김우진은 문양해 역모사건의 주범이었던 이율李㮍과 친분을 맺고 있었던 사실이 발각되었지만 역모사건과는 무관하다고 주장하였다.

상계군 이담의 죽음이 역모사건으로 확대된 직후에도 구선복은 훈련대장의 지위를 행사할 정도로 오만한 자세를 보이다가 추국청에서 체포되었다. 정조는 혹시 있을지 모를 구선복 휘하 군사들의 발호를 우려하여 삼군문三軍門의 대장에게 명하여 군사를 거느리고 각자 도성 내에 주둔하게 하고, 병조판서는 용호영 휘하의 금군禁軍을 거느리고 내병조 사문四門과 대궐 문에 병력을 투입하여 불의의 사고를 예방하고, 합문의 내외 좌우 통장統將은 무예별감을 거느리고 칼을 차고서 지키게 하였다.

구선복은 추국청에서 이 사건이 자신을 죽이고자 하는 음모라고 하며 결백을 주장하였다. 하지만 당시 사건의 연관자였던 장언회와의 대질 심문 끝에 1년 전에 있었던 홍복영과 문양해의 역모사건에 자신이 관여하여 상계군 이담을 국왕으로 추대하는 반정反正을 추진하다 그만두었다고 실토하였다. 이에 정조는 구선복에게 최고의 형벌인 능지처참형을 내리고 아들인 구명겸을 효수하도록 하였다. 하지만 정조는 이 역모사건에 상계군의 부친인 은언군이 관련되어 있으므로 사형시켜야 한다는 여론에 대해 자신의 거처에서 사흘 동안 합문을 열지 않고 수라를 먹지 않는 왕실 초유의 일을 단행하며 정면으로 돌파하였다.

구선복의 역모사건에 대해 정조는 구선복이 병권兵權을 쥔 지 수십 년이나 되어 오래전부터 반정을 계획한 것이며, 그가 사실을 이야기한 것이 만분의 일도 되지 않는다고 언급했다. 그럼에도 불구하고 더 이상의 확대를 통해 정국이 흔들리는 것을 원하지 않았다.

> "구선복이 10년 동안 대장大將으로 있어서 뿌리가 튼튼하고 소굴이 깊었으므로 문무백관을 막론하고 그 가운데 참여한 자가 반드시 많을 것이니, 보지 않는 것이 더 나을 것이다. -중략- 풍속이 날로 무너지고 법이 날로 문란해지다가 군신 상하가 서로 의심하고 막히는 데까지 이르러 이번 구선복의 변고가 있었던 것이다. 외면으로 보면 세상에 드문 은총을 받은 것 같았고 융숭한 권고를 받은 것 같았으나, 위아래가 서로 의심한 지 오래되었다."
>
> -『정조실록』 10년 12월 계사癸巳

이처럼 정조는 국왕을 음해하여 반정의 기운이 오래전부터 존재해왔음을 신하들에게 토로하면서 이 기회를 통해 자신의 왕권을 강화하고자 하였다. 부친인 장헌세자의 죽음으로 인해 정통성을 훼손당해 오랫동안 국왕의 권위를 제대로 행사하지 못한 정조의 구선복에 대한 분노는 대단했다.

> "병오년에 이르러서야 국법에 의해 처단되었는데, 시신을 저자에 버리는 형벌이 어찌 이 역적에게 법을 충분히 적용했다고 하겠는가. 사실은 살점을 씹어 먹고 가죽을 벗겨 깔고 자도 시원치 않았었다."
>
> -『정조실록』 15년 6월 무신戊申

이 사건은 구선복의 능지처참형으로 마감하는 듯하였으나 이듬해인 1787년(정조 11년)에 새로운 이슈로 등장했다. 판의금부사 김종정金鍾正이 자신의 척족 이광운李匡雲의 상소에 대한 내용을 문제 삼아 국왕과의 청대를 통해 역모사건에 대한 단초를 제공했다.

이광운은 정조의 뒤를 이을 저위儲位가 없는 것이 종묘사직에 문제가 되므로 저위를 서둘러 정하라는 상소를 준비하였던 것이다. 이에 김종정은 사건이 확대되면 자신의 집안에도 문제가 있을 것으로 판단하여 정조에게 고변을 하였던 것이다.

정조는 상계군 이담의 죽음을 통해 저위 문제로 곤욕을 치렀고, 자신의 동생인 은언군마저 강화도로 보내야 했던 정치적 고통을 겪었기에 문제의 심각성을 인정하고 즉시 친국을 단행하였다.

이광운은 공초에서 구선복의 상계군 추대와는 다른 형태라고 자신을 항변했다. 이와 더불어 5월과 9월 이후 국가가 위급하게 된다는 구선복 역모사건에 대해 언급하면서 오히려 자신의 상소는 구선복의 역모를 통분했기 때문이라고 항변했다. 하지만 정조는 친국을 통해 이광운의 상소에 국왕체제의 전복을 노린 '입승대통'入承大統, 즉 세자를 세워 대통을 잇게 하라는 대목이 있음을 밝혀냈다.

결국 조정에서는 이광운의 '입승대통'에 대한 상소를 구선복의 상계군 이담 추대사건과 동일시하여 이광운을 죽이고 이광운의 상소를 불태운 한채韓采를 신지도로 유배하는 것으로 정리하였다.

하지만 이 사건은 구선복 옥사사건과 연계된 것만이 아닌 홍복영 사건과도 연계되어 반정反正의 역모사건으로 확대되었다. 구선복이 홍복영 사건의 핵심인물인 이율과 밀접한 연관을 맺고 있었으며, 이를 통해 정조를 제거하고자 하였다는 것으로 정리된 것이다.

결국 정조는 홍복영 사건을 통해 장용위를 설치하였듯이, 이 사건을 통해 단순히 궁중수비만을 전담하는 부대가 아닌 역모사건을 방지할 수 있는 군영으로 확대하는 것을 추진하게 된 것이다. 아울러 정조는 구선복의 제거를 통해 군권을 완전히 장악했고 더 이상 정조에 맞설 무반 세력은 없게 되었다. 정조는 이 사건을 통해 오군영의 대표인 훈련도감을 약화시키고 새로운 친위 군영인 장용영 창설을 추진하게 되었다.

백성을 위한 군대, 장용영壯勇營

조선후기 문예부흥의 시대로 평가받고 있는 정조시대는 17~18세기 소중화小中華의 인식을 뛰어넘어 중원을 지배하고 있는 청淸을 극복하고 동아시아 일대의 문명을 주도하는 국가로 성장하고자 노력하는 시대였다. 이를 위해 정조는 재위 기간 전반에 걸쳐 왕도정치를 기본 바탕으로 개혁을 통한 다양한 위민정책들을 추진했다.

정조는 1778년(정조 2년)에 자신이 세손 시절부터 고민해 온 4대 개혁과제를 천명했다. '경장대고'更張大誥라 불리는 정조의 개혁과제는 민산民產·인재人材·융정戎政·재용財用이었다. 백성의 재산을 늘리고, 인재를 양성하고, 군사제도를 개혁하여 국가 전체를 부강하게 하겠다는 것이다. 정조의 개혁사상이 총집결된 '경장대고'는 정조의 재위 기간 전반에 걸쳐 일관되게 추진되었다.

이와 같은 경장정책을 추진하기 위해 정조에게 강력한 왕권이 필요한 것은 두말할 나위가 없었다. 하지만 정조는 사도세자의 죽음 이후 취약한 정통성으로 인해 국왕으로서 강력한 왕권을 행사하기가 어려웠다. 따라서 정조는 백성들을 이롭게 하여 국가를 부강하게 하는 것만이 백성들로부터 지지기반을 굳건히 갖추어 왕권의 정통성을 회복할 수 있다고 판단하였다.

정조는 즉위 초반부터 노비추쇄관 혁파와 서얼허통을 통한 신분제도의 개혁과 신해통공辛亥通共을 비롯한 상업 개혁정책, 『흠휼전칙』과 『자휼전칙』으로 대표되는 인권보호정책 등의 경장정책을 추진하여 백성들의 절대적 지지기반을 마련하였다.

4대 개혁과제 중에서 정조가 가장 중요시 여겼던 것은 바로 인재양성과 군사제도의 개혁이었다. 인재양성정책의 대표적인 사례는 바로 규장각 설치와 초계문신제도의 양성이다. 물론 서얼허통 역시 인재양성의 일환이기도 하다. 정조의 규장각을 통한 국가의 국정 이념의 정립과 각종 연구와 출판사업 등은 조선의 문화를 한 단계 발전시키며 문예부흥시대를 열었다.

정조는 문文에 대한 무武의 차별이 외세의 침입에 나라를 지킬 수 있는 방어력을 떨어뜨린다는 인식 속에 문무文武가 하나로 나가야 한다는 생각을 가지고 있었다. 그가 '문치규장 무설장용'文治奎章 武設壯勇을 내세우면서 무武를 문文과 병행 발전시키려 한 것은 바로 그런 맥락에서 이해할 수 있다. 그래서 정조는 무武를 통한 국방개혁의 중심처로 장용영을 선택했다.

국왕이 올바른 정치사상과 운영논리를 가지고 있다 하여도 정책을 추진하고 국왕 자신을 보호할 군사적 힘이 없다면 사상누각에 불과할 따름이다. 따라서 정조는 장용영 창설을 통해 강력한 군권을 장악하고, 이를 통해 기존 오군영을 축소하여 민생 안정을 추진하였다. 당시 국가 재정 지출의 56%가 각 군영에 지출되는 비용이었기에 군제개혁 없이는 다른 개혁도 어려운 상황이었다. 그래서 기존 오군영이 존재함에도 불구하고 장용영을 창설한 것이다. 하지만 정조의 장용영 창설은 단순한 국방개혁정책만이 아닌 국가

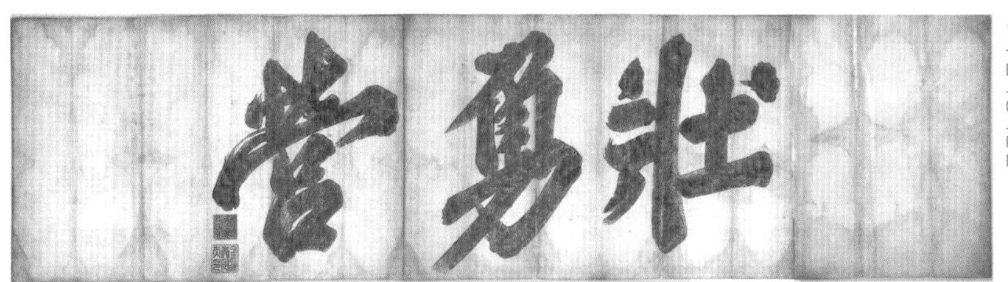

장용영 편액 김종수金鍾秀가 쓴 장용영 편액을 탁본한 첩이다. 끝에 대사마태학사大司馬太學士와 김종수정부인金鍾秀定夫印의 낙관이 찍혀 있다. 정부는 김종수의 호이다. 이 편액은 이유원이 『임하필기』林下筆記에서 조선시대 관청에 걸린 편액 중 19개의 명필을 선별할 때 뽑힌 작품이다.

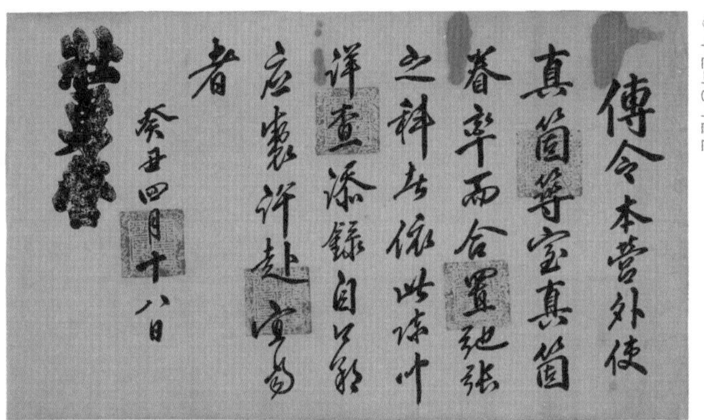

전령
傳令

1793년 4월 18일 장용영 내영內營에서 수원유수 겸 장용외사 채제공에게 보낸 문서다. 축실築室에 공이 있는 자들에게 그 노고에 대한 포상의 개념으로 응제應製에 참여할 수 있도록 허락해 준 것이다. 여기서 '축실'이란 채제공이 수원유수로 재직하면서 건축한 이아貳衙와 궐리사闕里祠 가운데 하나로 추정된다. 문서에 찍힌 인장은 '장용영장'壯勇營章이다.

전반의 개혁을 위한 핵심 선결 요건이었다.

현재까지 정조의 장용영 창설에 대한 일반적인 평가는 왕권강화 차원에서만 이해되고 있다. 물론 정조가 왕권을 강화하기 위해 장용영을 창설한 것은 사실이다. 군권軍權을 장악하지 못한다면 국왕으로서 어떠한 정치적 행위도 할 수 없기에 정조는 자신의 개혁정책을 추진하기 위해서라도 반드시 군권을 장악해야 했다.

그러나 장용영 창설은 또 다른 목표도 있었다. 민생안정이 그것이다. 정조는 장용영을 기반으로 조선 초기 군제를 오위제五衛制로 복구하여 군정軍政의 폐단을 최소화 하고 민생의 안정을 도모하고자 하였다.

조선후기 반계 유형원을 비롯한 대다수의 실학자들은 오위제의 복구를 촉구하였는 바 이는 바로 병농일치를 목표로 한 사회개혁의 한 방편이기도 했다. 정조는 기존의 중앙오군영 체제의 한계를 인정하고 새로운 군영을 창설하여 오위체제를 실현하는 한편 이를 통해 둔전 개발과 더불어 민생안정을 추구하려 하였다.

장용영 창설은 다른 한편 북벌을 추진했던 효종의 뜻을 이은 자신의 생부 장헌세자에 대한 정치적 복권의 시도이기도 했다. 장헌세자는 무武를 중요시 여겼고, 이를 위해 기존의 무예를 모아 『무예신보』武藝新譜를 편찬하였다. 정조는 1789년 장헌세자의 묘소를 수원부 읍치로 옮긴 직후 그가 편찬을 주도했던 『무예신보』에 마상무예 6기만을 추가하여 『무예도보통지』武藝圖譜通志를 장용영 주관으로 편찬하고, 이 무예를 장용영의 근본무예로 삼았다. 결국 정조는 장용영을 통해 장헌세자의 비원이었던 북벌을 계승함과 동시에 사도세자의 장기적인 국왕 추존의 기반을 닦음으로써 자신의 왕권에 대한 정통성을 회복하고자 하였다.

아울러 1793년 수원도호부를 화성유수부로 승격시킨 뒤 장용영 내·외영제를 확립하여 장차 자신이 1804년 왕위를 이양하고 상왕으로 거처할 화성에 대한 강력한 군사체제를 준비하였다. 정조는 자신의 친위근거지인 화성에서 상왕의 권한인 인사권과 사법권 그리고 군대통수권을 통하여 오랫동안 추진해온 개혁정책을 완수하고자 하였다. 장용영은 정조의 개혁정책 추진의 실질적인 추진력이었던 것이다.

정조의 군제개혁의 명분은 단순한 군영의 통합이 아니라 군비의 낭비를 방지하여 민생을 활성화하자는 것이었다. 그래서 즉위 초부터 수어청과 총융청의 통합을 주도하였으나 기존 군부의 반발로 인하여 실현되지 못했다. 따라서 정조는 군영개혁의 시발로써 자신의 친위부대를 창설하는 구도로 전환한 것이다.

그러나 금군과 호위청이 존재하는 속에서 새로운 호위기구의 창설은 무리가 있었다. 정조는 이를 자신에 대한 반대세력의 시해 기도를 반전시켜 호위기구 창설의 명분을 확립하고 숙위소宿衛所를 설치하고 홍국영을 숙위대장으로 임명하였다. 하지만 자신의 국왕 등극에 절대적 역할을 한 홍국영이 역모의 움직임을 보이자 홍국영을 제거하고 숙위소를 혁파하였다. 만약에 있을 홍국영에 의해 성장한 숙위소의 역모를 예상했기 때문이다.

정조는 홍국영의 종제인 홍복영 일파의 역모 사건을 확대하여 숙위소를 능가하는 장용위를 창설하였다. 장용위는 금군의 무관 출신 중 가장 뛰어난 무사들을 선발하여 장용위라는 호위부대를 다시 창설하고 장기적으로 확대 개편하였다. 정조는 호위기구 개편을 통한 장용위 설치가 결국은 국왕인 자신의 의도대로 정국을 운영하기 위한 군영개혁의 출발점으로 보았다. 따라서 장용위 설치가 주는 의미는 정조시대 경장정책에서 가장 중요한 역할을 수행하는 중심에 있었다고 할 것이다.

이로써 장용위를 확대하여 친위군영인 장용영을 창설한 정조의 실제 목적은 바로 군역軍役의 안정을 위한 것이기도 하였다. 정조는 조선 초기 오위 체제로의 전환을 추구하면서 그 형태와 유사한 둔전경영屯田經營에 초점을 두었다. 장용영 군사들과 농민들이 둔전에서 농사를 지어 그 수입으로 군영을 운영하고자 한 것이다. 다시 말해서 오군영과 같이 군영 재정을 백성들의 군포 납입에서 운용하는 것이 아니라 자체적인 수입으로 충당함으로써 백성들에게 피해를 끼치는 폐단을 줄이고자 한 것이다.

이러한 장용영의 둔전 운영이 안착되면 정조는 모든 군영에 이와 같은 제도를 도입하여 백성들의 군포납부를 아예 폐지하고자 했다. 이러한 장기적인 계획을 세운 정조는 장용영의 관직체계를 구축하고 이들을 집단 거주하게 하였다. 이러한 집단 거주는 단순히 통제의 의미를 넘어 북벌에 대한 의지의 표명이기도 했다.

정조는 국방력을 강화하기 위해 즉위 연간부터 무기발달에 맞춰 다양한 병서를 편찬하였다. 이들 병서와는 다른 형태의 무예서도 출간하였는데, 그 중 대표적인 것이 24가지 단병 무예에 대하여 실물의 그림을 통하여 자세히 설명한 『무예도보통지』武藝圖譜通志이다. 『무예도보통지』는 사도세자가 편찬한 『무예신보』武藝新譜 18기와 마상무예 6기를 합하여 총24기를 정리한 것이다.

정조는 적자와 서자를 구분하지 않고 인재를 얻음과 동시에 상당수의 지식인 서얼을 포용하여 자신의 지지세력으로 키우고자 하였다. 1789년(정조 13년)에 장용영에 출판기관인 서국書局을 설치하여 노론 청류로, 서얼임에도 불구하고 당대 최고의 인재로 평가받고 있던 규장각 검서관 이덕무, 박제가와 장용영 초관인 백동수에게 『무예도보통지』의 편찬을 지시하였다.

그 중 대표적인 세력이 바로 노론 시파 청류계로 북학을 주장하는 이덕무 계열이었다. 이덕무, 박제가는 박지원의 학문적 동지로서 당대 북학파의 중심인물이었다. 또한 출중한 무예실력으로 『무예도보통지』의 시연을 맡은 백동수 역시 이덕무의 처남으로 무반 서얼의 중심인물이었다. 정조는 서얼 허통에도 불구하고 차별이 계속되고 있는 시점에서 이들에게 자신이 추진하는 사업 중 가장 대표적인 일을 맡김으로써 신뢰를 보여주고, 이들은 『무예도보통지』 편찬 사업을 바탕으로 정조의 지지세력을 확대할 수 있었다.

정조는 『무예도보통지』의 무예24기를 무과시험 과목으로 선정하여 무예24기를 보급하였으며, 장용영 군사 모두에게 무예 24기를 익히게 하였다. 아울러 정조는 무예24기를 오위체제의 개인 무예로 인식하고 보급하고자 하였다. 이는 장용영을 병농일치의 오위체제로 전환하는 중추로 삼기 위해서였다. 결국 『무예도보통지』 편찬은 정조의 왕권 강화에 절대적인 역할을 하였다고 할 수 있다.

임진왜란과 병자호란을 거치면서 국방체제는 수도권 중심으로 정비, 강화되면서 필요에 따라 삼수속오법三手束伍法에 의한 훈련도감·어영청·총융청·수어청·금위영 등이 차례로 설치되어 숙종 때까지는 이른바 오군영 체제가 갖추어지기 시작했다.

훈련도감·어영청·금위영은 삼군문으로 불리어지며, 궁성수비 내지는 수도의 방어를 책임지게 되었다. 이들 삼군문과 더불어 북한산성을 수비하는 총융청과 남한산성을 수비하는 수어청은 수도 외곽을 방어하는 군영으로 경기 일대의 방어를 책임지고 있었다.

하지만 오군영은 십여 만의 군사들을 보유하여 많은 국가재정이 낭비되고 있음에도 불구하고 군사훈련의 성과와 그 효용은 그리 높지 않고 오히려 많은 폐단을 야기하였다. 정조는 즉위 직후 국가재정의 확충과 노론의 사병과도 같은 오군영을 혁파하고 조선 초기 병농일치를 위주로 하는 오위체제로 군제개혁을 단행하고자 하였다. 당시 오군영에는 쓸모없는 병사가 너무 많아 이들에 대한 녹봉의 지급이 국가재정에 막대한 지장을 초래하였다. 결

© 이용창(기록사진작가)

장용영 수위 의식

2003년 수원시에서 화성행궁을 복원하였다. 이후 수원시에서는 장용영수위절목壯勇營守衛節目을 기초로 하여 화성행궁을 수위하는 장용영 군사들의 의식을 재현하고 있다. 매주 일요일 오후 2시에 장용영 수위 의식을 재현한다.

국 각 군영의 축소를 통하여 남는 군비를 백성들의 구휼과 경제기반 구축에 투여하는 것이 올바르다고 인식하였다.

또한 노론세력과 연관되어 있는 각 군영에 대한 재정지원 축소 또는 군영의 통합을 통하여 자신의 왕권을 강화하고자 하였던 것이다. 정조는 즉위 직후부터 호위기구의 확대를 통하여 자신의 군사력을 확충하고 나아가 친위부대인 장용영을 설립하였다. 장용영의 설립은 오군영의 핵심 군사를 이관시킴과 더불어 신진 무인세력을 선발하여 가능케 하였다. 결국 장용영은 정조의 친위기구로서 왕권강화에 절대적인 영향을 주었으며 자연스럽게 장용영의 재정지원을 위하여 오군영의 축소는 불가피하였다.

정조는 장용영 군사들을 한양의 종묘 옆 '이현'梨峴에 주둔케 하였다. 오늘날 종묘 옆의 혜화경찰서와 서울시선거관리위원회가 있는 지역이다. 이현은 이현궁梨峴宮이 있던 곳으로, 이곳은 광해군의 잠저였던 곳이기도 하고 인조반정 이후 인조의 모친이었던 연주대부부인을 모셨던 곳이기도 하다. 그러나 이곳이 더욱 중요한 의미로 평가받는 것은 효종의 즉위 후 북벌군의 본영으로 사용되었다는 것이다.

효종은 이현궁에 북벌군을 주둔케 함으로써 자신의 북벌 의지를 관철시키고자 하였다. 더불어 북벌군의 가족들을 현재의 종로5가에서 대학로로 올라가는 이현대로 주변에 집단 거주케 하면서 군사훈련에 차질이 없도록 하였다.

이러한 효종의 의지를 계승한 정조는 이현궁에 장용영 본영을 설치하고 효종이 했던 것과 동일하게 장용영의 가족들을 본영 일대에 거주케 함으로써 안정을 추구하고 더 나아가 장용영 가족들이 솔선하여 도성 내의 청계천 청소와 도로 청소 등을 하도록 하였다.

정조는 장용영 군사들에게 강도 높은 훈련을 시켜 조선 최강의 군대로 성장시켰다. "바람으로 머리 빗고, 빗물로 목욕하라"櫛風沐雨는 정조의 명령은 스스로 협객임을 과시했던 장용영 군사들의 훈련 의지를 더욱 공고히 하였다. 장용영 군사들은 정조의 기대에 부응하며 들판에서 활을 쏘고 창을 휘두르며 더위를 참고 추위를 견디며, 거센 바람과 폭풍우에도 아랑곳하지 않았다. 그들의 모습을 상상만 해도 왠지 가슴이 저리고 눈물이 날 정도이다.

정조는 즉위 직후 다양한 견해를 수용하여 1778년 2월에 수도 외곽 방어군영인 총융청과 수어청에 대한 통합을 논의케 하였다. 그러나 국왕인 정조의 지시에도 불구하고 두 군영이 통합하게 되면 무관들의 자리가 모자라게 된다는 이유로 이 논의는 중단되었다.

하지만 군영의 폐단은 증가하고 이들을 위한 국가재정의 낭비가 심화되는 현상이 지속되자 정조는 수도 외곽 방어군영에 대한 통합을 추진하였다.

정조는 강화 일대를 방어하는 통어영과 진무영을 통합하게 하였다. 이러한 정책 추진 이후 정조는 계속하여 총융청과 수어청에 대한 통합을 논의케 하였으며, 마침내 1795년(정조 19년) 8월에 총융청과 수어청을 합쳐 단영單營으로 하였다.

정조의 국방강화정책은 불필요한 군영을 통합하여 재정을 확보하고 체계적인 훈련을 받은 강력한 부대를 양성하고자 하는 것을 원칙으로 하였다. 이러한 정조의 국방강화정책은 장용영을 설치함으로써 이루어졌으며, 이는 자연스럽게 정조의 정치적 반대 세력이었던 노론과 연계되어 있던 오군영의 군사력을 약화시키고 자신의 왕권을 강화하는 것으로 마무리되었다. 왜냐하면 수도 외곽 방어군영의 통합은 초기 국가재정 확보 차원에서 장기적으로 정조의 신도시 화성 건설과 연결되어 있기 때문이었다.

정조는 장용영외영을 화성에 주둔케 하였으며, 이들은 곧 수도 외곽 방어의 임무까지도 동시에 담당함과 아울러 정조의 왕권을 뒷받침하는 가장 강력한 군사력이 되었다. 결국 정조의 수도 외곽 방어군영 통합은 군비의 낭비를 막아 민생경제에 도움이 되는 것과 동시에 장용영외영의 창설로 이어져 왕권강화에 기여하였다.

장용영외영의 창설은 정조의 경장정책의 핵심인 국방개혁의 마지막을 완성하는 일이었다. 정조는 화성 건설을 통해 자신이 추구해 온 사도세자의 추숭사업을 할 수 있는 정치적 기반을 마련했다. 이를 위해 장용영외영을 1798년(정조 22년) 협수군 체제로 정비하고 화성에서 군사훈련을 주도하였다.

결국 정조가 창설한 장용영은 정조의 경장정책의 핵심이었다. 이는 문과 무를 차별하지 않고 동시에 육성하여 조선을 부강한 국가로 만들겠다는 정조의 의지가 실현된 것으로 보아야 한다.

정조의 화성 축성 계획안, 『어제성화주략』

화성 축성 계획에서 정조의 역할은 어느 정도일까? 많은 사람들이 궁금해 한다. 정조가 자신의 친위도시 화성을 건설하고자 한 것에 대해 많은 이들이 공감하고 있지만 실제 그가 얼마나 화성 축성에 관여했는지에 대해서는 의문을 품기도 한다.

왜냐하면 1792년 12월에 다산이 올린 화성 축성 계획안인 『성설』城說을 정조가 전폭적으로 수용하였기 때문에 화성 축성의 실제 설계자는 다산이라고 생각하는 것이다. 물론 그 생각도 틀린 것은 아니다. 다산이 올린 화성 축성 계획안인 『성설』과 『화성성역의궤』에 나오는 정조의 화성 축성 계획안이자 지시 사항인 『어제성화주략』御製城華籌略의 문장이 거의 일치하고 순서가 같기 때문이다. 그래서 사람들은 정조의 『어제성화주략』은 다산의 『성설』을 토씨 하나 틀리지 않게 그대로 인용하여 정조가 자신의 이름으로 반포한 것이라 생각하면서 정조의 화성 축성에 대한 노력을 축소하기도 한다.

사실 조선시대 국왕들은 자신들이 하는 특별 하교와 외교 문서를 스스로 작성하지 않았다. 정조 역시 마찬가지다. 정조가 아무리 대단한 학자이자 문장가라 하더라도 국왕이 해야 할 일이 너무 많기 때문에 모든 문장을 자신이 다 지을 수는 없는 것이다. 현재의 대통령도 취임사부터 시작해서 신년 기자회견문 등 중요한 정책을 선언하는 회견문과 각종 국경일에 낭독하는 대통령의 기념사를 직접 쓰지는 않는다. 모두 청와대 연설문 담당 비서관의 손에서 나와서 대통령과의 조율을 통해 대통령의 언어로 나타나는 것이다.

정조도 역시 마찬가지였을 것이다. 정조가 다른 국왕들에 비해 탁월한 학문과 문장 능력으로 『홍재전서』弘齋全書라고 하는 조선시대 국왕 중 유일한 문집을 가지고 있다 하더라도 정조 역시 모든 글을 자신이 쓰지는 않았다.

필자가 예전 수원화성박물관 학예팀장으로 있을 때 정조시대 규장각 초계문신을 했던 최벽崔璧 선생의 후손이 최벽 선생의 유품을 기증해준 적이 있었는데, 그 안에 최벽 선생이 지은 『병학통』兵學通 서문이 있었다. 그것을 보더라도 『병학통』 서문을 정조의 지시를 받아 최벽이 짓고, 나중에 정조와 조율하여 최종적으로 정조의 이름으로 『병학통』 서문을 간행한 것임을 알 수 있었다. 이처럼 정조의 『어제성화주략』 역시 다산의 『성설』을 기반으로 하고 있지만 정조가 다산의 『성설』을 그대로 받아 자신의 이름으로 똑같이 지시한 것만은 아니다.

정조는 화성 축성에 대해 깊이 고민한 끝에 다산에게 『성설』을 보완하라는 특별 지시를 내리고 다산이 보완한 내용을 추가로 받아 자신이 화성 계획안을 마무리하였다. 그리고 축성 과정에서 전 과정을 세밀하게 보고받고 거기에 맞춰서 변경과 보완 지시를 하며 축성 전반을 이끌었다. 이는 다산의 글 속에서도 찾을 수 있다.

다산은 비록 아버지 정재원의 상중喪中이었지만 정조의 화성 축성 계획

윤음
綸音

1794년 11월 1일 화성 성역을 감독하는 신하들에게 화성의 성 쌓는 일을 정지하라고 내린 윤음이다. 1794년 1월부터 시작한 공사가 거의 끝나가고 있었는데 기근이 들자 정조는 여러 차례 공사를 정지시키려 하였다. 결국 이로 인해 역사는 중지되었고 1796년에 가서야 축성이 완성되었다. 『홍재전서』 권28에도 동일한 내용이 실려 있다.

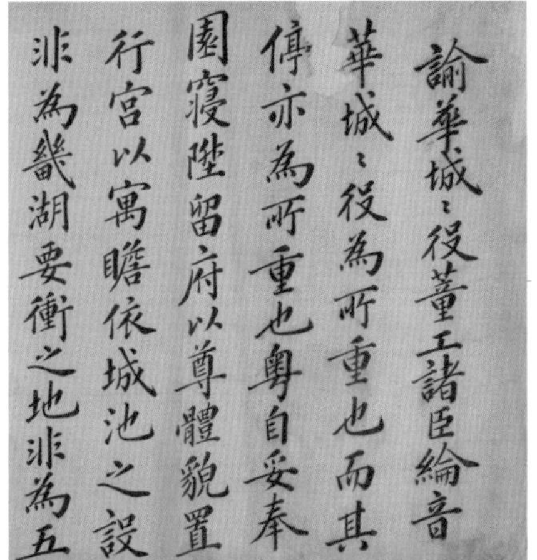
諭華城ヽ役董工諸臣綸音
華城ヽ役為所重也而其
停亦為所重也粤自妥奉
園寢陞留府以尊體貌置
行宮以寓瞻依城池之設
非為畿湖要衝之地非為五

© 수원화성박물관

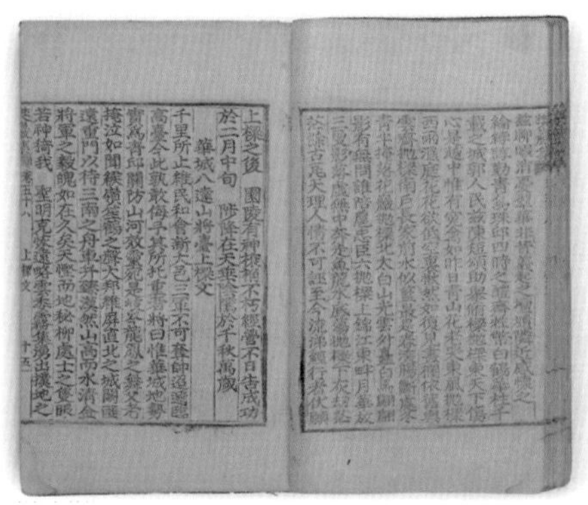
© 수원화성박물관

서장대 상량문
西將臺 上梁文

정조는 화성에 행차하면 군사 훈련의 지휘를 이곳에 올라 하였다. 『화성능행도』의 「서장대야조도」西將臺夜操圖는 정조가 서장대에서 야간 군사훈련을 지휘하는 모습을 그린 것으로, 서장대의 입지 특성을 잘 보여준다. 상량문은 1794년 9월 16일 우의정 채제공이 왕명을 받들어 짓고 썼다. 『번암집』에 내용이 실려 있다.

안을 만들라는 지시를 거부할 수 없었다. 자신의 이상적 군주인 정조가 꿈꾸는 것이 무엇인지 알고 있었기 때문이다. 그리고 자신 역시 정조와 더불어 백성을 위한 나라 만들기에 특별한 역할을 하겠다는 생각이 있었기에 서애 유성룡의 『징비록』과 박제가의 『북학의』 등을 세밀히 읽으며 어떻게 하면 외적들의 공격에 무너지지 않는 선진적인 성곽을 만들 것인가를 고민한 것이다. 유성룡이 임진왜란 당시 보았던 조선 성곽의 문제점과 그 대안의 기록과 박제가가 연경에 가서 보고 온 중국 성곽의 장점과 성곽 축성 재료인 벽돌의 참신성 등 보다 방어력이 높은 새롭고 선진적인 축성 시설에 대한 고민을 한 결과가 바로 『성설』이었다.

정조는 다산의 『성설』을 보고 매우 놀랐을 것이다. 자신이 원하는 성곽 계획안을 만들어왔기 때문이다. 정조는 늘 다산이 자신을 놀라게 한다고 생각했다. 자신이 원하는 것보다 훨씬 더 창의적이고 성실했기 때문이다. 성균관 유생 시절에도 다산을 비롯한 유생들에게 글 읽기 능력을 시험해보고 책을 읽어오라는 과제를 주면 다른 유생들은 지시한 부분만 공부하고 오는데 비해 다산은 책 전체를 공부하고 왔다. 그래서 정조가 일부러 유생들에게 주어진 과제와 다른 대목의 내용을 물어보면, 대다수의 유생들은 대답을 못하는데 다산만은 다른 곳의 내용을 물어보아도 막힘이 없었다. 그래서 정조는 다산을 신뢰하고 그가 학자로서 행정가로서 그리고 정치가로서 자신을 보좌하여 개혁정치를 함께 할 것이라고 생각한 것이다.

정조가 다산이 올린 화성 축성 계획안에 대해 놀랍게 생각한 것은 바로 다산이 만든 수레 때문이었다. 다산은 조선 역사상 최초로 '유형거'游衡車라는 수레를 만들자고 제안했다. 그리고 유형거의 제작 전반에 대한 내용을 상세하게 기술하였다. 이러한 유형거 제작을 중국의 병학서인 『무비지』武備志를 인용하여 만들었다. 물론 이 책은 정조가 다산에게 보낸 것이었다. 명나라의 장수인 모원의茅元儀가 만든 『무비지』란 책에 축성을 위한 수레가 기록되어 있는데, 다산은 『무비지』에 나오는 수레를 '유형거'라는 수레로 개량하였다. 이 수레는 수레 위에 큰 돌을 올려놓아도 자체적으로 수평을 잡아주어 사람이 수레를 끌고 가는데 힘이 들지 않게 만들었다. 정조는 이러한 다산의 창의성을 좋아하였다.

그런데 정조는 다산의 『성설』을 보면서 아쉬운 대목이 있었다. 그것은 '유형거'나 혹은 '대거'大車를 비롯한 수레에 싣고 가져온 돌을 어떻게 하면 성벽 위로 올려 높이 쌓을 것인지 하는 기계에 대한 언급이 없었기 때문이다. 그래서 2차로 다산에게 은밀하게 중국 명나라에 선교사로 왔던 등옥함鄧玉函이란 이름을 가진 포루투갈 선교사 요한 테렌스Johann Terrentz가 만든 『기기도설』奇器圖說을 보내주었다. 이 『기기도설』을 받은 다산은 거중기와 녹로를 만들었다. 이처럼 정조는 다산이 만들어 올린 『성설』을 인정하고 자신의 이름으로 다시 정리하였고, 거기에 더해 다산이 생각하지 못했던 부분까지 다시 보완하라는 지시와 참고할 만한 서적을 내려준 것이다.

그렇다면 정조가 만든 화성 축성 계획안인 『성화주략』城華籌略은 어떤 뜻을 가진 것일까? 우리는 정조가 『성화주략』을 만들었다고 이야기하면서도 그 말의 뜻이 무엇인지 생각해보지 않았다.

『성화주략』의 '성'城은 말 그대로 성곽 그 자체를 말하는 것이다. '화'華는 화성華城을 이름이다. 『어제성화주략』이 반포된 것은 축성을 시작하면서부터이니, 1794년(정조 20년) 1월이다. 당시는 수원도호부의 이름이 화성유수부로 변경되었고, 정조가 화성유수부의 읍치에 새로 축성하는 성곽의 이름도 화성이라고 명하라고 전교를 내렸기 때문에 '화'는 화성을 말하는 것이다. 이 두 글자는 화성에 성을 축성하는 것으로 해석되면 된다.

세 번째 단어인 '주'籌는 무슨 말인가? '주'는 바로 지혜를 뜻하는 말이다. '주'를 옥편에서 찾아보면 '산가지 주'란 말이 나온다. 또 '꾀 주'라고 표기된 사전도 있다. 대나무 죽竹과 목숨 수壽가 합쳐진 말로, 대나무로 만든 산가지란 뜻이다. 이 산가지란 중요한 의미를 담고 있다. 주역에서 가장 중요한 것 중의 하나가 주역점을 치는 것이다. 『삼국지』 주인공 중의 한 명인 제갈량은 전투를 하기 전에 반드시 주역으로 점을 쳤다. 대나무로 만든 얇은 나뭇가지 50개로 점을 치는 것이다. 이것이 바로 산가지이다. 그래서 산가지란 꾀와 지혜를 주는 것으로 해석되어 왔다. 이순신 장군이 한산도에 있는 자신의 삼도수군통제영의 사령부의 편액을 '운주당'運籌堂이라고 한 것은 모든 백성들과 군사들의 지혜를 모아 운영하는 곳이란 뜻이다. 이순신 장군이 임진왜란에서 백전백승할 수 있었던 가장 중요한 것이 바로 백성들과 군사들의 지혜를 모았기 때문이듯, 정조 역시 백성들과 축성 기술자 그리고 다산을 비롯한 실학자들의 지혜를 모아 축성을 하고자 하는 자신의 뜻을 '주'라는 글자에 담은 것이다.

마지막으로 '략'略은 다스린다, 또는 경륜한다란 뜻이다. 즉 모든 이들의 지혜를 모아 화성 축성을 국왕의 경륜으로 완성한다는 뜻이다. 그래서 『어제성화주략』은 정조의 지혜만이 아닌 조선 백성 전체의 지혜를 모아 화성 계획안을 만들었다는 것이다. 그렇기 때문에 우리는 정조가 자신의 이름으로 반포한 『어제성화주략』을 의미 있게 보아야 하는 것이다.

정조의 이름으로 반포된 『어제성화주략』은 어제御製에 포함되었어야 마땅하지만 성곽 축성 전반에서 가장 중요한 계획안이었기 때문에 『화성성역의궤』의 첫 번째 부분인 수권首卷에 포함시켜 놓았다. 왜냐하면 앞서의 이야기처럼 다산의 『성설』을 거의 수용하였지만 그것은 정조 자신이 원한 내용을 다산이 잘 정리했기 때문에 실제 정조가 직접 지은 것과 다르지 않았기 때문이었다.

그래서 화성 축성이 시작되면서 정조의 『어제성화주략』에 따라 가장 먼저 성곽 쌓을 곳 둘레에 못을 파고 거기서 나온 흙을 축성 터닦기에 사용하였다. 정조는 팔달문을 축성할 남쪽 성 밖과 북문 옆에는 자연적으로 생긴 깊은 도랑이 있고, 화서문 위쪽으로 팔달산을 오르는 등성 뒤와 동장대 쌓을 곳 밖의 동성의 아래에도 자연적인 해자가 있으니 그 부분은 파지 말고 이용하라고 지시하였다. 이러한 부분은 다산이 축성 현장을 보지 못한 상태로 『성설』을 만들었기 때문에 알 수 없었고, 축성 책임자와 기술자들로부터 현장의 상황을 보고 받은 정조의 지시로 해자垓字인 물길 파기가 최종 정리되었다.

그리고 성곽의 높이도 정조의 지시로 6.6m인 2장丈을 기준으로 하였는데, 산 위에서는 그 5분의 1을 감하여 대략 1.5~2m 정도로 하고 모두 돌로 쌓게 하였다. 성벽을 쌓기 위해서는 기초가 튼튼해야 했다. 그래서 정조는 성곽 쌓을 곳을 깊이 파서 돌을 길이로 세워서 쌓아 그 뿌리가 깊게 하였고, 다음에는 자갈을 바닥에 쌓고 몽둥이로 부수어 돌 사이의 틈을 채웠다. 이렇게 단단하게 만든 다음 성벽을 쌓고 그 성벽이 무너지지 않게 성곽 안쪽에 흙을 겹쳐 쌓았다. 그래서 겉으로는 석성이지만 안으로는 토성으로 만들어졌다. 이는 '내탁'內托이라고 하는데, 성곽 아래쪽의 너비가 6m 정도 된다. 그리고 성곽 위쪽의 너비는 약 3~4m쯤 된다. 지금 우리들은 성곽 위의 흙길을 걷게 되는데, 바로 '내탁'의 맨 위쪽을 걷는 것이다. 이러한 성곽의 기본 계획과 축성은 철저하게 정조의 지시에 의해 진행되었다. 현재 우리가 보고 있는 화성은 바로 정조의 『어제성화주략』으로 최종 정리된 것이다.

성곽의 전체 둘레도 정조의 지시로 최종 정리되었다. 정조도 처음에는 다산의 『성설』에 근거해서 화성을 3,600보(약 4km)로 만들라고 하였다. 하지만 축성 현장의 책임자인 채제공과 조심태 그리고 기술자들의 이야기로

어제성화주략

御製城華籌略

1792년 12월 정조는 정약용에게 수원 화성의 축성 계획을 정리하게 하였다. 정약용은 명나라 장수인 척계광戚繼光의 『기효신서』紀效新書와 모원의茅元儀의 『무비지』武備志를 참고하여 『성설』城說을 작성하여 제출하였다. 정조는 정약용의 성설을 『어제성화주략』으로 『화성성역의궤』 권1에 싣게 하였다.

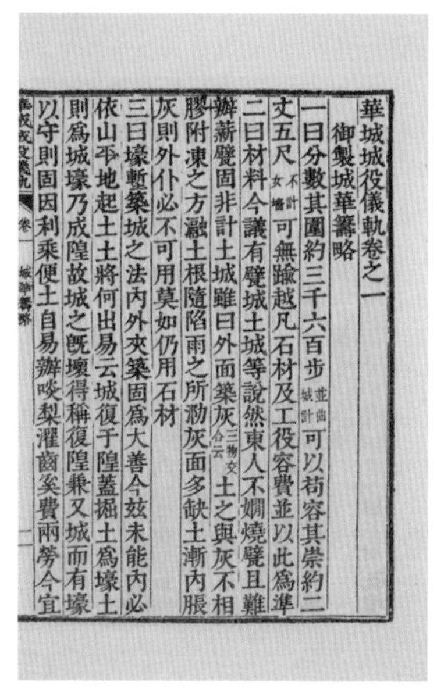

華城城役儀軌卷之一
御製城華籌略
一曰分數其圍約三千六百步並曲城計可以苟容其崇約二
丈五尺不計女墻可無踰越凡石材及工役容費並以此爲準
二曰材料今議有甓城土城等說然東人不嫺燒甓且難
辦薪甓固非計土城雖曰外面築灰三物交合云土之與灰不相
膠附凍之方融土根隨陷雨之所泐灰面多缺土漸內脹
灰則外仆必不可用莫如仍用石材
三曰壕塹築城之法內外夾築固爲大善今玆未能內必
依山平地起土土將何出易云城復于隍蓋掘土爲壕土
則爲城壕乃成隍故城之旣壞得稱復隍兼又城而有壕
以守則固因利乘便土自易辦啖梨濯齒奚費兩勞今宜

華城城役儀軌 卷一 城華籌略 一

© 수원화성박물관

홍재전서

弘齋全書

정조의 시문, 윤음, 교지 및 편저를 모은 전집으로 총 184권 100책이다. 1799년(정조 23년) 편집하기 시작하여 총 190편으로 정리하였으며, 정조 사후에 말년의 저술들을 덧붙여 1801년(순조 원년)에 재편집하고 1814년(순조 14년)에 간행되었다. 「춘저록」春邸錄이라는 표제 아래 세손이었던 시절의 시문 정리를 시작으로 정조 자신의 글 뿐만 아니라 신하들과의 응답 내용, 해당 관서의 기록에 대한 국왕의 최종 판결, 정조 재위 기간에 편찬된 서적의 해제解題 등 다양한 내용의 글이 다수 포함되어 있다.

© 수원화성박물관

는 3,600보로 할 수 있는 상황이 아니었다. 장안문 지을 터를 민가 밖으로 짓게 하면서 성곽의 길이가 늘어나게 되어 다산이 처음 계획한 대로 진행될 수가 없었던 것이다. 그 이유는 성곽 지을 터가 평평한 땅이 아니어서 네모난 성곽으로 만들 수 없었기 때문이다. 그리고 팔달산과 화성의 동쪽에 있는 선암산 그리고 가운데로 천川이 흐르고 있기 때문에 지형을 고려해야 했다. 정조는 현장의 소리를 귀 기울여 들었다. 앞서 이야기처럼 신분의 고하를 막론하고 축성에 참여한 모든 이들의 소리를 들으려 하였다. 그 결과가 바로 3,600보에서 1,000보 늘어난 4600보(5.74km)로 변경된 것이다.

이처럼 정조는 다산의 계획만으로 화성 축성을 진행하지 않았다. 다산의 『성설』을 가장 신뢰하는 동시에 다산이 모자란 부분을 보완하여 더욱 세밀하고 선진적인 화성을 만들고, 백성들이 다치거나 고통 받지 않게 성벽을 쌓을 무거운 돌을 들어 올릴 수 있는 거중기를 만들 수 있는 의견과 토대를 주었다. 그리고 자신이 직접 축성을 연구하여 성곽의 기반을 튼튼하게 하는 방법론을 제시하고 축성 현장의 소리를 수용하여 화성유수부 읍치의 지형에 맞는 축성을 하게 하였다. 그래서 화성은 정조와 다산의 지혜 그리고 축성 현장에 있었던 모든 이들의 경험과 지혜가 모여져서 완성된 특별한 성이다.

개혁군주 정조正祖의 꿈

조선시대 국왕으로부터 오늘날의 지도자에 이르기까지 개혁을 주창하지 않은 지도자는 없었다. 개혁이 올바른 방향이든 과거 회귀적이든 지도자는 이전 시대와 차별을 하고자 개혁이라는 이름 아래 정국변화를 시도하였기 때문이다.

우리 역사상 가장 위대한 개혁군주로 평가받는 정조 역시 자신의 정치 역정에 있어 개혁을 중심에 놓고 국왕으로서의 삶을 유지했다. 정조는 영조의 정책에 대한 '계지술사'繼志述事를 천명하며 개혁정책을 구상하고 추진하였다. 일견 보기에는 선대를 계승하는 보수적인 형태의 개혁정책처럼 보이지만 실제 정조의 개혁은 이전의 정책과 다른 파격을 보여주었다.

정조는 위로부터의 개혁을 추구하면서 불평등관계에 있는 하층민의 소외 문제를 개선하고 인권을 보호하려는 정책을 추진하였다. 아울러 기득권층의 특권을 분산시키려고 끊임없이 노력하였다. 이는 양반사대부 중심의 사회에서 '민국'民國의 주체인 백성 중심의 사회를 만들고자 하는 근대의식이 정조에게 있었다는 것이고, 정조는 백성들의 지지 기반으로 노론 위주의 기득권층을 압박하여 조선의 변화를 추진하였다.

정조의 개혁 의지는 1778년(정조 2년) 6월에 발표한 '경장대고'更張大誥에 잘 드러나 있다. '경장'이라 함은 곧 개혁을 의미하는 것으로, 경장대고란 개혁을 하기 위해 국왕이 내놓은 큰 정책이란 뜻이다. 정조의 개혁정책의 핵심은 모두 이 경장대고에 담겨 있다고 해도 과언이 아니다.

정조는 당시 사회가 큰 병이 든 사람이 진원眞元이 허약해져서 혈맥이 막히고 혹이 불거진 상황과도 같다고 인식하였다. 그래서 이러한 사회를 타개하기 위해서 민산民産·인재人才·융정戎政·재용財用의 4가지 항목을 대내외에 천명함으로써 개혁 구상을 구체적으로 밝혔다.

정조의 4대 개혁과제는 철저하게 백성과 국가의 존위에 관계된 것이었다. 임진왜란과 병자호란 이후 기득권층의 발호와 폐단으로 나라 전체가 병들어 있다고 인식한 정조는 위에서 말한 바와 같이 백성의 재산을 늘리고, 인재를 양성하고, 군사제도를 개혁하고, 국가 전체를 풍요롭게 해야 한다고 판단했다.

이는 "백성을 위하고" "백성들과 함께 은택을 누린다"는 위민정치론爲民政治論의 발현으로, 정조는 "백성은 나라의 근본이며, 하늘이 임금을 만들고 스승을 만든 이유는 백성을 위해서이며, 임금은 배이고 백성은 물"이라고 하며 백성을 위한 정책 추진을 선언하였다.

정조는 경장대고를 통해 천명한 4대 개혁과제를 단순히 일시적인 구호로 그치지 않고 재위 기간 내내 이를 추진하였다. 이 외에도 정조는 평등적 인성론을 바탕으로 조선후기 실학자들의 '대동사회론'을 수용하여 인간존중의 신분 및 제도 개혁을 추진하였다. 이와 같은 정조의 개혁정책은 세계사적인 관점에서 보더라도 감히 따를 수 없는 파격적인 개혁정책이라고 할 수 있다.

정조가 주창한 첫 번째 개혁은 '민산'民産이었다. 정조는 백성들의 재산을 늘려 부유하게 하는 방법으로 농업과 상업의 개혁을 추진하였다. 당시 백성의 대부분이 농민이었기에 농업개혁은 매우 중요하였고, 이를 위해 토지제도의 개혁에 중점을 두었다.

조선시대는 토지에 대한 세금을 부과하기 위해 토지를 6등급으로 나누어 20년에 한 번씩 측량하고 양안量案을 새로 작성하여 호조, 도, 군에 비치하였다. 양란兩亂 이후 토지에 대한 측량인 양전量田이 올바로 작성되지 않아 대토지소유주인 양반 사족들은 세금이 경감되고 오히려 적은 토지를 소유한 일반 백성들의 세금이 과중되는 극심한 폐단이 존재했다.

정조는 즉위 초 궁방전宮房田에 대한 개혁을 추진하는 한편 경기·영남·호남의 3도에 양전을 추진하고 양전이 끝나기 전에는 수령을 교체하지 말도록 지시하였다. 당시 노론 모두가 양전을 반대한 것은 아니지만 장령 최경악과 경상감사 정대용 등 기득권층의 상당수가 반대를 하였다. 양전은 경상도와 전라도의 일부만 시행되고 노론의 중심지인 경기도와 충청도는 양전을 추진하지 못했다. 대신 정조는 둔전의 확대와 저수지의 축조로 농업을 활성화하는 정책을 지속적으로 추진하였다.

백성들의 재산을 증식시키기 위한 정책에 있어 또 하나의 축은 바로 상업정책이다. 정조는 1791년(정조 15년) 1월 '금난전권'禁難廛權을 혁파하고 저자에 있는 백성 모두가 난전을 차려 자유로운 상업 행위를 할 수 있는 '신해통공'辛亥通共을 선포하였다.

18세기 후반은 청국과의 무역교류가 활발해지고 사상私商의 기능 강화와 잉여 생산물의 증가로 상업이 활발해졌다. 정조는 시대의 변화에 따른 자유로운 상업관을 가지고 있었고, 시장 경제의 원리에 대한 정확한 이해를 하고 있었다. 정조는 사상의 경제적 실력을 인정하고 그들의 활동을 보장하는

© 김준혁

규장각 주합루
奎章閣 宙合樓

규장각은 정조正祖가 설립한 왕립 학술기관이다. 원래 규장각은 역대 국왕의 글과 글씨, 즉 어제御製와 어필御筆을 보관하는 기관으로서, 1694년(숙종 20년)에 처음 설립되었다. 1776년 즉위한 정조는 규장각을 새롭게 재편하여, 중국과 조선에서 간행된 다양한 도서를 소장하고 소수 정예의 관리들이 소속되어 학술연구와 정책 마련을 담당하는 기구로 발전시켰다. 정조는 창덕궁 후원에 규장각의 중심 건물인 주합루宙合樓를 세워 역대 국왕의 어제, 어필을 보관하도록 했으며, 종정시에 있던 숙종 어필의 규장각 현판을 옮겨와 이곳에 걸었다.

대신 이들을 새로운 조세원으로 확보하여 국가재정에 충당하고자 하였다.

그러기에 도성의 대규모 상인들이 금난전권을 가지고 일반 백성들의 자유로운 상업행위를 막는 것을 용인할 수 없었다. 모든 이들이 자유롭게 상업행위를 하는 것이 백성들을 부유하게 하고 나아가 국가 전체의 재용이 늘어날 것이라 판단하였다. 더불어 시전상인들은 노론 기득권층의 경제적 후원 역할을 하고 있기 때문에 이들을 약화시키고자 하는 의도도 포함되어 있었다.

정조의 인재양성 개혁 방안으로는 규장각奎章閣 설립이 대표적이다. 규장각의 설립 목적은 왕실도서관과 인재양성이었다. 물론 산림세력과 문벌세력들을 대신하기 위한 친위세력의 양성이 겉으로 드러난 명분보다 더 깊은 목적이었지만 공개적으로 거론하지는 않았다. 1776년(정조 즉위년) 3월, 창덕궁 후원에 설치한 규장각은 처음에는 역대 왕들의 친필·서화·왕조 족보 등을 보관하고 관리했으나 점차 정조의 뜻대로 학술 및 정책 연구기관으로 변해 갔다. 규장각의 각신은 제학 2명 등 6명으로 구성됐으며, 이들에게는 많은 특권이 부여됐다. 출근한 각신은 매일 아침, 저녁으로 왕을 문안하고 어전회의에 참석할 수 있었으며 승지가 입시할 때에도 배석해 의견을 개진할 수 있을 정도로 파격적인 대우를 받았다.

규장각은 초계문신抄啓文臣이라고 불리는 젊고 뛰어난 학자들을 선발, 인재를 양성했다. 이들 학자는 정약용·이승훈·김조순 등으로 정조의 친위부대를 형성하며 새로운 시대에 맞는 정책을 수립했다. 정조시대 문화융성의 바탕이 바로 규장각이다. 하지만 우리는 어떤가? 문화국가를 만들겠다고 입으로만 이야기할 뿐 인재를 양성하고 그들이 연구할 공간을 만들 생각은 전혀 하지 않고 있지 않은가! 인문학과 기초과학을 기반으로 국가를 위하여 참된 연구를 할 수 있는 학자들을 길러야 함에도 응용학문과 스펙 쌓기에 매몰되어 장기적인 비전을 구축하지 못하고 있는 것이 우리의 현실이다.

정조는 당대의 인재를 양성하는 엘리트 교육도 중요하다고 판단하였지만 규장각 초계문신抄啓文臣과 검서관檢書官을 배출하기 위해서는 기초 교육이 중요하다고 인식하였다. 따라서 임진왜란 이후 약화된 향교鄕校의 기능을 강화하였다.

임진왜란 이후 기능이 약화된 향교에 대하여 정조는 향교가 처음 설립되었을 당시와 같이 공부하는 방식과 재정지원을 복구시켰다. 향교가 있는 해당 지역에서 도유사都有司 주관으로 교관을 선발하여 강의하게 하고 기숙사 시설도 보완하여 학습의 안정을 추진했다. 이로써 향교의 기능이 다시 살아나고 서당과 더불어 평민들의 대중교육기관으로 자리매김했다. 결국 정조의 인재양성개혁은 규장각을 통해 엘리트를 양성하고, 향교의 공교육 강화를 통해 평민들의 대중적 지식기반을 확대하는 것이었다.

전근대사회에서 신분의 차별은 기득권층을 유지하는 기본 사회질서였다. 이 질서를 파괴하는 것은 체제변혁을 추진하는 것과 같다고 할 수 있는데, 정조는 스스로 봉건체제의 신분질서를 허물고자 하였다.

정조의 대표적인 민본정책은 바로 '서얼허통'庶孽許通이다. 서얼허통은 조선사회 신분제의 일대 변화를 예고하는 파격적인 조치였다. 알다시피, 조선이 건국된 이후 양반의 서자庶子들은 과거시험에 응시할 수 없었다. 하지만 정조는 "백성들은 나의 동포요 한집 식구"라고 이야기했다. 그리고 이를 실천하기에 이르러 서자들의 신분을 타파하기로 결심했다. 그래서 1777년(정조 원년) 1월, 서자들이 관직에 나갈 수 있는 법을 제정해 적자나 서자 관계없이 유능한 인재들을 적극 등용했다. 규장각의 5대 검서관 중에서 덕흥대원군의 후손인 이서구李書九를 제외한 나머지 모두를 서얼 출신으로 임용한 것은 인재를 발탁하여 국가의 발전에 기여하게 하는 것뿐만 아니라 서얼 출신을 국왕의 지지기반으로 삼고자 한 왕권강화의 방편이기도 하였다.

그러나 정조가 직접 지시를 하고 정책적으로 추진했다고 해서 이 제도가 처음부터 완벽하게 시행되었을 것이라 생각하면 정말 오산이다. 기득권을 가지고 있는 인물들이 그런 정책을 쉽게 수용할 턱이 없는 것이 동서고금의 공통된 역사이다. 정조는 이 제도가 제대로 진행되는지 직접 관찰하고 독려하였다. 이처럼 국가 지도자가 중점 사업으로 추진하였기에 그나마 정조시대에 서얼허통이 이루어져 오늘날 우리들이 박제가나 이덕무, 유득공의 문집을 읽을 수 있는 것이다. 그러나 가정에서의 적서嫡庶 차별은 끝내 극복되지 못하였다.

정조는 이에 더 나아가 도망간 노비를 잡아들이는 인간사냥꾼인 노비추쇄관제도 혁파를 비롯하여 장기적으로 노비제도 자체를 없애는 파격적인 개혁을 주창하였다. "천하의 원통함이 노비보다 더한 인간은 없다"는 인식을 바탕으로 수많은 노비들을 양인良人으로 전환시킴으로써 국왕을 지지하는 백성으로 만들어 왕권강화에 일조를 할 수 있게 하고, 양인으로서의 의무인 국역國役을 담당케 함으로써 국가재정의 안정을 도모하고자 한 것이었다. 다만 이 정책은 정조가 추진하던 중 홍서薨逝함으로써 1801년 왕실의 재산을 관리하는 내수사 소속의 노비만 혁파되는 아쉬움이 있다.

정조의 4대 개혁에서의 핵심은 군제개혁이었다. 앞서도 이야기했지만 당시 국가재정의 56%가 군사비용으로 지출되었고, 백성들로서는 군역의 의무가 가장 큰 폐단이었다. 정조시대 중앙오군영은 17세기 이후 오랜 기간에 걸쳐 형성된 무반 가문에 의해 장악되었으며, 주요 무반들은 정치세력과 직접 혹은 간접적인 관계를 가지고 있었다. 더구나 군영의 난립은 필연적으로 양역의 폐단을 가중시켰기에 군영개혁이 군주들의 현안이 되었던 것은 너무나 당연한 일이었다.

정조는 국왕으로 재임하는 동안 군사통수권을 장악함과 아울러 군제개혁을 추진하겠다는 것을 보여주었다. 그리고 정조는 필요 없는 병사들을 덜어내어 군제를 갖춘다는 원칙을 천명하여 군비 축소를 통해 민간의 경제를 활성화하고자 하였다.

그러나 왕권의 기반이 공고화되지 못했던 그의 치세 전반기에 군영제軍營制를 개혁해 나가는 것은 무리였다. 이 때문에 전체 군영의 혁파보다는 수어청과 총융청의 합병에 대한 논의를 시도했다. 정조는 일차적으로 강화도를 방어하는 통어영과 진무영을 합치는 군제개혁을 단행하였다. 이후 지속적인 군비절감을 위한 군영의 통합을 추진하여 마침내 도성에서 수어청을 통제하는 수어경청守禦京廳을 혁파하였다. 그리고 중앙오군영의 군사들을 대폭 축소하고 장용영을 통한 군사정예화를 추진하였다.

더불어 정조는 국왕-병조판서-오군영 대장의 군권 일원화를 적극적으로 추진하였다. 평소에는 병조판서가 오군영을 통제하지 않다가 국왕이 친림하여 군사훈련을 할 경우에만 명령을 내렸던 영조시대의 군권 지휘체계를 정조는 용인하지 않았다. 그래서 정조는 모든 상황에서 병조판서가 오군영을 통제하도록 군제개혁을 단행하였다. 국왕이 오군영의 대장을 통제하지 못하는 비정상적인 노론 위주의 정치체제를 전면적으로 혁신한 것이었다. 이는 단순히 군사지휘권을 확보한 것만이 아닌 군제개혁의 전반을 주도할 수 있는 권한을 국왕이 가지게 되었다는 것을 의미한다.

정조는 왕실재정의 개혁도 추진하였다. 왕실재정 확충을 위한 궁방전의 확대와 백성들의 강제노역은 백성들의 지탄 대상이었다. 따라서 왕실의 권위를 회복하기 위해 백성들의 지지를 얻는 것은 매우 중요하였고, 이를 위해 궁방전과 왕실재정을 개혁하는 것은 너무도 당연한 일이었다. 그래서 정조는 즉위와 동시에 궁방전의 부정 면세결을 혁파하여 궁방전과 연관된 백성들의 고통을 끊었다. 더불어 정조는 국영농장인 둔전이 궁방전으로 빠져나가 규모가 축소되는 것을 막고, 그 토지를 다시 둔전으로 환원하였다.

더불어 정조는 왕실재정에 대한 대규모 감축을 추진하였다. 일차적으로 즉위 후 궁녀들 중 절반을 내보내 왕실재정을 강화하였다. 그리고 스스로 검약함을 강조하고 왕실의 모든 이들이 자신을 따라 배우기를 권고하였다.

이에 더하여 정조는 왕실재정으로 둔전을 구입하거나 개발하여 토지가 없는 백성들로 하여금 농사를 짓도록 하였다. 내수사에서 책정한 예산을 절감하기도 하였고, 능행에 사용된 내수사 비용 중 남은 비용을 둔전에 투여하였다. 그 대표적 예가 1795년 윤2월 혜경궁 홍씨 회갑연을 위한 화성행차였다. 정조는 행차의 남은 비용을 '민국'民國, 즉 백성과 나라를 위해서 쓰겠다고 하였다. 총 4만 냥 중에서 농민들이 농사밑천으로 사용할 수 있도록 2만 냥, 제주도의 흉년을 구제하기 위한 1만 냥, 화성에 둔전을 건설하는 데 1만 냥을 들였다.

정조는 소외지역에 대한 배려도 추진하였다. 조선시대 내내 서북지역은 항상 소외된 지역이어서 그곳의 백성들은 관직에 진출하기가 무척 어려웠다. 정조는 일찍부터 서북지역의 무사들을 등용할 것을 신료들에게 하명하였다. 특히 장용영을 창설하면서 서북지역 무사들을 특채하여 지역 간의 균형을 맞추려고 노력하였다. 이와 함께 정조는 장용영의 장교를 선발할 때 중인이나 서얼도 참여하게 하여 전례 없는 혜택을 입게 하였다. 이는 무예가 출중함에도 불구하고 무반 직에 나아갈 수 없는 소외세력을 끌어들여 인재양성과 더불어 친위세력을 공고히 하기 위함이었다.

이와 같이 백성을 위한 다양한 개혁정책의 결과 조선의 백성들은 정치적으로 문화적으로, 성숙할 수 있었다. 그래서 그들은 새로운 문예부흥의 기반을 조성하였고, 이전의 문화와는 다른 창조적 문화, 주체적 문화를 만들 수 있었다.

정조시대의 문화적 다양성

최근 몇 년 동안 정조는 개혁군주로 주목을 받아왔지만 이제는 외국의 지도자들까지 깊은 관심을 나타내고 있다. 그 주인공이 바로 일본의 하토야마 유키오鳩山由紀夫 전 총리이다. 2011년 초 하토야마 총리는 드라마 '이산'의 주인공인 이서진씨를 만나 "일본의 개혁을 위해 정조의 개혁정책을 본받겠다"라고까지 하였다. 정조의 개혁정치가 백성들을 위한 실제적 개혁이었기에 일본 총리마저도 정조의 개혁정책을 일본의 정치에 반영하겠다고 한 것이다.

이는 외교적인 수사가 아닌 매우 중요한 의미를 지니고 있다고 판단된다. 일본은 패전 이후 국가 경영을 위해 외국의 사례들을 집중적으로 분석하고 받아들여 발전시키고자 노력하였다. 그러던 일본은 1970년대 세계 경제대국으로 성장한 이후부터 다른 나라의 사례들을 본받으려 하지 않았다. 그런데 오늘날 세계 최강대국의 하나로 평가받는 일본의 총리가 현대 국가의 지도자도 아닌 200여 년 전 다른 나라 국가지도자의 위민정책을 비롯한 다양한 개혁정책을 본받겠다고 했으니 정조가 얼마나 대단한 인물인지 짐작할 수 있다.

이처럼 나라 밖의 지도자까지 정조의 개혁을 배우겠다고 했는데, 국내 지도자들은 정조의 개혁정책을 본받겠다고는 하면서도 정작 그 내용이 무엇인지 알려고 하지 않는다. 정조 개혁의 핵심 기반은 바로 문화적 다양성과 실용성에 있다.

그렇다면 정조의 개혁정책에서 핵심은 과연 무엇인가? 물론 정조 개혁의 핵심은 당연히 탕평정책이었다. 탕평정책을 이야기하지 않고 정조에 대해 이야기할 수는 없다.

정조는 등극 후 사도세자의 아들임을 천명하면서도 자신의 아버지를 죽인 세력들에 대한 정치보복을 철저하게 축소하였다. 마음 같아서야 다 죽이고 싶었겠지만 정조는 그들을 죽이지 않고 자신의 편으로 합류시켰다.

작년에 공개된 정조의 비밀어찰에도 나타났지만 정조는 조정의 관료들을 초당적으로 운영하고 싶어하였다. 잘 알려져 있듯이 당시 조정의 권력 독점은 노론 벽파에 의해 이루어졌다. 인조반정 이후 정권을 장악했던 서인이 그들의 정치적 원조였다. 송시열과 윤선거의 불화와 윤선거의 아들이었던 윤증과의 대립이 송시열을 따르는 노론과 윤증을 따르는 소론으로 나뉜 이후 송시열은 국왕의 정치적 스승이자 학문적 스승으로 국정을 완전히 장악하였다.

효종과 현종 시대는 국왕의 판단으로 국정이 운영되기보다는 송시열을 중심으로 하는 노론의 생각대로 국정이 운영되었다. 물론 이들 역시 성리학자로서 유학의 근간인 '인'仁의 정치를 펼치고자 하였다. 표면상으로는 국왕 중심의 '왕도정치'王道政治를 이야기했지만 그들은 자신들의 권력을 내놓으려 하지 않았다.

숙종시대 장희빈이 국모國母가 되고 훗날 장희빈의 아들인 경종이 즉위하면서 잠시 중앙권력을 남인과 소론에게 양보하였지만 그들은 곧 권력을 되찾았고, 영조 재위 52년 동안 단 한 번도 권력을 내주지 않았다. 그러다보니 정치·경제·사회·문화 모든 곳에서 권력 독점 현상이 있었다. 아무리 청렴한 의지를 가지고 있다 하여도 오랫동안 권력을 독점하다보면 부정과 부패가 생기는 것은 역사가 이미 증명한 일이었다. 그러니 이들 노론 역시 부정과 편견으로 가득한, 그리고 그들만의 권력 유지를 위해 타인을 죽이는 정치를 했던 것이 분명한 사실이었다. 이러한 과정에서 나타난 사건이 바로 사도세자의 죽음이었던 것이다.

정조는 즉위 후 한쪽의 일방적인 권력 독점이 결코 백성들에게 도움이 되지 않는다는 것을 누구보다 잘 알고 있었기에 혼신의 노력을 다하여 탕평정국이 되도록 국정을 운영하였다. 이러한 국왕의 의지를 실천하고 상대방에게 이해시켜 주기 위하여 정조는 자신의 아버지를 살육한 이들에게 정치적 보복을 하지 않고 그들을 포용하고 함께 국정을 풀어나가기로 하였던 것이다. 이러한 것이 바로 정조의 위대함이라고 할 수 있다.

탕평정국을 주도한 정조는 이후 새로운 문화정책과 민본정책을 펼치기 시작했다. 그것이 앞서 이야기한 대로 규장각 설립과 초계문신의 양성, 서얼의 허통, 금난전권 혁파 등이었다. 정조가 서얼허통과 같은 파격적인 정책을 추진한 것은 그가 갖고 있는 열린 생각들 때문이었다.

정조는 조선사회의 금기를 타파하는 용기를 지니고 있었다.

"왕안석의 고집이 너무 지나쳤지만, 그 재주야 어찌 세상에 쓸 만한 것이 없겠는가. 신종神宗이 왕안석을 등용한 것을 보면 그 역시 큰일을 할 수 있는 임금이었음에 틀림없다."

지금이야 아무것도 아닌 말처럼 들리지만 조선후기 사회에서 이 같은 말을 내뱉은 이는 본인만이 아닌 집안까지 멸문의 화를 당할 수 있는 말이

© 용주사효행박물관

용주사 전경
龍珠寺全景

용주사는 854년(신라 문성왕 16년) 창건하여 952년(광종 3년) 소실된 갈양사葛陽寺의 옛터에 1790년(정조 14년) 사도세자의 묘소인 현륭원顯隆園의 능사陵寺로 창건되었다. 당시 규모는 145칸이었다고 전한다. 창건과 동시에 전국 5대 규정소糾正所의 하나가 되어 승풍僧風을 규정하였다. 1911년에는 31본산의 하나가 되어 수원·안성·용인·고양·시흥 등에 있는 49개 사찰을 관장하였으며, 지금도 대한불교조계종 제2교구 본사이다.

었다. 그러나 이 말은 바로 어전회의에서 정조가 신료들에게 한 말이다. 알다시피 송나라의 대표적 개혁론자인 왕안석은 신종의 신임을 얻어 정치·재정·사회·군사 등 각 방면에 신법新法을 도입, 대대적인 개혁을 시도했다. 하지만 개혁 추진자들의 경험부족과 타락, 그리고 사마광과 같은 정적들의 공격 등으로 실패하고 말았다. 이러한 왕안석의 시행착오는 조선시대 정치에 큰 영향을 끼쳐 잘못된 정치의 표본이 됐다. 이러한 시대 상황에도 정조는 왕안석의 실패로 역사 속 대부분의 군주와 신하들이 경장(개혁)을 하고 싶어도 감히 마음먹지 못했다고 생각하며 새로운 개혁정치를 위해 금기의 벽을 깨기 위해 노력했다.

사실 필자가 정조에 대해 관심을 갖기 시작했던 것은 정조가 불교를 포용했기 때문이었다. 정조시대 불교는 상당한 이론적 발전을 가져왔고, 연담 유일 스님을 비롯한 화엄학의 고승들이 등장했다. 이러한 기반이 있었기에 다산과 인연을 맺은 아암 혜장선사와 초의선사라고 불리는 초의 의순 같은 큰 학승이 나올 수 있었다.

정조의 문집인 『홍재전서』弘齋全書를 보면 당시 이단異端으로 인식되던 양명학도 중요시 여기고, 노장사상老莊思想도 받아들이고 나아가 서학西學의 장점까지도 받아들이고 있다. 이처럼 자신의 사상만이 옳고 다른 이들의 사상은 옳지 않다는 편벽된 마음이 없는 사람들은 그리 흔하지 않다. 이러한 소통의 마음이 정조의 개혁정책의 출발점이자 문화융성 프로그램을 실질적으로 진행할 수 있었던 근본이다.

정조의 놀라운 위민정책의 하나는 바로 한글보급운동이었다. 요즘말로 하면 한글보급운동이고, 당시 상황으로 이야기하면 언문을 통한 국가정책 홍보였다. 예전에 국왕이 관리들과 백성들에게 타이르거나 당부하는 말씀을 '윤음'綸音이라 하였는데, 정조 이전까지는 윤음을 반포할 때 한문으로 작

자휼전칙 언해본

『사휼전칙』은 흉년을 당해 10세 이하의 어린이들이 걸식하거나 버림받아 굶주리므로, 이들이 부모 및 친척 등 의지할 곳을 찾을 때까지 구호하고, 자녀나 심부름꾼이 없는 사람들로 하여금 수양하게 하기 위한 구휼법救恤法이다. 1783년(정조 7년)에 윤음綸音과 함께 사목事目을 정해 1책(15장)의 국한문으로 인쇄, 한양을 비롯한 전국에 반포해 영구히 시행하도록 했다. 정조의 위민정신이 담겨 있는 대표적인 정책이라고 할 수 있다.

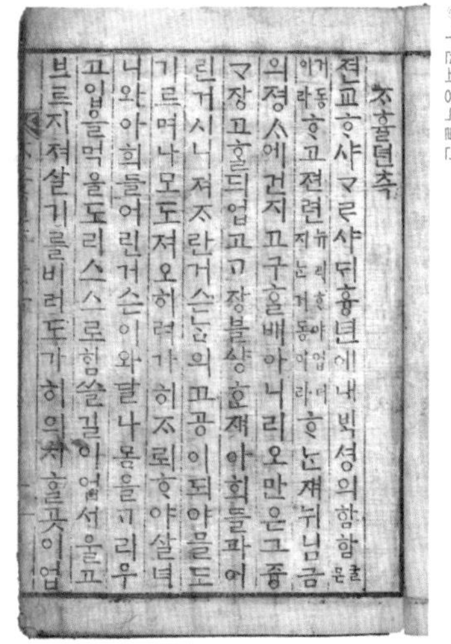
© 수원화성박물관

성된 것만을 반포하였다. 그러니 한문을 모르는 일반 백성들은 제대로 알아들을 수가 없었다. 그래서 정조는 윤음과 법령을 반포할 때면 한쪽 면에 훈민정음으로 써서 일반 백성들이 쉽게 읽고 이해할 수 있도록 하였다. 이 역시 가난하고 배우지 못한 기층 백성들을 사랑하는 마음이 없었다면 도저히 있을 수 없는 일이었다.

정조 위민정책의 또 다른 핵심 중의 하나는 버려진 아이들을 구제하는 법률을 만든 것이었다. 예나 지금이나 가난으로 버려지는 아이들이 무척이나 많다. 전근대 사회에서 가뭄과 홍수는 재앙 그 자체였다. 또한 전쟁은 인간의 모든 죄악을 극명하게 드러내며 죽은 이들의 시신까지 뜯어 먹어야 하는 종말적 모습을 보여주기까지 하였다. 임진왜란과 병자호란 당시 『조선왕조실록』의 기록을 보면 눈물 없이는 읽을 수 없는 기록이 하나 둘이 아니다. 인간의 시신을 먹고 미쳐버리는 백성들을 기록한 내용을 보면서 국가 지도자들이 자신들의 안위만을 위하고 국정 운영을 제대로 하지 않는다면 이러한 비극은 또다시 발생될 것이라는 생각에 모골이 송연해지기도 한다.

정조는 즉위하면서 천재지변 등으로 인하여 버려진 아이들에 대한 구휼을 국가가 책임져야 한다고 인식했다. 정조시대 이전에는 민간에서 수양하는 것이 원칙으로 인정되었지만 정조는 버려진 유기아幼期兒나, 행걸아行乞兒의 구제에 있어서 국가가 보호하고 책임져야 한다고 강조했다. 이러한 정조의 인식 속에 제정된 것이 바로 '자휼전칙'字恤典則이다.

자휼전칙은 조정에서 흉년을 당하여 10세 이하의 어린이들이 걸식하거나 버림받아 굶주리면, 이들이 부모나 친척 등 의지할 곳을 찾을 때까지 구호하고 또 자녀나 심부름꾼이 없는 사람들로 하여금 수양하게 하였다. 이 규정은 총 9개 조항으로 이루어졌으며, 구호대상자인 행걸아는 부모나 친척 또는 상전이 없어 의탁할 데 없는 4세부터 10세까지의 어린이이며, 유기아는 3세 이하의 유아이다. 행걸아는 진휼청에서 구호하여 옷을 주고 병을 고쳐주어야 하며, 날마다 1인당 정해진 분량의 쌀과 간장, 미역을 지급하였다. 유기아는 유모를 정하여 젖을 먹이고 유모나 거두어 기른 사람에게도 정해진 분량의 쌀과 간장, 미역을 지급하며, 어린아이를 기르고자 원하는 자는 진휼청의 입안을 받아 자녀로 삼을 수 있게 하였다. 정조는 윤음과 함께 조례를 정하여 국한문으로 인쇄하여 한양을 비롯한 전국에 반포하여 영구히 시행하도록 하였다.

이 자휼전칙의 반포와 시행은 정조의 애민정신을 상징화하는 정책으로 그 어떤 구휼정책보다 의미가 있다. 특히 아동을 국가에서 책임져야 한다는 정신이 내포되어 있어 현재의 유기아 정책보다 오히려 앞서는 정책이라 할 수 있다. 정조는 뿐만 아니라 경제적 어려움으로 결혼하지 못하는 30세 이상의 남녀를 지방 수령의 책임하에 결혼시키게 하는 법률까지 제정하는 등 소외계층에 대한 전면적인 개혁정책을 단행하였다.

어쨌든 정조는 이처럼 문화의 다양성을 인정하고 소외된 이들을 보살피고자 하는 마음이 있었기 때문에 백성들의 절대적 지지를 받을 수 있었다. 이것이 정조의 힘이었고, 이 힘을 바탕으로 더욱더 백성을 위한 개혁에 박차를 가하였다. 향후 화성을 건설할 수 있었던 힘은 바로 여기서 나온 것이다.

정조의 좌우명과 대동사회의 실천

대동大同! 크게 하나가 된다는 말이다. 그래서 조선시대 백성을 위한 새로운 제도인 대동법이 등장하였던 것이고, 선조 연간 새로운 세상을 꿈꾸었던 정여립이 '대동계'大同契를 만들기도 했던 것이다. 백성에게 있어 '대동'이란 말은 신분과 경제의 차별을 극복하여 모두가 평등한 유토피아 같은 의미를 가진 단어가 되었다.

이러한 의미의 대동사회 구현을 위해 가장 노력한 조선의 국왕은 단연코 정조였다. 정조가 가진 애민정신은 누구나 다 알고 있지만 그가 어떤 정신을 기반으로 국가를 운영하였는지 구체적으로 아는 이들은 드물 것이다.

역사에 남는 위대한 인물들 대부분이 좌우명을 가지고 있듯이 정조 역시 좌우명이 있었다. 정조는 다른 국왕들에 비해 특별히 글씨를 잘 썼는데, 그것은 글씨를 통해 자신의 몸가짐을 바로 잡으려 했기 때문이다. 그래서 당나라 서예가 안진경의 곧고 굳건한 글씨에 심취하여 '마음이 곧 글씨'心劃論라는 좌우명을 갖게 되었다. 이는 사도세자의 죽음 이후 생존을 위해 자신을 단속하면서 마음과 행동을 온전하게 하기 위하여 글씨를 반듯하고 정성스럽게 쓰기 위한 노력에서 나온 것이다. 즉 글씨 한 획이 반듯하지 않으면 전체 글씨가 엉망이 되듯 국왕의 행동 하나가 온전하지 못하면 백성들을 위한 올바른 정치를 할 수 없다는 것이 정조의 생각이었다.

그러나 이는 형이상학적 좌우명이고 그의 실제 좌우명은 자신과 백성을 위한 대동사회론에 기반하고 있다. 그의 좌우명에 깊은 영향을 준 이는 당시 형조참의 이상정李象靖이었는데, 이는 퇴계 이황과 한강 정구를 잇는 영남 남인의 종사宗師였다. 한두 줄의 일반적인 좌우명과 달리 그는 9가지 내용을 좌우명으로 삼았다. 이와 같은 정조의 좌우명은 국정운영자로서 반드시 갖추어야 할 대목이라고 생각하기에 자세히 언급한다.

첫째는 입지立志이다. 뜻이라고 하는 것은 마음의 목표를 정하여 나아가는 것이고 기氣를 통솔하는 것으로, 모든 근간根幹이 되는 것이다. 그 뜻이 있은 연후에야 그 일을 성사시킬 수 있는 것이기 때문에 올바른 군주가 되기 위해서는 반드시 입지를 우선으로 삼아야 한다고 판단하였다.

둘째는 이치를 밝히는 것이다. 세상의 모든 만물에 대한 이치를 밝히는 것이 바로 군주가 해야 할 중요한 일이라고 생각하였다.

셋째는 거경居敬이다. 공자가 말하기를, '경敬으로 자신의 행동을 연마하여 백성들을 편안하게 한다' 하였고, 자사子思는 말하기를, '공경을 돈독히 하면 천하가 태평해진다' 하였다. 그래서 정조는 학문과 역사, 즉 세상에 대한 공경을 높이 해야 한다고 생각하였다.

넷째는 하늘을 본받는 것이다. 하늘은 그것이 바로 도道인데, 중정中正하고 순수純粹한 것이 하늘의 도라고 할 수 있다. 정조는 『역경』易經의 '하늘의 운행은 꾸준한 것이므로 군자君子가 이를 본받아 쉬지 않고 스스로 노력한다'고

한 부분을 중요하게 여겨 하늘을 본받는 것을 자신의 좌우명으로 삼았다.

다섯째는 간언諫言을 받아들이는 것이다. 정조는 간언은 자신의 부족한 점을 다스리고 천하의 선한 말을 나오게 하는 방법이라고 생각하였다. 즉 『상서』商書에 '나무는 먹줄을 따르면 곧아지고 임금은 간언을 따르면 성스러워진다'는 말을 실천하기 위해 간언을 적극적으로 받아들였다.

여섯째는 학교學校를 일으키는 것이다. 학교를 다시 일으켜 백성을 똑똑하게 하는 것이 진정한 백성의 나라를 만드는 것이라 생각하였다.

일곱째는 인재를 기용하는 것이다. 아무리 국왕이 총명하고 국정운영 능력이 뛰어나다 하더라도 혼자서 나라를 다스릴 수는 없다. 그래서 정조는 인재 육성의 중요성과 훈련된 그들을 기용하여 나라를 위해 쓰는 것을 무엇보다 중요하게 여겼다.

여덟째는 백성을 사랑하는 것이다. 국왕은 곧 백성의 부모이니 백성을 사랑하는 것은 당연하다는 것이다.

마지막으로 아홉째는 검소를 숭상하는 것이다. 정조는 『역경』易經의 '절제에 의거해 법도를 만들어서 재화財貨를 낭비하지 않으며 백성을 해치지도 않는다'는 말과 '사치로 인한 폐해가 천재天災보다도 더 심하다'는 말의 의미를 늘 가슴 깊이 생각하고 검소함을 추구하였다. 그가 무명옷을 입은 군주, 반찬 3가지 이상을 먹지 않은 군주라고 평가받는 이유가 바로 검소함을 숭상해야 한다는 좌우명을 실천하였기 때문이다.

요즘 우리 사회는 '노블리스 오블리제'noblesse oblige를 이야기한다. 이것은 곧 부유하고 지위 있는 사람들이 가난하고 힘없는 사람들과 함께 나누며 살아야 한다는 것이다. '노블리스 오블리제'가 많은 사회는 문화가 풍요로운 사회요, 그것이 없는 사회는 참으로 불행한 사회이다. 정조는 늘 '손상익하'

ⓒ 수원화성박물관

익선관에 곤룡포를 입은 정조

정조 어진 진본은 1954년 부산 대화재로 부산세관 창고에 보관했던 어진이 소실되어 남아 있지 않다. 이 어진은 1992년 수원시에서 이길범 화백에게 의뢰하여 제작한 표준영정이다. 정조행장正祖行狀에 정조가 태어나던 날 영조가 "이 아이가 어쩌면 이리도 나의 얼굴을 닮았느냐"라고 한 말을 근거로 하여 영조 어진을 바탕으로 제작하였다.

損上益下를 강조하였다. 이익은 아랫사람이 누리고, 손해는 윗사람이 감당해야 한다는 것이다. 이 얼마나 멋진 이야기인가! 정조는 이미 200여 년 전에 '노블리스 오블리제'를 말하였고, 그것을 실천하였다.

정조는 이러한 세상을 '대동'大同이라고 하였다. 즉위 24년인 1800년 새해 첫날 백성들에게 관리들과 백성들이 함께 의논하고 따르면서 함께 행복한 사회를 만들자고 말하면서 "이것이 곧 대동大同이라는 것으로, 이는 홍범洪範에 이른바 '자신은 안락해지고 자손들은 좋은 일을 만날 것이다'라는 뜻이다"라고 하였다. 우리가 요즘 이야기하는 '더불어 함께 사는 사회'가 곧 정조가 말한 '대동사회'였다.

다산이 바라본 정조의 죽음

1800년(순조 즉위년) 8월 29일 경상감사 김이영이 조정에 급한 장계를 올렸다. 다름 아닌 인동(오늘날 구미시)의 선비인 장시경이 40여 명의 사람들을 거느리고 인동 관아를 습격하는 모반을 일으켰다는 것이다. 그가 모반을 일으킨 이유는 바로 정조가 독살되었으니 국왕을 죽인 원수를 처단하겠다는 것이었다. 장시경은 퇴계 이황의 수제자인 여헌 장현광의 후손으로, 영남 지역에서는 매우 고매한 선비로 칭송받던 사람이었다. 결국 장시경은 꿈을 이루지 못하고 항쟁에 실패하여 인동의 천생산성의 낙수암落水庵에 올라 투신자살하고 말았다.

불과 50여 명이 참가한 모반이었지만 이 사건은 매우 심각한 영향을 주었다. 이 사건으로 온 나라 안에 정조가 단순히 병으로 죽은 것이 아니라 정순왕후를 비롯한 노론 세력들에 의해 독살당해 죽었다는 소문이 퍼져나갔다. 정조의 독살설은 이렇게 시작되었다.

그렇다면 정조의 독살설은 실제 존재한 사실인가? 아니면 정조 붕어 이후 권력에서 소외된 남인들과 일부 소론들에 의해 만들어진 허구인가?

오늘날 정조를 흠모하는 모든 이들이 정조의 죽음에 대해 상당히 많은 궁금증을 갖고 있을 것이다. 역사학계도 정조의 죽음에 대해 두 가지 학설로 나뉘어 있다. 정조가 독살을 당했다고 주장하는 연구자들과 과로사로 죽은 것이라고 이야기하는 연구자들이다. 마치 다산 정약용이 당시 사도세자의 죽음에 대해 "지금 조정은 사도세자가 억울하게 죽었다고 생각하는 세력들과 사도세자가 마땅히 죽어야 해서 죽었다고 생각하는 두 세력만이 존재한다"라고 하였듯이 정조의 죽음 이후 독살되었다는 세력들과 독살되지 않았다는 세력들 두 가지만이 존재하는 것 같다.

그렇다면 어떻게 이런 이야기가 나올 수밖에 없었는지 그 대략의 정황을 살펴보도록 하자.

사실 정조의 죽음에 대한 견해는 정확히 세 가지로 압축된다. 첫 번째는 의료계에서 제기하는 내용으로, 의료사고설이다. 즉 의관들이 처방을 잘못했기 때문에 정조가 죽었다는 것이다. 당시 의관들은 1800년 6월 14일에 발생한 정조의 종기에 대해 깊이 있게 고민하지 못했고, 그 처방을 주로 경옥고에 의존해서 처리하려고 했다는 것이다. 실제 정조가 발병하고 난 이후 의관들은 종기 치료를 위해 인삼을 사용할 것을 주문하였다. 이와 같은 의관들의 주장에 대해 정조는 계속 반대를 했다.

『수민묘전』壽民妙全이라는 의서를 직접 쓸 정도로 의학 지식이 있던 정조는 자신의 체질을 정확히 알고 있었다. 자신이 태양인이기 때문에 인삼을 쓰면 절대 안 된다는 것이 정조의 생각이었다. 그래서 정조는 의관들의 처방을 신뢰하지 않았다. 그럼에도 시간이 갈수록 병이 악화되어 자신의 의지로 처방과 시술을 막을 수 없게 된 정조는 의관들의 처방을 따를 수밖에 없었고, 결국 잘못된 처방이 정조를 죽음으로 몰고 갔다는 것이다. 이러한 한의학계의 주장은 여러 번 역사스페셜 등을 통해 방영되기도 했다. 그런데 이 '의료사고설'은 가만히 들여다보면 독살설의 연장일 수 있다. 의학에 정통한 국왕이 절대 인삼으로 치료하지 말라고 하는데 의관들이 굳이 인삼 엑기스가 주성분인 경옥고를 처방한 것은 정조를 죽이기 위한 속셈이었다는 것이다. 충분히 그렇게 생각될 수 있기 때문에 의료사고설은 독살설의 한 범주로 포함되고 있다.

두 번째 독살설은 왜 나오는 것일까? 그것은 정조의 죽음에 대비인 정순왕후가 직접 연관되어 있다고 보기 때문이다. 즉 정조와 대립각을 세워 원수처럼 지내고 있던 대비 정순왕후가 정조가 치료 중 정신이 혼미한 틈을 타서 정조에게 처방약인 성향정기산을 가장한 독약을 먹여 죽였다는 것이다.

정조가 발병하고 나서 여러 방법의 치료법이 시행되었다. 그 치료 중의 하나가 바로 연훈방煙薰方 치료였다. 수은을 태워서 그 연기로 정조의 몸에 배어 있는 종기의 근원을 제거하자는 것이다. 정조가 발병을 했을 때가 음력 6월 중순이니 오늘로 치면 7월 중순이다. 1년 중에서 가장 더울 때가 바로 이때다. 이때 수은을 태운 연기가 밖으로 나가지 않게 하기 위해 방문을 꽁꽁 걸어 잠근 채 시술을 하였다. 아마도 정조는 더위에 탈진했을 수 있다. 하지만 의외로 이 치료가 효과를 거두어 종기가 상당히 제거되었고, 죽기 2일 전에 의관들이 정조의 병의 근원이 모두 해결되었다고 축하인사를 올리기도 하였다. 이제 종기의 치료가 안정되어 간다고 생각했던 정조가 수은 치료로 탈진되어 잠을 자고 있는 동안 정순왕후가 성향정기산을 가지고 와서 정조에게 직접 약을 주었다.

대비가 손자인 국왕에게 약을 준 것이 무엇이 문제가 될 것이냐고 물을 수 있다. 하지만 이는 심각한 문제가 아닐 수 없었다. 왜냐하면 정순왕후가 대비전에서 약을 조제하여 상궁을 통해 대전의 내의원 책임자인 도제조

영춘헌
迎春軒

영춘헌은 정조의 침전이었다. 일반적으로 국왕의 침전은 창덕궁 희정당熙政堂인데, 정조는 창경궁 밖에 있는 사도세자의 사당인 경모궁景慕宮과 가까운 곳에 자신의 침전을 정하였는데, 이곳이 영춘헌이다. 정조는 검소함을 실천하였던 국왕으로 비가 수시로 샜던 작고 누추한 영춘헌에 사는 것을 즐겨하였다. 정조는 1800년 6월 28일 영춘헌에서 승하하였다.

에게 전달하여 의관들이 그 약을 확인하고 정조에게 먹였으면 아무 문제도 없었을 것이다. 그런데 정조 즉위 후 서로 얼굴도 보지 않던 정순왕후가 직접 약을 가지고 와서 정조의 침전을 지키고 있던 좌의정인 심환지와 내의원 도제조인 우의정 이시수 및 정조를 간호하는 의관들을 모두 침전에서 나가게 하고 혼자서 약을 주었고, 잠시 후 정조가 승하했다고 통곡하며 뛰어나왔다.

이는 아무리 정순왕후를 이해한다 하더라도 왕실에서 도저히 있을 수 없는 일이었다. 당시 많은 신하들이 이 상황을 목격했고, 정조가 죽은 이후 정조의 일대기인 행장行狀을 저술한 대제학 이만수가 이 당시의 상황을 정확히 기술하기까지 했다. 정순왕후가 약사발을 들고 와 정조에게 먹인 이 상황은 은밀하게 퍼져나가 정조가 독살되었다는 소문으로 퍼져 나갔다.

세 번째 정조의 과로사설은 대다수의 역사학자들이 인정하는 것이다. 정조가 너무도 일을 많이 하다가 과로로 지쳐서 죽었다는 것이다. 정조의 독살설을 제기한 연구자들은 정조의 과로사설을 이야기하는 학자들을 노론의 후예니, 뉴라이트니 폄훼하기도 하는데, 이는 결코 아니다. 정조의 독살설을 지지하는 연구자 혹은 시민들은 민족주의자들이고, 정조가 독살되지 않고 과로로 인하여 종기를 치료하지 못하고 죽었다고 주장하면 친일파라고 이야기하는 것은 너무도 잘못된 것이다.

정조의 과로사설을 제기하는 한신대학교 한국사학과 유봉학 명예교수는 여러 가지 정황에서 당연한 것이지만 실록에서 더욱 명확한 근거를 제시하고 있다. 바로 '대점'大漸이란 단어를 증거로 제시하고 있다. 정조가 죽고 나서 종척집사가 정조의 침상으로 가서 속광屬纊을 하고 나서 홍석주가 '상대점'上大漸이란 글자를 써서 외정外政으로 내보냈다. 이는 『정조실록』 24년 6월 28일의 기록에 나와 있다.

'속광'이라는 것은 국왕이 죽었을 때 죽은 것이 확실한지 확인하기 위하여 아주 작은 솜을 코에 대고 잠시 기다리는 것을 말한다. 만약 살아있다면 숨을 쉬기 때문에 솜이 미세하게라도 움직인다. 하지만 죽었다면 솜은 움직이지 않는다. 이것을 확인하는 것이 속광이다. 정조에게 속광을 했음에도 불구하고 솜이 전혀 움직이지 않자 정조가 죽은 것을 확인하고 당시 고위 관료로 있던 홍석주가 정조가 죽은 원인이 바로 '대점'大漸이었다고 알린 것이다.

그렇다면 대점이란 무엇인가? 대점은 바로 병이 악화되어 심각해진다는 것이다. 『서경』書經에 나오는 구절이다.

王曰, 嗚呼. 疾大漸, 惟幾. 病日臻, 旣彌留, 恐不獲誓言嗣, 玆予審訓命汝.

왕王이 말씀하였다. "아아! 병病이 점점 크게 번지고, 그 기미幾微가 병세病勢를 나날이 모여지게만 하도다! 몸에 오래 머물러 있음이니, 내가 맹서盟誓한 말을 잇지 못할 것을 두려워한다. 이에 내가 살펴온 훈계訓戒(=심훈審訓)를 너희들에게 명命하노라."

여기서 대점이란 말이 나오는데, 바로 병이 크게 번진다는 뜻이다.

『고려사』 권3 세가 성종 16년(997년) 10월 27일(음) 목종 즉위년 편에도 이런 기록이 있다.

冬十月 戊午 王疾大漸 召開寧君誦 親降誓言傳位. 移御內天王寺. 平章事 王融請頒赦, 王曰 "生死在天……" 不許薨. 壽三十八…….

겨울 10월 무오일에 왕의 병이 위독하여졌으므로 개령군 송을 불러 친히 맹세하는 말을 내리고 왕위를 전위한 후에 내천왕사로 옮겼다. 평장사 왕융이 대사령을 발표하자고 청하니 왕이 말하길, "생사가 하늘에 달려 있고……"라고 하여 허락하지 않고 죽었으니 왕의 향수는 38세요…….

위 문장에서 죽었다는 표현은 훙薨으로 따로 있듯이 대점大漸은 『서경』의 전거와 『고려사』에서 보여지듯 왕이 병들어 죽기 전 모습을 표현할 때의 관용적 표현으로 줄곧 쓰여 왔는데, 이를 이미 죽었다고 번역하는 것은 불가하다고 할 수 있다. 그렇기 때문에 홍석주가 정조의 죽음에 대해 '대점'이라고 규정한 것은 오랫동안 병을 앓다가 죽었다는 것을 확인한 것이다.

그렇다고 해서 홍석주가 정조가 병으로 죽었다는 표현인 대점이라고 쓴 것이 맞는 것인가에 대해서도 의문이 생길 수 있다. 물론 상당수의 역사학자들은 2009년에 정조와 노론의 영수인 심환지가 몰래 편지를 주고받은 비밀어찰이 공개되면서 정조의 독살설은 완전히 무의미하다고 강조했다. 정조가 심환지와 비밀리에 편지를 주고받으면서 정국을 운영하였는데 어떻게 심환지가 자신의 친척인 심인을 어의로 들여보내 정조를 독살했겠느냐는 것이다. 하지만 이 말도 명확한 근거가 있는 것이 아니다. 가까운 척하면서 상대방을 죽인 사례들은 역사에서 얼마든지 있기 때문이다.

정조의 죽음에 대해 현대인들이 생각하는 것과 달리 우리가 가장 주목하고자 하는 것은 바로 다산 정약용이 정조의 죽음에 대해 어떻게 생각하느냐이다. 다산은 비록 당쟁의 희생으로 정조의 죽음 이후 유배를 갔지만 젊은 날부터 노론과 소론 등 다른 당파의 인물들과도 매우 원만한 관계를 유지하였고, 모든 학문과 사상을 당파적으로 접근하지 않고 객관적으로 보려고 노력했던 인물이다. 정조는 다산을 총애하였지만 다산은 정조의 실수에 대해서 날카로운 지적을 하였던 사람이다. 따라서 그가 정조의 죽음을 어떻게 바라보았는지는 매우 중요하다.

다산은 한마디로 정조의 죽음을 독살로 판단하고 있다. 다산은 이 글 서두에 이야기한 장시경의 아들인 장현경의 딸이 고금도로 유배 왔다가 스스로 자살한 이야기를 듣고 그녀의 죽음을 슬퍼하는 글을 남겼다.

정조의 죽음이 독살이었다고 주장한 장시경은 모반을 일으키면서 함께하는 백성들에게 이렇게 이야기하였다.

"지금 국가에서 어약御藥을 과도하게 써서 갑자기 하늘이 무너지는 슬픔을 당하게 되었는데, 어린 세자世子가 사위嗣位하고 노론老論이 득세하게 되자 남인南人은 남김없이 쫓겨났으며 민생民生은 날로 고달프게 되었으니, 이렇게 국세가 외롭게 되었을 때를 당하여 나와 너희들이 어떻게 앉아서 보고만 있을 수 있겠는가?"

어약을 과도하게 썼다는 것은 독살을 당했다는 것이다. 다산은 이와 같은 장시경의 주장에 깊이 공감한 것 같다. 왜냐하면 다산은 정조가 죽기 12일 전인 6월 16일에 조정에서 터트린 정조의 분노를 알았기 때문이다. 정조는 발병한 지 이틀이 된 이날 신하들에게 자신의 감정을 드러내었다. 자신의 개혁정책을 방해하려는 세력들을 더 이상 두지 않고 조사하여 결판을 낼 수도 있다고 경고하였다. 이는 자신이 병으로 절대 죽지 않을 것이라는 확신이 있었기 때문에 할 수 있었던 말이다. 그러면서 차마 하지 않아도 될 무서운 말을 하고 말았다.

"그들은 나를 나약하다 생각하고 감히 이렇게 하고 있으나 조만간에 결국 결말이 날 것이다. 비유하자면 종기가 고름이 잡히는 것과 마찬가지이니 나는 반드시 그것이 스스로 터지기를 기다리고 싶으나 그들이 끝내 고칠 줄 모른다면 나도 어쩔 수가 없다."

즉 정조가 자신의 반대세력들을 처단하겠다는 말을 하고 만 것이다. 다산은 이 말로 인하여 노론 세력들이 정조를 독살하겠다는 결심을 한 것이 아닌가 하는 의심을 하였다. 그러던 중 장현경의 딸이 고금도로 유배 와서 자신을 겁간하려는 군졸을 피해 자살을 하자 이 여인을 위한 글을 쓰며 자신의 생각을 드러내고 말았다.

다산은 "시상時相이 역의逆醫 심인沈鏔을 천거하여 그에게 독약을 올리게 하였다. 그런데 나는 이 역적을 내 손으로 제거할 수 없다"는 장시경의 말을 거론하며 정조가 내의원 도제조인 이시수의 모략으로 의관 심인이 독약으로 정조를 죽게 하였다고 하였다. 바로 노론 세력들이 자신들의 이익을 위하여 정조를 끝끝내 괴롭히다가 죽였다고 생각한 것이다. 그래서 다산은 정조의 죽음을 슬퍼하면서 한 편의 시를 남겼다. 고래가 바로 정조요, 고래를 죽인 솔피海狼(범고래)들이 바로 노론 세력이다. 다산이 생각한 정조는 이렇게 억울하고 고통스럽게 죽어간 것이다.

솔피 노래海狼行

솔피란 놈 이리 몸통에 수달 가죽
가는 곳마다 열 마리 백 마리 무리지어 다니는데,
물속 날쌔기가 나는 듯 빠르기에
갑자기 덮쳐오면 고기들 알지 못해.

큰 고래 한 입에 천석 고기 삼키니
한번 지나가면 고기 자취 하나 없어
솔피 먹이 없어지자 큰 고래 원망하여
큰 고래 죽이려고 온갖 꾀를 짜내었네.

한 떼는 고래 머리 들이대고
한 떼는 고래 뒤를 에워싸고
한 떼는 고래 왼편 노리고
한 떼는 고래 오른편 공격하고
한 떼는 물에 잠겨 고래 배를 올려치고
한 떼는 뛰어올라 고래 등을 올라탔네.

상하 사방 일제히 고함지르며
살가죽 찢고 깨물고 얼마나 잔혹한가.

고래 우레처럼 울부짖으며 물을 내뿜어
바다 물결 들끓고 푸른 하늘 무지개 일더니

무지개 사라지고 파도 차츰 가라앉아
아아! 슬프도다, 고래 죽고 말았구나.

혼자서는 무리의 힘 당해낼 수 없어라.
약삭빠른 조무래기 드디어 큰 재앙 해치웠네.

너희들 피투성이 싸움 어찌 여기까지 이르렀나.
본뜻은 기껏해야 먹이싸움 아니더냐.

큰 바다 끝없이 넓기만 하여
지느러미 날리고 꼬리 흔들며
서로 좋게 살 수 있으련만
너희들은 어찌 그리 못하느냐.

2부

다산 정약용, 화성을 설계하다

다산 가문의 위상과 학맥

우리 사회에서 가문이란 아직도 매우 중요한 의미로 받아들여지고 있다. 그 가문이 어떻다는 등의 이야기는 멀리 명왕성까지 우주선을 보내는 이 시점까지 유지되고 있다. 몇 년 전 수원화성박물관에 근무할 때 필자는 부여에서 유물을 기증받는 과정에서 부여 유림儒林의 어른들로부터 그 집안의 선대 이야기를 끝도 없이 들어야 했다. 그 분들은 현대화된 오늘날에도 자신들이 가문을 지켜오고 선조들을 배향하고 있다는 것에 대단한 자부심을 가지고 계셨다. 이것이 바로 가문을 지키는 힘이 아닌가 싶다.

다산 정약용 역시 나주 정씨 가문의 일원이다. 필자는 다산을 사모하는 입장에서 다산의 창조적인 아이디어와 실제적 능력들이 과연 어디서부터 비롯되었을까 하는 생각을 많이 하였다. 성리학이 지배하던 시절에 한강을 건널 배다리를 설계하고, 오늘날 세계문화유산으로 등재된 화성을 설계한 그 탁월한 건축과 토목학적 능력은 다산이 하루 아침에 터득한 것이 아닐 것이기 때문이다. 세상일이란 항상 결과에 대한 근원적 이유가 있기 마련

원주 법천리 법천사터(나주 정씨 집성촌)

강원도 원주 법천리法泉里는 정약용의 집안인 나주 정씨羅州丁氏의 집성촌이다. 이곳은 삼합리三合里로 불리는 북한강, 섬강, 청미천이 모이는 곳에 자리 잡고 있어 일찍부터 문물文物 교류가 활성화 된 곳이다. 정약용의 5대조인 정시윤이 이곳에서 나와 장약용의 고향인 남한강 가의 철마산 마재로 이사하였다. 이곳 법천리에는 정시윤의 사촌형인 정시한丁時翰이 살았는데, 정약용은 「방친유사」傍親遺事에서 그의 학덕을 존숭하여 "정구鄭逑·장현광張顯光 이후로 진정하고 순수한 유학자는 오직 선생 한 분뿐이다"라고 강조하였다. 나주 정씨의 학문적 법통이 있던 곳이 바로 원주 법천리이다. 법천리에는 고려시대 최고의 사찰인 법천사法泉寺 절터가 남아 있다.

이다. 그래서 다산의 이 탁월한 능력이 어디서부서 시작된 것인가 하는 고민의 결과, 그의 가문에서 그 근원을 찾을 수 있었다.

다산은 기본적으로 자신의 가문에 대한 진한 애정을 가지고 있었다. 애정뿐만이 아니라 자신의 가문을 무척이나 자랑하고 싶어하였다. 그의 집안이 경제적으로 넉넉하지 않았음에도 다산은 자신의 가문이 학문으로 일가를 이룬 집안이었음을 드러내놓고 자랑하였다. 다산이 저술한 '자찬묘지명'에도 자신의 집안이 8대 '옥당'玉堂을 배출하였다고 기록하고 있다. '옥당'이라 함은 홍문관弘文館을 말하는데, 조선시대 선비들은 홍문관에 들어가는 것을 평생의 소원이자 자랑으로 여겼다. 홍문관은 문과에 급제한 사람들 중에서도 가장 학문적 능력이 인정되는 사람만이 들어갈 수 있는 곳이었기에 이곳의 관원이 된다는 것은 학자로서 인정을 받을 뿐만 아니라 앞날이 보장되는 청요직淸要職(학식과 덕망이 높은 사람이 맡는 청직淸職과 요직要職을 뜻함)에 나갈 수 있었다. 그런 홍문관에 다산의 선조들이 8대에 걸쳐 연속으로 진출하였다고 하니, 이는 조선시대 명문가 중에서도 매우 특별한 내력이라고 할 수 있다. 이처럼 8대가 홍문관에 입사할 정도로 학문적 기풍이 뚜렷하였기 때문에 다산은 어린 시절부터 선조들의 이야기를 들으면서 학문에 열중할 수 있었다.

그렇다면 다산의 선조는 어디서부터 시작되었으며 어떤 사상을 가지고 있었는가? 다산의 집안인 나주 정씨 가문은 그의 13대조인 정윤종丁允宗으로부터 시작되었다. 정윤종은 고려 유민으로서 조선왕조가 개국한 이래 황해도 배천 땅에 은거하여 지조를 지키고 말없이 덕을 쌓으며 집안을 일으키는 기반을 닦았다고 한다. 그 아들 정자급丁子伋 때부터 벼슬에 나오기 시작하여 한양에 올라와 살았으며, 그 이후 5대조 정시윤丁時潤에 이르기까지 정약용의 직계 선조는 8대가 잇달아 옥당에 오를 만큼 대단한 학자들을 배출하였다.

5대조 정시윤은 숙종 때 험난한 당쟁 속에서도 당파에 초연하여 지조를 지켰으며, 만년에 오늘날의 남양주 '마재'에 터를 잡았다. 이후 정시윤의 후손들은 마재에 거처하게 되었는데, 다산 가문이 실학의 기운에 눈을 뜬 것도 이때부터라고 할 수 있다. 특히 정시윤의 사촌이었던 정시한丁時翰은 실학의 선구자로 평가받는 인물이다. 더불어 정시한은 퇴계 이황의 학통에서 정구와 장현광을 거쳐 기호남인의 적통을 이은 대단한 학자라고 평가를 받았던 인물이었다.

이처럼 높은 학문적 경지에 이르렀다는 평가를 받은 정시한은 남한강의 원주와 여주 접경인 법천리法川里에 은거하며 세상을 주유하였다. 법천리는 경상도와 충주를 이어 경기와 강원 그리고 한양으로 이동할 수 있는 남한강 일대의 주요한 포구가 있으며, 고려시대부터 나라의 스승이라는 지위를 받은 고려 불교의 '국사'國師가 주석하는 '법천사'가 있는 마을이기도 하다. 이 일대는 한강과 함께하고 있는 지역이었기에 일찍부터 유통과 교역이 발달되어 다양한 문화와 정보가 들어오던 곳이었다. 따라서 이 지역에 사는 사람들은 새로운 문화와 선진 의식을 받아들이는 데 익숙하였다. 그래서 정시한은 유학자이면서도 기존의 성리학을 초월하여 불교를 이해하고, 양명학도 받아들였다.

정시한은 역사와 지리의 중요성을 강조하면서 전국을 기행하고 지역마다의 특징과 사찰의 모습을 『산중일기』山中日記라는 기록으로 남기기까지 하였다. 그는 비록 다산의 직계 선조는 아니지만 아주 가까운 방계였기에 다산은 정시한의 실학정신을 이어받아 자유로운 학풍을 지니고 있었다. 결국 정시한은 다산이 실학자로 성장하게 된 중요한 배경이 된 인물이라고 할 수 있다.

다산에게 가장 영향을 준 인물은 아무래도 아버지 정재원丁載遠이라고 할 수 있다. 정재원은 과거 시험을 본 것은 아니었지만 학문과 인품이 출중했던 인물이었다. 마재에 은거하고 있던 그는 영조의 탕평책으로 인한 특별 명령에 의해 지방 고을의 수령으로 나가게 되었다. 훗날 영조가 정재원을 재상으로 쓰고 싶다며 문과에 응시하라고 부탁할 정도로 정재원의 정치적, 학문적 능력은 탁월했다. 하지만 정재원은 재상을 하기 위해 젊은이들과 과거 시험장에 들어가는 것은 올바른 선비의 자세가 아니라며 영조의 부탁이자 지시를 거부하였다. 다만 지방 수령으로 나가 백성을 잘 보살펴서 임금의 은혜에 보답하는 것은 자신이 할 마지막 충성이라고 생각하였다. 이럴 정도로 선비로서의 자세를 강조하고 강직하였기에 다산은 평생 아버지와 같은 삶

ⓒ 한국관광공사

해남 녹우당과 은행나무

녹우당綠雨堂은 고산 윤선도의 고택으로, 전라남도에 남아 있는 민가 가운데 가장 규모가 크고 오래된 집으로 사적 제167호로 지정되었다. 고산 윤선도는 42세 때 봉림대군(후에 효종)과 인평대군의 사부가 되었는데, 효종은 즉위 후 윤선도를 위해 수원에 집을 지어 주었다. 효종이 죽자 1668년 수원 집의 일부를 뜯어 옮겨온 것이 현 고택의 사랑채로, 원래는 이 사랑채의 이름이 '녹우당'이나 지금은 해남 윤씨 종가 전체를 통틀어 부른다. 집 뒤 산자락에 우거진 비자나무숲이 바람에 흔들릴 때마다 쏴~ 하며 비가 내리는 듯하다고 해서 녹우당이라고 불렀다고 한다. 다산의 어머니가 이 녹우당에서 태어났고, 다산이 강진으로 유배를 간 이후 공재 윤두서가 모아놓은 녹우당의 서적을 참고하여 『여유당전서』與猶堂全書를 편찬할 수 있었다.

을 살고자 하였고, 그의 형제들 모두가 그러하였다.

다산이 훗날 유배지에 가서 500여 권에 이르는 『여유당전서』與猶堂全書를 저술할 수 있었던 것은 다름 아닌 외가外家 덕분이었다. 다산의 외가는 조선시대 양반 사대부 가문 중에서도 그 이름이 높은 해남 윤씨 집안이었다. 마재에 일가를 형성했던 다산의 집안이 멀리 해남에 있는 윤씨 집안과 혼인을 하게 된 것은 같은 남인이기 때문이다. 윤선도尹善道는 서인의 영수였던 우암尤菴 송시열宋時烈과 맞대결을 벌였던 인물로, 학문과 정치적 능력 모두 탁월한 인물이었다. 특히 윤선도의 증손자인 공재恭齋 윤두서尹斗緖는 우리가 알고 있는 국보 자화상을 그린 시대의 화가이자 만권萬卷의 책을 소유하고 있던 대단한 장서가였다. 책에 미친 사람이라고 해도 과언이 아닐 정도로 윤두서는 조선에 있는 문집 전부와 중국에서 새로운 책이 나오면 수입하여 소장할 정도로 책을 사랑하고 학문 연구에 충실했다.

윤두서는 젊어서 진사시험에 합격하였으나 관직에 나가지 않고 해남의 초야에 은거하였다. 그는 시·서·화에 두루 능했고, 유학과 경제·지리·의학·음악 등 여러 방면에 박학을 추구하던 학자이기도 하였다. 윤두서는 실학자였던 성호星湖 이익李瀷과도 깊은 친분을 맺고 있었다. 훗날 다산이 성호 이익의 학문을 받아들여 진정한 마음의 스승으로 삼게 된 것은 이러한 인연이 있기 때문이다. 한편 윤두서의 셋째형은 당쟁에 휘말려 귀양지에서 사망하였고, 윤두서 역시 큰형과 함께 모함을 받아 고생을 하였다. 바로 윤선도의 후예였기 때문이다.

이런 사건들로 인해 윤두서는 벼슬길에 나아갈 뜻을 버리게 되었다. 또한 그의 절친한 친구이자 성호 이익의 형이었던 이잠李潛이 장희빈을 두둔하는 상소를 올렸다가 맞아죽는 일까지 생기자 더욱 침잠하게 되었다. 그래서 윤두서는 46세가 되던 1713년 한양 생활을 청산하고 해남으로 이주하였다.

해남 이주 이전부터 그는 정치적 삶을 좇지 않고 해남 윤씨 가문에 흐르고 있는 예술적 능력을 키우는 데 전력을 다하였다. 그래서 그의 위대한 작품 자화상이 나왔던 것이고, 이러한 예술적 능력이 다산에게로까지 전해진 것이다. 윤두서의 아들은 윤덕희로, 그 역시 초야에 은거하며 자신의 가문을 지켰다. 이 시기는 이미 노론이 장악한 시대였기 때문에 남인이 출사하기란 그리 쉬운 일이 아니었고 아버지 윤두서의 간곡한 당부로 거친 바닷바람이 불어오는 해남의 들녘을 지키고 있었다.

이 윤덕희의 손녀딸이 다산의 친어머니였다. 8대 옥당의 후예였던 정재원과 공재 윤두서의 증손녀가 만나 시대의 천재이자 후세後世가 존경해마지 않는 정약용이 태어나게 된 것이다. 학문과 예술 모든 면에서 높은 경지에 이르렀던 두 가문의 정혈이 다산 정약용에 이르렀으니 이는 역사의 필연이었는지 모른다. 만약 다산이 강진으로 유배를 가지 않고 다른 곳으로 가서 외갓집의 도움을 받지 못했다면 아마도 그는 우리가 익히 말하고 있는 그 위대한 업적을 이루지 못했을 것이다. 그것이 다산의 집안사람들에게 우리가 주목해야 하는 이유다.

다산의 성장과 공부

위인들의 어린 시절은 어떠하였을까? 명망 있는 가문의 후예로 태어나 경제적 어려움 없이 학문 높은 선생님의 지도 아래 순탄하게 성장한 분들도 있을 것이고, 한미한 가문에서 태어나 여러 가지의 불편한 여건을 극복하고 자수성가한 이들도 있을 것이다. 그렇다면 조선시대 실학의 완성자라고 평가받는 다산 정약용의 어린 시절은 과연 어떠하였을까? 필자가 생각하기에 그의 어린 시절이 아주 불행하지는 않았겠지만 그래도 속모를 고통과 번민이 있었을 것으로 생각한다.

다산의 집안은 명문가였음에도 불구하고 다산 스스로의 평가에서도 볼 수 있듯 경제적으로는 무척 어려운 처지였다. 당시 경제적 어려움에 처한 많은 양반 가문들이 있었는데, 이들은 경제적으로 여유 있는 평민들보다 더욱 어려운 삶을 살았다. 다산의 집안 역시 살림살이가 나아지지 않았고, 이러한 경제적 어려움은 다산의 생애 내내 지속되었다.

잘 알려져 있다시피, 다산은 선조先祖 8명이 홍문관에 입사할 정도로 학문이 출중한 집안이었다. 다산의 증조부였던 정항신丁恒愼부터 아버지 정재원까지 과거에 급제하지 못해 홍문관 입사의 명맥이 끊겼지만 학문의 깊이마저 끊어진 것은 아니었다. 그렇기 때문에 다산의 형제들은 어린 시절부터 아버지 정재원에게 사서삼경四書三經을 배웠다.

다산은 아버지로부터 학문을 배우면서 성장하였기 때문에 외견상 그럭저럭 행복하게 성장한 것으로 보이지만 다른 한편 어린 시절 어머니를 잃은 고통으로 몹시 힘든 삶을 살았다. 그의 아버지 정재원은 처음 본관이 의령인 남하덕南夏德의 딸과 결혼하였다. 남하덕은 조선 개국의 일등공신이었던 의성군 남재南在의 후손이었기에 관직이 없는 처사였음에도 명문가의 후예로서 인정받았던 인물이다. 정재원은 첫 부인과의 결혼으로 1751년(영조 27년)에 정약현을 낳았다. 첫 아들을 낳은 의령 남씨는 다음해 10월에 갑자기 세상을 떠나고 말았다.

그래서 정재원은 두 번째 부인으로 윤선도의 후손인 해남 윤씨 가문의 처녀를 맞았다. 정재원은 해남 윤씨와의 사이에서 약종, 약전, 약용을 낳았는데, 이 형제들 모두가 조선후기 역사 변동기의 핵심적 인물들이었다. 더불어 아버지의 강직함과 어머니의 예술적 기질을 모두 이어받아 이들은 정조시대 문화융성기와 서학西學 전파에 매우 중요한 역할을 담당하였다.

다산의 어머니 윤씨는 자신이 직접 낳은 아들은 아니지만 큰아들이었던 정약현을 자기의 소생처럼 다독이며 살았다. 정약현 역시 해남 윤씨를 친어머니처럼 극진히 모셨다. 다산의 부친인 정재원이 연천 현감으로 부임을 하였을 때 어머니 윤씨는 정약현과 큰며느리를 불러 함께 요즘의 화투놀이와 유사한 쌍륙놀이를 할 정도로 자식들과 화목한 관계를 맺기 위해 노력하였다. 모름지기 다산은 연천에서 가족과 생활할 때가 그의 인생에서 가장 행복했을 것이다. 사랑하는 부모님이 모두 계시고 똑똑한 형들이 아버지와 더불어 자신에게 글을 가르쳐주었기 때문이다.

그러나 그의 행복은 그리 오래가지 못했다. 다산의 나이 9살이 되던 1770년(영조 46년) 그토록 사랑했던 어머니가 돌아가셨다. 다산의 충격은 이루 말할 수 없었다. 아무리 조숙하고 천재적인 자질을 타고 났다 하더라도 어린 나이에 어머니와 이별하는 것은 큰 슬픔이기 때문이다.

어머니를 잃은 다산을 따뜻한 사랑으로 감싼 두 사람의 여인이 있었다. 그 중 한 명은 서모庶母이고, 또 한 명은 큰형수였다. 아버지 정재원은 아내가 죽은 이듬해 금화현의 처녀 황씨를 아내로 삼았으나 그녀는 오래지 않아 죽고 말았다. 그래서 1773년(영조 49년)에 또다시 서울에서 처녀 김씨를 측실로 삼았는데, 당시 김씨의 나이 20세였다. 이 김씨가 다산이 자신을 친 아들처럼 키워주었다고 늘 이야기했던 서모庶母이다.

다산은 친어머니와 산 세월보다 서모와 산 세월이 훨씬 더 많았다. 서모가 처음 다산의 집으로 시집왔을 때 다산의 나이 12살이었다. 예전에는 머리에 이와 서캐가 무척이나 많았다. 요즘 어린이들에게 이와 서캐는 구경도 해 볼 수 없는 것이지만 지금 나이 40대 이상의 중년들은 모두 어린 시절 이와 서캐가 가득했었다. 다산이 살던 시절은 더하면 더했지 덜하던 시절이 아니었다. 다산 역시 명문가의 후예였지만 경제적으로 그리 넉넉한 가정이 아니었기 때문에 위생 상태가 좋을 리 없었다. 그래서 다산 역시 머리에 서캐와 이가 많았고 또 부스럼이 자주 났다. 다산의 서모는 다산을 위하여 손수 빗질을 해주고 또 머리에 난 부스럼의 고름과 피를 씻어주었다. 그리고 바지·적삼·버선을 빨고 바느질까지 모두 서모가 맡아서 해주었다. 다산이 15살에 장가를 간 이후에는 서모가 빨래를 해주는 일을 그만두었지만 그 애정은 계속 이어졌다. 다산의 서모는 다산이 유배 간 후에도 그를 걱정했는데 죽을 때 다산을 보지 못하고 죽는 것을 슬퍼할 정도로 두 사람의 관

정재원 묘소

정재원丁載遠은 정약용의 부친으로, 본관은 압해押海(현재의 나주에 속함)이다. 초명은 재문載文이며, 자는 기백器伯, 자호自號는 하석荷石이다. 1730년 6월 10일 경기도 광주에서 출생하였으며, 1792년 4월 9일 진주 관아에서 별세하였다. 음보蔭補로 출사하여 한성부 서윤漢城府庶尹, 울산부사, 진주목사 등을 지냈으며 아버지로서 정약용 형제의 성격 형성과 학문의 방향 설정에 많은 영향을 끼쳤다. 정재원은 타협하지 않는 선비의 모범을 보임으로써 정약용과 그의 형제들이 선비와 학자로서 올곧은 삶을 살 수 있게 하였다. 그의 묘소는 처음에는 충주 가차산면加次山面(현재는 금가면金加面) 하담荷潭의 선영에 모셨고, 묘지문墓誌文은 채제공이 지었다. 현재 정재원 부부의 묘소는 경기도 광주시 퇴촌면 우산리 천진암天眞菴 뒤편 앵자산의 천주교 성인 가족묘원으로 옮겨져 있다.

계는 친 모자지간 이상이었다.

다산의 서모 못지않게 어머니를 잃은 다산을 보살펴 준 이가 바로 큰형수 경주 이씨였다. 큰형 정약현은 앞서 이야기한 것처럼 다산과 어머니가 달랐다. 그렇지만 정약현은 장남으로서 가장의 역할을 담당하면서 진중한 산처럼 형제들을 이끌었고 어린 동생을 아버지처럼 키워주었다. 정약현의 아내 경주 이씨는 다산의 머리를 빗겨주고 세숫대야를 들고 다니면서 씻겨줄 정도로 정성껏 그를 키워주었다. 훗날 다산이 이벽李檗으로부터 천주학을 듣고 깊이 빠지게 된 것은 바로 이벽이 큰형수의 친동생이었기 때문이다. 그만큼 인간적인 신뢰가 있었던 것이다.

일찍 돌아가신 어머니를 대신해서 서모와 큰형수의 도움으로 다산은 차분히 공부를 할 수 있었다. 그의 스승은 바로 아버지 정재원이었다. 물론 다산이 성호 이익을 사숙私淑한다고 하여 마음의 스승으로 이익을 두었지만 실제 학문을 처음 가르쳤던 이는 바로 정재원이었다. 다산이 자신의 부친에 대한 이야기를 문집에 남긴 내용을 보면, 정재원은 당대에 일가를 이룬 학자였다. 영조와 정조가 재상감이라고 이야기할 정도로 정국을 통찰하는 능력과 지조와 기개가 있는 인물이었다. 정재원 역시 어린 시절에 부모님이 돌아가셔서 어려움 속에 성장하였지만 굳은 심지로 올바르게 성장할 수 있었다. 정재원은 바로 이러한 자신의 삶을 다산에게 가르쳤다.

다산은 네 살 때 '천자문'千字文을 배우기 시작하였다. 다산이 여섯 살 때 정재원이 연천 현감으로 부임하였는데, 다산은 연천까지 가서 아버지에게 글을 배웠다. 어린 시절 연천은 다산에게 학문과 산천의 아름다움을 보여주었던 곳이다.

일곱 살 때 처음으로 시를 지었는데 "작은 산이 큰 산을 가리니小山蔽大山, 멀고 가까움이 다르기 때문이라네遠近地不同"라고 하였다. 이 시 구절을 본 아버지 정재원은 "분수에 밝으니 자라면 역법曆法과 산수算數에 능통할 것이다"라고 칭찬하였다. 정재원은 자신의 아들이 어떤 방면에 탁월한 장점을 가지고 있는지 이미 판단하였던 것이다. 다산이 훗날 한강을 건너는 배다리와 화성을 설계한 것은 이미 어린 시절부터 역법과 산수에 밝았기 때문이다.

다산은 열 살 때 벼슬에서 물러나 고향에 머물던 부친에게 경전과 역사를 배웠다. 이때 경전과 역사서를 모방하여 지은 글이 일 년 동안 자신의 키만큼 쌓였다고 하니 그가 얼마나 독서와 작문에 부지런하였는지 알 수 있다. 그리고 10세 이전에 지은 시를 모아 『삼미집』三眉集을 지었다. '삼미'란 어린 시절 마마를 앓아 눈썹이 세 갈래로 갈라져 삼미라 부른 것에 연유한 것이다.

다산의 놀라운 기억력에 대하여 뒷날의 역사가 매천梅泉 황현黃玹은 자신의 저서인 『야록』野錄에 기록하였다. 『매천야록』에 의하면 정말 다산은 대단한 천재였다. 다산이 어린 시절에 정승이었던 이서구가 자신의 고향인 포천 영평永平에서 대궐로 오다가 한 짐의 책을 말에 싣고 북한산의 절로 가고 있는 소년 다산을 만났다. 10여 일 후 고향으로 돌아가는데 다시 한 짐의 책을 싣고 나오는 다산을 본 이서구는 이상한 생각이 들어, "너는 뭐하는 사람이기에 책은 읽지 않고 다만 가거니 오거니 하고만 있단 말이냐?"라고 물었다. 이에 다산은 다 읽었다고 대답했다. 이서구가 놀라서 싣고 가는 책이 어떤 책이냐고 묻자 다산은 "강목"綱目이라고 하였다. 강목은 어른들도 몇 달을 걸려서 읽기가 어려운 책인데 어린 소년이 겨우 열흘 만에 읽었다고 하니 도저히 믿을 수가 없었다. 그래서 책을 꺼내서 물어보니 다산은 막힘없이 줄줄 대답했다. 결국 이서구는 다산의 천재성을 인정하였고, 이 이야기가 후대에까지 전해져 황현이 기록으로 남기기까지 한 것이다.

이처럼 다산은 어린 시절 고향 마재에서 넓고 긴 한강과 연천의 높은 산을 보며 호연지기를 키웠다. 그리고 자상하면서도 엄한 아버지의 가르침과 형들의 보살핌 아래 탁월한 인품과 학문을 쌓으며 개혁군주 정조와 만날 준비를 갖추어 가고 있었다.

정조와 다산의 운명적 만남

"정조는 정약용이 있었기에 정조일 수 있었고, 정약용은 정조가 있었기에 정약용일 수 있었다."

위당 정인보 선생님 말씀이다. 어쩌면 이 표현은 정조와 정약용의 관계를 가장 정확히 설명해 줄 수 있는 말일 것이다.

이들의 만남을 달리 어떻게 표현하여야 할까? 다산 정약용의 현손인 정규영은 다산의 연보를 정리하면서 이 두 사람의 만남을 '풍운지회'風雲之會로 표현하고 있다. 바람과 구름이 만나 백성을 위한 비를 내리는 것이니, 두 사람의 만남은 단순히 군주와 신하의 만남이 아닌 백성을 위한 운명적 만남이었다.

사실 정약용을 이야기할 때 정조를 빼놓을 수 없다. 정조의 생부인 사도세자를 위한 현륭원 이장 시에 한강을 건너기 위한 배다리 건설과 화성 축성은 다산과 정조의 특수한 관계를 보여주는 것이기 때문이다.

정조가 화성 축성이 끝나고 다산을 불러 말한, '네가 거중기擧重機를 만들어 무려 4만 냥이나 절감하였구나!'라는 극찬을 통해 우리는 다산과 정조를 이해하고자 한다.

그렇다면 이 두 역사적 인물의 관계는 단지 화성과의 인연 때문인가? 그렇지 않다. 정약용은 정조의 개혁정치에 있어 실질적인 일을 추진한 인물이다. 정조의 개혁 정책은 척신을 멀리하고 현인을 우대하는 것을 기본으로 삼고 있다. 척신이라 함은 단순히 외척만을 의미하는 것이 아니라 국왕과 왕실에 관여된 인물들 전체를 이른다. 정조가 척신을 멀리하고 자신의 세력을 육성하여 조선을 새롭게 변화시키기 위한 노력을 할 때 그 옆자리에서 정조의 정책과 이데올로기를 만들어 함께 노력한 가장 대표적인 이가 바로 정약용이다.

정약용과 정조의 만남은 운명적이다. 물론 이 표현은 어찌 보면 정약용의 시각에서 본 표현일 수 있다. 정조와 정약용이 처음으로 만난 건 1783년 세자 책봉을 축하하기 위한 증광감시增廣監試(나라에 큰일이 있을 때 왕의 명령으로 치른 비정기적인 과거시험)에 합격한 이들을 축하하기 위해 어전으로 합격자들을 불러들였을 때였다. 처음 정약용을 본 정조는 얼굴을 들라고 말하며 "몇 살인고?"라고 물었다. 사실 조선시대 국왕이 대과에 급제한 신하도 아닌 기껏 생원시에 합격한 미관의 청년에게 자신의 용안을 보여주는 일은 극히 이례적인 일이었다. 정약용은 임오생이라는 대답을 하였고, 정조는 사도세자가 죽은 임오년, 즉 1762년에 태어난 그에게 호감을 갖게 되었을 것이다.

정조의 의도적 만남이었는지 아니면 정말 우연한 만남이었는지 문헌상으로 확인할 수는 없지만 두 사람의 관계는 특별하게 발전하였다. 성균관 유생 전체에게 정조가 『중용』에 대한 80여 조항의 질문을 내렸을 때 최고의 점수를 정약용에게 주면서 더욱 신뢰하게 되었다. 왜냐하면 다산이 중용 강의에 대한 해석을 함에 있어서 퇴계 이황의 학설을 따르지 않고 율곡 이이

창덕궁(동궐도) 조선시대 법궁인 경복궁의 동쪽에 위치한 창덕궁과 창경궁을 상세하게 그린 궁중회화이다. 국보 제249-1호, 제249-2호. 현재 동궐도는 크기, 구도, 화풍이 거의 동일한 두 작품이 고려대학교 박물관과 동아대학교 석당박물관에 1점씩 소장되어 있다. 정조는 1776년 3월 경희궁에서 즉위한 후 1778(정조 1년) 7월의 경희궁 존현각 시해 사건으로 신변의 위협을 느껴 창덕궁으로 이어하였다. 이후 재위기간 내내 창덕궁에서 살며 개혁정치를 주도하였다.

의 학설을 따라 정리하였기 때문이다.

일반적으로 남인은 퇴계의 학설을 따르고, 노론은 율곡의 학설을 따르는 것이 조선후기 사회의 일반적 현실이었다. 당쟁은 그렇게 사상의 차이를 가져왔고, 서로 한 마을에 살아도 당파가 다르면 평생을 인사도 하지 않고 살던 시대였다. 그러한 시대에 다산은 남인의 명문가 자제였음에도 불구하고 율곡의 학설이 옳다고 생각하고 그를 따랐으니 정조의 입장에서 균형을 가지고 있는 신하로서 조정의 문제를 해결할 수 있는 인물로 평가했던 것이다.

ⓒ 김준혁

선정전宣政殿

선정전宣政殿은 창덕궁에서 국왕이 평소 업무를 보는 편전으로, 보물 제814호로 지정되었다. 왕과 왕비가 크고 작은 행사를 벌였고, 몇 동의 청기와를 덮은 유일한 건물로 정조는 이곳에서 처음으로 정약용을 만났다.

ⓒ 김준혁

부용정芙蓉亭

창덕궁 부용정은 주합루 남쪽 부용지芙蓉池에 면한 누각으로, 보물 제1763호로 지정되었다. 부용芙蓉은 연꽃을 뜻하는데, 부용지는 창덕궁 후원의 대표적인 연못이다. 부용정은 원래 숙종 33년(1707년) 택수재澤水齋라는 이름으로 지어졌다가 정조 16년(1792년)에 부용지를 고치면서 부용정芙蓉亭이라 부르게 되었다. 정조는 1795년(정조 19년)에는 수원 화성을 다녀온 후 부용정에서 신하들과 낚시를 하고 시를 쓰며 즐기기도 하였다.

정조는 정약용을 훗날 재상으로 키우기 위하여 다양한 교육과 체험을 시켜주고 국가에서 편찬하는 서적을 내려주었다. 외가인 해남 윤씨 집안을 닮아 살이 쪄서 운동을 잘 못하는 다산에게 활쏘기의 중요성을 강조하고 아예 훈련도감에 들어가 훈련을 받도록 조치하기도 하였다. 더불어 정조는 정약용을 조선의 군대를 운용할 수 있는 지휘관으로 키우기 위하여 무반 교육을 시키기도 하였다.

다산에 대한 정조의 사랑은 계속되었다. 수시로 보는 성균관 시험에서 1

등으로 합격하여 선물을 받고, 과거시험 또한 정조가 주관한 성균관에서의 특별시험에 합격하여 최종 시험인 전시로 나가 2등으로 합격하는 영예도 얻었다. 정조가 조정에서 발간한 여러 책들을 모두 주어 더 이상 줄 책이 없자 '그렇다면 술이나 한잔 하자꾸나'라고 말할 정도였고, 창덕궁 세심대에서 꽃구경을 하다 술 한잔 마시고 시를 지을 때 자신의 어탁을 내어주어 다산으로 하여금 시를 쓰게 할 정도였으니 다산과 정조의 관계는 더 이상 이야기할 필요가 없을 것이다. 물론 정조의 다산에 대한 이 같은 사랑에 대해 위당爲堂 정인보鄭寅普는 '이러한 사랑으로부터 다산의 화란이 시작되었다'라고 표현하기도 한다. 너무 과도한 총애가 그로 하여금 정적들을 만들게 하고 18년 간의 유배생활을 하게 하였다는 것이다.

그러나 정조가 다산을 총애한 것은 그가 학문이 높았기 때문만이 아니다. 실제 정조는 다산을 통해 암행어사와 목민관의 모범을 세우려고 하였다. 정조는 자신의 총애를 믿고 백성들을 괴롭히는 수령들을 다산으로 하여금 탄핵하게 하였다.

정조의 명으로 암행어사로 경기 북부 일대로 가게 된 정약용은 정조의 사랑을 받았던 전직 삭녕군수 강명길과 전직 연천현감 김양직을 봉고파직시켰다. 김양직은 마음대로 환곡을 빌려 주어 높은 이자를 받아 자신이 챙겼고, 강명길은 가난한 백성들이 스스로 개간한 화전火田에 높은 세금을 부과하여 착복하였다. 강명길은 부평부사로 자리를 옮기고도 그 못된 행위를 그만두지 않고 더욱 심한 비리를 저지르고 있었다. 정약용은 이 두 사람의 죄는 도저히 용서할 수 없으니 유배형에 처해야 한다고 정조에게 상소를 올렸다.

정조는 매우 곤혹스러웠을 것이다. 왜냐하면 그 두 사람이 자신이 매우 총애하는 관료들이었기 때문이다. 강명길은 자신의 건강을 책임지는 내의원의 태의太醫였다. 강명길은 정조의 체질을 가장 잘 알기 때문에 치료를 전담하다시피 하였다. 과도한 업무와 스트레스로 몸이 좋지 않았던 정조는 자신의 건강을 지켜준 강명길을 무척 신뢰하였고, 그에 대한 보답으로 수령으로 보내준 것이다. 김양직은 정조의 부친인 사도세자의 묘자리인 수원 현륭원의 터를 잡아준 지관地官이었다. 부친 사도세자에 대한 지극한 효심을 갖고 있던 정조는 김양직이 잡아준 묘자리에 대한 감사의 표시로 연천현감을 제수한 것이다. 그런데 그들은 정조의 신뢰를 이용하여 엄청난 비리를 저지르며 백성들에게 피눈물을 흘리게 하였다.

정약용은 "법의 적용은 마땅히 국왕의 가까운 신하로부터 하여야 합니다"라며 정조에게 잘못을 저지른 이들을 유배형에 처해야 한다고 강력하게 주장했다. 국왕의 측근이 법을 지키지 않거나 법에 따라 처벌받지 않는다면 다른 관료들에게 법을 지키라고 요구할 수도 없고, 관료들의 불법을 처벌하여 국가의 법질서를 확고히 세울 수도 없기 때문이다. 결국 정조는 사적 감정을 배제하고 이들을 유배형에 처했다.

이처럼 정약용은 국왕 정조에 대해 바른 말을 하고 그가 국왕으로서 엄정한 처신을 하기를 바랐다. 이러한 정약용의 충정을 알고 있던 정조는 다산을 금정 찰방과 곡산 부사로 임명하여 백성을 위한 목민관의 역할에 충실하게 하였다. 이러한 모든 일들은 다산으로 하여금 채제공의 뒤를 이어 정승 자리에 올림으로써 국사를 함께 하기 위함이었다.

정조의 원대한 꿈은 조선을 변화시키는 것이었다. 1778년(정조 2) 6월에 천명한 대로 백성들을 모두 부유하게 만들고, 인재를 육성하고, 외세에 침탈당하지 않는 나라를 만들고, 국가 재정을 안정시키고자 하였다. 이 같은 나라를 만들기 위하여 정조는 먼저 해야 할 일이 자신의 정통성을 확보하는 일이었다. 국왕이 정통성을 확보하고자 하는 노력을 한다는 것 자체가 이해가 안 될 일이지만 정조에게 있어 이 일은 무척이나 중요한 것이었다. 생부 사도세자가 역적으로 몰려 죽었기 때문에 사도세자의 추숭 문제는 무엇보다도 중요하였다. 그래서 이 일을 적극적으로 추진하고 이데올로기를 만들 자신의 최측근이 필요하였고, 다산이 그 일을 수행하였다. 정약용은 사도세자가 당쟁에 의한 희생물이라는 명확한 인식을 가지고 있었다. 혜경궁 홍씨 회갑연에 맞춰 사도세자의 시호를 추숭하는 일에 정약용의 논리는 정조를 만족시켰고, 이는 현실화되었다.

정약용은 실제 오늘날 민주주의 제도의 이론적 근거가 될 수 있는 '탕론'을 통해 어리석은 군주를 내쫓을 수 있다는 역성혁명을 이야기하였다. 또한 선양 제도를 통해 자식에게 왕위를 물려주지 않고 현명한 이에게 왕위를 물려주어야 한다고 생각하였다. 즉 다산은 왕도정치가 실현되어야 한다고 믿었고, 그러한 왕도정치를 실현하는 군주를 위하여 신하는 충성을 다하여야 한다고 강조하였다. 다산이 생각한 왕도정치의 이상적 모델은 정조였다. 이처럼 정조는 다산을 미래의 재상으로 생각하였고, 다산은 정조를 중국의 요순 임금과 같은 왕도정치의 이상적 군주라고 생각한 것이다. 그리고 서로에 대한 깊은 신뢰를 가지고 함께 백성을 위한 나라 만들기에 헌신한 것이다.

하지만 이들의 꿈은 정조의 갑작스러운 죽음으로 막을 내렸다. 문화의 시대, 백성을 위한 새로운 변화의 시대인 정조시대가 사라진 것이다. 풍운지회의 꿈은 사라졌다.

훗날 다산은 자찬묘지명을 쓰며 마지막 구절에 자신과 정조와의 특별한 관계를 시로 남겨 놓았다. 그 시를 읽으면 왜 이리 마음이 아픈지 모르겠다.

임금의 총애를 한 몸에 안고
궁궐의 가장 은밀한 곳에서 모셨으니

정말로 임금의 복심이 되어

아침저녁 참으로 가까이 섬겼다.

하늘의 총애 입어

소박하지만 정성된 마음이 열리었네.

육경을 정연하여

미묘한 이치를 깨치고 통했도다.

소인이 해성 해치니

하늘이 어를 옥성시켰네.

거두어 간직하고

장차 훨훨 노니련다.

정조가 내려준 다산의 관직

정조에 대해 공부하면서 늘 아쉬운 대목이 하나 있다. 그것은 바로 정조가 왜 다산을 북경 연행사燕行使(조선후기 청나라에 보낸 조선 사신의 총칭)의 일원으로 보내지 않았는가 하는 것이었다. 이 점은 항상 궁금했지만 돌아가신 정조에게 물어볼 수도 없는 일이었다. 젊은 시절부터 『천주실의』天主實義를 읽을 정도로 서구 문화에 대한 개방성을 갖고 있던 다산을 청나라 연행사의 일원으로 파견하여 새로운 문화를 경험하게 했다면 그의 경륜은 더욱 높아졌을 것이다.

정조는 자신이 총애하던 규장각 검서관 박제가와 이덕무의 경우에는 3번씩이나 북경에 보내 중국과 서구의 문화를 배워오게 하였다. 그래서 박제가는 서구의 문화와 결합된 청나라의 문화를 배우자는 『북학의』北學議를 저술하고 1786년 병오년에 서양 선교사들을 조선에 들어오게 하여 서양 문화를 적극적으로 수용하자는 의견까지 정조에게 제시할 정도였다. 그런데 정작 다산은 왜 북경으로 보내지 않았을까?

참으로 아쉬운 일이지만 다산을 사랑하고 아꼈던 정조의 마음을 전혀 이해하지 못하는 것은 아니다. 그 이유는 아마도 자신의 개혁정치를 위하여 다산이 너무도 필요했기 때문이 아닐까 싶다. 1795년 윤2월 화성 원행 이후 정조가 다산을 미래의 정승으로 지목할 정도로 다산은 정조를 도와 조선의 미래를 책임져야 할 사람이었다. 그렇기 때문에 다산에게는 다양한 정치적 훈련과 경험이 필요했다. 국왕을 보좌하여 탕평정치도 해야 하고, 수령으로서의 업무도 익혀야 했다. 정조의 입장에서 보면 다산이 북경에 가서 새로운 문물을 익히는 것도 중요하지만 그보다 더 중요한 것은 자신의 옆에서 개혁정치를 도우면서 경험을 쌓는 것이 더욱 중요하다고 생각했을 것이다. 이는 필자의 생각이지만 정조가 임명한 다산의 관직을 보면 이러한 정조의 마음을 미루어 짐작할 수 있다.

정약용은 성균관의 여러 시험에서 우수한 성적을 냈지만 대과에는 급제하지 못하였다. 초시만 5번 합격하고도 노론 인사가 시험감독관이어서 계속해서 대과에 낙방하였기에 고향으로 돌아가고자 했다. 그러나 정조는 정약용이 매우 뛰어난 존재이고 백성들을 위한 좋은 관료가 될 것이라고 판단했기 때문에 그를 놓칠 수 없었다.

그래서 정조는 다산을 위해 특별히 성균관을 방문하여 성균관 유생들을 대상으로 하는 특별과거시험인 '반제'泮題를 실시했다. 그 시험에서 다산이 장원을 차지한 날 늦은 밤 특별히 자신의 침소인 희정당으로 불러 법주를 은잔에 따라 주면서 새벽까지 그를 격려하고 힘을 북돋아 주었다. 이에 정약용은 감격하여 벼슬길에 나갈 것을 결심하였다.

이때 다산의 나이는 28살이었고, 정조 13년인 1789년 3월이었다. 처음에는 희릉 직장禧陵直長을 제수 받았다. 희릉은 중종의 계비 장경왕후의 능이고, 직장은 종7품 벼슬로 회계, 품목, 출납 등을 담당하는 관직이었다. 요즘으로 치면 국립현충원의 6급 주무관 정도로 이해하면 된다.

정조는 다산을 희릉 직장으로 임명하면서 규장각 초계문신으로 임명하여 학문을 계속하게 하였다. 희릉 직장에 임명된 지 두 달만인 5월에는 특별명령으로 부사정副司正에 임명되었다. 부사정은 조선시대 군사조직인 오위五衛에 속한 종7품 무반 직으로, 현재 수도방위사령부 6급 행정직 주무관으로 이해하면 된다. 정조는 일찍부터 다산을 무반으로 키우려고 하였다. 당시 무반을 천시하던 조선의 풍토를 생각하면 천재 중의 천재인 다산을 무반으로 만들려고 했던 정조의 생각은 매우 특별했다. 그래서 정조는 성균관 유생인 다산에게 활을 쏘지 못한다는 명분을 들어 동대문에 있는 훈련별대에 한 달 동안 보내 특수훈련을 시키기도 하였다. 이후 다산은 활쏘기의 달인이 될 수 있었다. 이처럼 다산을 무반으로 키우기 위한 노력을 했지만 문반으로 성장하고자 했던 다산의 마음을 이해한 정조는 포기하고 말았다.

그렇다면 왜 정조는 다산을 무반으로 키우려고 했을까? 그것은 바로 조선에 제대로 된 장수가 없었고, 이로 인하여 국방이 약화되었기 때문이다. 그래서 정조는 다산이 담력이 있고 군사 지휘 능력이 탁월하다고 판단하여 다산을 무반으로 삼고자 한 것이다. 비록 무반으로 만드는 것은 실패하였지만 다산이 고위직으로 올라가 군영대장이 되고 병조판서가 될 수도 있었기 때문에 미리부터 군사 부문에 대한 경험을 쌓아주고자 했다. 그래서 특별명령으로 부사정으로 임명한 것이다.

부사정의 경험을 잠시 맛보게 한 정조는 그를 가주서假住書에 임명하였다. 가주서는 조선시대 승정원의 임시 임명직 주서로, 정7품 문반 직이다. 현재 청와대 비서실 TF팀 6급 행정직 공무원으로 이해하면 된다. 이때 다산은 정조의 구술을 문장으로 만드는 임무를 맡았다. 그러기 위해서는 정조의 바로 옆에 있어야 했다. 이때부터 다산은 정조의 가장 가까운 곳에서 일을 시작하였다. 가주서로 일하면서 정조의 명을 받아 사도세자의 묘소를 수원 도호부의 화산花山으로 이전하기 위한 한강의 배다리를 만들기도 하였다.

다산은 1790년 5월에 예문관 검열로 임명되었다. 검열은 조선시대 예문관 종9품 관직으로 직급은 낮으나 국왕을 직접 모시는 승정원 승지와 함께 최고 요직으로 평가받는 자리였다. 오늘날 청와대 비서실 의전수석실 7급 공무원 정도로 이해하면 된다. 그 직전에 정조가 다산을 의도적으로 서산 해미로 유배를 보냈다가 풀어주었기 때문에 원래의 직급으로 임명할 수가 없어 낮은 자리로 임명했던 것이다. 그렇지만 정조는 다산을 자신의 편에 두고자 낮은 자리이지만 아무나 갈 수 없는 예문관 검열로 임명한 것이다.

1791년 5월에는 사간원 정언으로 임명하였다가 10월에 사헌부 지평으로 임명하였는데, 사헌부의 지평은 정5품 벼슬이었다. 사헌부 지평은 젊은 인재 중에서 지조가 있고 청렴하며 학문이 뛰어나고 국왕에게 바른 말을 할 수 있는 인물로 임명하는 것이 전통이었다. 사헌부 지평이 된다는 것은 향후 조정의 중심인물로 성장할 것임을 상징적으로 보여주는 것으로, 정조는 정약용을 미래의 인물로 성장시키기 위해 파격적으로 지위를 올린 것이다. 오늘날 검찰청 기획조정실 4급 서기관에 해당되는 자리쯤 된다.

1792년 3월에 다산은 홍문관 수찬으로 임명되었다. 홍문관 수찬은 궁궐내각사의 각종 서적을 보관하고 관리하는 홍문관의 관직으로 정6품이었다. 홍문관의 수찬이 된다는 것은 학문이 조선 사대부들 중 최고 수준에 이른 사람이라는 것을 증명하는 것이다. 조선시대 선비들이 과거에 합격해서 가장 가고 싶어 하는 곳이 바로 홍문관, 예문관, 승문원이었는데 다산이 홍문관의 관원이 된 것이다. 정약용은 자기 집안의 역사를 쓴 『가승』家乘에 자신의 선조 8명이 연이어 홍문관에 근무했었다고 자랑하기도 했다. 이는 아무 가문에서나 이룰 수 있는 일이 아니었다. 홍문관 수찬은 국왕과 학문적

대화를 나누어야 하는 지위이기에 국왕의 최측근이 임명되는 자리다. 오늘날 청와대 비서실 교육문화수석실 4급 행정관에 비견된다. 하지만 정조의 뜻은 이루어지지 않았다. 홍문관 수찬으로 임명한 지 10일 만에 다산의 부친 정재원이 진주 목사로 일하던 중 현지에서 죽고 말았다. 그래서 다산은 관직을 하직하고 고향으로 돌아갔다.

1794년 6월, 정조는 3년상을 마친 다산을 성균관 직강에 임명하였다. 3년상을 마치고 돌아온 그에게 과도한 업무를 주려고 하지 않았던 것 같다. 그렇지만 성균관 직강은 성균관에서 생도들을 강의하고 성균관 운영을 주도하는 자리로, 조선시대 벼슬아치들이 가장 선망하는 자리였다. 정조는 한 달 만에 다산을 비변랑備邊郎으로 임명하였다. 비변랑은 비변사 낭청이라고도 하는데, 종6품의 관직이다. 비변사는 임진왜란 이후 의정부를 대신해서 국정운영을 총괄하는 기구였다. 그러다 두 달 만에 다시 홍문관 수찬으로 임명하였다. 정조는 원래 자신이 계획한대로 다산을 옆에 두고자 한 것이다.

12월에 정조는 다산을 경모궁존호도감의 도청都廳으로 임명하였다. 사도세자의 사당인 경모궁은 사도세자의 이름으로 사용되었다. 즉 사도세자를 높이 받들기 위하여 특별한 존호를 만드는 임시기구인 존호도감에 여러 낭관들을 다스리는 책임자인 도청으로 다산을 임명한 것이다.

정조는 다산을 경모궁존호도감 도청으로 임명하기 전에 경연 자리에서 "정아무개는 본래 한림翰林 출신으로 응당 내각(규장각)에 들어가 있어야 하는데 불행하게도 일이 어긋나 신해년 이래로 시일을 끌어오다가 오늘에까지 이르렀다. 지금은 경 대교大教 직각直閣으로 있으니 잘못된 일이다. 마땅히 바로 품계를 올려주어 만약 성균관 대사성이나 홍문관 부제학을 삼을 것 같으면 내각의 제학도 삼을 수 있다"라고 하였다. 규장각의 제학은 당대 최고의 관직으로 모든 이들이 선망하는 자리였는데, 다산은 이를 할 사람이라고

© 김준혁

성균관 명륜당

성균관은 고려 말과 조선시대 최고의 교육기관으로 공자를 배향한 대성전大成殿과 강학기관인 명륜당明倫堂이 있다. '명륜'明倫이란 인간사회의 윤리를 밝힌다는 뜻으로, 『맹자』 등문공편滕文公篇에 "학교를 세워 교육을 행함은 모두 인륜을 밝히는 것이다"라 한 데서 유래한 것이다. 성균관의 유생들이 이곳에서 글을 배우고 익혔으며, 또한 왕이 직접 유생들에게 강시講試한 곳이다. 정약용은 1783년(정조 7년)에 진사시에 합격하여 성균관에 입학하여 공부하였다.

극찬한 것이다. 정조가 얼마나 다산을 높이 평가하고 그를 자신의 곁에 가까이 두려 했는지 알 수 있는 대목이다.

정조는 1795년 1월에 다산을 사간원 사간으로 임명하였다. 사간원은 간쟁을 하는 기구이고, 간관은 국왕에 대한 간쟁諫諍과 봉박封駁을 담당하는 자리로 정3품에 해당되는 자리이다. 정약용은 이때부터 통정대부의 직급에 오른 고위직으로 상승한 것이다. 그러나 실제 임무는 이에 제한되지 않고 사간원의 다른 관료 및 사헌부·홍문관의 관료와 함께 간쟁·탄핵·시정時政·명사 등에 대한 언론과 경연經筵·서연書筵의 참여 및 인사 문제와 법률 제정에 대한 서경권署經權, 국문鞫問 및 결송決訟 등에 참여하였다. 정조가 다산을 적극적으로 중앙무대에서 활용하기 위해 여러 가지 업무를 할 수 있는 종합기획자로 임명한 것으로 보면 된다. 오늘날 청와대 비서실 2급 비서관으로 보면 된다. 청와대 비서실에는 2급 이사관을 1급 비서관처럼 임용하는 사례도

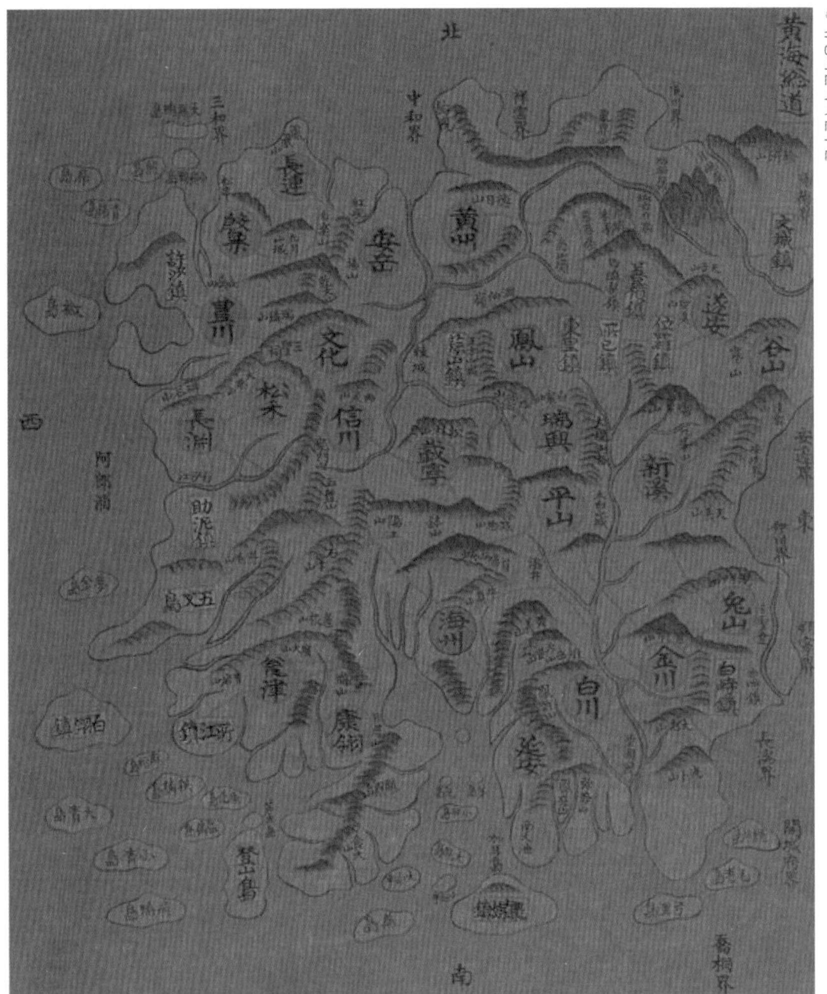

함경도 곡산 옛지도

곡산도호부谷山都護府는 동쪽은 함경남도 문천군과 강원도 이천군, 서쪽은 황해도 수안군, 남쪽은 황해도 신계군, 북쪽은 평안남도 양덕군과 성천군에 각각 접하고 있다. 『세종실록』 지리지에 따르면, 15세기 중엽의 호구는 816호에 2,828명이었는데, 1828년(순조 28년) 3,357호에 2만 9911명으로 증가하였다. 조선 후기에 여러 장시가 형성되었으나, 황해도 지역보다는 교통이 편리한 평안남도 성천과 양덕이나 함경남도 문천이나 원산과의 교역이 더 활발하였다. 1798년(정조 22년) 정약용은 정조의 명으로 곡산부사로 임명되어 선정을 베풀었다.

있다. 그런 지위로 보면 된다.

정조는 다산을 사간원 사간으로 임명하면서 동시에 곧바로 동부승지로 임명하였다. 동부승지는 승정원 정3품 승지의 지위로, 국왕의 명을 받아 출납의 임무를 맡은 승지이다. 6인의 승지 중 가장 말석이지만 승정원 승지가 되었다는 것은 조정의 신하로서 가장 영광스러운 일이다. 정조가 본격적으로 다산을 자신의 옆에 둔 것이다. 오늘날 청와대 비서실 수석비서관의 자리에 해당된다.

이 해에 정조는 혜경궁을 모시고 화성으로 행차를 했다. 이때 다산을 임시나마 특별히 병조참의兵曹參議로 임명하였다. 병조참의는 판서와 참판 다음으로 병조의 3번째 지위였다. 이는 군권을 움직이는 자리였다. 정조가 화성으로 이동 시에 만약에 있을 변란을 막고자 다산을 특별히 그 자리에 임명한 것이다. 당시 병조판서는 심환지였는데, 노론의 거두였기에 그를 은연중 대적하기 위하여 다산을 병조참의로 임명한 것이다. 훗날 병조판서를 시키기 위하여 미리 훈련을 시키고자 하는 의도도 있었다.

3월에 우부승지로 전보되어 다시 승지의 역할을 수행하다가 갑작스럽게 서양 신부인 주문모 사건이 터지면서 다산은 외직인 금정 찰방金井察訪으로 전보되었다. 찰방은 역원의 말과 물품을 관리하는 자리로, 교통로에 위치하고 있는 것이 특징이다. 금정은 현재 충남 홍성이다. 찰방은 원래 종6품의 하급직인데 정약용은 이미 정3품 당상관의 지위에 올라 있던 사람이라 정5품 지위의 찰방으로 임명하였다. 당시 서양 신부 주문모 입국 사건으로 조정에 난리가 나서, 서학과 연계된 인물들에 대한 비판으로 정조가 정약용을 위하여 설화를 피하라고 일부러 외직에 보냈던 것이다. 정약용은 금정 지역에 많은 천주교인을 배교시킴으로써 조정의 설화를 피하고 다시 조정으로 돌아올 수 있었다.

다산이 금정 찰방으로 재임하는 동안 김이영이 정약용이 금정에 있으며 성심으로 계도하였고, 또 직무 중 청렴하고 근엄하게 하였다고 아뢰자 심환지沈煥之가 정조에게 "정약용이 군복사軍服事 때문에 특명으로 관리에 추천하지 못하도록 되어 지금까지 풀리지 못하고 있는데, 그 사람을 등용시키는 게 옳습니다. 또 금정에 있을 때 백성을 많이 계도하였으니 다시 임용하기를 청합니다"라고 하자 정조가 이를 받아들여 10월에 규영부 교서가 되었다. 이때 다산의 글을 보면 정조가 다산을 불러 오랫동안 서로 떨어져 있었던 것이 마음 아팠다는 이야기를 했다고 한다. 정조가 다산을 얼마나 생각하는지 알 수 있는 대목이다.

정조는 다산을 규영부 교서로 임명한 지 두 달 만인 12월 1일에 병조참지兵曹參知로 임명했다가 다시 2일 후에 우부승지로, 다시 다음 날 좌부승지로 임명하였다. 군사력을 장악하는 것도 중요하지만 그보다 더 중요한 것은 승지로서 국왕의 옆에서 보좌하기를 바랐던 것이다. 군사권은 이미 장용영壯勇營이 창설되었기 때문에 더 걱정할 것이 없다고 본 것이다. 대신 자신이 원하는 개혁정치를 위해서는 다산이 옆에 있어야 했다.

1797년 6월에 정조는 다산을 좌부승지에서 동부승지로 임명하였다. 당시 좌부승지를 하던 정약용은 천주교 문제로 사직하고 물러나 있었는데, 정조가 다시 동부승지로 임명하자 이를 사직하였다. 사직할 때 상소를 썼는데, 그것이 유명한 동부승지를 사직하는 상소이다. 이 상소는 남인의 반대파였던 노론의 영수 심환지도 극찬할 정도의 명문이었다.

정조는 정약용을 동부승지를 임용할 경우 정치적 분쟁이 생길 것을 우려하여 일단 그를 외직으로 보내 수령의 업무를 익히게 하였다. 그래서 황해도 곡산 부사로 임명하였다. 곡산은 황해도라고는 하여도 평안도와 함경도의 접경 지역으로 가장 살기 힘든 지역이었다. 당시 곡산은 이계심을 비롯한 곡산 지역 백성들이 앞선 수령의 탐혹한 학정으로 '이계심의 난'을 일으켜 민심이 흉흉하였다. 그래서 정조는 의도적으로 정약용을 곡산 부사로 임명하였고, 다산은 이곳에서 탁월한 행정을 펼쳐 민심을 수습했다.

이러한 공로를 치하하고 이제부터는 조정의 중심인물로 만들기 위하여 1799년 7월에 형조참의로 임명하였다. 형조참의는 형조에서 3번째 고위직 자리로 오늘날 법무부 차관보에 해당되는 자리다. 정조는 정약용에게 중요한 관직을 모두 경험하게 하려고 한 것으로 보인다. 하지만 안타깝게도 이 자리가 정약용의 마지막 관직이었다. 정약용은 정세가 노론이 들끓기 시작하고 이들이 정조에게 천주교 문제로 남인들의 지위를 공박하고 빼앗자 스스로 사직하고 고향으로 돌아갔다. 그래서 1800년 1월에 자신의 집에 조심하자는 의미로 '여유당'與猶堂이라는 당호를 내걸었다. 정조가 죽기 전에 비밀리에 정약용에게 편지를 보내 1800년 6월 그믐 전날인 6월 29일 고향으로 돌아가기 전의 관직인 형조참의로 다시 임명할 테니 서울로 돌아올 준비를 하라고 연락하였다. 하지만 정약용은 자신에게 관직을 부여하여 함께 개혁정치를 다시 시작하자는 정조의 소식을 기다리던 6월 29일 천하의 비통한 소식을 듣고 길고 긴 고통으로 빠져들었다. 바로 정조가 하루 전인 6월 28일 승하했다는 소식이었다.

성호 이익과 다산의 만남

위대한 사상가 다산의 참된 스승은 누구일까? 어느 위대한 스승이 있었기에 다산을 키울 수 있었을까? 이는 늘 의문이었다. 왜냐하면 다산에게는 공식적인 스승이 없기 때문이다. 홀로 공부해서 대학자의 경지에 오른 다산은 생각할수록 대단한 인물이다. 그렇다 하더라도 다산이 위대한 경세가가 될 수 있었던 것은 분명 누군가의 영향을 받았기 때문이다. 그 영향을 준 인물이 바로 성호 이익이다.

실학자로 잘 알려진 성호 이익(1682~1764)은 현재의 감사원장과 비슷한 관직인 대사헌 이하진의 아들로 태어나 숙종 31년인 1705년에 증광문과를 보았으나 낙방하고, 그 이듬해에 형인 이잠이 당쟁으로 희생된 것을 계기로 벼슬을 단념하고 시골에 머물면서 평생을 학문에 전념했다. 이익은 유형원의 학풍을 계승하여 실학파의 기반을 굳혔으며 사회의 모든 현실을 역사적으로 고찰해야 한다고 강조했다. 그러기 위해서는 실증적·비판적인 태도로 학문에 접근해야 한다는 이론을 세운 사람으로 모든 학문은 실생활에 유용

해야 한다는 주장을 아끼지 않았다. 이와 같은 성호 이익의 사상을 다산이 받아 경세치용의 실학을 완성하였다.

다산은 10살부터 본격적인 공부를 시작하였다. 그의 아버지 정재원이 관직에서 물러나 마재의 집으로 돌아왔기 때문이다. 한가한 시절을 보내게 된 정재원은 아들 약용을 공부시키기로 하였다. 그러니 실제 다산의 첫 스승은 아버지였던 것이다. 이때 다산은 경사經史와 고문古文을 꽤 잘 읽을 수 있었고, 시율詩律로 칭찬을 받았다. 어린 시절부터 시를 공부한 것이 훗날 뛰어난 명시를 쓴 원동력이 된 것이다.

다산이 성호 이익의 학문을 접하게 된 것은 16세인 1777년(정조 1년)이었다. 한 해 전인 15세에 다산은 풍산 홍씨와 결혼을 하였는데, 마침 아버지 정재원이 호조좌랑이 되어 한양으로 가게 되었다. 부친을 따라 서울로 간 다산은 이듬해에 당대 학문의 대가인 이가환을 만나게 되었다. 이가환은 정조가 남인의 영수인 채제공의 뒤를 이어 정승으로 쓰고자 했던 인물로, 남인의 학문과 정치의 중심이었다.

이가환은 성호 이익의 종손從孫으로서 기호남인의 명문가였다. 이가환의 조카가 이승훈이었고, 이승훈은 다산의 매형이기도 하였다. 이처럼 성호 이익 가문과 밀접한 관계에 있는 다산은 서울로 올라가 이가환을 만나 성호의 문집을 보게 되었다. 그것은 단순히 한 학자가 선대 학자의 문집을 보았다는 평범한 사실이 아니라 성호의 학문과 사상이 다산에게로 전해지는 위대한 스승과 제자의 만남이었다. 다산은 이미 돌아가셔서 한 번도 만난 적은 없지만 성호 이익을 스승으로 생각하고 그를 위한 시를 남겼다.

학식이 넓고 깊은 성호 선생을博學星湖老
백대의 스승으로 나는 모시네吾從百世師

등림에 과일 열매 많이 달렸고鄧林繁結子

교목에 뻗은 가지 울창도 하다喬木鬱生枝

강석에선 풍도가 준엄하시고講席風儀峻

투호할 땐 예법이 밝기도 했지投壺禮法熙

특출하심 속안을 놀래켰으나孤標驚俗眼

쓸쓸히 묻히신 건 어인 일인가歷落竟何爲

다산은 성호를 퇴계 이황의 후계자라고 생각했다. 공자의 학문이 한반도로 들어와 신라의 설총이 전수받았고, 설총의 학문을 포은 정몽주가 이었으며, 정몽주의 학문이 퇴계 이황으로 그리고 이황의 학문이 성호 이익에게 전해졌다고 하였다. 물론 성호의 학문이 자신에게 전해지기를 희망하면서 스스로 조선 유학의 법통이 되고자 하였던 것이다.

그럼에도 다산은 성리학만 공부하는 학자가 아니었다. 그는 탁월한 건축가이자 토목가이기도 하였다. 잘 알려져 있듯이 다산은 한강의 배다리를 설계하고 시공까지 책임진 인물이다. 200여 년 전에 한강에 배다리를 만들 생각을 한 것은 단순히 유학을 공부한 사람으로서는 도저히 상상해낼 수 없는 일이었다. 이는 오늘날 토목건축학을 제대로 공부한 사람들도 기획하고 시공하기 힘든 일이기 때문이다. 그가 이렇게 한강에 배다리를 놓을 수 있는 학문의 기반을 마련하게 된 것은 오로지 성호 이익 덕분이다.

다산의 연보에 의하면 그는 23세에 『성호사설』을 보면서 '상위수리'象緯數理를 배웠다고 한다. 요즘으로 치면 과학과 수학을 공부한 것이다. 실제 성호의 손자인 이가환은 당대 수학의 천재였다. 이가환이 수학의 천재가 된 것은 가학家學의 하나가 수학이었기 때문이다. 즉 성호 이익의 집안은 단순히 성리학만을 공부한 것이 아니라 백성들의 실제 삶을 돕기 위한 다양한 기구

성호 이익 선생 초상화

© 성호기념관

이익은 조선후기 대표적인 기호남인계의 실학자로, 1681년 10월 18일에 운산에서 아버지 하진과 그의 후부인 권씨權氏 사이에서 태어났다. 본관은 여주驪州, 자는 자신子新, 호는 성호星湖. 팔대조 계손繼孫이 성종 때에 벼슬이 병조판서·지중추부사에 이르러 이때부터 여주 이씨로서 가통이 섰다. 아버지를 여읜 뒤에 선영이 있는 안산의 첨성리瞻星里로 돌아와 어머니 권씨 슬하에서 자라났다. 문인 안정복安鼎福은 이익의 인품에 대해 "강의독실剛毅篤實은 선생의 뜻이요, 정대광명正大光明은 선생의 덕이요, 선생의 학은 정심굉박精深宏博하고, 그 기상은 화풍경운化風景雲이요, 그 금회襟懷는 추월빙호秋月氷壺이다"라고 술회하였다.

성호사설
星湖僿說

© 성호기념관

『성호사설』星湖僿說은 이익의 대표적인 저술로 조선후기 실학사상이 담긴 정수이다. 성호星湖는 이익의 호이며, 사설은 '세쇄細碎(매우 가늘고 작음)한 논설'이라는 뜻으로, 이는 저자가 겸사로 붙인 서명이다. 이익이 40세 전후부터 책을 읽다가 느낀 점이 있거나 흥미 있는 사실이 있으면 그때그때 기록해 둔 것들을 그의 나이 80세에 이르렀을 때에 집안 조카들이 정리한 책이다. 여기에는 제자들의 질문에 답변한 내용을 기록해 둔 것도 포함되었다. 이를 그의 제자 안정복安鼎福이 다시 정리한 것이 『성호사설유선』星湖僿說類選이다. 이 책을 정약용이 15세에 읽고 그의 학문을 사숙하기로 결정하고 평생 그를 스승으로 흠모하였다.

를 만들기 위해 건축학, 토목학, 수학, 천문학 등을 집안사람들 모두에게 가르치고 계승하게 하였다. 그러한 내용들이 『성호사설』에 담겨 있었고 자연스럽게 다산에게 이어졌던 것이다.

다산은 성호 이익을 자신의 스승으로 생각하였기 때문에 성호의 제자인 권철신을 스승으로 모시지 않았다. 다산은 양평에 거주하고 있던 대학자 권철신 학파의 일원으로 천진암 강학회에도 참여하였다. 다산의 형인 손암 정약전은 권철신을 스승의 예로 받들어 그의 제자가 되었지만 다산은 오로지 이익의 학문을 계승하겠다는 생각으로 권철신을 존경하는 대학자로 모셨지만 스승의 예로 모시지는 않았다.

다산이 성호 이익의 학문을 심도 있게 공부하게 된 것은 뜻밖의 사건 때문이었다. 중국인 신부 주문모 사건이다. 당시 조선에 서학이 퍼져나갔고, 서학의 신자들 상당수가 남인 계열이었다. 이들은 조선에도 신부가 필요하다고 생각하여 북경의 천주교회에 신부를 파견해 줄 것을 요청하였다. 그래서 온 신부가 주문모였다. 주문모 신부가 천주교를 확장하기 위해 노력하다가 체포되어 상당수의 천주교 신자들이 유배를 가게 되었다. 이 시기에 천주교인으로 몰린 정약용을 도와주기 위해 정조는 그를 오늘날의 홍성 일대인 금정 찰방으로 보냈다. 일세를 풍미하는 천재학자가 충청도의 작은 고을에서 관리들의 출장을 위한 말이나 키우고 대여해주는 관리가 된 것이다. 그러나 오히려 다산에게는 금정 찰방으로 가게 된 것이 성호 이익의 학문을 심도 있게 공부하게 된 계기가 되었다.

성호 이익의 증손인 목재 이삼환이 홍성 일대에 거주하였고, 다산은 그를 온양의 석암사에서 만났다. 이삼환은 이미 충청도 내포 일대에 명망 높은 선비로서 자리매김하고 있었다. 이삼환과 더불어 국왕의 총애를 한몸에 받고 있던 정약용이 함께 공부하고 토론하는 자리를 만들었기에 서산·홍성

·당진 등 내포 일대의 명문자제들이 모여 새로운 강학회를 하게 되었다. 석암사에서 봉곡사로 자리를 옮겨 성호 이익의 사단칠정론과 토지제도에 대한 본격적인 논의를 함과 더불어 정약용은 이 기회를 적극 활용하여 『성호유고』星湖遺稿를 받아와서 「가례질서」家禮疾書부터 교정하기 시작하였다. 이때 다산은 강학회를 하며 성호 이익을 그리워하는 시를 남겼다.

찬란하게 빛나는 성호자시여郁郁星湖子
성명이 드러나서 아름답구나誠明著炳文
한없이 넓은 범위 어안이 벙벙瀰漫愁曠際
빈틈없는 치밀함 또한 보이네芒忽見纖分
하찮은 나의 출생 시기가 늦어眇末吾生晚
큰 도를 얻어 듣긴 아련한 처지微茫大道聞
다행히 끼친 은택 입었지만幸能沾膏澤
애석할사 별 구름 보진 못했네惜未覩星雲
진기한 글 향기를 물씬 풍기고寶藏饒遺馥
사랑 은혜 참으로 생명 건졌네仁恩實救焚
한 분의 노선생에 그 규범 남아典刑餘一老
연세 도덕 대중을 굽어보는데齒德逈千群
도 없어져 노년의 한탄이라면道喪窮年歎
벗 찾아와 늘그막 기쁨이로세朋來暮境欣
성옹 글 교정으로 그리움 풀어校書酬耿結
책 지고 온 고생이 즐겁고말고負笈喜辛勤
소경이 길을 가듯 더듬거리면猶有安冥擿
부질없이 노경에 접어들 따름徒然到白紛

우리 함께 힘쓰자 어진 친구들勖哉良友輩
이곳에서 조석을 보냄이 어떠리於此送朝曛

『성호유고』를 교정하던 정약용은 다시 정조의 부름을 받아 조정에서 일하느라 잠시 손을 놓았다. 그가 다시 성호의 학문을 공부하게 된 것은 정조의 죽음 이후 경상도 장기로 유배를 갔을 때였다. 가만히 생각해보면 성호의 학문이 다산을 살렸다고 할 수 있다. 다산이 가장 곤궁한 처지에 있을 때 성호의 학문을 공부하면서 자신을 다스리고 더 높은 경지에 도달했기 때문이다.

장기로 유배를 가 있던 다산은 성호가 모은 1백 마디의 속담에 운을 맞춰 백언시百諺詩를 만들었다. 대학자가 속담을 이용해서 시를 만들었다니, 한편으로는 이해가 가지 않을 것이다. 속담은 그저 평민들이 쓰는 이야기라고 생각하기 때문이다. 그렇지만 속담은 우습게 볼 이야깃거리가 아니다. 성호 이익은 속담이야말로 우리 민족의 삶과 철학에서 나온 말씀으로 생각했다. 그래서 속담을 많이 공부하고 외워야 한다고 강조하였다. 다산은 유배를 가 있는 동안 성호 이익이 왜 속담을 강조하였는지를 깨닫고 이를 한 차원 높이 승화시켜 속담을 이용하여 시를 지은 것이다. 어린 시절 부친 정재원 밑에서 시를 공부한 것이 성호 이익의 속담과 결합되어 새로운 시가 탄생한 것이다.

성호 이익을 통해 백성을 위한 실질적 학문의 요체를 깨달은 다산은 이후 죽는 날까지 실학 연구에 전념하였다. 그로 인하여 1표2서를 포함한 『여유당전서』를 완성할 수 있었다. 반계 유형원의 『반계수록』과 성호 이익의 『성호사설』 그리고 정약용의 『여유당전서』는 우리 실학의 보배이자 역사의 자산이다. 그리고 이 학통은 영원히 기억될 것이다.

다산 형제들의 스승 녹암 권철신

천진암天眞庵으로 가는 길은 말 그대로 하늘의 진리를 만나러 가는 길이다. 경기도 광주시 퇴촌에서 앵자봉으로부터 이어지는 계곡이 끊임없이 인간의 눈을 아름답게 해주는 것이라 할지라도 이는 표피에 불과할 따름이다. 단순한 사물의 아름다움이 아닌 보다 높은 진리가 천진암에 있기에 꽃이 피고 지고를 반복해도 진리를 찾아 헤매는 구도자들의 발길이 끊이는 날이 없는 것이다.

천진암이라는 존재의 인식은 한국천주교회의 발상지라는 것이다. 물론 이곳은 우리 역사에서 '서학'西學이라는 인식이 출발점이기에 그 의미가 높다. 하지만 실제 역사를 움직이는 것은 바로 사람이라고 하는 평범한 진리를 우리는 알고 있기에 천진암을 한국천주교회의 발상지로 만든 장본인을 만나는 것이 천진암을 찾는 가장 큰 이유일 것이다.

천진암에는 한국천주교회를 탄생시킨 5명의 성인이 잠들어 있다. 이벽, 이승훈, 정약종, 권일신, 권철신이 바로 그들이다. 『천주실의』天主實義를 가지고 와서 천진암 강학회를 새로운 학문의 세계로 인도한 이벽이나 중국에 가서 최초로 영세를 받은 이승훈도 한국천주교회사에 끼친 영향이 대단하다고 할 수 있다. 하지만 이들을 감싸고 지도하면서 한국천주교회만이 아닌 조선후기 새로운 학문 사상을 발전시킨 녹암 권철신이야말로 가장 독보적인 인물이라고 평가할 수 있다. 녹암이 단순히 천주교 신자로만 평가받는 이 세상의 미욱함에 대한 반감 때문만이 아니라 그가 가지고 있는 세상의 편협함을 극복하고 다양한 사상을 체득하고자 하는 그 자유로움 때문이다.

권철신權哲身은 1736년(영조 12년)에 경기도 양평군 양근에서 태어나 정조가 돌아가시고 난 다음해인 1801년(순조 1년)에 신유사옥에 연루되어 66세를 일기로 세상을 떠났다. 그의 본관은 안동으로, 자는 기명旣明, 호는 녹암鹿菴이다. 그의 가문은 도도히 흐르는 한강을 끼고 있는 경기도 양근 땅에서 대대로 살아온 명문이었다. 조선 창업의 주인공인 양촌 권근으로부터 비롯된 그의 집안은 과거를 통한 출사로 가까이에서 국왕을 모시는 사환仕宦이 끊이지 않았으나 그의 조부 때부터 벼슬살이가 끊어졌다. 그 이유는 바로 그의 집안이 남인南人이었기 때문이다. 1694년(숙종 20년)에 있었던 갑술환국으로 노론이 재집권을 하고 남인이 권력으로부터 떨어져 나가면서 남인은 조정에 출사하지 못하는 당쟁의 폐단이 시작되었기 때문이다. 특히 그의 부친이었던 권암權巖이 노론과 소론에 대해 준엄한 논의를 펼쳤기에 더더욱 그의 가문은 다른 당파에게 기피의 대상이었다.

권철신이 처음으로 스승인 성호 이익을 만난 것은 1759년(영조 35년)으로 그의 나이 24세 때였다. 반계 유형원에 이어 사회개혁과 위민정책을 연구한 실학의 대가인 성호 이익을 스승으로 만난 것은 그의 행운뿐만이 아니라 우리 역사의 기쁨이었다. 이익은 만년에 얻은 제자 권철신을 누구보다 사랑하였다. 양반사대부임에도 불구하고 스스로 바지를 걷고 논에 들어가 일을

▌천진암 강학터

1777년(정조 1년)부터 경기도 여주 앵자산鶯子山에 있는 천진암 주어사走魚寺에서 김원성金源星·정약전丁若銓·정약용丁若鏞·이벽李檗·이윤하李潤夏 등 남인계 학자들은 서학교리연구회를 열어 중국에서 전해진 서양의 철학·수학·종교 등을 연구하였다. 이때 연구를 하던 학당이 있던 강학터이다.

© 김조혁

했던 스승을 보면서 권철신은 인간의 평등과 그들을 위해 복무해야 하는 것이 학자의 본분임을 깨닫게 되었다. 이익이 세상을 떠나자 그의 동생이었던 권일신과 함께 이익의 큰제자였던 순암 안정복의 문하로 들어가 공부를 하였다.

순암 안정복은 성호 우파라고 불리면서 원칙을 고수하였지만 그의 사제인 권철신에게는 자유로운 사고를 할 수 있는 토대를 마련해줌으로써 그가 성호 좌파라는 또 다른 학맥을 형성하게 해주었다. 어쩌면 성호 이익과 순암 안정복이라는 우리 역사상 가장 뛰어난 학자들의 도움이 아니었으면 권철신이라는 존재는 한강 주변 작은 마을에서 독서만 하다가 세상을 떠난 이름 모를 학자로 잊혀졌을 것이다.

조선후기 실학의 완성자로 평가받는 정약용은 권철신을 누구보다 흠모하였다. 당시 한강을 끼고 있는 경기도 지역에 거주하는 남인들의 정신적 스

권철신 묘소

권철신은 이익의 제자로, 남인학파의 연장자이며 지도자로서 가족들과 함께 천주교에 입교해 신앙을 지키다가 순교한 서학파西學派의 대가로 손꼽힌다. 본관은 안동安東, 자는 기명旣明, 호는 녹암鹿庵, 세례명은 암브로시오Ambrosius이다. 권근權近의 후손으로, 할아버지는 대군사부大君師傅 적䟴이고, 아버지는 관찰사 암巖이며, 동생은 일신日身이다. 이익李瀷과 이병휴李秉休의 문인이다. 저서로 동학이자 선배였던 홍유한洪有漢에 대한 『추도문』과·『시칭』詩稱 2권, 『대학설』大學說 1권 등이 있다. 또한 홍유한과 교유한 여러 통의 친필 편지가 남아 있다. 1777년의 천진암 강학회를 주도하였으며, 묘소는 천주교 성지인 천진암에 있다.

승이었던 권철신에게 학문을 배운 것은 너무도 당연한 일이었다. 정약용이 자신보다 10배는 뛰어나다고 평가하는 그의 형 정약전은 정식으로 권철신에게 제자의 예를 갖춰 사제 관계를 맺었고, 정약용 역시 그를 스승으로 섬겼다.

성호 이익의 실학을 정식으로 계승한 권철신은 정조시대 가장 뛰어난 경세치용經世致用 학파의 영도자로서 수많은 젊은 실학자들을 양산했다. 비단 남인 계열의 젊은 실학자들만이 그의 영향을 받은 것은 아니었다. 조선후기 문예군주이자 개혁군주인 정조 역시 그의 사상의 세례를 듬뿍 받은 인물이었다. 정조가 세손 시절 세손시강원世孫侍講院에서 정조에게 학문을 가르친 스승이 다름 아닌 권철신이었다. 따라서 정조는 권철신으로부터 경학과 역사 그리고 실학을 전수받음으로써 그가 훗날 주자성리학만이 아닌 이단으로 취급받던 양명학, 도교, 불교, 서학도 널리 포용할 수 있었던 것이다. 뒤이어 문효세자를 세자로 책봉하고 스승을 임명할 때 권철신을 임명하였지만 문효세자의 갑작스런 죽음으로 이루어지지 못하였다. 아마도 문효세자가 조금만 더 살았더라면 권철신은 국왕과 세자 모두의 스승으로 역사에 기록되었을 것이다. 결국 어떤 스승을 만나느냐가 사람의 인생을 변화시킬 수 있는데 그런 측면에서 정조는 가장 이상적인 스승을 만난 것이고, 더불어 권철신의 제자였던 정약용을 등용하고 아끼게 된 것이었다.

권철신은 당대 최고의 학자이고 모든 이들의 존경을 받는 존재였으나 집안의 노비들에게까지도 존댓말을 하는 보기 드문 인품의 소유자였다. 정약용이 쓴 그의 묘지명을 보면 그의 집안에는 조카와 자식들이 함께 살았는데 한 달쯤 같이 지내봐야 누가 조카이고 자식인지를 알 수 있다고 하였다. 그만큼 차별을 두지 않고 모두를 똑같이 사랑했기에 전혀 구별할 수 없었던 것이다. 더불어 그는 노비들과 비축된 곡식을 서로 나누어 사용하고 귀한 음식이 생기면 비록 그 양이 얼마 되지 않아도 종들에게까지 나누어주니 온 고을 사람들이 그를 사모하였다. 그리고 서학을 신봉하고 난 후에는 자신의 집안 노비를 모두 면천하여 양인으로 만들어주는 조선 역사상 일대 파격을 단행하였다. 신분제가 사회와 국가를 통치하기 위한 수단으로 사용되던 시절에 신분제에 대한 벽을 허물고 모두가 평등하게 한 식구처럼 살아가자는 그의 생각은 어느 누구도 감히 상상할 수 없는 것이었다.

신분제 철폐 단계에 이르렀던 그의 생각은 마침내 정조에게로 이어졌다. 정조가 즉위 직후부터 조선의 모든 노비를 없애 평등한 세상을 만들어야 한다고 역설한 것은 그 스스로의 생각이 아닌 권철신으로부터 받은 평등정신의 발로였던 것이다. 그러니 훗날 갑오경장을 통한 신분제 철폐가 권철신의 신분제 혁파에서부터 비롯된 것이라는 주장에 반론을 제기할 수는 없을 것이다.

주자성리학을 공부하면서 양명학까지 사유의 세계를 넓힌 권철신은 마침내 서학西學에 이르게 되었다. 1777년(정조 1년) 천진암 강학회를 통해 서학을 신앙으로 받아들이게 된 권철신은 새로운 전기를 맞이하였다. 그간 주자성리학으로부터 탈출하여 보다 넓은 학문 사상을 받아들이고자 했던 그에게 서학의 존재는 엄청난 폭발력을 지닌 추진체가 되었다. 더불어 그가 받은 명망으로 인하여 주변의 모든 이들이 서학을 신봉하면서 평등세상과 새로운 유토피아를 꿈꾸게 되었다. 하지만 그의 천주교 신앙은 훗날 그를 역적으로 몰아붙인 '무군'無君의 사상은 아니었다. 그는 국왕 정조를 받들면서 서학이 말하고자 하는 평등의 대동세상을 함께 만들고자 했던 것이다. 그래서 정조시대 윤지충과 권상연이 조상의 신주를 불태우는 사건이 발생하여 정약종 등이 사형을 당할 때도 전혀 문제가 되지 않았던 것이다.

후세의 역사가들은 그를 천주교 신자로만 이해하고자 하지만 오히려 그는 시대를 앞서간 개혁적인 사상가였다. 권철신은 공개적으로 윤휴尹鑴를 사모한다고 하였다. 윤휴는 숙종시대 학자로 주자의 학문을 배격하고 경전에 대한 독자적인 해석을 단행한 인물로, 송시열이 가장 존경하고 두려워하는 존재였다. 당시 모든 학자들이 주자의 학문만이 옳다고 하던 시절에 어찌 주자의 학문만 옳고 조선의 학자들의 학문은 옳지 않느냐며, 조선 학자들의 시각으로 공자와 맹자의 학문을 해석하였다. 이는 중국의 학문에 매몰되지 않겠다는 반사대주의反事大主義로서 일대 파란을 일으켰다. 그 결과 윤휴는 사문난적으로 몰려 끝내 형장의 이슬로 사라졌는데, 이런 인물을 공개적으로 사모한다고 하였으니 권철신의 용기와 학문에 대한 열정은 그 누구와도 비교할 수 없는 것이었다.

권철신보다 한 연배가 높은 이병휴는 권철신의 예禮에 대한 자주적 해석을 그릇된 것을 개혁하고 고제古制를 회복하는 것으로 이야기하며 칭찬하였다. 더불어 안정복은 그가 학문을 함에 있어 정밀한 논리와 초절한 식견에 감탄한다고 할 정도였다. 권철신의 글이 처음에는 의문이 생기다가 마침내 의문이 풀어지는 '융회관통'融會貫通의 경지에 이를 정도가 되었다는 것이다. 안정복은 권철신에게 의문이 적으면 진보도 적고, 의문이 많으면 진보도 많다는 주자의 말을 인용하면서 그가 보다 많은 의문을 통해 새로운 사상의 바다로 나가길 권유하였다. 어쩌면 권철신이 성호 이익의 학문을 이은 좌파라고 하는 영예를 받은 것은 순암 안정복의 영향이 컸기 때문일 것이다. 권철신의 학문은 성호에게서 순암으로 이어지다 마침내 스스로 깨달아 독보적인 존재로 나아간 것이다.

결국 권철신은 한국천주교회사의 큰 획을 그은 인물임과 동시에 조선후기 모순에 찬 사회에서 평등과 자주를 추구한 사회개혁가요, 중국의 학문이 아닌 조선의 학문을 열고자 한 시대의 주체적 진보학자였다. ❁

형이자 스승인 정약전

다산의 인생에 가장 영향을 준 사람은 누구일까? 물론 국왕 정조가 정답일 것이다. 국왕 정조로 인하여 다산은 새로운 세상을 만들 중책을 떠맡았고, 그 일을 성실히 수행했다. 그러나 정조 외에 누가 다산에게 큰 영향을 끼치고 그와 운명을 같이 했느냐고 묻는다면 그는 바로 둘째형 정약전이다.

정약전은 다산의 부친인 정재원의 둘째아들로 태어났다. 큰아들인 정약현은 정재원의 첫 번째 아내의 소생이었고, 정약전은 두 번째 부인인 해남 윤씨의 아들이었다. 해남 윤씨는 조선후기 파란만장한 삶을 살았던 정약전·정약종·정약용 셋을 낳았다. 형제가 유명해질 수는 있겠지만 이처럼 삼형제가 모두 시대의 획은 그은 인물로 성장하고 인생을 살아가기란 쉬운 일이 아니다. 하지만 이 삼형제는 역사에 길이 이름을 남길 역할을 했다. 그렇기 때문에 정약용의 형제들은 우리 역사상 가장 특별한 형제라고 할 수 있다.

정약전은 1758년(영조 34년) 3월 1일 남양주 마재에서 태어났다. 자는 천전天全이며, 호는 일성루一星樓, 재호齋號는 매심每心이었다. 일반적으로 정약전에 대하여 손암巽菴이라는 호를 많이 사용하는데, 이 호는 흑산도로 유배가고 나서 스스로 지은 호이다. '손'巽은 입入, 즉 '들어간다'라는 의미가 있다. 정약전은 흑산도로 유배가면서 영원히 나오지 못하리라는 것을 예측하고 바다 안의 바위, 즉 '섬으로 영원히 들어간다'는 의미를 담아 손암이라 부른 것이다. 그러니 손암이라는 말은 참으로 슬프다 하지 않을 수 없다.

정약용이 지은 정약전의 묘지명에 의하면 정약전은 어려서부터 범상치 않았고 자란 뒤에는 더욱 기걸奇傑하였다. 다산이 어린 시절 오로지 공부만 하여 활쏘기와 사냥 등 몸으로 하는 일에는 익숙지 않았던 데 비해 정약전은 천하의 호걸로 무예와 학문 모두를 즐겼다. 더구나 성품이 호탕하여 신분을 가리지 않고 벗들과 사귀었다.

이러한 형이 못마땅해서인지 다산은 정약전에게 친구 사귀기를 조심해야 할 것이라고 넌지시 이야기한 적이 있었다. 이때 정약전은 "너는 도성의 귀족자제들과 사귀려 하고 나는 도성의 호걸들과 사귀기를 좋아하는데, 나중에 우리가 죽을 위기에 처하면 그때 누가 친구를 도와주는지 보자꾸나"라고 하였다. 훗날 정조가 돌아가시고 다산의 형제들이 온갖 고초를 겪을 때 귀족자제들은 모두 몸을 사리느라 도와주지 않았지만 정약전의 친구들인 도성의 호걸들은 목숨을 아까워하지 않고 정약전을 돕고자 하였다. 이것이 바로 신분과 지위로 인간을 평가하지 않는 정약전의 매력이었다.

정약전이 이처럼 성장할 수 있었던 것은 바로 그의 스승 권철신 덕분이었다. 한국천주교회는 전 세계에서 유일하게 자생적 연구와 노력을 통해 신앙체계를 만들었다. 그 계기가 되었던 것이 천진암 강학회였다. 이 천진암 강학회를 주도한 인물이 바로 권철신이었다. 정약전은 권철신과 정식으로 스승과 제자의 사제 관계를 맺었다. 정약전은 그에게 학문을 배우고 삶의 지표를 받았기 때문에 일반적인 선비들과 기질이 달랐다.

과거를 중요하게 여기지 않았던 정약전은 이익의 학문을 기반으로 주자朱子의 도학과 그 근원을 연구하여 공자孔子에 이르기까지 폭넓은 공부를 하였다. 이와 더불어 천주학을 신봉하지 않았지만 서학西學에 남다른 관심을 가지고 공부하였다. 정약전은 천진암 강학회가 끝나고 매제인 이승훈과 더불어 서대문 밖에 나가 향사례鄕射禮를 행하면서 학문을 논하였다. 이때 참여하였던 백여 명의 사람들은 모두 정약전의 학문에 감동을 받아 "삼대三代의 의문儀文이 찬란하게 다시 밝혀졌다"라고 하였다. 그만큼 정약전의 학문이 높았음을 알 수 있는 것이다.

이처럼 학문이 깊었던 정약전은 주변의 권유에 의하여 1783년(정조 7년)가을 사마시에 합격을 하여 진사가 되었다. 그러나 대과大科에는 뜻을 두지 않았다. 조선시대 선비라면 누구나 과거에 급제하여 입신양명을 생각하였는데 정약전은 그럴 뜻이 없었다. 그는 대과보다는 오히려 새로운 학문 연구에 관심을 가지고 적극적인 연구를 하였다.

당시 정약전은 이벽과 교유하였다. 물론 다산의 형제들 모두가 이벽을 만났다. 큰형인 정약현의 매제인 이벽은 당시 서양학문의 전수자였다. 정약전은 이벽의 역수曆數에 대한 강의를 듣고 기하학幾何學에 심취하였다. 당시에는 서양의 수학과 천문학 그리고 서양역법이 우리 사회에 거의 들어오지 않은 때였다. 그러나 이들 학문은 동양의 역법과 달리 태양력을 사용하고 있었기 때문에 무척 신선하였다. 새로운 학문에 대한 갈증이 있었던 정약전은 서양 역법을 이해하고 더 나아가 기하학 연구에 심혈을 기울인 것이다.

이처럼 새로운 서양학문을 연구하던 정약전은 자신의 학문이 나라와 백성들을 위해 사용되어야 한다는 것을 깨닫고 과거시험을 보기로 결심하였다. 1790년(정조 14년) 정조는 후궁인 수빈 박씨로부터 원자元子를 보았다. 이 원자가 훗날의 순조純祖다. 정조는 자신의 첫 번째 아들인 문효세자가 의문사하

© 김주혁

정약전 묘소

정약전은 정약용의 둘째 형으로, 어릴 때부터 매우 재주가 있고 총명했으며 성격이 작은 일에 얽매이지 않아 거리낌이 없었다. 1801년(순조 1년)에 신유사옥이 일어나 많은 천주교 신도들이 박해를 입게 되자, 아우 정약용과 함께 화를 입어 약용은 경북 장기를 거쳐 전남 강진에 유배되고, 그는 신지도薪智島를 거쳐 흑산도黑山島에 유배되었다. 여기서 복성재復性齋를 지어 섬의 청소년들을 가르치고 틈틈이 저술로 울적한 심정을 달래다가 끝내 풀려나지 못하고 16년 만에 죽었다. 저서로 우리나라 최초의 수산학 관계 서적이라 할 수 있는 명저인 『현산어보』玆山魚譜를 저술하였다. 묘소는 충주 하담에 있었으나 현재 경기도 광주의 천진암에 있다.

정약전 간찰

정약전은 서양 학문과 사상에 접한 바 있는 이벽·이승훈 등 남인 인사들과 교유하면서 특별히 친밀하게 지냈는데, 이들을 통해 서양의 역수학曆數學을 접하고 나아가 천주교에 마음이 끌려 신봉하기까지 하였다. 이 간찰은 매제인 이승훈에게 보낸 편지이다.

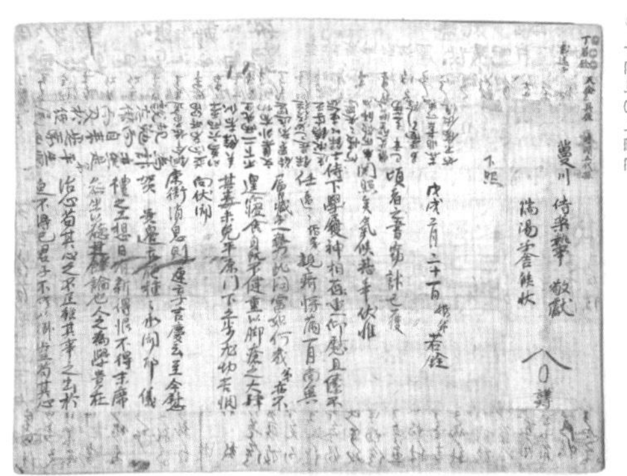

© 수원화성박물관

고 난 이후 계속해서 후계자를 얻지 못했다. 후계자를 보아야 자신이 상왕上王이 되어 사도세자를 국왕으로 추존하고 수원으로 정치적 기반을 옮기는 개혁을 추진할 수 있었는데 왕자가 태어나지 않았던 것이다. 그러던 차에 기다리던 원자가 태어나자 증광별시를 열어 새로운 인재를 선발하였다. 정약전은 국왕 정조의 의도를 이해하고 있었다. 아마도 국왕의 측근에서 사랑을 받고 있던 아우 정약용으로부터 정조의 고민과 꿈을 전해 들었을 것이라 생각된다. 정약전은 "과거에 급제하지 않으면 임금을 섬길 수 없다"고 하였다. 이는 노론이 주도하는 정국에서 정조를 돕기 위한 결단을 내렸다는 것을 의미한다.

정약전은 이 시험에서 1등으로 합격했다. 정조는 정약전의 학문을 인정하여 규장각 초계문신으로 선발하였다. 규장각 초계문신은 학자 중의 학자만이 들어갈 수 있는 영광스러운 자리였고, 특히 정조는 이들을 기반으로 개혁을 추진하려고 하였다. 형제가 규장각 초계문신으로 들어간 사례는 오직 정약용 형제밖에 없을 정도다.

그러나 정약전의 조정 출사를 시기하는 노론 신하들은 1795년 가을에 박장설을 사주하여 상소를 올리게 하였다. 남인의 영수 격에 해당되는 이가환이 시험관으로 엉터리 답안을 제출한 정약전을 합격시켰다는 것이 그 내용이었다. 이는 표면적으로는 정약전을 공격하는 것이지만 실제는 이가환을 제거하고 남인을 수렁에 빠뜨리겠다는 의도였다. 정조는 이 사안을 무척 중요하게 여겼고, 본인이 직접 정약전의 답안지를 확인하였다. 답안에 아무런 문제가 없자 거꾸로 박장설을 유배 보내는 것으로 마감하였다. 그러나 이 일로 정약전은 노론의 표적이 되었다.

정약전은 자신의 아우 정약용을 위해서라면 무엇이든 도와주려 했다. 그는 정약용이 서학 문제로 좌천되어 임무를 맡았던 금정 찰방을 마치고 서울로 돌아와 시문학모임인 죽란시사竹欄詩社를 만들었을 때 회원이 되어 아우를 격려하였다. 당시 죽란시사는 채홍원, 이치훈, 윤지눌 등 15명으로 구성되었는데, 더불어 정약전은 이들과 함께 시를 지으면서 조선의 운명을 걱정하였다.

정조는 정약전에 대하여 특별한 애정을 보여주었다. 그를 친정사관親政史官으로 임명하였고, 이조를 비롯한 육조六曹 전체에 그를 중용하라고 하명할 정도였다. 이로 인하여 정약전은 성균관 전적을 거쳐 병조좌랑이 되어 올바른 무반을 선발하고 임명할 수 있는 지위에 이르게 되었다. 정조는 신하들에게 "약전의 준결한 풍채가 약용의 아름다운 자태보다 낫다"고 평가하고 1798년(정조 22년)에 『영남인물고』 편찬을 주도하도록 하였다.

그러나 정약용 형제를 지극히 아껴주던 정조가 1800년 6월 28일에 승하함으로써 이들은 영원히 중앙정계에서 추방당했다. 정약전은 신유사옥(1801년, 순조 1년)이 일어나자 정약용과 더불어 모진 고문을 받았다. 그러나 그들이 천주교 신자가 아니라는 결정적 증거가 나오자 끝내 사형을 시키지 못하고 머나먼 남쪽으로 유배를 보냈다. 두 형제는 나주 율정栗井에서 한 명은 흑산도로, 한 명은 강진으로 떠나야 했다. 이날이 이들 형제가 서로의 모습을 본 마지막이었다.

정약전은 흑산도에서 청소년들을 가르치고 저술을 하다가 결국 그곳에서 16년 만에 생을 마쳤다. 동생을 그리워하면서, 동생이 새로운 책을 저술하면 논평과 더불어 자신의 생각을 덧붙이면서 형제간의 상봉을 기다렸지만 끝내 그의 소원은 이루어지지 않았다. 그는 세상이 덧없어 저술을 많이 하지 않았지만 흑산도 바다에서 어류들을 보며 『현산어보』玆山魚譜라는 실학의 명저를 완성하였다. 그렇게 다산의 천재 형제들 중 한 명인 그는 흑산도 옆 우이도에서 동생을 기다리다 눈을 감았다. 우리 역사의 비극이다.

이가환, 다산과 함께 정조의 정치적 동반자

조선시대 개혁군주 정조가 가장 사랑했던 신하가 과연 누구였을까? 정조시대에 대한 관심이 있는 사람들이라면 누구나 한번쯤 생각해보는 문제라고 생각한다. 필자가 생각할 때 정조는 어느 특정인만을 사랑하지 않았다. 당파를 가리지 않고 자신과 뜻을 함께 하는 젊은 선비들이라면 정조는 모두 사랑하였다. 그중 남인으로 한정하자면 단연코 정약용과 이가환이다. 정약용은 누구나 다 알고 있지만 이가환은 생소하다. 하지만 정약용은 실제 그의 삶에 있어서 이가환에게 너무나도 많은 영향을 받았다. 그렇기 때문에 이가환이 죽고 나서 장문의 묘지명을 지었다. 그것도 비분강개하면서 말이다.

이가환은 그 유명한 실학자 성호 이익의 후손으로 본관은 여주다. 자는 정조廷藻, 호는 금대錦帶·정헌貞軒. 익瀷의 종손으로, 할아버지는 명진明鎭이고, 아버지는 용휴用休이며, 어머니는 유헌장柳憲章의 딸이다. 1771년(영조 47년) 진사가 되고, 1777년(정조 1년) 증광 문과에 을과로 급제하였다. 이가환은 이익의 친형인 이잠李潛의 종손으로 태어났기에 뒤에 그가 원했건 원하지 않았건 조선후기 당쟁의 한복판에 설 수밖에 없는 운명이었다.

어린 시절부터 천재 소리를 들었던 이가환은 성리학과 실학을 동시에 공부하였다. 기억력이 뛰어난 그는 정약용의 표현대로 한 번 본 글은 평생 동안 잊지 않았고, 제가백가에서 천문학, 수학, 수의학에 이르기까지 통달하지 않은 학문이 없을 정도였다.

1778년(정조 2년) 2월 정조는 문신 제술에 수석을 하여 6품으로 승진시킨 승문원 정자正字 이가환을 불러 다양한 견해를 물어보았다. 정조 본인 역시 대단한 학자이지만 모든 학문을 꿰뚫고 있는 이가환은 그에게도 특별한 존재였다. 역대 중국 국가의 관제와 군사제도 등에 대한 이가환의 지식은 정조를 놀라게 하였다. 여기에 더 나아가 이가환은 서양 선교사들이었던 마테오리치와 테렌스의 『천주실의』와 『기기도설』奇器圖說에 대한 내용을 이해하고 동서양 천문학의 차이점을 설명해주었다. 이는 성호 이익의 영향 때문이었을 것이다. 다산 정약용의 천문과학능력은 이가환과 함께 공동연구를 함으로써 발전한 것이 사실이다.

이가환은 1780년 비인 현감으로 제수되었다가 곧이어 예조낭관으로 영전하였다. 정조는 1년 뒤인 1781년 이가환을 사헌부 지평으로 임명하였다. 사헌부 지평은 관리들의 탄핵감찰권과 일반 백성들의 검찰권을 동시에 가지고 있는 막강한 자리였다. 더불어 국왕의 명령을 받아 법률을 집행하는 역할을 담당했기 때문에 모든 관리들이 원하는 요직이었다.

정조는 이가환이 매우 뛰어난 인물이기에 특별히 발탁한다는 이야기를 직접 함으로써 이가환에 대한 신뢰가 얼마나 큰지 조정의 대소신료들 모두가 알게 하였다. 아마도 이 시기는 남인의 영수였던 채제공이 잠시 낙마하여 은거하였던 시기였기에 채제공을 대신할 새로운 남인의 인물을 키우고자 하는 의도도 있었을 것이다. 하지만 이가환은 이미 국왕 정조 앞에서 1등으로 합격한 학문적 성과가 있었기 때문에 이가환의 승진과 요직 임명에 대하여 어느 누구도 반대할 수가 없었다.

당시 정조는 규장각을 통해 인재 양성을 추진하였다. 훗날 장용영을 신설하고 1790년(정조 14년)에 『무예도보통지』를 간행하였을 때 '문치규장 무설장용'文置奎章 武設壯勇이라 하여 학문을 육성하기 위해 규장각을 설치하고 무예를 육성하기 위해 장용영을 설치하였다고 했다. 즉 규장각과 장용영이 정조의 인재육성 정책의 근본 기관이었던 것이다. 특히 규장각은 학문 육성만이 아닌 조선사회를 개혁하고 자신의 정적들을 제거하여 왕권을 강화하고자 하는 중추기관이었다. 이 규장각의 핵심 인물들이 바로 초계문신이었다. 초계문신은 당파를 가리지 않고 당대 최고의 젊은 학자들을 선발하여 정조의 친위세력으로 성장한 사람들이었다. 정조는 자신이 꿈꾸는 미래를 위하여 최측근 세력인 초계문신 육성에 진력하였고, 그 중의 한 명으로 이가환을 선발하였다. 그는 뒤를 이어 초계문신이 된 정약용·정약전과 더불어 남인의 초계문신으로서 정조를 보필하였다.

이가환은 정조 16년인 1792년 9월에 사간원 대사간이 되었다. 곧이어 대사성으로 임명되었다. 이가환은 이제 정조의 왕권강화 정책에 있어 가장 핵심이 되는 인물로 성장하였다. 그러한 성장으로 인하여 노론들의 집중적인 견제를 받기 시작하였다. 노론세력들은 이가환의 대사성 임명을 극구 반대하였고, 정조는 이를 묵살하였다. 하지만 계속해서 버틸 수는 없었다. 정조가 아무리 국왕으로서의 강력한 모습을 보여준다 하여도 국왕이 신하들과 오랫동안 대립각을 세울 수는 없기 때문이다.

그래서 정조는 일종의 타협책으로 전체적인 모양새를 갖추는 인사를 단행하였다. 그것은 바로 이가환을 개성유수로 임명하는 것이었다. 정조가 이가환을 개성유수로 임명하는 문제로 이틀간 밤을 새웠다는 이야기를 좌의정인 채제공에게 할 정도로 이가환은 정조의 정국 운영에서 핵심이 되는 인물이었다. 하지만 이가환이 너무도 똑똑하고 향후 재상이 될 능력을 갖춘 인물이라는 이유로 견제가 심했기에 정국구상을 전면적으로 수정하면서 그를 개성유수로 임명해야 했던 것이다. 물론 그 표면에는 탕평인사를 한다는 명분을 내세웠다. 그만큼 정조와 이가환은 특별한 관계를 형성하였다.

이처럼 이가환이 개성유수로 임명되었음에도 불구하고 지속적으로 논란의 대상이 되었던 것은 한편으로 그가 이잠李潛의 종손이었기 때문이다. 이잠은 경종 재위 시에 노론을 공박했던 인물로, 끝내 노론에 의해 대역죄인으로 몰려 국문 중에 사망한 인물이었다. 그러한 이잠의 종손을 정조가 총애하니 그들의 걱정은 이루 말할 수 없었다. 그래서 당시 승지였던 노론의 차세대 지도자인 심환지는 이가환이 역적 이잠의 후예라는 이유로 조정에 중용할 수 없다고 강력히 주장하였다. 이에 정조는 "이가환의 종조宗祖에 대해서는 나도 그 이름을 익히 듣고 있으나, 종조는 종조이고 종손宗孫은 종손이다. 재능을 헤아려 임무를 맡겼는데, 이가환이 문사文士가 아니라

이기환 묘소

이가환은 정조 때 문과에 급제하여 남인에 속하는 안정복·정약용·권철신 등과 가까이 지내면서 새로운 학문연구를 위해 노력하였다. 1784년(정조 8년) 숙부 이승훈이 북경에서 천주교 서적을 가지고 오자, 이에 흥미를 느끼고 이벽 등과 함께 교리를 번역·연구했으나 입교는 하지 않았다. 1801년(순조 1년) 신유박해 때 이승훈 등과 함께 체포되어 순교했다. 채제공을 잇는 남인 시파계의 대가였으나 당시 정권이 반대파로 기울자 천주교신자로 몰아세워 장살로 정치적인 희생을 당하였다.

는 말인가. 경 또한 과구科臼 중의 사람으로 옛 습관을 면하지 못하고 이렇게 뭇사람들을 따라 하고 있으니 매우 놀라운 일이다"라고 심환지를 나무라면서까지 이가환을 지켜주었다.

정조가 이렇게 이가환을 감싸주었음에도 불구하고 노론의 공격은 끊이지 않았다. 부교리 이동직은 남인의 젊은 인물들을 공격하면서 이가환의 문체에 문제가 있으니 그를 처형하여야 한다고 상소를 올렸다.

정조는 당시 선비들의 글쓰기에 문제가 있어 바른 글쓰기인 고문古文으로 돌아가야 한다고 강조하였다. 당시 중국으로부터 패관문학이 집중적으로 수입되면서 정통 글쓰기가 아닌 새로운 문장체가 등장했다. 이른바 박지원식 문장이었다. 박지원은 중국을 여행하고 돌아오면서 『열하일기』를 통해 기존의 조선 사대부들이 사용하던 문장이 아닌 『서유기』, 『삼국지』 등의 소설과 같은 자유로운 글쓰기를 보여주었다. 그러다보니 젊은 선비들이 박지원의 글쓰기를 따라 하기 시작하였고, 정조는 이를 매우 못마땅하게 생각하여 자신의 친위세력인 규장각 검서관 및 초계문신들에게 반성문을 쓰게 할 정도였다. 정조로서는 패관체 글쓰기를 하는 선비들 대부분이 노론세력이었고, 더불어 이러한 글쓰기로 인하여 중국 문화를 흠모하여 조선의 자주성이 사라지고 중국에 사대하는 경향이 높아질까 염려하였기 때문이다. 그런데 거꾸로 이가환의 문체가 문제가 있다고 하니 정조로서는 정말 웃을 일이었다.

그들이 이가환의 문체에 문제가 있다고 주장한 것은 그가 천주교와 밀접한 연관이 있다고 판단하여 이를 빌미로 제거하기 위함이었다. 물론 이가환은 당시 서학과 밀접한 관련이 있었고, 그 역시 이벽의 권유로 천주교 신자로서 활동하였던 것도 분명한 사실이다. 그가 남인 집안에서 차지하고 있는 위상으로 볼 때 천주교 세력에서 가장 중추적인 역할을 본인의 의지와 무관하게 맡을 수밖에 없었던 것은 역사를 조금이라도 아는 사람들이 볼 때 너무도 당연한 것이었다.

하지만 이가환은 천주교에서 조상의 제사를 금지한다는 결정을 듣고 곧바로 배교背教를 선언한 인물이었다. 정약용이 천주교를 배교한다는 상소를 올린 것도 이가환과 거의 같은 시점이었다. 아마도 이가환과 깊은 상의가 있었던 것으로 보인다. 훗날 정조는 이가환을 충주 목사, 정약용을 금정 찰방으로 같은 날 임명하였다. 이들 지역이 천주교가 흥성한 지역이라 이들을 임명하여 천주교 세력을 약화시켜 천주교인이라는 누명을 벗겨주기 위함이었다. 실제 이 두 사람은 천주교를 토역하는 상소를 올리면서 충주 목사와 금정 찰방으로 재직할 당시 많은 천주교인들을 배교하게 만들기도 하였다. 그것이 당시 이가환의 입장에서는 정조를 돕는 최선의 길이라고 생각하였을 것이다.

어쨌든 정조는 이가환이 배교를 선언하였기에 더 이상 천주교와 연계된다고 생각하지 않았고, 그의 불우한 가문과 처지로 인하여 일부 과격한 글을 쓰기는 했지만 그것은 거꾸로 우리 조정의 잘못 때문이지 이가환의 잘못이 아니라고 적극 두둔해 주었다. 이잠의 죽음은 조정의 잘못이지 그의 잘못이 아니라는 것이다. 그렇다면 결국 이잠의 죽음은 노론 때문이었으니 노론으로서는 혹을 떼려다 붙인 꼴이 되었다.

정조는 1795년(정조 19년) 윤2월 화성으로 어머니인 혜경궁 홍씨 회갑 진찬연을 다녀온 후 이가환에게 화성의 축성을 비롯한 도시 기반시설 모두를 책임지고 맡아 추진하도록 하고, 정약용에게 이가환을 도와 자신의 정국 운영 구상을 완성하라고 지시하였다. 정조는 상왕이 되어 화성에서 개혁을 추진하여 새로운 조선을 만들려고 했다. 이처럼 이가환에게 화성의 마무리를 부탁한 것은 그가 가지고 있는 지식과 열정 때문이었다. 정조는 공개적으로 남인의 영수였던 채제공의 후임으로 이가환을 재상으로 임명하고, 그 뒤를 이어 이가환의 후임으로 정약용을 재상으로 임명하겠다고 선언하였다. 결국 정조는 이가환과 정약용을 자신의 정치적 동반자로 인식하였고, 이들의 경륜과 지혜를 세상을 위해 사용할 수 있도록 최대한의 배려를 아끼지 않았다.

하지만 너무도 많은 반대세력의 집중적 견제로 인하여 정조의 정국 구상은 잠시 지연되었다. 그러는 와중에 정조가 승하하고 말았다. 결국 정조의 승하로 인하여 이가환은 천주교의 우두머리가 되어 1801년에 감옥에서 죽고 말았다. 정조가 꿈꾸었던 대일통大一統의 세상을 만들 가장 중요한 인물이었던 그는 끝내 지혜를 세상에 펼치지 못하고 대역죄인이 되어 하늘로 올라간 것이다. 그렇지만 그가 어떤 사상을 가지고 어떤 세상을 꿈꾸었는지 정약용이 남긴 이가환의 정헌묘지명貞軒墓誌銘에 그대로 남아 있다. 이것이 역사의 무서움이자 기록의 서늘함이다. 그래서 이가환은 죽었으나 잊혀지지 않고 오늘날 우리가 그를 찾는 것이다.

> 공은 기억력이 뛰어나 한 번 본 글은 평생토록 잊지 않고 한번 입을 열면 줄줄 내리 외는 것이 마치 호리병에서 물이 쏟아지고 비탈길에 구슬을 굴리는 것 같았으며, 9경4서에서부터 제자백가와 시詩·부賦·잡문雜文·총서叢書·패관稗官·상역象譯·산율算律의 학과 우의牛醫·마무馬巫의 설과 악창惡瘡·옹루癰漏의 처방에 이르기까지 문자라고 이름할 수 있는 것이면 무엇이든지 한 번 물으면 조금도 막힘없이 쏟아놓는데 모두 연구가 깊고 사실을 고증하여 마치 전공한 사람 같으니 물은 자가 매우 놀라 귀신이 아닌가 의심할 정도였다.
>
> –『여유당전서』「정헌묘지명」貞軒墓誌銘

중국의 문화를 알려준 박제가

다산은 18세기 사상계에서 매우 독특한 존재였다. 남인이었음에도 불구하고 노론과 소론의 학자들과 교유관계를 유지했기 때문이다. 그중 가장 가깝게 지낸 노론의 북학파 학자가 바로 박제가였다. 규장각에서 초계문신과 검서관으로 같이 근무한 인연이 있을 뿐만 아니라 더불어 종두법을 연구하여 성공시키기도 하였다. 당파가 서로 다름에도 불구하고 종두법까지 같이 연구할 정도로 두 사람은 가까웠고, 그러한 인연으로 다산은 박제가를 통해 북학과 중국 건축물의 벽돌 사용법을 공부하고 이를 현실화시키는 노력을 하였다. 그래서 다산은 화성 축성에서 벽돌 사용을 적극적으로 건의하였고, 이를 실현시켰다.

박제가는 잘 알려져 있다시피 중국의 선진문물을 배워서 조선의 발전을 강조한 이용후생학파의 대명사이다. 연암 박지원, 청장관 이덕무, 그리고 『무예도보통지』의 시연자인 야뇌 백동수와 교류를 하며 북학파의 일원이 된 그는 정조 즉위 후 연경에 사신단의 일원으로 다녀온 후 북학에 대한 생각을

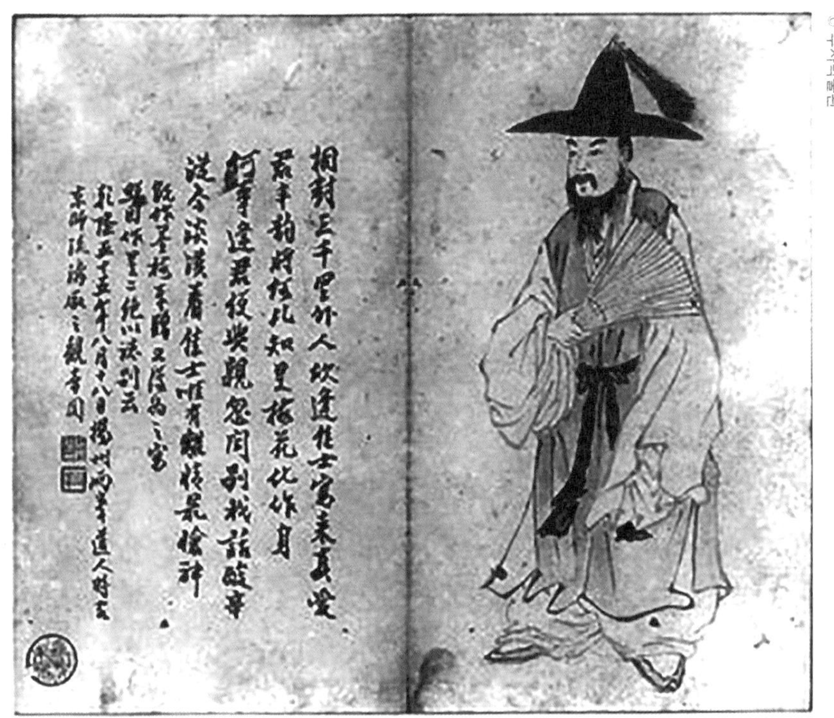

© 추사박물관

박제가 초상화

박제가는 정조시대 박지원과 더불어 북학파의 대표적인 인물이다. 1778년 청나라에 사은사로 파견되는 채제공의 수행원으로 청나라에 다녀왔다. 1779년 3월 정조에 의해 규장각 검서관으로 특채되어, 그후 청나라에 사신을 파견할 때 사신의 수행원으로 다녀왔다. 상행위와 무역을 적극 장려하고 밀무역에 대한 제재를 줄이며, 화폐를 유통할 것과 서양인들을 조선으로 초빙하여 화포 제작, 성곽 축조, 선박 건조, 양잠 등의 신기술을 적극 도입, 유치하자고 주장했다.

이 초상화는 1790년(정조 14년) 건륭황제의 팔순 생일을 축하하기 위해 두 번째 연행길에 오른 박제가를 위하여 청대 회화사에 중요한 위치를 차지하고 있는 양주학파의 나빙羅聘이 그린 그림이다.

굳힌 인물이었다. 이때 박제가가 이덕무와 함께 가져온 『고금도서집성』古今圖書集成은 훗날 화성 축성에 유용한 기반이 되었다. 그중 『기기도설』은 1792년 12월 다산에게 전해져 이 책을 근거로 거중기를 만들 수 있었다. 그러니 화성 축성과 박제가는 특별한 인연이 있고, 더불어 다산과도 깊은 인연이 있는 것이다.

정조는 국가개혁을 위해서라면 당론을 가리지 않고 우대를 하는 인물이었다. 특히 민생의 안정을 위해 그는 과감한 주장도 적극 수용하고자 하였다. 이러한 정조의 의중을 파악한 박제가는 파격적인 아이디어를 제공하였다. 그것이 바로 '병오소회'丙午所懷이다. 1786년인 병오년에 자신의 품은 생각을 아뢴다는 것이다. 그 내용은 바로 중국과의 통상과 양반상인론이었다. 박제가는 이렇게 이야기하였다.

"현재 국가의 가장 큰 폐단은 바로 가난입니다. 그렇다면 가난을 어떻게 하면 구제할 수 있겠습니까? 그것은 바로 중국과 통상하는 길밖에 없습니다."

이처럼 박제가는 중국과의 통상을 중요하게 여겼고, 중국과의 통상 이후에는 주변의 여러 나라들과도 통상을 해야 한다고 하였다. 서양의 선교사들까지 조선으로 입국시켜 그들의 지식을 배워야 한다는 파격적인 주장도 하였다. 국가의 경제적 안정과 백성들의 삶의 질 향상을 위하여 양반들이 상인이 되는 것은 너무도 당연하고 반드시 그래야 한다고 했다. 이러한 그의 양반상인론은 실제 정조가 수원에 화성을 축성하고 양반들을 대거 상업과 유통업에 참여시키고자 하는 정책으로 나타나기도 하였다.

박제가는 서얼로 태어나 어린 시절에 부친을 잃고 가난 속에서 불우하게 성장하였으나 어머니의 따스한 사랑과 친구들의 우정으로 어려움을 극복하였다. 10대에 이미 훗날 실학자로 이름을 높인 실학의 거두인 이덕무·

박지원 등과 심교를 맺고 같은 뜻을 가진 동학同學으로서 밤낮으로 공부하였다. 박제가는 그의 벗들과 함께 일찍부터 이용후생利用厚生에 대하여 깊은 관심을 갖고 청나라에서 학문을 배워야 한다는 선각적 식견에 뜻을 같이 하였다. 그들은 아직도 명분만 강조하는 반청反淸 사상의 꿈속에 잠긴 시대와 사회에 대해 개혁을 강조하였다.

모든 것을 군신부자君臣父子의 관계로 해석하던 유교적 윤리를 기본으로 삼던 조선에 있어서 청나라의 등장과 굴욕은 '충신불사이군'忠臣不事二君이라는 유교의 기본적 가르침을 거스르는 행동이었다. 그런 의미에서 조선왕조가 여진에 항복한 것은 패륜이었다. 이 때문에 조선왕조체제는 송두리째 흔들릴 위기에 처했고, 이를 극복하며 기존의 국가체제를 유지하는 방법은 반청숭명反淸崇明밖에 없었다. 그러나 박지원을 비롯한 일군의 실학자들이 청나라로부터 사상과 문물을 배워 부국강병을 해야 한다고 주장하였으니 이러한 사고는 시대사상에 대한 도전과도 같은 것이었다고 할 수 있다.

어쨌든 박제가는 이미 20세 이전에 시고詩稿 『초정집』楚亭集을 엮었고, 이른바 사가시집四家詩集으로써 아정雅亭(이덕무), 혜풍惠風(유득공), 강산薑山(이서구)과 더불어 시명詩名을 연경燕京(북경)에 날리었다. 그러나 그의 본뜻은 날로 곤궁해가는 백성들을 구제하고자 하는 경세經世에 있었다. 그렇기 때문에 연암 박지원, 아정 이덕무, 혜풍 유득공 등과 한편이 되어 구국의 길로써 북학을 연구하여 이미 연행 이전부터 박제가는 중국의 풍물제도에 조예가 깊었었다. 제1차 연행에서 돌아온 후 29세 때 저술한 『북학의』는 20년 후 왕에게 진소할 때에도 실질적으로 거의 수정이 필요 없을 정도로 완벽하게 서술한 책이었다.

서얼로서 입신의 길이 막혀 있었던 박제가는 규장각이 설치됨에 따라 초대 검서관으로 임명되어 비록 말직이나마 정조와 친해질 수 있었으며, 당대 석학인 규장각 각신들과 사귀며 책과 벗하여 세월을 보낼 수 있었다. 그는 전후 4차례 연행 길에 올라 예부상서 기윤紀昀 등 많은 명류들과 교유했다. 시·서·화에 걸쳐 웅달하고 또 고매한 견식을 가진 박제가는 본국에서보다 연경에서 높이 평가되었다.

하지만 박제가의 북학론과 경세책 등은 시속을 초월하여 도저히 용납되기 어려울 정도로 선각적인 것으로, 그 경론은 오늘날의 안목으로 보면 놀랄 만큼 선각적인 구국의 책이지만 당시에 있어서는 시속은 물론 보다 온건한 개량책을 주장하는 북학파 학우 사이에서도 과도한 '당벽'唐癖(중국 것을 병적으로 좋아하는 취미)으로 지탄을 받았다(연암과 비교하여 볼 때 그의 사상사의 위치가 더욱 뚜렷해진다). 사실 박제가는 북학파 내부에서도 급진적인 진보파라 할 만하였다. 그러므로 그의 고독은 심각하였고, 그의 최대의 이해자인 정조의 서거와 더불어 그에 대한 박해는 불가피한 것이었다.

순조 원년, 그는 남인시파 몰락의 여파를 입어 사소한 일로 그를 압박하는 벽파의 추궁을 간신히 면하여 약 삼 년 동안 함경도 종성부에 유배되었다 방면되었다.

조선후기 북학파 중 가장 진보적이라 할 수 있는 박제가의 사상은 북학에만 있는 것이 아니었다. 그는 생활 속에서도 비이성적인 판단에 대해서는 단호한 태도를 취하였다. 예를 들면, 풍수를 논함에 있어 사주팔자四柱八字를 논하는 자는 천하의 일을 모두 팔자에 돌리며, 관상을 보는 자는 천하의 일을 모두 관상으로 돌리니 풍수가 미신이 아니고 무엇이겠느냐고 역설하였다.

과거에 대하여도 일상생활에 전혀 도움이 안 되는 공령문功令文으로 사람을 시험하고 한 번의 시험으로 평생의 진퇴를 결정하는 것이 과연 인재를 등용하는 옳은 방법이냐며 근본적인 비판을 하였다. 또한 과거의 목적이 사람을 쓰는 데 있다면 이미 과거에 합격하고도 등용하지 못한 사람이 있음에도 자리가 없어서 등용도 못시키면서 과거를 보는 이유는 무엇이냐고 통렬히 비판하였다. 또한 국방의 중심 요건은 형식적인 병력의 규모나 무비武備에 있는 것이 아니라 기술의 발달, 생산력의 증진, 사회번영에 있음을 간파하고 군비가 일상적인 생활 속에서 준비되어야 비용이 적게 들고 실속 있는 군비가 될 수 있다는 견해를 주장했다. 이러한 박제가의 견해는 현대의 국방개념과 매우 비슷한 총력전적인 견해이다.

그의 중상주의적 사고는 상업의 효용관을 정당하게 평가하는 데서 잘 나타난다. 당시 조선사회는 전통적인 '억말절검론'抑末節儉論 일색의 시대였다. 이때 박제가는 국가의 장려 아래 양반을 상업에 종사시킬 것과 해외통상론까지 주장하였다. 그리고 생산된 것은 소비하여야 재생산이 가능하니 절검만을 강조할 것이 아니라 생산과 유통을 활발히 하자는 등 매우 적극적이며 독특한 견해를 보였다. 중국에서 농기구를 사들여 똑같이 만들어 보급시킬 것과 농사시험장을 두어 개량된 농경의 법法을 가르쳐 전파시킬 것을 주장하였다.

그의 개명적인 식견은 천주교에 대한 포용책에서도 두드러졌다. 거의 대부분의 사대부들이 천주교를 사갈시하는 시대에 서양의 학문을 할 필요가 있다는 주장과 더불어 과학기술에 밝은 서양 선교사를 초빙하여 우리의 과학기술교육을 진흥시킬 것을 역설하였다.

박제가의 이러한 견해가 그대로 실현되기만 했었더라도 우리 역사는 크게 달라졌을 것이다. 아마도 정조가 더 살았다면 정조는 다산과 박제가를 개혁의 중추로 삼아 박제가의 파격적인 개혁안을 적극 수용하였을 것이다. 자신이 못 본 더 큰 세계를 안내해준 박제가를 다산 역시 깊이 신뢰했기 때문에 이 두 사람의 호흡은 역사상 최고였을 수 있다. 그것을 보지 못한 것이 안타까울 따름이다.

이승훈, 다산의 매형으로 신학문을 열다

한국 최초의 천주교 신자. 이승훈李承薰은 오늘날까지 그렇게 불리고 있다. 한국천주교회사에서 이승훈의 존재는 한반도에 천주교 신앙을 처음 전파한 이벽과 거의 같은 존재로 대우받고 있다. 이처럼 이승훈은 한국천주교회사에서 빼놓을 수 없는 존재이지만 실제 그가 정조시대 문화운동의 한복판에 있었으며, 다산 정약용의 인생에 큰 영향을 준 인물이라는 것을 세상 사람들은 잘 모르고 있다. 따라서 정약용과 이승훈의 관계를 밝힘으로써 그의 업적을 조명하는 것이 다산 정약용의 업적을 밝혀주는 또 하나의 길이라고 생각한다.

이승훈은 서울 남대문 밖 반석동에서 부친 이동욱과 정조시대 초계문신이자 재상감으로 평가받던 이가환의 누이였던 어머니 여주 이씨 사이에서 맏아들로 태어났다. 그가 태어난 1756년(영조 32년)은 영조가 재위하던 시기였지만 사도세자가 대리청정을 하던 때이기도 했다. 이승훈보다 4년 먼저 정조가 태어났고, 정약용은 이승훈보다 6년 뒤에 태어났다. 결국 이 세 사람은 거의 동시대 인물로 깊은 인연으로 연결될 운명이었다.

이승훈이 개혁적 사고를 갖게 된 것은 어쩌면 운명적이었을 것이다. 그의 집안인 평창 이씨는 당파적으로는 남인이었는데, 조부였던 이광직이 성호 이익의 집안과 혼인을 하여 그의 조카를 며느리로 맞이하였다. 이승훈의 어머니인 여주 이씨는 이가환의 친누나로서 일찍부터 실학을 연구하고 실천한 집안 분위기를 잘 알고 있었다. 백성들을 위한 실천적 삶을 살았던 자신의 삼촌 이익의 이야기를 어려서부터 들었던 그녀는 아마도 자신의 아들인 이승훈에게 이익과 자신의 남동생인 이가환의 이야기를 들려주었을 것이다. 요즘 시대와 달리 전근대사회에서 가족은 매우 중요한 의미를 가지고 있었으며, 특히 경기도 일대의 남인들은 소수자였기에 그 끈끈함은 이루 말할 수 없었다.

이승훈의 부친 이동욱은 1766년(영조 42년) 정시 문과에 급제한 수재로서 일찍부터 영조의 기대를 받았던 인물이었다. 영조는 이동욱과 함께 다산의 부친인 정재원을 총애하였는데, 아마도 이들은 조정에 출사하여 더욱 가까워졌을 것이다. 결국 이 두 사람은 사돈을 맺게 되어 이승훈과 정재원의 딸이 결혼을 하게 되었다. 이로써 이승훈은 나주 정씨 집안의 식구가 되었고, 정약용과 정약전 등 당대를 풍미할 걸출한 인물들과 새로운 세상을 여는 주역으로 성장할 수 있었다. 이것이 다산과 이승훈의 운명이었다.

이승훈은 어려서부터 재주가 비범하여 20세부터 저명한 석학들과 사귀면서 학문과 경서에 힘쓰기 시작하였다. 1780년(정조 4년)에 진사시에 합격하였으나 이후 과거를 단념하고 오로지 학문 연구에만 몰두하였다. 아마도 이는 한 해 전에 있었던 천진암 강학회에 참석하였던 영향이 컸을 것이다. 1779년(정조 3년)에 있었던 천진암 강학회는 한국 천주교회의 성립에 있어 매우 중요한 사건이었으며, 이 강학회에 참석했던 인물들은 훗날 천주교회를 이끌어가는 지도자로 성장하였다. 이때 이승훈은 정약전, 정약용 등 처갓집 형제들과 함께 강학회에서 새로운 공부를 하였다. 천주교를 받아들이면서 내세에 대한 고민 속에서 진사시험에 합격하고 문과에 합격하여 조정에 출사하는 것을 덧없다고 생각했을 것이다. 어쨌건 그는 더 이상 과거시험을 보지 않았고 오로지 수행과 학문 연구에 몰두하였다.

천진암 강학회에서 이승훈과 사귄 이벽은 그에게 북경에 다녀올 것을 권하였다. 당시 조선의 젊은 선비들은 모두 북경에 다녀오는 것을 소망하였다. 이미 노론 계열의 젊은 실학자였던 박제가와 이덕무 등이 북경을 다녀왔기에 남인의 젊은 학자들도 북경에 다녀오고 싶어했다. 하지만 이벽이 이승훈에게 북경에 다녀오기를 권한 것은 단순히 북학北學의 개념 속에서 청나라의 문물을 배우고 오라는 것이 아니라 북경의 천주교회에 다녀오기를 원하였기 때문이었다.

다행히 이승훈에게 기회가 찾아왔다. 이승훈의 부친인 이동욱이 1783년(정조 7년)에 동지사冬至使 사행단에 서장관으로 북경에 가게 되었다. 이때 이승훈은 이동욱의 자제군관으로 선발되어 북경에 갈 수 있게 되었다. 조선시대에 북경으로 사행을 떠나는 고위 관리들은 자신의 친척 중에 한 명을 데리고 갈 수 있었다. 박지원 역시 과거에 합격한 조정의 관리가 아니었음에도 북경에 갈 수 있었던 것은 그의 삼종형(팔촌형)인 박명원이 사행단의 단장이었기에 그의 자제군관으로 참여할 수 있었던 것이다.

이승훈은 이벽의 권고대로 북경에 가서 4곳의 성당 중의 하나인 '북당'北堂을 찾아가 그라몽Grammont : 梁棟材 신부를 만나 그에게 수학을 비롯한 서양 과학 서적을 얻고 천주교 교리를 습득한 후에 베드로라는 이름으로 영세를 받았다. 한국천주교회사에 기념비적인 일이 생긴 것이다. 그가 어떻게 그라몽 신부에게 영세를 받게 되었는지 상세한 기록은 남아 있지 않다. 하지만 조선에서 건너온 젊은이의 신앙적 열기에 그라몽 신부가 감동하여 영세를 준 것만큼은 분명한 사실로 보인다.

이승훈은 북경에서 천주교 서적과 성물聖物을 받아서 1784년(정조 8년) 3월에 조선으로 귀국하였다. 그가 귀국하던 시기에 조선에서는 이미 이벽을 중심으로 자생적인 천주교 교리 연구가 활성화되어 있었다. 이들에게 이승훈은 거의 사제 수준이었다. 이승훈은 그해 겨울 이벽·정약전·정약용·권일신·이존창·홍낙민 등과 역관 최창현·김범우 등에게 영세를 주었고, 곧바로 신앙집회를 열기 시작하였다. 이로써 한국천주교회가 성립된 것이다.

정약용은 이승훈이 친누이의 남편이자 학문적 동반자였기에 그가 말하는 천주교 신앙에 적극적이었다. 정약용이 훗날 동부승지를 사직하는 상소

© 김준혁

이승훈 묘소

이승훈은 정약용의 매형으로 서울의 남인 집안에서 태어났다. 어려서부터 천재 소리를 들으며 20세 전후에 고명한 학자들과 교유하였다. 천주교를 접한 이후 정약용의 3형제들과 천주교 교리를 한글로 번역하여 신자들에게 나누어주었다. 1784년 1월 이승훈은 북경으로 가서 그라몽Jean de Grammont, 梁棟材 신부로부터 영세를 받고 조선 천주교회의 주춧돌이 되라는 뜻에서 베드로(반석)라는 세례명을 받고 성서와 성상, 묵주 등을 가지고 한양에 돌아왔다. 1795년 주문모 신부 입국 사건으로 충남 예산군에 유배되었으며, 1801년 신유박해 때 서대문 형장에서 사형되었다. 현재 묘소는 경기도 광주 천진암에 있다.

를 보면 이승훈에 대한 신뢰가 얼마나 컸는지를 자세히 설명하고 있다. 그것을 통해 이승훈이 단순히 천주교를 전파한 신앙인으로서가 아니라 평창 이씨 가문과 여주 이씨 가문의 실학적 기풍을 실천하고 노력한 것을 알 수 있다. 성호 이익이 직접 논에 들어가 농사를 지었던 것을 알고 있었던 이승훈은 평등정신 속에 신분 차별만이 아닌 남녀의 차별도 없애고자 하였다. 그래서 그는 신분 고하를 가리지 않고 천주교를 통해 평등정신을 실천하였다. 아마도 그가 천주교 신앙에 매진하였던 것은 오래도록 고민했던 평등정신을 실현하기 위한 도구였을 것이다.

그러나 천주교 신앙집회는 끝내 발각되고 말았다. 1785년에 오늘의 명동성당이 자리 잡은 명례동에 있던 김범우의 집에서 미사를 드리다 적발되었던 것이다. 이때 정약용이 함께 있었던 것은 너무도 당연하다. 형조의 나졸들에게 발각된 이른바 '을사추조적발사건'으로 김범우가 투옥되고 예수의 성상이 압수되었다. 이 사건으로 서학은 사교邪教로 지목받기 시작하였고, 이승훈은 사교의 우두머리로 평가받았다. 그러나 그는 정조의 총애로 평택 현감을 제수받았다. 정조가 그를 얼마나 총애했는지를 알 수 있는 대목이다. 정약용 역시 천주교 문제가 발생할 때마다 조정의 논의를 피하게 하기 위해 지방의 수령으로 보냈듯이 이승훈 역시 평택 현감으로 보낸 것이다.

평택 현감으로 있던 이승훈은 1791년에 전라도 진산에서 윤지충·권상연이 천주교 신앙 때문에 어머니의 신주를 불태운 사건이 발생하자 사교의 우두머리를 탄핵해야 한다는 상소로 곤궁에 처하게 되었다. 정약용의 친구였다가 그를 배반한 이기경이 '사서邪書를 열독함은 장차 천하를 뒤집으려는 심산'이라고 모함하였다. 이로 인하여 의금부로 압송되어 심문을 받았지만 아무런 증거가 없어 무죄로 석방되어 평택으로 돌아왔다.

그러나 이승훈을 제거하려는 반대파의 노력은 계속되었다. 조선시대에는 수령으로 부임하면 3일 내에 향교의 대성전에 가서 공자의 위패에 절을 해야 하는데, 이승훈은 부임하고 나서 향교에 들러 낡은 건물 수리만 지시하고 공자에게 절을 하지 않았다는 이유로 다시 탄핵되었다. 결국 정조도 어쩔 수 없이 충남 예산으로 유배시켜야 했고, 1796년에야 해배하였다.

정약용과 더불어 조선사회를 변화시키고자 노력했던 이승훈에게 비극이 찾아왔다. 그것은 다름 아닌 정조의 죽음이었다. 정조가 승하한 이듬해인 1801년 2월 9일 이가환, 정약용 등과 함께 의금부에 수감되었던 이승훈은 천주교의 우두머리로 지목되어 2월 26일 정약종, 최필공, 홍교만, 홍낙민 등과 함께 서소문 네거리에서 참수되었다. 그의 시신은 집으로 옮겨졌다가 인천에 매장되었다. 그 뒤 그의 후손들이 한국천주교회의 발상지인 천진암으로 옮겨 오늘날까지 이르고 있다.

조선사회의 개혁사상가였던 그는 현실 사회에서 실학정신으로 사회적 변화를 추진하고자 하였다. 그러나 사교邪教의 우두머리란 이유로 그의 사상은 현실에 크게 반영되지 못하였다. 다만 그는 정약용의 매형으로 정약용에게 성호 이익으로부터 물려받은 실학정신을 전해주는 결정적 역할을 하였다. 이것만으로도 그의 역할은 충분하였다고 할 수 있다. 그가 서소문 네거리에서 참수당하기 전에 지었다는 절명시는 오늘날까지 전해지고 있다. 세상과 백성을 사랑했던 자신의 변함없는 마음을 남긴 것이리라!

月落在天 水上池盡

달은 떨어져도 하늘에 있고, 물은 넘쳐도 연못에 가득하네.

토목학자 다산,
배다리를 축조하다

국왕 등극 후 정조에게 있어 가장 중요한 일은 아버지 사도세자를 높이 받드는 일이었다. 국왕으로 등극하는 과정에서 '역적지자, 불위군왕'逆賊之子, 不爲君王이라는 세간의 소리를 들어야 했던 정조는 아버지의 정통성을 회복하는 길이 곧 자신의 왕권을 안정시키는 것이라 판단하였다.

그럼에도 정조는 아버지를 위해 뚜렷하게 할 수 있는 일이 없었다. 선대 왕인 영조가 정조에게 동궁 임명 전교를 내려주면서도 사도세자를 국왕으로 추숭하는 논의를 하는 것을 금지하였기 때문에 정조는 아버지의 존호를 '사도'思悼에서 '장헌'莊獻으로 높이고 경모궁景慕宮이라는 사당을 새롭게 단장하는 것 외에 특별히 할 수 있는 일이 없었다.

정조는 자신이 국왕으로 등극한 후 아버지 묘소를 풍수상 최고 명당지로 옮기고 싶었지만 여러 가지 현실적 어려움이 정조로 하여금 결단을 내릴 수 없게 만들었다. 이러한 고심은 정조의 고모부인 박명원의 상소로 해결될 수 있었다. 1789년(정조 13년)까지 정조는 아들이 없었다. 정조가 1752년생이니 그의 나이가 38세였다. 조선시대 백성들의 평균 수명이 40세였으니 정조는 꽤나 나이를 먹은 편이었다. 그럼에도 불구하고 정조의 후사를 이어줄 왕자가 없다는 것은 조정에서 정치적으로 큰 문제가 될 수 있었다. 정조가 만약 죽기라도 한다면 후계자를 선택하는 문제로 조정의 당파싸움이 절정에 달할 것이기 때문이었다. 그래서 박명원은 이러한 현실의 원인이 바로 사도세자의 묘소인 영우원永祐園이 불길한 곳이기 때문에 영우원을 천봉하여 풍수상 명당으로 옮기면 정조가 후사를 얻을 수 있을 것이라 하였다.

박명원의 상소는 당시 정조의 숙원을 해결해 줄 수 있는 청량제와도 같았다. 정조는 일찍부터 아버지 사도세자의 묘소를 옮길 장소로 수원도호부 관아 뒤편의 '화산'花山을 점찍어 놓고 있었다. 꽃이 만발하게 피어 아름다운 화산은 일찍부터 풍수상 국왕의 왕릉지로 선택된 곳이었다. 북벌론을 주장했던 효종이 죽자 이곳 화산을 능역지로 선정을 하고 공사를 준비했었다. 효종의 스승이자 남인의 영수였고 풍수이론가였던 고산 윤선도가 이곳을 조선 최고의 길지로 평가를 하였고, 현종은 그의 말을 존중하여 화산을 효종의 국장지로 확정했었다. 그런 과정에서 또 다른 효종의 사부이자 서인의 영수였던 우암 송시열의 반대로 결국 수원 화산의 국장지 선택은 철회되고 말았다. 인조반정 이후 서인의 권력이 남인을 앞섰기 때문에 어쩔 수 없는 일이기도 했고, 한편으로 수원도호부의 화산에 국장지를 선택하면 수원도호부 관아 중심지역에 있는 민가를 모두 이전시켜야 하는 재정적 어려움이 있었기 때문이다.

그럼에도 불구하고 정조가 이 자리를 선택한 것은 바로 사도세자 스스로가 효종의 능역지에 대해 감탄을 했기 때문이다. 사도세자는 죽기 2년 전 온양온천에 가서 심신을 안정시켰다. 아버지 영조와의 불화가 그로 하여금 도성을 벗어나 온양으로 향하게 한 것이다. 그 과정에서 수원도호부에서 하루를 머물면서 효종의 능역지를 방문했다가 그 자리가 얼마나 천하의 명당인지 감탄을 금치 못했다. 주역과 풍수에 능통했던 사도세자이기에 길지를 알아본 것이다. 훗날 정조가 쓴 사도세자의 일대기인 『현륭원지』에 그 대목이 자세히 묘사되어 있다. 즉 정조는 아버지 사도세자가 감탄한 그 자리에 사도세자의 새 묘소를 쓰고 싶었던 것이다.

이런 결정을 하고 난 정조에게 새로운 문제가 다가왔다. 바로 사도세자의 묘소를 옮기려면 한강을 건너야 하는데, 그것이 결코 쉬운 일이 아니었기 때문이다. 영조와 사도세자가 온양으로 가기 위해 한강을 건널 때도 강물이 불어 배다리를 만들 수 없었고 배를 띄워 많은 인원이 건너는 것이 어려웠다. 그런데 사도세자의 묘소를 옮기는 것은 단순히 배를 띄워 사람이 건너는 것이 아니라 장엄한 행차, 즉 사도세자의 관을 모시고 가는 '대여'大輿가 건너야 했다. 수천여 명의 인원과 100여 명의 인원이 운반하는 '대여'의 폭은 작은 배를 몇 척 연결해서 될 일이 아니었다. 정조는 자신의 저서인 『홍재전서』에서 사도세자의 대여가 한강을 배로 건너자면 그 역사가 너무 거창하고 비용도 과다하기 때문에 노량鷺梁에 주교舟橋를 설치하고 관사를 두어 그 일을 맡게 했다고 설명하였다. 즉 많은 배들을 동원하여 수천 명의 군사들과 관료들이 한강을 건너는 것은 비용이 과다하고 효율성이 떨어지는 일이었다. 그래서 정조는 배다리 건설을 결정하고 일찍부터 실용적인 학문을 하고 있던 정약용에게 맡겼다.

정약용은 1789년(정조 13년) 1월 26일 춘당대에서 거행한 특별과거시험에서 제술로 장원을 하여 전시에 나갈 수 있었다. 오랜 기간 공부를 하고 성균관에서 노력한 결과였다. 과거에 합격한 지 6개월이 안 돼 사도세자의 묘소를 수원으로 천봉한다는 결정이 내려졌고, 곧이어 정약용에게 모든 이들이 한강을 편안하게 건너갈 배다리를 설계하는 일이 맡겨졌다. 정조는 한강에 배다리를 놓기 위해 주교사舟橋司를 만들었다. 주교사의 도제조 3명이 영의정·좌의정·우의정일 정도로 그 중요성이 컸는데, 정조는 막상 주교(배다리)의 설계는 갓 급제한 정약용에게 맡긴 것이었다. 당시 정조가 표면적으로 정약용을 선택한 것은 그가 서학서西學書를 통해 서양 과학지식에 정통하다는 것을 알고 있었기 때문이었다.

실제 배다리 축조는 쉬운 일이 아니었다. 먼저 그 넓은 한강의 어디에 배다리를 만들 것인가부터 정해야 했다. 처음 거론되었던 곳은 오늘날 동호대교 자리였다. 이곳은 물살의 흐름도 적고 강의 수심도 그리 깊지 않았지만 강폭이 넓었다. 그래서 정약용은 한강의 전체 지역을 둘러본 후 최종적으로 노량진을 선택하였다. 이곳이 강폭과 수심, 물살 모두가 만족스러운 곳이었다.

다음에는 배를 어떻게 모아 나무로 연결하고 위에 판을 깔아 평평하게 할 것인가를 고민하였다. 당시 한강에 가장 많은 배를 가지고 있던 곳은 훈련도감이었다. 훈련도감은 단순히 육지에서만 훈련하는 것이 아니라 강에서도 훈련을 했기 때문이다. 그리고 한강 일대에서 장사를 하는 상업선이 있었다. 이들 배를 징수할 때 훈련도감의 배는 조정의 것이기에 특별한 문제가 없었지만 상업선은 그렇지 못했다. 약 1달 가까이 배를 대여해야 했기 때문이다. 그래서 정약용은 상업선에 세금으로 납부되는 쌀을 운반할 수 있는 권리를 주면 이들이 한 달 동안 손해를 보더라도 전혀 문제가 없을 것이라 판단하여 정조에게 건의하였고, 정조는 이를 수용해주었다. 이로써 배를 대여하는 문제는 해결하였다.

그렇다 하더라도 배의 높이와 폭이 일정하지 않으면 배다리는 완성될 수 없었다. 정약용은 노량진 일대의 폭과 수심들을 살펴 배의 높이를 12척으로 확정하였다. 1척은 요즘 수치로 30.8cm이니, 12척이면 4m가 약간 안 되는

한강환어주교도
漢江還御舟橋圖

한강환어주교도는 '노량주교도섭도'露梁舟橋渡涉圖라고도 한다. 이 그림은 정조의 명을 받아 김홍도가 주관하여 을묘년(1795년) 윤2월 16일 정조가 현륭원을 참배하고 어머니 혜경궁 홍씨의 회갑연을 마친 뒤 노량진의 주교를 건너는 장면을 용산 쪽에서 바라보고 묘사한 작품이다. 실학 정신을 바탕으로 치밀하고 과학적으로 설계된 배다리, 그리고 그 설계를 바탕으로 완벽하게 배다리 건설을 성공시킨 관료들과 장인들, 배다리 건설에 적극 협조한 경강상인들의 합작으로 조선 최고의 배다리가 완성될 수 있었다.

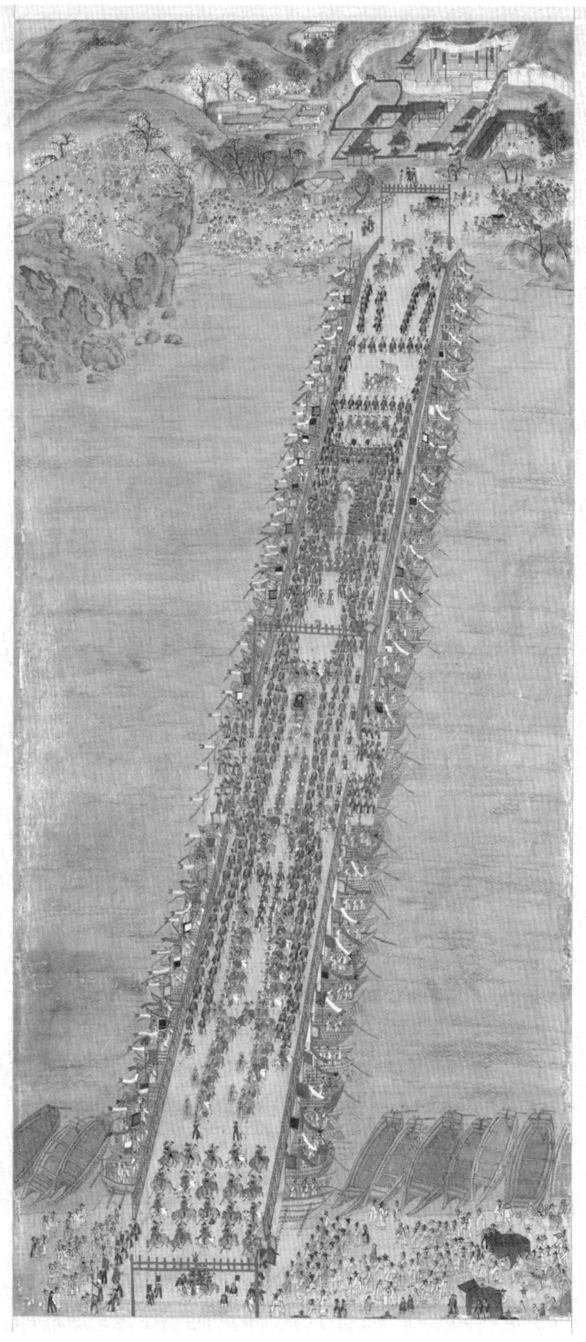

높이였다. 높이와 폭을 산정하고 그 위에 깔 판자를 준비하였다. 배와 배를 나무로 연결하고 판자를 깔고 그 위에 흙을 깔고 잔디를 심게 하였다. 마지막으로 안전을 위하여 배다리 옆으로 난간을 만들어 강물로 떨어지는 이들이 없게 하였다. 이로써 배다리는 완성되었고 이후 정조의 현륭원 행차 시에 이들 배들은 임시로 징발되어 배다리로 쓰이다가 행차가 끝나면 군사훈련과 상업선으로 이용되었다.

이렇게 배다리에 군대를 투입하는 것은 배다리마저도 군율에 의해 움직이고 있다는 것을 보여주고 있으며, 정조의 친위세력이 아닌 총융사나 수어사를 임시로 임명한 것은 정조가 그들을 포용하면서 한편으로는 국왕을 호위한다는 책임감을 주고자 하는 의도라고 할 수 있다. 정조는 철저하게 군영을 자기 의도로 이끌고자 배다리 설치에도 군인들을 투입했다고 볼 수 있다.

현륭원 행차 시 노량의 임시 처소를 수직하거나 청소하는 비용을 해당 진영에서 하면 돈이 드는데, 이 비용은 금위영의 돈 1,000냥을 받아 그 돈을 민간에게 빌려주어 이자로 사용하도록 하였다. 이는 결국 금위영이 부담해야 할 비용을 줄이는 효과가 있다.

계속해서 새로 배다리를 만들기 위한 재료의 추가 공급 없이 한 번의 예산 충원과 결정으로 백여 년을 지속하는 시스템을 만든 것은 정약용의 실용정신이 아니었다면 불가능했다. 더불어 그의 능력을 정확히 이해하고 과거에 급제한 지 6개월도 안된 신출내기 관원에게 국가 대사를 맡긴 정조의 혜안 역시 대단한 것이었다. 정약용은 배다리가 완성된 후 정조의 수원행차를 바라보며 기쁨에 넘치는 시를 남겼다.

배다리 노래舟橋行

한강물 넓고 넓어 한량이 없고漢水何其廣
그 깊이 깊고 깊어 잴 수 없는데其深不可量
이따금 거센 물결 일어나는 곳有時起駭波
그 가운데 교룡이 숨어 있다네中有蛟龍藏
천 척의 배 베 짜듯 열을 지으니千艘織如練
어느 뉘 다리 없는 강이라 하랴孰謂川無梁
우리 임금 효성은 순임금 효성聖孝結舜慕
해마다 선친 묘소 참배하시네每歲覲隋岡
한 문제 험한 언덕 달리려 할 때漢文馳峻坂
원앙이 수당으로 경계했거니袁盎戒垂堂
제후국 군왕으론 조각배 따위야恭知千乘主
써서는 안 되는 걸 삼가 알겠네不用一葦航
푸른 물결 하늘 끝 아스라하고綠浪迷天委
흐르는 물 땅줄기 갈라놓은 곳流波截地綱
그림자도 현란한 수많은 깃발旌旗絢光影
일정한 방향 없이 나부끼누나搖蕩無定方
까막까치 위하여 강물을 메워願爲烏與鵲
너희들로 하여금 편케 했으면塡河俾爾康

다산 실학의 결정판, 화성을 설계하다

2007년 문화관광부에서 한국문화 100대 상징을 발표하였다. 그 100대 문화상징에는 당연히 화성華城이 포함되어 있었다. 이유는 바로 과학문명의 결정체라는 것이었다. 화성을 단순히 과학문명이 중심이 된 건축물로 본 것이 아쉽기는 하였지만 그럼에도 화성이 가지고 있는 다양한 문화적 특성 중에서 가장 중요한 과학문명에 대한 가치를 인정한 것은 높이 평가할 만하다.

화성을 설계한 이가 다산 정약용이라는 것은 누구나 아는 사실이다. 그러나 대부분의 사람들은 다산이 어떤 과정을 통해서 어떤 생각을 가지고 화성을 설계하였는지에 대해서는 잘 모른다. 그래서 정약용이 가지고 있는 실학정신과 화성의 설계안이 유럽의 과학문명과 어떻게 연결되는지 이해해 볼 필요가 있어 대략의 내용을 정리해보고자 한다.

화성은 1997년 12월 6일 이탈리아 나폴리에서 열린 유네스코 세계유산 위원회 제21차 총회에서 세계문화유산으로 지정되었다. 이로써 화성은 세계인 모두가 인정하는 진정한 문화유산이 된 것이다.

화성은 어떤 특별한 이유로 세계문화유산이 된 것일까? 그것은 다름 아닌 화성이 뛰어나게 아름답고 백성을 사랑하는 정신이 담겨 있기 때문이다. 세계문화유산을 심사하고 결정하는 세계유산위원회 집행이사회는 "화성은 동서양을 망라하여 고도로 발달된 과학적 특징을 고루 갖춘 근대 초기 군대 건축물의 뛰어난 모범이다"라고 하였다.

화성을 세계문화유산으로 추천하고 조사한 국제기념물유적협회는 "화성은 18세기 군사건축물을 대표하여 유럽과 동아시아의 성곽 축조 기술의 특징을 통합한 독특한 역사적 중요성을 지니고 있다"고 하였다. 그리고 유네스코 심사위원으로 화성을 방문한 스리랑카 실바Nimal De Silva 교수는 "화성의 역사는 불과 200년밖에 안 됐지만 성곽의 건축물이 동일한 것 하나 없이 각기 다른 예술적 가치를 지니고 있는 것이 특징이다"라고 하였다.

이와 함께 심사위원들은 정조가 화성을 축성할 당시 백성들에게 일한 만큼의 돈을 주고 거중기를 비롯한 과학적 기계를 이용하여 성곽 축성에 참여한 백성들을 다치지 않게 하고자 했던 인본주의도 높이 평가했다. 이처럼 실용적이고 아름다운 성곽, 그리고 백성을 위한 정신이 화성이 세계문화유산으로 지정된 이유이다.

이는 다시 말해 정조의 인본주의와 조선 전체의 개혁을 추진하고자 한 깊은 마음이 화성에 담겨 있다는 뜻이다. 정조는 이와 같은 자신의 생각을 실현하기 위하여 화성 축성의 설계를 정약용에게 맡겼다.

다산은 정조의 명을 받아 새로 옮긴 수원도호부의 관아가 위치한 팔달산 일대의 중심 지역에 성곽 계획안을 축성 공사 개시 2년 전에 작성하였다. 다산이 계획한 축성안의 가장 큰 특징은 성곽 규모를 적절히 조정한 것과 지금까지 조선의 성곽에 설치되지 않았던 새로운 방어시설을 갖추어 성곽의 방어력을 높인 것을 들 수 있다.

수원을 팔달산 아래 새 장소로 이전하는 역사적 과업이 완성된 것은 1789년이었다. 그로부터 3년 뒤인 1792년 겨울, 정조는 다산에게 은밀히 신하를 보내 새로 조성한 수원부에 설치할 축성 계획안을 작성해 보라는 명을 내렸다. 다산은 3년 전에 한강 노량진에 배다리를 설치하는 일을 성공적으로 완수한 경험을 가지고 있었다. 당시 다산의 나이는 만 30세였다. 비록 배다리를 설계하고 설치한 경험이 있다고는 하나 청년 문관에 불과했던 다산에게 정조가 수원 신읍치의 축성 계획을 맡긴 것은 예사로운 일이 아니었다. 수원 신읍치에 세워지는 성곽이 기존의 다른 도시에서 흔히 볼 수 있는 평범한 것이 되기를 정조는 원치 않았다고 생각된다. 새 도시에 걸맞은 독특하고 새로운 성곽이 되기를 기대하였을 것이다. 그리고 다산은 그의 뜻을 알고 심혈을 기울인 끝에 그해 겨울, 계획안을 정조에게 제출하였다.

다산은 모두 7편의 글을 작성하여 왕에게 바쳤다. 곧 「성설」城說·「옹성도설」甕城圖說·「현안도설」懸眼圖說·「포루도설」砲樓圖說·「누조도설」漏槽圖說·「기중도설」起重圖說·「총설」總說 등이다. 이 글들은 화성의 기본적인 형태와 규모, 각종 방어시설, 그리고 축성공사와 관련된 공사 방법 등을 적은 것이다. 이 가운데 성설은 성의 전체 규모나 재료, 공사방식 등 전반에 걸친 내용을 기술한 것이고, 나머지 옹성도설이나 포루도설, 누조도설 등은 성벽에 설치하는 각종 새로운 시설에 대한 설명이며, 마지막의 기중도설은 석재를 들어 올리는 기계장치인 거중기에 관한 설명이다.

정약용이 화성을 설계하였다고 이야기하는 것은 당대의 건축설계에 대한 잘못된 이해 때문이다. 조선시대 도시의 설계와 축성 설계는 정약용 같은 규장각 출신의 학자들이 하는 것이 아니다. 그러한 설계는 석수와 목수 중에서 기술자 중의 기술자인 편수들이 하는 것이다. 그 편수들은 우리가 상식적으로 알고 있는 것처럼 컴퍼스compass를 가지고, 혹은 제도 도구를 가지고 설계를 하거나 컴퓨터의 캐드 프로그램을 이용한 설계를 하는 것은 절대 아니다. 그들은 크게 그림을 그리고 오랜 도제 제도에서 훈련 받은 대로 목재를 재단하고 장도리를 대어 나무와 나무를 꿰어 맞추며 건물을 만들어 가는 것이다.

그런데 우리는 흔히 조선시대 설계에 대해서도 요즘의 설계를 생각하고 무조건 정약용이 화성의 모든 시설물에 대한 세세한 설계를 다한 것이라고 생각한다. 이것이 가장 큰 오류라고 할 수 있다. 정약용의 설계는 바로 요즘으로 치면 건축설계 시방서示方書와 같은 것이다. 그가 한 것은 바로 어떻게 하면 화성을 보다 튼튼하고 빠르게 쌓을 수 있을 것인가, 어떻게 하면 비용을 절약하면서도 외적을 방어할 수 있는 성곽을 만들 것인가에 대한 고민이었다. 그래서 그는 기존의 여러 성곽들의 장단점을 분석하고 임진왜란과 병자호란을 겪었던 선대 학자들의 책을 들여다보고 기본 설계안에 반영한 것이다. 정약용은 선배 학자들의 연구와 정조가 하사해준 중국 서적을 종합적으로 연구한 후 화성의 축성을 위해 여덟 가지 축성방안을 제시했다.

첫 번째로 성의 치수와 관련해 성의 둘레를 3,600보로 하고 높이는 2장 5척 등으로 하는 것이었다. 요즘 치수로 하면 3,600보는 4.24㎞, 성벽 높이인 2장 5척은 7.75m 등이다. 물론 후에 축성하는 과정에서 성곽의 둘레가 4,600보로 1,000보 늘어 5.74㎞가 됐지만 정약용이 성곽 치수를 3,600보로 하고자 한 것은 대단한 의미가 있다. 3,600보가 지니는 의미 때문이다.

중국 역사에서 가장 태평스러운 시대를 요순堯舜시대라고 한다. 성인聖人이었던 요임금과 순임금 등이 다스리던 시대를 중국인들은 자신들의 역사상 가장 이상적인 국가로 여기고 있다. 이 요순시대 왕성王城이 바로 3,600보였다. 정약용은 자신이 모시는 군주 정조를 이들 요순 임금과 동일한 성군聖君으로 인식했다. 즉 정약용은 수원에 쌓는 성곽이 성군인 정조가 훗날 왕

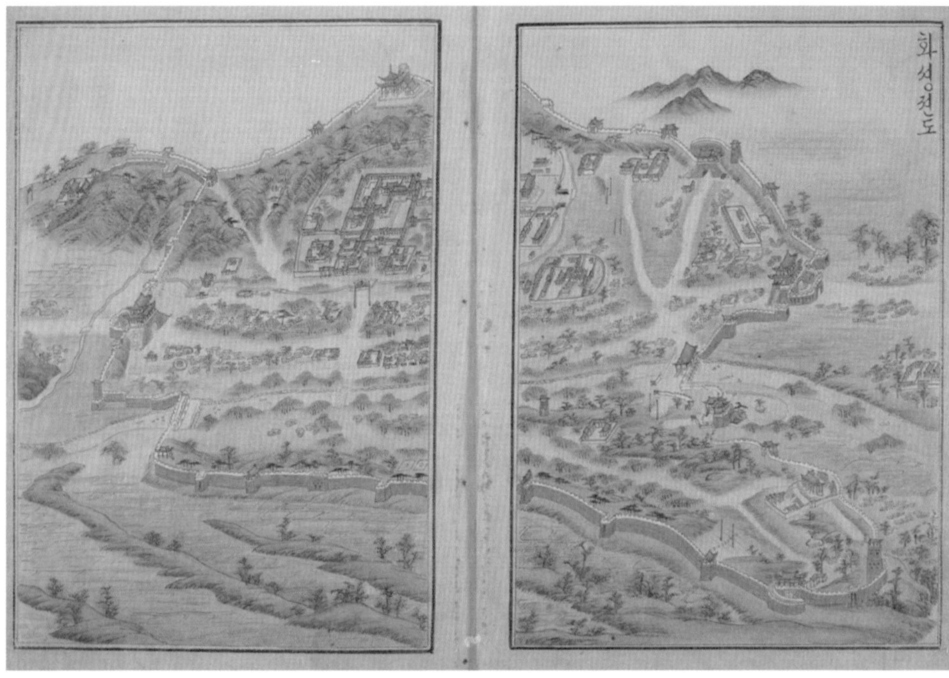

화성 전도
華城全圖

화성이 완공된 후 축성의 전반을 기록한 『화성성역의궤』를 간행하였다. 화성성역의궤 수권首卷에 훈련도감 소속의 화원인 엄치욱이 그린 '화성전도'가 실려져 있다. 화성성역의궤 수권에 그려진 화성전도는 목판본으로 제작되어 채색본이 아니다. 이 화성전도는 프랑스 파리국립도서관 소장본인 『정리의궤』整理儀軌 성역도城役圖의 채색본 그림이다.

위를 물려주고 상왕上王이 되어 머물 곳이었기에 요순시대 왕성처럼 3,600보로 하고자 했던 것이다.

두 번째로 축성 재료에 대한 것이었다. 정약용은 벽돌성이나 토성에 대한 논의가 있지만 우리나라 사람들은 벽돌을 굽는 데 익숙하지 못하고 토성은 겨울에 얼어터지고 비가 내리면 물이 스며들어 무너지기 쉽다고 생각했다. 그래서 가장 좋은 재료는 역시 돌이라고 판단했다. 그래서 성곽은 돌로 쌓아야 한다고 했다.

세 번째로 성벽 안에 연못을 파는 것을 계획했다. 성곽을 쌓을 때 돌을 지탱해줄 수 있게 안쪽으로 흙을 쌓아 올리는데, 이 흙을 성곽 주위에 연못을 파서 공급하고자 했던 것이다.

네 번째가 기초다지기와 관련된 것이다. 당시에는 수원천에 흰 조약돌이 무척이나 많았던 모양이다. 정약용은 성곽을 쌓을 지점에 넓이 3m, 깊이 1.2m 크기의 기초 구덩이를 만들어 수원천의 흰 조약돌을 집어넣어 다질 것을 계획했다. 기초가 튼튼해야 위로 올라가는 돌들이 안정감이 있는 것은 너무도 당연하다. 그리고 이러한 일들을 1보마다 팻말을 세우고 그 구역을 빨리 메운 사람에게 그만큼의 품삯을 주면 백성들이 스스로 많이 일하고 돈을 벌어갈 것이기에 일이 빨리 끝날 것이라고 판단했다. 이 때문에 화성 축성이 '자본주의 맹아'萌芽의 가장 대표적인 본보기로 이야기되는 것이다.

다섯 번째는 돌 뜨는 것과 관련된 것으로, 아예 산에서부터 돌을 다듬어 무게를 줄여 운반했다. 돌의 크기에 따라 등급을 매겨 자르게 했는데, 큰 것은 한 덩이에 한 차, 그 다음은 두 덩이에 한 차, 작은 건 세 덩이 혹은 네 덩이에 한 차로 날라 공급하게 했다. 그리고 큰 돌은 아랫부분, 중간 돌은 가운데 부분, 작은 돌은 가장 윗부분에 쌓도록 했다.

여섯 번째는 수레가 다닐 수 있도록 먼저 길을 닦아야 한다는 것이고,

일곱 번째는 기존의 수레와 다르게 유형거遊衡車라는 새로운 수레를 만들어야 한다는 것이며, 마지막으로 성벽을 쌓을 때 성의 높이와 두께를 3등분하여 성을 쌓을 때 아래 3분의 2까지는 점점 안으로 좁혀 쌓고 나머지 3분의 1은 밖으로 나가게 쌓는다는 것이다.

결국 이와 같은 정약용의 축성 기본계획과 반영은 축성에 대한 아주 세밀한 내용이 아닌 거시적 차원의 설명이었다. 결국 세세한 도면을 그린 것은 기술자들인 편수였다.

앞서의 이야기처럼 다산은 자신이 계획한 3,600보 정도의 성곽이라면 가히 한 도시를 수용할 만하다고 하였고, 한 변이 1km 정도 되는 크기가 성을 지키기에 가장 효과적이라고 판단했던 것으로 보인다. 여기에 그치지 않고 다산은 이 성벽에 각종 방어용 시설을 구비할 것을 제안하였다.

우선 치성雉城 제도부터 고안하였다. 당시 조선의 성은 임진왜란을 겪으면서 무참히 허물어져 성곽의 방어 체제와 능력에 대한 고민이 뒤따르지 않을 수 없었다. 임진왜란 때 재상을 지낸 서애西厓 유성룡柳成龍(1542~1607)은 전쟁이 끝난 후 『징비록』에서 "성곽에는 반드시 옹성과 치성이 갖춰져야 한다"고 거듭 역설하였다. 치성雉城이란 성벽의 일부를 요철 모양으로 돌출시켜서 성벽에 접근하는 적을 삼면에서 공격할 수 있도록 한 것이고, 옹성甕城은 성문 앞에 둥근 혹은 네모난 성벽을 한 겹 더 쌓아 성문을 이중으로 지킬 수 있도록 한 시설을 말한다. 이러한 것들은 이미 고대 중국에서부터 고안되어 활용되어 온 것이었으나 조선시대에는 특별한 곳 외에는 거의 만들어지지 않았다.

다산은 치성 제도를 정립하였는데, 성곽의 성문 사이에 돌출되어 나온 치성 위에 목재로 만든 시설물을 설치하였다. 사실 치성은 화성에만 있는 것은 아니다. 기존의 조선 성곽에도 치성은 존재한다. 그럼에도 불구하고 다산이 화성에서 치성을 강조하고 주요한 시설물로 만든 것은 바로 다른 성곽의 치성과 차별성이 있기 때문이다. 기존 성곽의 치성은 일정한 형태와 규칙 없이 마구잡이로 만들어진 것이 태반이다. 그러나 화성의 치성은 한쪽의 치성에서 앞쪽에 있는 치성으로 활을 쏘아 도달할 수 있는 거리를 기준으로 삼아 일정하게 만들었다. 거의 같은 거리마다 치성이 설치된 것이 화성 치성의 특징이라고 할 수 있다. 또한 『화성성역의궤』에 "치성 위에 건물이 있으면 포루鋪樓요, 암문 위에 건물이 있으면 포사鋪舍"라고 했듯이 치성 위에 건물을 지어 군사들을 보호하고 적들을 공격할 수 있게 하였다.

또한 유성룡과 다산이 모두 강조한 것이 화성의 모든 성문 앞에 만든 옹성이다. 성문은 가장 우선적인 공격 목표가 될 것이므로 성문을 이중으로 만들어 방비를 강화하려고 만든 시설물이 바로 옹성이다. 또 성벽 곳곳에 치성을 비롯한 포루砲樓·적루敵樓·적대敵臺·노대弩臺·각성角城을 갖추도록 하였다.

각 시설의 숫자와 설치할 위치도 정하였다. 성벽의 설계안까지 마련한 셈이었다. 포루는 5군데인데, 동·서·남 포루와 북문 동서쪽에 각각 하나씩 더 배치하였다. 적루는 4군데로, 북문과 남문 좌우에 각각 하나씩이다. 적대는 9군데인데, 동서남북 각각의 문 좌우에 하나씩에다가 동쪽 관문 북쪽에 하나를 더 두었다.

각성은 일종의 각루를 가리키는 것으로 보이는데, 동쪽 암문暗門 북쪽에 둘, 동쪽 관문 남쪽에 둘, 동문 남쪽에 둘, 서문 북쪽에 하나를 두었다. 성벽에는 군사들이 몸을 숨기고 적을 내다보면서 공격할 수 있도록 여러 가지 크기와 형태의 구멍을 설치했는데, 이를 현안懸眼이라 하였다. 또 성문 위에는 적이 가까이 다가와 문에 불을 지를 것을 대비하여 누조漏槽라는 큰 물통을 갖추도록 하였다.

성곽의 설계와 함께 다산은 공사과정에서 가급적 백성들의 수고를 덜고 일의 능률을 올릴 수 있는 방안을 마련하였다. 성벽을 쌓아 나갈 때 일한 양에 따라 노임을 지급해 주면 감독하기도 수월하고 작업능률도 올라갈 것이라 하였고, 또 짐을 나를 때는 수레를 사용할 것을 제안하였다. 한 걸음 더 나아가 기존 수레가 무거운 짐을 싣는 데 불편하므로 돌을 싣고 부리는 데 편리한 새로운 형태의 유형거라는 수레를 직접 고안하였다. 또 돌을 들어 올리는데 기계의 힘을 십분 활용할 수 있도록 도르래의 원리를 응용하여 거중기를 고안하였다.

실제로 화성의 축성공사가 진행되면서 당초 다산이 계획했던 방안이 100% 그대로 실현되지는 않았다. 그러나 기본적인 화성의 형태나 시설은 대부분 다산의 방안을 바탕에 두고 이를 현장에서 조금씩 변경해서 완성하였다. 이렇게 해서 이루어진 화성은 중국의 성제와도 다르고 또 기존의 조선시대 다른 지방 도시의 읍성과도 다른 가장 특징적인 성곽으로 조성되었다.

완성된 화성의 전체 길이는 4,600보였다. 이것은 다산이 계획했던 3,600보보다 1,000보가 더 커진 크기였다. 이 차이는 실제로 현장에서 성벽을 쌓을 위치를 정하는 과정에서 늘어난 결과이다. 축성공사를 시작하기 직전인 1794년 정월에 정조는 현륭원을 방문하고 나서 공사 현장에 들렀다. 이때는 성벽을 쌓을 위치에 깃발을 꽂아서 한 눈에 성벽 위치를 알아보도록 준비가 되어 있었다. 정조는 팔달산 정상에 올라가 깃발이 꽂혀 있는 모습을 보고 나서 장안문(북문)이 놓이게 되는 위치를 더 바깥으로 이동하도록 명했다. 당초 계획한 북문과 남문의 거리가 너무 가깝다는 점과 북문 위치에 많은 민가가 철거될 것을 염려한 결과였다. 처음에는 화서문인 서문에서 화홍문인 북수문 사이를 직선으로 연결할 예정이었으나 이 날 국왕의 명령으로 북문이 밖으로 나가게 되었다. 그 결과 화서문에서 방화수류정 사이는 성벽이 직선이 아니고 약간 굴곡이 생겼고 아울러 성벽의 길이도 늘어났다.

또 동문인 창룡문의 위치도 당초 다산이 생각했던 것보다 더 바깥으로 나간 것으로 보인다. 당초 다산이 생각했던 3,600보의 성벽은 거의 방형方形에 가까운 것이었는데 실제 현지의 여건으로 동쪽 높은 봉우리까지 성안으로 끌어들일 필요가 있었기 때문에 이 부분에서도 성벽이 늘어났다.

결과적으로 전체 성벽의 길이는 1,000보가 더 길어졌다. 그러나 성곽의 기본 형태는 처음 다산이 기획했던 안에서 크게 차이가 나지 않았다. 다산의 구상은 성벽이 팔달산 정상에서 남북으로 산등성을 타고 내려가서 반대쪽 동쪽 언덕으로 향하게 하는 것이었는데, 화성은 그 형태를 기본으로 축성되었다. 다산은 화성 계획안에서 옹성과 포루를 설치할 것과 성벽에 현안이라는 총구멍을 내고 성문에는 누조를 설치할 것을 건의하였다. 이런 시설들은 비록 실제 설치하는 위치나 방법상에서 약간 달라진 부분도 있지만 기본적으로는 다산의 안을 충실히 따라 설치되었다.

다산이 옹성 못지않게 중요하게 여긴 것은 포루였다. 포루는 기본적으로 성벽을 돌출시키는 치성 위에 각종 시설을 설치하는 것이다. 따라서 치성 위에 어떤 용도의 시설이 세워지는가에 따라서 포루砲樓, 적루敵樓, 적대敵臺, 포루鋪樓 등 여러 명칭으로 불린다. 실제로 축성공사를 진행하면서 성벽의 전체 길이가 1,000보나 늘어남에 따라 전체 성벽의 포루 설치 위치는 약간 달라졌다. 또 현장의 지형조건 때문에 달라진 부분도 있었다. 예를 들어 다산은 당초 화서문의 좌우에도 적대를 설치하도록 제안하였다. 그러나 실제 화서문이 놓인 위치는 그 왼쪽에 급한 경사가 생겼고, 이런 경사지에 적대를 세우는 것은 무의미하였기 때문에 이런 곳에는 다산의 안과는 달리 다른 시설을 설치하지 않고 성벽이 이어졌다. 이처럼 부분적으로 차이가 생기기는 하였지만 포루 역시 기본적으로는 다산의 안에 따라 설치되었다고 볼 수 있다.

현안이나 누조 역시 다산의 제안을 충실히 지켜 조성되었다. 누조는 성문 위에 큰 물통을 만들어 적이 성문에 불을 지르려고 할 때 물을 부어 불을 끄도록 한 시설이었다. 이 누조에는 다섯 개의 물 나오는 구멍을 냈기 때문에 오성지五星池라고 이름 붙였다.

다산은 화성의 축성 공사가 진행되던 1795년 병조 참의에서 금정 찰방으로 강등되어 멀리 충청도 홍성 인근으로 내려갔다. 그는 근무를 마치고 다시 서울로 돌아오는 길에 자신이 계획했던 화성의 모습을 보려고 수원에 들렀다. 이때 다산의 눈에 띈 곳이 오성지였다. 본래 이 오성지는 물통에서 물이 다섯 개의 구멍으로 수직으로 흘러내리도록 만들어졌어야 했다. 그런데 실제 만들어 놓은 오성지는 구멍이 수평으로 나 있어서 물이 제대로 흘러내릴 수 없도록 되어 있었다. 다산은 잘못된 오성지의 모습을 보면서 사람들이 누조의 본래 뜻을 모르고 모양만 흉내내어 이런 잘못이 생겼다고 탄식하였다. 이것은 다산이 계획안에서 제시한 누조의 안을 받아들이면서 구체적인 내용까지는 정확하게 파악하지 못해서 생긴 결과였다.

거중기와 유형거의 제작은 다산의 생각이 화성에서 그대로 반영된 좋은 사례이다. 기계의 힘을 이용해서 사람의 수고를 줄이고자 했던 다산의 의도대로 화성 공사에서는 거중기와 유형거가 실제 제작되어 투입되었다. 유형거는 11대가 제작되었고, 거중기는 1대를 왕실에서 제작해서 공사장에 내려보냈다고 한다. 활용된 숫자로 보면 비중이 그렇게 컸다고는 할 수 없지만 거중기와 유형거를 실제로 제작해서 공사에 활용했다는 점은 다산의 계획이 실제로 반영된 가장 상징적인 일임에 틀림없다.

정약용이 고안한 거중기와 갈릴레오 갈릴레이

2010년 11월에 경기도 수원시에서 매우 큰 행사가 열렸다. '유네스코 포럼'이 그 행사였다. 유네스코 포럼은 2009년에 처음 개최된 행사로서 종묘宗廟 등 대한민국이 소유하고 있는 세계유산의 올바른 보존과 관리 그리고 문화적 활용에 대한 구체적인 논의를 위해 열린 행사이다.

처음 행사는 천년고도 경주에서 개최되어 각 지역에 있는 문화유산을 어떻게 하면 세계문화유산으로 등재할 수 있을 것인가에 대한 구체적인 방법과 절차에 대한 논의를 하였다. 이 회의에 참여하면서 정말 대한민국의 문화유산이 세계문화유산으로 등록되는 것이 얼마나 어려운 것인가를 절실히 느끼게 되었다. 한편으로 화성을 세계문화유산으로 등록시켰던 故 심재덕 수원시장님께 진심으로 감사드렸다.

수원에서 개최되었던 유네스코 포럼에서는 세계문화유산의 활용에 대한 것이었다. 그 자리에서 필자는 '수원 화성의 문화적 활용'이라는 주제로 발표를 하였다. 화성 안에 살고 있는 지역 주민들과 함께 화성을 지키고, 화성의 아름답고 흥미로운 옛 이야기들을 가지고 문화거리 등 문화공간을 만들어 화성을 찾는 많은 관광객들을 기쁘게 하자는 제안이었다.

필자를 비롯한 세 명의 발표가 끝나고 여러 학자들의 토론이 있었다. 그 자리에서 현재 국제기념물유적협회 한국위원회 위원장이자 유네스코 위원인 동국대학교 이혜은 교수께서 매우 중요한 말씀을 하셨다. 이혜은 교수는 유네스코에서 국제적인 지명도를 가지신 매우 귀한 분으로, 우리나라 조선왕릉의 세계문화유산 등재에 매우 큰 도움을 주셨던 분이었다.

이혜은 교수의 이야기를 수백 명의 청중들이 귀담아 들었다.

"화성이 세계문화유산으로 등재된 것은 화성의 아름다움과 독창성만이 아니라 바로 화성 축성 과정에서 보여준 정조대왕의 위민정신과 과학정신을 담은 창조정신 때문입니다."

결국 화성이 세계문화유산으로 등재된 것은 조선의 축성법을 기본으로 중국과 일본의 축성방식을 결합한 새로운 형태의 성곽이라는 것과 모든 시설물들이 각기 다른 모양을 가지고 있으며, 성곽임에도 불구하고 너무도 아름답게 만들어졌다는 것이 그 이유이다. 더불어 18세기 정조시대에 끊임없이 고민하고 노력하여 발전시킨 과학정신과 기술에도 큰 점수를 주었다.

그렇다면 화성 축성에서 나타난 과학정신과 창조정신은 어떤 것이었을까? 화성의 중심부에 수원화성박물관이 자리 잡고 있다. 수원화성박물관 야외전시장에는 다산 정약용이 고안한 거중기, 녹로, 유형거라는 축성 도구가 있다. 이 도구들이 바로 화성의 과학적 축성을 담당케 한 구체적인 유산이다.

정조는 과학의 중요성을 너무도 높이 생각했다. 단적으로 하나의 사례가 있다. 모든 사람들이 책을 너무 많이 보거나 나이가 들어서 눈이 나빠지면 안경을 쓰게 된다. 이 안경은 사실 과학적인 원리에 의해 만들어진 것이다.

유리를 볼록하게 만들거나 혹은 오목하게 만들어서 눈이 안 좋은 사람들에게 시력을 되찾게 해주기 때문이다.

우리나라는 병자호란 이후에 북경에서 안경이 들어왔는데, 눈에 쓰는 이상한 물건이라고 생각해서 눈이 나쁘면서도 감히 사용하지 않았다. 안경은 이상한 물건이라는 일종의 미신이 작용했기 때문이다. 이런 시대적 상황에서 우리나라에서 안경을 처음 쓴 국왕이 바로 정조였다. 정조는 미신을 터무니없는 것이라 생각하고 수학, 과학, 천문학 등을 연구하던 당대 실학자들의 의견을 적극 수용하여 과학문화를 발전시키고자 노력하였다.

이와 같은 과학적 사고를 가지고 있던 정조는 백성을 위해 새로운 나라를 만들기 위한 자신의 꿈과 이상이 담긴 신도시 화성을 만드는 데 과학문명을 적극적으로 이용했고, 이를 통해 화성을 견고하게 하고 축성에 참여한 백성들이 편하게 성곽을 쌓을 수 있도록 하였다. 그래서 자신이 오랫동안 눈여겨본 젊은 학자 정약용에게 화성 축성의 기본 설계안을 맡긴 것이다.

정약용은 정조보다 10년 어린 나이였다. 앞서의 이야기처럼 정조의 아버지였던 사도세자가 돌아가시고 약 20일 정도 있다가 태어났기에 정조는 정약용에게 특별한 애정을 가지고 있었다. 성균관 유생이었던 정약용에게서 천재성을 발견한 정조는 그에게 여러 가르침을 주었고, 과거에 합격한 지 4개월 만에 한강을 건너갈 배다리 설계와 시공을 맡겼다.

정조는 한강의 배다리 설치 때와 마찬가지로 화성 축성의 기본 설계를 할 때도 역시 과학기술 능력과 실무능력을 가지고 있던 정약용이 필요했다. 그래서 정약용에게 사람을 보내 화성 축성의 기본설계를 지시하였고 설계에 필요한 책을 내려주었다.

그 책이 바로 정조가 즉위하고 청나라에서 수입한 『고금도서집성』古今圖書集成 중의 하나인 『기기도설』奇器圖說이다. 이 책에 정약용이 만든 거중기와 유

기기도설

『기기도설』奇器圖說을 간행한 테렌즈Terenz.J. 鄧玉函는 갈릴레오 갈릴레이의 제자로, 1618년 중국에 들어와 활약했던 스위스 출신의 예수회 선교사이다. 기기도설은 1627년 북경에서 처음 출간되었고 정조 연간 『고금도서집성』古今圖書集成의 수입과 함께 들여왔다. 기기도설을 인용하여 정약용이 거중기와 녹로를 제작하였다.

사한 '기중기'라고 하는 크레인의 그림과 기계를 만드는 작성법이 그림과 글씨로 설명되어 있다. 『기기도설』은 중국 명나라 때에 기계를 그림으로 그려 풀이한 책으로, 본문은 서양인 등옥함鄧玉函이 저술하고, 부록인 「제기도설」諸器圖說은 왕징王徵이 편찬하였다.

그렇다면 등옥함은 누구인가? '등옥함'이라는 한자 이름을 가진 인물은 스위스 출신의 예수회 선교사이자 과학자인 요하네스 테렌스J. Terrenz이다. 테렌스는 서양의 과학문명을 소개하는 책을 중국어로 펴내 문명의 변화를 추구하였던 인물이다. 독일 최고의 명문인 반베륵대학에서 건축학 박사학위를 받은 조두원 박사의 연구에 의하면, 이 테렌스가 그 유명한 갈릴레오 갈릴레이의 제자라는 것이다. "그래도 지구는 돈다!"라고 외쳤던 최고의 과학자 갈릴레이가 테렌스를 위하여 그가 만들고자 했던 크레인에 대하여 조언을 해주었던 것이다. 갈릴레이와 함께 과학기계를 만들던 테렌스는 예수회 소속의 신부였기에 동방전교의 임무를 수행해야 했다. 십자군전쟁 이후 유럽의 가톨릭이 부패해서 많은 신자들이 떠나자 교황청에서는 가톨릭 신자를 확대하기 위한 동방전교에 눈을 돌렸다. 그래서 동방전교의 중심기관이었던 예수회 선교사들에게 중국어 교육 및 토목, 건축, 천문학 등 실용학문을 익히게 하였다. 그러한 학문이 중국 발전에 도움을 줄 수 있고, 자연스럽게 황제의 신임을 얻어 가톨릭을 전파할 수 있을 것이라고 판단하였기 때문이었다. 테렌스 신부는 이러한 교육을 받고 더 나아가 갈릴레오 갈릴레이로부터 교육까지 받아 당대 최고의 지식인으로 중국에 가게 되었다. 그리고 곧 명나라 황제 신종의 신임을 얻는 인물이 되었다.

테렌스는 명나라로 입국한 뒤 갈릴레오 갈릴레이가 만든 크레인의 도면이 들어있는 책을 거의 그대로 중국어판으로 다시 간행하였다. 모든 기계의 도면은 그대로 그렸는데 단지 사람만 다르고 설명이 라틴어에서 한문으로 바뀌었을 뿐이었다. 이 책이 바로 『기기도설』이다. 이 『기기도설』이 정조 즉위 후인 1777년 2월에 압록강을 넘어 조선으로 들어왔고, 15년 뒤에 정약용의 품안으로 들어가 세기적인 발명품 거중기를 탄생시킨 것이다.

다산은 거중기에 대해 이렇게 설명하고 있다.

"활차가 무거운 물건을 움직이는데 편리한 점이 두 가지 있으니 힘을 더는 것이 하나요, 무거운 물건을 떨어뜨리지 않는 것이 둘이다. 100근짜리 물건을 드는 데는 100근의 힘이 필요하나, 활차 1구를 쓰면 50근, 2구를 쓰면

거중기

정약용이 개발한 거중기는 여러 개의 고정 도르래와 움직 도르래를 이용해 무거운 돌을 들어 올릴 수 있게 만든 장치이다. 정약용은 정조 때 중국에서 들여온 『기기도설』이란 책을 참고하여 거중기를 개발하였다. 위에 네 개, 아래에 네 개의 도르래를 연결하고 아래 도르래 밑으로 물체를 달아맨 후, 뒤 도르래의 양쪽으로 잡아당길 수 있는 끈을 연결하여 운영하였다. 이 그림은 프랑스 파리국립도서관 소장 『정리의궤』「성역도」에 실려 있다.

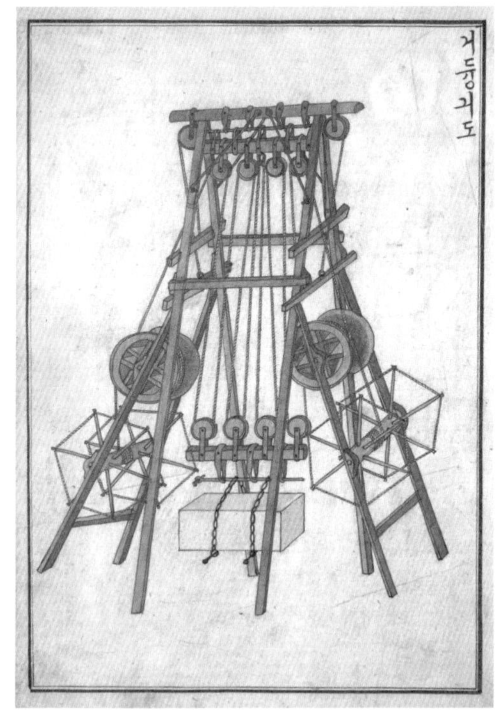

4분의 1인 25근의 힘만으로도 들 수 있다. 같은 이치로 활차의 수가 늘어나면 힘은 덜 들게 된다. 지금 상하 8륜이면 힘은 25배를 얻을 수 있다."

여기에다 "녹로라는 밧줄을 감는 장치를 덧붙인다면 40근의 힘으로 2만 5천 근의 무게도 능히 들 수 있다"고 하였다. 현재 수원화성박물관에 정약용이 설계한 방식으로 거중기를 재현하여 놓았는데, 300kg의 돌도 초등학교 6학년 학생의 힘으로 가볍게 들어 올릴 수 있다. 이처럼 다산의 화성 축성 계획은 기존 조선 성제의 부족한 점을 보완하면서, 당시의 중국이나 서양의 앞선 문물들을 충분히 활용하여 만들어진 것이다. 특히 백성의 수고를 덜어주고 공사의 효율을 높이기 위해 거중기 등을 고안한 점은 당시 실학파

학자들의 위민사상爲民思想을 잘 반영하고 있다.

그 거중기로 인하여 화성을 축성하는 데 무려 7년의 시간이 절약되고, 4만 냥이라는 거금이 절약되었다. 화성 축성의 전체 비용은 87만 냥이었다. 당시 일반 백성들이 가장 많이 살았던 5칸짜리 초가집의 비용이 보통 25냥 정도 하였으니 4만 냥이라는 금액은 정말 엄청난 것이다. 이러한 시간과 비용 절감뿐만이 아니라 더욱 중요한 사실은 거중기 덕분에 축성 공사에서 단 한 명의 사망사고도 발생하지 않았다는 사실이다.

요즘처럼 과학문명이 발달해 있는 현대사회에서도 대형공사 과정에서 사람들이 안전사고로 목숨을 잃기도 한다. 그렇지만 정조시대 화성 축성에서는 단 한 명도 목숨을 잃은 사람이 없었다. 그 무거운 돌을 사람의 힘으로만 들어 올려 성곽을 쌓았다면 아마도 많은 인원이 돌에 깔려 죽었을 것이다. 하지만 안전하고 쉽게 돌을 들어 올리는 거중기와 녹로 덕분에 단 한 명의 피해도 없었던 것이다. 이것이 바로 과학과 창조의 정신이 낳은 결과물인 것이다. 또한 신도시 화성의 우수성이 이와 같은 과학과 창조정신에서 나타나는 것이기도 하다.

18세기 신도시 화성의 우수성은 또 다른 기록을 통해서도 알아볼 수 있다. 그것은 바로 1899년에 발간된 프랑스어판 『화성성역의궤』이다. 화성 축성의 모든 내용을 기록한 『화성성역의궤』는 화성 축성 완공 후 편찬 준비를 마치고 출판 준비를 하다가 정조가 돌아가시고 나서 책으로 발간되었다.

그림과 설명으로 제작된 『화성성역의궤』는 조선시대 의궤의 백미로 평가받는 기록문화의 꽃이다. 이 책을 1891년 제2대 주한 프랑스 공사였던 이폴리뜨 프랑댕Hippolyte Frandin이 구입하여 프랑스로 건너간다. 당시 이폴리뜨 프랑댕 프랑스 공사는 전임 공사인 콜랭 드 플랑시Victor Collin de Plancy : 葛林德와 마찬가지로 조선의 문화에 감동을 받았고 조선의 주요 서적들을 엄청나게 사들여 프랑스로 가지고 갔다. 그 책 중에서 가장 귀한 것이 바로 『화성성역의궤』였고, 이는 곧 프랑스 동양어학교로 이관되었으며, 마침내 1899년 프랑스 국립민속박물관장이었던 앙리 쉐빌리에에 의해 프랑스어로 번역되었다. 그 번역자가 조선에서 유학을 간 홍종우였다.

프랑스가 이토록 『화성성역의궤』를 구입하고 번역하고자 했던 이유는 바로 1900년 파리의 대규모 리모델링 때문이었다. 과학적 도시 조성 기법으로 만들어진 화성을 모델로 삼아 파리의 새로운 도시 구조를 만들고자 했던 것이다. 그리고 파리의 도시 재구성에 있어 1796년에 완공된 백성들을 위한 조선의 신도시 화성의 도시 조성 구조가 적용된 것이다.

갈릴레오 갈릴레이로부터 출발했던 과학문명이 중국으로 전해지고 그 완성이 조선의 화성에서 이루어졌으며, 세계 최고 제국의 심장부인 파리의 리모델링에 수원 화성의 도시 조성 방식이 전해져 그 모델이 된 것은 결코 우연이 아니다. 이는 동서양 문명의 교류가 우리가 모르는 사이에 이루어지고 있으며, 문명의 꽃이 화성에서 피어났고, 화성이라는 신도시 조성 정신이 전 세계에서 가장 우수하다는 것을 보여주는 것이다.

다산의 인생과 '18'이라는 숫자

다산 정약용은 특이한 인생을 살았다. 그의 인생은 '18'이라는 숫자와 연관이 깊다. 다산이 성균관 유생으로 입학하여 국왕 정조를 만나 그와 더불어 국정운영에 참여한 햇수가 18년이다. 또 정조가 붕어한 뒤 유배를 산 햇수가 18년이다. 마지막으로 유배지에서 풀려나 고향으로 돌아와 학문을 마무리하며 살다가 돌아가신 햇수가 18년이다. 이 묘한 인연 속에서 다산은 자존심을 지키면서 그 어려운 세월을 견뎌내고 1표2서(『경세유표』經世遺表, 『목민심서』牧民心書, 『흠흠신서』欽欽新書)를 비롯한 『여유당전서』라는 엄청난 저작을 남겼다.

사람들은 곤궁한 처지에 빠지면 자존심을 버리곤 한다. 비굴하게 변할 수 있는 것이다. 자신감이 있고 경제적 여유가 있을 때는 주변에서 들어오는 청탁성 뇌물을 우습게 여기다가도 처지가 어려워지면 어디서 그런 돈이 들어오지 않나 생각하면서 불법적인 것에 눈감는 경우가 허다하다.

다산의 집안은 매우 청렴했다. 오늘날 남양주 일대에 거주하면서 약간의 토지가 있을 뿐이었다. 여러 형제가 그 토지에서 나오는 수익을 나누었고, 특히 형제들 중에서 큰형인 정약현을 빼놓고는 모두가 천주교인으로 죽거나 유배를 가서 더더욱 비참한 생활을 할 수밖에 없었다.

만약 이 형제들이 국왕의 지속된 애정 속에 관직 생활을 하였다면 국가가 주는 녹봉으로 어렵게 살지 않았을 테지만 그런 상황은 정조가 죽은 이후 꿈도 꿀 수 없는 것이었기에 비참한 생활은 지속될 수밖에 없었다. 다산의 가족들, 아니 더 나아가 형들의 가족들까지 포함한 모든 가족들이 다산이 유배에서 풀려나 중앙관직에 복귀하여 가족들의 생계를 책임져주기를 간절히 희망했지만 그런 상황은 발생하지 않았다.

어쨌든 다산의 집안은 너무도 어려웠다. 다산이 유배가고 4개월 뒤에 아들에게 보낸 편지에 의하면 자신이 대나무처럼 말랐다고 했다. 그 유명한 자화상의 작가인 해남 윤씨의 공재 윤두서의 손녀딸을 친어머니로 둔 정약용은 외증조할아버지인 공재를 닮아 살이 찌고 뚱뚱한 편이었다. 그런 그가 4개월 만에 먹을 것이 없어 대나무처럼 말랐다는 것은 그만큼 생활이 어려웠다는 뜻이다. 더 슬픈 것은 먹을 것이 없어서 정조가 하사해준 쇠로 만든 화살통을 팔아서 쌀을 사 먹으며 유배생활을 하였다는 것이다. 정조가 내려준 그 화살통을 팔 때 다산의 심정이 어떠하였을까? 생각만 해도 눈물이 난다.

그런 다산에게 중앙 조정에서는 유혹이 많았다. 다산을 유배 보낸 그들에게 다산이 고개를 조아리고 "잘못했으니 나를 당신들 편에 서게 해주세요!"라고 하기만 하면 유배지에서 풀어줄 뿐만 아니라 중앙의 관료로 복귀시켜주겠다는 것이다. 자신들에게로 전향을 하면 특혜를 주겠다는 유혹이었다. 힘겹고 고통스런 생활에 지쳐가던 다산의 가족들 역시 흔들렸다. 마침내 다산의 아들이 아버지에게 편지를 썼다. 아버지와 가족을 위해 고개를 숙이면 어떻겠냐고 말이다. 아마도 그 편지를 쓴 정학연은 심장을 도려내는 아픔으로 글을 썼을 것이다.

그 편지를 받아든 다산은 아들에게 답신을 썼다. 그리 하는 것이 올바른 것이 아니라는 것이었다. 힘들지만 자존심을 지키자는 간단한 내용이었지만 사실은 그렇지가 않다. 짧지만 거대한 인생의 깊이를 보여주고 삶의 지혜를 주는 것이었다.

다산은 천하에 두 가지 기준이 있는데 그 하나는 옳고 그름의 기준이요, 또 하나는 이롭고 해로움의 기준이라고 했다. 그리고 이 두 가지의 기준에 네 종류의 등급이 생긴다고 하였다. 옳은 것을 지켜서 이익을 얻는 것이 가장 높은 등급이고, 그 아래가 옳은 것을 지켜서 해를 받는 것이며, 그 다음으로는 나쁜 것을 좇아서 이익을 얻는 것이요, 가장 낮은 것은 나쁜 것을 좇아서 해를 보는 것이라 하였다. 참으로 대학자다운 식견이었다.

옳은 일을 해서 이익을 얻으면 그 얼마나 좋겠느냐만 옳은 일을 하다 해를 당해도 좋은 것이라 생각한 것이다. 국가를 위해 올바른 이야기를 하다 유배를 가는 해를 당하더라도 마땅히 선비가 해야 할 일이라고 다산은 생각한 것이다. 다만 나쁜 일을 하며 이익을 얻는 것은 절대 받아들일 수 없다고 했다.

다산은 자식들에게 자신을 유배 보낸 자들에게 고개를 숙이고 그들과 한통속이 되어 살아가는 것은 나쁜 것을 좇아 이익을 얻는 것이고, 마침내 이익도 얻지 못하고 해만 입는 것이라 하였다. 이는 해를 입지 않기 위해서가 아니라 정의로움이 무엇이고 자신을 지키는 일이 무엇인지를 이야기하는 것이다.

필자는 『춘추좌전』春秋左傳을 읽다가 전국시대 오나라 계찰의 뜻깊은 글을 보고 좌우명으로 삼았다. '곧지만 오만하지 않고 굽히면서도 비굴하지 않는다'直而不倨 曲而不屈. 이는 곧 다산의 생각이기도 했다. 그래서 두 아들에게 늘 이야기한다. "우리 아무리 어렵게 살아도 비루하게 살지는 말자!"

아무리 어려운 처지에 있어도 양심과 영혼을 팔아서는 안 된다. 세상을 살아가다 보면 막대한 자본으로 유혹을 하는 일들이 엄청나게 많다. 이 정도면 환경과 생명에 큰 지장이 생기지 않을 거라며 당근으로 유혹하는 사례들이 날로 늘어날 것이다. 지금 세상은 그렇게 변했다. 영혼을 잃은 전문가와 관료들이 거대한 자본과 합작하여 자연을 파괴하고 만백성이 숨을 쉬지 못하게 하고 있다. 그렇기 때문에 이런 때일수록 우리는 다산의 의리와 자존심을 배워야 한다. 모든 사람들이 인간답게 살 수 있는 세상, 비루한 모습으로 살지 않는 세상, 그것이 진정 정조와 다산이 만들고자 한 세상이 아닐까. 다산이 아들 정학연에게 보낸 편지의 마지막 구절이 무서우면서도 감동적인 이유이다.

'명예롭게 살다 빛나게 죽고자 한다.'

3부

화성, 정조와 다산의 풍운지회 風雲之會

정조, 수원으로 생부 사도세자의 묘소를 옮기다

18세기는 동서양을 막론하고 새로운 문화를 창조하는 시대였다. 우리가 21세기를 문화의 시대라고 이야기하지만 실제 문화에 대한 진지한 고민은 어찌 보면 18세기를 따라가지 못할지도 모른다. 지금의 문화라고 하는 것은 첨단 기술력을 중심으로 만들어지는 것일 뿐 실제 인간 본성의 진실을 찾고자 하는 인문학을 바탕으로 하는 문화는 실종되었기 때문이다.

문화판에서 조금 논다고 하는 사람들이 해가 어슴푸레하게 지기 시작하면서 하나둘씩 술자리로 몰려가 쓰디쓴 소주를 한잔 걸치면서 떠드는 이야기의 대부분은 우리 사회의 문화는 실종되었다는 것이다. 문화가 문화인에 의해 발전하는 것이 아니라 자본에 의해 양육되고 있다는 자괴감 때문이리라. 어찌 되었건 문화의 진실성을 찾는 사람들이 늘어나는 추세이니 그나마 위안을 받을 수 있다.

갑자기 웬 21세기 문화론을 이야기하나 하고 의아하게 생각하실지 모르겠지만 사실은 18세기 문화의 총화가 정조의 부친인 사도세자의 묘소인 융릉隆陵(사도세자가 장조莊祖로 추존되고 나서 붙여진 이름. 세자 신분일 때는 현륭원顯隆園이었음)에 담겨 있다는 이야기를 하고 싶기 때문이다.

지금이야 융릉이 있는 지역이 세계적인 축구 스타 박지성이 다니던 안룡중학교가 있는 동네로 더 유명해졌지만 실제 융릉이 있는 곳은 1789년 이전까지 수원도호부의 읍치邑治가 있던 역사적 도시였다. 비록 임금님이 살고 계시는 한양처럼 큰 도시는 아니었지만 서해안으로 쳐들어오는 왜구를 막아내는 큰 군사도시로 위세를 떨치던 도시였다.

수원도호부와 관련된 각종 읍지에 의하면 수원 사람들 혹은 지금의 화성 사람들은 '무예를 숭상하는 사람'들이 꽤나 많았다고 한다. 그래서 그런지 수원 지역은 현대에도 유명한 주먹들이 꽤나 많았었다.

지금 융·건릉 일대에 있는 안녕면은 과거 현재의 수원·화성·안산·평택의 중심지였다. 수원도호부의 관아가 있던 이곳을 중심으로 서해안을 방어하는 '방어영'防禦營의 군사들이 많았고, 서해안으로 올라오는 조운선의 휴식처를 위한 포구와 이들을 유혹하는 기생집들 역시 많이 있었다. 무엇보다도 이 지역은 인근 도시들을 포괄하는 행정의 중심지로서 관리들과 유생들이 밀집되어 있던 장소였다. 삼한시대 상외국 혹은 모수국으로 출발한 지역은 고구려시대에는 매홀, 신라가 통일한 후에는 수성군, 고려시대 때는 수주, 그리고 조선이 건국한 후 수원도호부로 불렸던 곳이고 이 도시의 중심지였다.

그런데 어느 날 갑자기 조선의 22대 국왕이었던 정조가 수원도호부의 읍치를 팔달산 동쪽으로 이전하라고 지시를 하게 되었고, 지역 백성들은 국왕의 명을 받아 새로운 터전인 팔달산 동쪽 들판으로 이사하게 되었다. 국왕의 명령이 있었던 날이 1789년 7월 15일이었으니, 이 날이 기쁜 날인지 슬픈 날인지 정확히 규정할 수 없지만 어쨌든 이 지역의 거주자들은 아마도 우리 역사상 최초로 국가의 신도시 추진 계획으로 집단 이주한 사람들일 것이다.

그렇다면 정조는 멀쩡하게 잘 살고 있는 수원 사람들을 왜 이주하게 하였을까? 그 이유는 간단하다. 바로 자신의 아버지, 더 정확히 이야기하면 자신을 낳아준 생부生父 사도세자의 묘소를 이곳으로 이전하기 위해서였다. 아버지는 누구이고, 생부는 누구인가?

앞서도 이야기하였지만 정조의 아버지였던 사도세자는 뒤주에 갇혀 8일 만에 죽었다. 뒤주에 갇혀 죽었다는 것은 그가 그만큼 큰 대역죄를 저질렀기 때문임을 의미하는 것이고, 따라서 대역죄인의 아들은 국왕이 될 수 없었기에 영조는 세손이었던 정조를 자신의 첫째아들이었던 효장세자의 아들로 삼게 하였다. 쉽게 이야기해서 정조를 큰아버지의 양자로 들어가게 함으로써 왕실의 족보를 수정하게 한 것이다. 그러니까 공식적으로는 효장세자가 정조의 아버지이고, 사도세자는 생부生父가 된다.

그래서 정조는 즉위 첫날 자신의 공식적인 아버지인 효장세자를 진종眞宗으로 추존하여 자신의 정통성을 확립하였다. 하지만 정조는 늘 자신의 친아버지인 사도세자에 대한 애끓는 사부곡思父曲이 있었기에 큰아버지이자 족보상의 아버지였던 효장세자를 추존하듯이 자신의 아버지 사도세자를 국왕으로 추존하고 싶어 하였다. 하지만 이는 자신이 국왕으로 있는 동안에는 절대 할 수 없는 일이었다. 왜냐하면 할아버지인 영조가 살아생전에 세손이었던 정조가 국왕으로 있는 한 사도세자를 국왕으로 추존하지 못하게 명하였기 때문이다. 그래서 정조는 그 대안으로 사도세자의 묘소를 당대 최고의 명당에 이장해주는 것이 최선의 효도라고 생각하였다. 더불어 이러한 명당에 잠들어 있는 사도세자는 역적이 아닌 국왕의 아버지라고 하는 정통성을 부여할 수 있기 때문이기도 하였다.

정조가 대리청정을 하게 되어 사도세자의 묘소였던 양주 배봉산의 수은묘垂恩墓를 처음 방문했을 때 정조는 너무도 작고 초라한 무덤을 보고 큰 충격을 받았다. 말이 세자의 묘소이지 일반 왕자의 예법대로 만든 작은 무덤이었다.

영조는 사도세자의 죽음에 대하여 참으로 묘한 이중행동을 했었다. 사도세자가 죽은 날 그에게 세자의 신분을 회복시켜주고 세손이었던 정조를 불러 자신이 세자를 죽인 것을 후회한다고 이야기했다. 그리고 세손과 채제공 앞에서 사도세자가 죽은 것이 자신의 잘못이 아닌 김상로와 홍인한 등 노론 주도세력의 간악한 사주로 인하여 일어난 것이라고 하는 글을 남기기까지 하였다.

더구나 세자의 장례식 날 직접 묘소까지 찾아가서 제문을 읽는 등 죽은 아들을 지극히 애도하는 모습을 보였다. 그럼에도 불구하고 실제 사도세자의 묘소였던 '수은묘'에 대해서는 그 규모를 일반 왕자의 예법에 맞춰 공사를 하도록 지시하고 위상 또한 왕자의 예에 따르게 하였다. 세자가 죽어 묻힌 곳은 '원'園이라고 칭하여야 함에도 영조는 끝내 일반 왕자의 무덤에 붙이는 '묘'墓라고 하는 호칭을 사용하게 하였다. 아마도 자신을 몰아내고자 했다는 터무니없는 말이 거짓임을 알고 있었음에도 괘씸한 마음을 지울 수 없었기 때문이 아닐까.

정조는 대리청정을 하던 시기 수은묘를 방문하고 나서 참혹한 마음을 지울 수 없었다. 그리고 자신이 국왕으로 즉위하면 반드시 아버지의 묘소를 조선에서 가장 좋은 길지吉地로 옮기겠다고 굳게 결심하였다.

그럼에도 불구하고 정조는 국왕이 되었어도 사도세자의 묘소를 옮길 수가 없었다. 『정조실록』에 정조가 사도세자의 묘소를 즉위년부터 옮기려고 했는데 '운'運과 '때'時가 맞지 않아 옮기지 못했다고 정조의 입을 빌어 설명하고 있다. 즉 정조의 즉위년인 1776년부터 묘소를 옮기기로 결정한 1789년 이전까지 모두 사도세자의 '운'이 무덤 천장遷葬의 운과 들어맞지 않았다는 것이다. 정조는 훗날 사도세자의 묘소를 천장하도록 지시하면서 "내가 즉위년부터 옮기고자 했는데 하늘의 운과 땅의 때 그리고 사람의 운이 맞지 않았다"고 얘기했다.

물론 전혀 틀린 말은 아닐 것이다. 하지만 역사는 행간을 읽는 것이 중요한데 그 '운과 때'보다는 정조가 아버지의 묘소를 옮길 수 있을 만큼 국왕으로서의 힘이 없었고, 더불어 국가재정이 부족했기 때문이었을 것이다.

역사 속으로 한번 들어가 보자. 1789년 7월 10일 밤에 승정원에서 정조의 고모부인 박명원은 정조에게 상소를 바쳤다. 내용인즉 사도세자의 묘소를 이제는 옮겨야 한다는 것이었다. 왜냐하면 정조가 대를 이을 왕자가 없는 것이 바로 사도세자의 묘소가 불길하기 때문이라는 것이었다. 실제 정조는 드라마 '이산'에 나왔던 의빈 성씨와의 사이에서 문효세자를 낳았지만 그가 일찍 죽는 바람에 대를 이을 세자인 '국본'國本이 없는 상태였다. 곧이어 몇 달 만에 임신상태였던 의빈 성씨마저 죽고 말았다. 거기에 더하여 마지막으로 대를 이을 수 있는 정조의 이복동생인 은언군의 아들 상계군마저 의문사해 버렸다. 정조시대 3대 미스터리로 꼽히고 있는 문효세자와 의빈 성씨 그리고 상계군의 죽음은 정조를 절망에 빠지게 만들었다. 이러한 상황에서 정조는 박명원의 상소를 보고 소리 없이 울다가 다음날 어전회의를 소집하고 그 자리에서 자신의 결심을 발표하기로 하였다.

마침내 다음 날인 7월 11일 정조는 박명원의 상소를 승지로 하여금 읽게 하였다. 승지가 상소 내용 중 사도세자의 죽음에 대한 대목이 거론되자 정조는 큰 소리로 울음을 터트렸다. 국왕의 체면도 생각하지 않고 뒤주에 갇혀 돌아가신 아버지를 생각하니 북받치는 울분을 주체할 수 없었던 것이다. 정조가 대성통곡을 하는 동안 신하들은 숨죽이고 있을 수밖에 없었다.

창덕궁 인정전 안에 있던 대소신료들 중에는 사도세자의 죽음을 찬성했던 이도 반대했던 이도 있었을 것이다. 그들은 모두 침통한 정조를 바라보며 고개를 숙일 뿐이었다.

한참의 시간이 흐른 뒤 정조는 자신의 불우한 이야기와 사도세자의 묘소를 이전하고자 한다는 의견을 피력하였다. 조선은 효孝를 최고의 덕목으로 여기는 유교국가였다. 그러한 조선의 국왕 정조가 부친에게 효도를 다하고자 묘소를 이장하겠다는데 어느 누가 반대하겠는가? 아무런 반대가 없자 정조는 자신이 조사한 명당明堂을 거론하다 마침내 수원부 읍치가 천하명당이라고 하며 세 정승과 육조 판서가 지관地官들을 거느리고 수원부 읍치를 방문하여 명당 여부를 확인하도록 지시하였다.

정조가 수원도호부를 사도세자의 새로운 묘소 자리로 선택한 것은 그가 그곳의 지리를 사전에 눈으로 보아서가 아니었다. 그것은 나름대로의 이유가 있었다. 사실 수원도호부 관아가 있는 화산花山은 조선 건국 이후 천하명당이라고 소문이 나 있던 지역이었다. 조선시대 지리지인 『신증동국여지승람』 '수원도호부' 조에 보면 수원도호부 관아 앞에 '국릉치표'國陵置標라고 하는 푯말을 세워놓았다고 한다. 이는 왕릉을 세울 자리라고 하는 푯말이었는데 그만큼 천하명당이었다는 것이다.

이렇게 천하명당으로 평가받던 지역이다 보니 정조 이전에 두 명의 국왕 능지로 선정되기도 하였다. 바로 선조宣祖와 효종孝宗이었다. 선조가 죽고 나서 고위급 신하였던 동인東人 출신의 기자헌이 선조의 능을 수원도호부의 화산에 쓰자고 하였다. 하지만 서인西人의 반대로 선조의 능은 다른 곳으로 확정되었다.

효종이 죽고 나서 풍수의 대가이자 남인南人의 영수였던 윤선도가 천하명당인 수원의 화산에 능을 쓰자고 제안하였다. 효종의 아들이었던 현종은 이 안을 받아들여 수원도호부에 능역을 시작하였다. 천하명당에 아버지의 묘소를 쓰자고 하는데 반대할 자식이 어디 있겠는가? 그런데 갑자기 문제가 생겼다. 서인의 영수였던 송시열이 갑자기 수원도호부의 능역 공사를 취소해달라고 요청하였기 때문이다. 그 이유는 수원도호부의 관아가 있는 읍치에 효종의 능을 조성하게 되면 수원도호부 읍치를 이전하여야 하기 때문에 그 많은 비용을 감당할 수 없다는 것이었다. 결국 이 요구를 받아들여 현종은 효종의 능을 인왕산 서쪽의 홍제동에 조성하였다가 다시 여주에 있는 세종의 영릉英陵 옆에 옮겨 조성케 하였다.

그렇다면 수원도호부 관아가 있는 읍치에 능을 조성하게 되었을 때 왜 읍치를 옮겨야 하느냐가 문제가 되는지 궁금할 것이다. 조선시대의 관습법에 따르면 국왕의 무덤인 능陵과 세자의 무덤인 원園이 들어설 경우 봉분을 중심으로 사방 10리 안에는 어떠한 민가가 있어서도 안 되었기 때문에 반드시 도시를 옮겨야 했다. 과거 아무리 큰 도시라고 해봐야 대체로 10리를 넘어설 수 없었기 때문이다.

선조와 효종이 어떤 시절의 국왕이었는가? 선조는 임진왜란의 한가운데 있던 국왕이었고, 효종은 병자호란을 겪은 국왕이었다. 임진왜란과 병자호란으로 국토는 유린되었고 전란의 후유증은 국가재정을 피폐하게 만들었다. 이와 같은 시절이었기에 엄청난 국가재정을 투입하여 수원도호부에 능역 조성공사를 할 수는 없는 일이었다.

정조라고 왜 이 사실을 몰랐겠는가! 정조가 즉위년에 바로 하늘의 운과 땅의 때 그리고 사람의 운이 이루어지지 못했다는 것은 자신의 취약한 왕권과 경제적 어려움으로 국가재정이 취약했기 때문이다. 실제 영조 재위 52년 동안 40년이 금주령禁酒令 시대였다. 금주령이 내려진다는 것은 가뭄과 홍수 등으로 농사가 제대로 이루어지지 않아 경제의 참혹함이 극에 달했다는 것을 뜻한다. 이러한 경제적 어려움을 가지고 국왕이 된 정조가 어찌 자신의 개인적 효심 때문에 국가경제를 흔들면서 부친의 묘소를 이장할 수 있었겠는가?

정조는 즉위한 이후에도 아버지 묘소를 옮겨주지 못하는 불우한 국왕의 처지를 비관하며 사도세자의 사당인 경모궁에서 한없이 울었다. 하지만 단순히 슬픔으로 지새지는 않았다. 먼저 왕실의 경비를 대폭 축소하기 시작하였다. 자신부터 비단옷을 입지 않고 반찬을 줄이는 등 쓸데없는 일상 경비를 줄이는 모범을 보였다. 그리고 새로운 경제개혁정책과 농업정책으로 경제 활성화를 추진하였다. 가진 자들을 위한 경제개혁이 아니라 대다수 백성들을 위한 경제정책을 추진했다.

공교육인 향교 교육을 강화함과 더불어 규장각을 통한 인재를 양성하여 새로운 국가 개혁정책을 생산하게 하였다. 더불어 당시 국가재정의 56%나 차지하고 있던 터무니없는 국방예산을 축소하여 그 예산으로 농업 생산력을 증진시키는 둔전屯田을 대대적으로 개발하여 경제를 회생시켰다. 그리하여 마침내 아버지 사도세자의 묘소를 당대 최고의 명당인 수원도호부 읍치로 옮길 수 있는 기반을 형성했다. 이 시기에 바로 정조의 고모부인 박명원의 상소가 있었던 것이다. 이 박명원의 상소가 정조와 협의하에 이루어진 것인지는 알 수 없지만 당시 사도세자의 묘소 이전에 대하여 그 어느 누구의 반대도 없었다.

정조가 특히 수원도호부 관아가 위치한 화산을 사도세자의 묘소 자리로 생각하고 있었던 것은 앞에서 설명한 내용과 더불어 특별한 사연이 있었다. 그것은 바로 사도세자 자신이 그 자리를 천하명당이라고 보았다는 것이다. 15세의 나이 때부터 대리청정을 하던 사도세자는 영조와의 불화로 인하여 건강이 극도로 약화되었다. 그래서 건강을 회복하기 위하여 온양온천행을 선택하였다. 그것은 어찌 보면 부친 영조로부터의 도피일 수도 있었겠지만 사도세자로서는 인생에 있어서 가장 행복했던 순간이었다. 수원도호부에 도착한 세자는 효종이 죽은 그해 능역 자리로 선정된 그 자리에 대한 이야기를 듣고 직접 능터를 보고자 하였다. 그리고 현장에 도착한 후 이곳이 진정 천하명당임을 확인하고 좋은 곳이라 감탄할 정도였다.

정조는 사도세자가 그 자리가 좋다고 했던 것이 아마도 머지않아 자신이 죽을 것을 예감하고 이 자리에 묻어주기를 원했던 것이 아닐까 하고 생각했는지 모르겠다. 하여튼 정조는 스스로 사도세자의 일대기를 저술하면서 사도세자가 화산의 능터에 대해 극찬한 내용을 의도적으로 기술하였다. 이러한 속내가 바로 수원으로 묘소를 이전하게 한 이유였다. 부친이 원하던 곳에 묻히게 해주고 싶은 자식의 마음을 실천한 것이었다.

다음날인 7월 12일 수원도호부 읍치로 내려간 영의정 김익을 비롯한 신하들은 현재의 화성시 안녕동 일대가 모두 천하명당인데, 그 중에서도 수원도호부가 있는 화산이 최고 명당이라고 하였다. 용이 여의주를 희롱하는 '반룡농주'盤龍弄珠라는 것이다. 실제 이 지역은 충청도 보은에 있는 속리산으로부터 '지기'地氣가 시작되는 '한남금북정맥'의 혈血이 마지막에 모인 그야말로 천하명당이었다. 그런데 참으로 신묘한 것은 이 지역의 오랜 지명이 용복면龍伏面이었다. 즉 용이 엎드려 있는 지역이란 의미였는데, 결국 용과 같은 존재인 사도세자와 뒤이어 정조가 묻혔으니 선현들의 땅이름 만들기는 신령스럽기 그지없는 일이다.

신하들은 수원도호부에 사도세자의 봉분이 들어설 자리를 확정하고 도성으로 올라와 7월 15일에 보고를 하였다. 이 보고를 받자마자 정조는 사도세자의 묘소를 수원도호부 관아 뒤편으로 이전하고 수원도호부 관아와 중심지역에 거주하는 백성들의 민가를 팔달산 동쪽의 넓은 들판으로 이전하

융릉
隆陵

융릉隆陵은 조선 정조의 아버지이자 사도세자로 알려진 조선 장조莊祖(1735년~1762년)와 혜경궁 홍씨로 널리 알려진 헌경의황후獻敬懿皇后(1735년~1815년)가 함께 모셔진 능이다. 본래 사도세자의 묘는 경기도 양주시 배봉산(현재 서울특별시 동대문구) 기슭에 있었으나 정조가 1789년(정조 13년) 지금의 자리로 옮겨 현륭원顯隆園이라 이름 붙였다. 1899년 대한제국 고종은 왕계 혈통상 고조부인 장헌세자를 장조로 추숭하면서 현륭원이란 명칭도 융릉으로 격상시켰다.

라고 지시하였다. 이로써 조선 최초로 신도시 건설의 역사가 시작된 것이다.

그렇다면 정조가 수원도호부로 사도세자의 묘소를 이전한 것에 대해 어떻게 평가를 하여야 할까? 그가 단순히 억울하게 돌아가신 부친을 위한 개인적인 효심 때문에 천문학적인 비용을 들여서 묘를 이전한 것일까?

지금까지 우리는 그렇게 평가하였지만 절대 그런 것이 아니다. 정조는 자신이 즉위 하였을 때 조선이라고 하는 국가의 상태가 "혈맥이 막혀 죽어가는 사람과 같다"고 얘기하였다. 이 얼마나 끔찍한 이야기인가! 오랫동안의 당파싸움과 천재지변이 나라의 형편을 너무도 어렵게 했다. 그래서 정조는 새로운 개혁을 시도하고자 하였지만 한양을 기반으로 하고 있는 기득권 세력이었던 노론 벽파의 힘은 너무도 컸다. 그래서 정조는 국왕을 지지할 수 있는 새로운 경제구조를 가지고 있는 친위도시가 필요했다. 때문에 부친인 사도세자의 묘소 이전을 통해 충청, 전라, 경상에서 서울로 올라오는 교통로에 위치한 팔달산 동쪽의 넓은 들판을 주목한 것이고, 바로 이 지역에 신도시 수원을 건설한 것이다.

결국 정조의 사도세자 묘소 이전이 가지고 있는 의미는 단순히 국왕 정조의 효심만이 아닌 국가 전체를 살리고 백성을 부유하게 하자는 개혁정신으로 이루어진 것이다. 사도세자의 현륭원 조성의 의미가 중요한 이유이다.

그리고 정조는 자신의 집권 13년 동안 이룩한 문화의 성숙도를 사도세자의 묘소에 투영하였다. 그래서 사도세자의 묘소인 현륭원을 18세기 우리 문화의 총화總和라고 말하고 있는 것이다.

정조의 개혁 의지는 1798년(정조 22년) 4월 현륭원 동구의 만년제萬年堤 완성으로 더욱 강조되었다. 정조는 현륭원을 보호하기 위해 화성유수부華城留守府에 장용영을 신설하였고, 화성유수부의 위상을 한양 도성과 버금가게 만들었다. 그래서 자신의 아버지인 유태공을 태상황太上皇에 임명하고, 붕어 후에 만년萬年에 장사 지낸 한고조漢高祖를 모방해서 화성유수부에 읍을 설치하고 만년萬年하기를 기원하며 화성에 만년萬年이라는 의미를 부여하였다. 만년은 곧 화성유수부를 의미하는 것이라 보아도 무방하다. 이와 같은 이름의 '만년'을 장헌세자의 묘소인 현륭원의 동구洞口에 풍수를 위한 저수지인 만년제를 조성하였다. 다시 말해 만년과 만년제란 정조가 훗날 사도세자를 국왕으로 추존하겠다는 의지를 보여주는 것이라고 할 수 있다.

이처럼 만년제는 처음부터 농업용 저수지로 조성된 것이 아니었다. 하지만 정조는 만년제를 농업용 저수지로 개편할 의지를 보여주고 이를 직접 지시하였다. 화성 축성 공사가 완료된 이듬해인 1797년 1월 30일 정조는 현륭원을 참배하였다. 참배 후 현륭원 동구의 만년제를 방문하여 만년제 일대의 전답 토양을 비옥하게 하기 위한 식목植木을 지시하였다. 그리고 현륭원 일대의 농사 형편이 물 공급이 부족하여 겨우 흉년을 면한다는 한용진의 설명을 들은 뒤 만년제를 개축하여 농업용으로 변통하게 하였다.

이는 정조가 장헌세자의 현륭원을 풍수적으로 비보하기 위해 설치한 만년제를 농업용으로 확대하여 백성들을 위한 농업용 저수지로 사용하게 만든 파격적 지시였다. 정조가 늘 강조하던 '사중지공'私中之公을 실천한 것이다. 즉 만년제는 왕실의 사적 공간에서 공적 공간으로 거듭나서 농업용 저수지로 개축된 것이다.

만년제를 개축할 것을 지시한 후 정조는 1798년(정조 22년) 2월 초 현륭원을 방문하는 일정에서 만년제 건설에 대한 논의를 다시 하였다. 정조는 이 자리에서 만년제 축조는 하나는 현륭원을 위한 것이고, 다른 하나는 민전民田을 위해서라고 밝혔다. 그리고 곧이어 현륭원 동구에 만년제를 건설하라는 윤음을 내렸다. 현륭원 조성 당시 민가에서 소유한 땅이 현륭원 보호구역인 화소火巢로 편입된 것에 대해 시중가보다 10배의 토지 보상을 하고, 이에 더하여 일대 백성들이 안정된 농사를 지을 수 있게 제언堤堰을 축조하고자 한 것이다. 만년제의 축조 비용은 왕실 내탕금으로 사용하기로 결정하였다.

만년제는 단순히 농업용으로 조성된 것이 아니었다. 만년萬年의 의미는 바로 태상황의 능이라는 의미를 가지고 있다. 정조에게 있어 태상황은 바로 아버지 사도세자를 이름이고, 훗날 사도세자(장헌세자)를 국왕으로 추존하겠다는 의지를 보인 것이다. 만년제 공사는 공사를 시작한 지 2달 만에 신속히 끝났다. 이에 대한 정조의 반응은 남달랐다.

"금번 만년제 공사는 한 사람의 백성도 동원하지 않고 이렇게 빨리 완성하니 정말 큰 행운이다. 원침園寢의 수구水口인 이 만년제에 물을 저장하니 매우 좋은 일이다. 현륭원 아래 백성의 논 또한 이익을 얻은 일이니 더더욱 좋은 일이다. 화성 장안문 바깥에 만석거萬石渠를 개설하고 여의동如意垌을 축조하였으며, 국영농장인 대유둔大有屯을 설치한 것과 마찬가지의 뜻이다."

처음 만석거를 만들 때 정조의 농업개혁의 의도를 몰랐던 화성유수부 백성들이 원망을 했던 것과 달리 만년제 공사와 성과에 대하여 백성들이 기뻐하자 정조 역시 기뻐하였다. 즉 정조는 백성들의 부역 없는 제언 축조와 이를 통한 저수 농법이 백성들에게 매우 유리한 것이고, 실제 백성들이 기뻐하는 것을 확인하였다.

수원도호부를 화성유수부로 승격시켜 체모를 유지하라!

최근 '정조특별시'란 이름으로 수원시와 화성시 그리고 오산시가 문화상생을 도모하고 있다. 세 도시는 공통된 역사를 갖고 있기 때문에 인구가 너무 많아 원래대로 하나의 도시로 통합되기는 어려워도 정조라는 국왕의 이름으로 정신적 통일과 문화적 통일을 하기로 했다. 그러면서 수원, 화성, 혹은 오산이란 지명을 쓰면 어느 한 도시가 중심이 된다고 생각하여 문화상생 하는 데 어려움이 있을 수 있다고 하여 정조특별시라는 이름을 쓰기로 했다. 참으로 감사한 것은 초대 정조특별시장으로 수원 광교산 자락에 살고 계시는 고은 시인께서 흔쾌히 허락을 하셔서 시민들 모두가 기뻐하고 있다.

그렇다면 수원水原이라는 도시의 이름은 무엇이고, 화성華城이라는 이름은 무엇인가? 그 연원을 알아보고, 이 도시가 정조시대와 이후 조선말기에 어느 정도의 위상을 가진 도시였는지를 확인해 볼 필요가 있다.

지금까지 계속 이야기했듯이, 정조는 1789년(정조 13년)에 수원도호부 관아 일대에 아버지 사도세자의 묘소를 천봉하고, 관아를 비롯한 읍치 전체를 현재의 수원시 팔달구 신풍동 일대의 팔달산 동쪽 지역으로 이전하였다. 도시를 옮긴 지 4년이 지난 1793년(정조 17년) 1월 정조는 수원도호부를 화성유수부로 승격시키면서 화성유수부에 장용외영壯勇外營을 신설하였다.

화성유수부의 승격은 1년 뒤에 있을 화성 축성을 위한 사전 준비 작업이었다. 화성 축성은 왕권을 강화하여 민생안정을 추구하고자 하는 정조의 장기적인 정국운영을 위한 기반을 마련하는 일이었다. 이를 위해 정조는 화성유수부를 강력한 정치적, 군사적 배후도시로 만들 필요가 있었다. 이를 위해 화성유수부 승격과 더불어 장용외영을 신설한 것이다.

1789년(정조 13년) 현륭원 원침 이전으로 수원 신읍치를 건설한 후부터 화성 축성의 준비는 시작되었다. 현륭원 천봉 이듬해인 1790년(정조 14년) 6월에 부사직 강유가 수원 신읍치에 성곽을 축성하여야 한다고 상소하였다.

> "수원은 곧 총융청의 바깥 군영으로서 국가의 중요한 진鎭이고 더구나 또 막중한 능침을 받드는 곳이니, 의당 특별한 조치가 있어야 할 것입니다. 이번에 새 읍을 옮겨 설치하였으나 성지城池의 방어설치가 없습니다. 신의 생각에는 이번에 옮겨 설치한 것을 계기로 성지도 아울러 경영하는 것이 마땅하다고 봅니다. 옛사람의 말에 '금성탕지'金城湯池라고 한 것은 곧 참호를 설치한다는 말입니다. 그러나 우리나라는 산이 많고 들이 적기 때문에 어느 곳이나 산을 의지하여 쌓게 되어 참호를 설치할 수 없으니, 이는 옛 제도가 아닙니다. 새 읍은 이미 들 가운데 위치하고 있으므로 과연 성을 쌓고 참호를 설치한다면 실로 성을 설치하는 조건에 맞을 것입니다."

강유는 수원 신읍치에 성을 쌓아 구읍치를 방어하던 독산성과 서로 방어체제를 구축하면 어떠한 적이라도 감히 쳐들어 올 수 없을 것이라고 하였다. 그리고 이 지역에 군사들을 불러들여 집을 짓게 하고 특별히 세금을 감면해주는 토지인 복호復戶 5백 결 내에서 그 절반을 군병에게 떼 주어 살아갈 수 있게 하였다. 또한 총융청으로 하여금 수원 신읍치에 군대에서 운영하는 국영농장인 둔전屯田을 설치하게 하여 군병들에게 토지를 나누어주어 가족들이 농사를 짓게 하고 군영에서 그 토지세를 매우 적게 징수한다면 토지 없는 군사들이 앞을 다투어 모집에 응할 것이라 하였다.

강유의 수원 신읍치 축성론에 이어 1791년(정조 15년) 정월에 부사직 신기경은 수원 신읍치에 축성을 해야 한다는 상소를 올렸다.

> "수원 신읍新邑은 곧 수도京師와도 같습니다. 빙 둘러서 사방에서 적의 침입을 받을 수 있는 곳으로 마땅히 성을 쌓아야 합니다. 그러나 지질이 사석토질이니, 고대에 판축하는 제도대로 지대를 넓히고 도축을 견고하게 하고 모래로 덮는다면 그 완고함은 석성石城보다 나을 것이고, 만약 모래, 돌, 흙을 섞어서 쌓는다면 그 견고함은 곱절이나 더할 것입니다."

이와 같은 강유와 신기경의 상소는 수원 신읍치에 성곽을 축조하고 강력한 군병을 설치하여 현륭원과 수원을 보호하고자 하는 것이었고, 이는 다름 아닌 정조가 추구하는 바이기도 했다. 정조가 수원으로 사도세자의 원침을 천봉한 것은 이 지역을 친위지역화 하고 본격적인 개혁의 진원지로 삼고자 하는 정치적 목적에서 이루어진 것이다. 이러한 정치적 의도는 수원부 읍치 이전과 상권 부양책의 추진, 장용외영 주둔, 화성 축조로 구체화되어 갔다.

정조는 화성 축성에 대하여 "현륭원을 보호하고 행궁을 호위하기 위함"

전령
傳令

수원유수에 제수된 채제공에게 장용외사를 겸하도록 임명한 것이다. 『승정원일기』에는 채제공에게 이때 같이 보낸 교서敎書 내용이 실려 있다. 문서의 좌측 상단에는 정조의 수결이 있고, 인장은 '시명지보'施命之寶를 날인하였다.

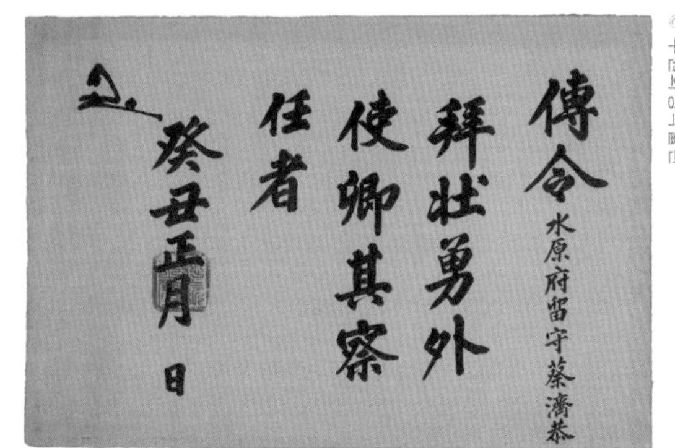
傳令 水原府留守蔡濟恭
拜壯勇外
使卿其察
任者
癸丑正月 日

이라고 강조하였다. 이는 곧 국왕 자신을 변란으로부터 보호하겠다는 의미를 지니고 있다. 정조는 즉위 초부터 시해사건을 겪은 경험이 있기 때문에 자신이 추구하는 왕권강화 정책에 반대하는 세력들의 변란을 막고자 하였던 것이다. 이를 위해 사전에 수원 신읍치를 육성하여 자신의 왕권을 강화하는 배후도시를 육성하고자 했다.

이는 장기적으로 부친인 사도세자를 추존하기 위한 포석이 내포되어 있기도 하다. 정조는 1804년 왕위를 물려주고 세자였던 순조로 하여금 왕위를 물려받아 자왕子王이 조부祖父인 사도세자를 국왕으로 추존케 하고 자신은 수원에서 상왕上王으로 국정을 경영하고자 하는 의도를 품고 있었다. 결국 수원을 유수부로 승격시키고 화성을 축성한 이유가 여기에 있는 것이다.

정조가 수원을 자신의 정국 구상의 핵심거점으로 선택한 데는 두 가지 점이 크게 작용하였다.

첫째, 수원이 삼남지방으로 내려가는 길목에 위치하여 군사상의 요지라는 점이다. 수원은 방비를 튼튼히 하고 요충지로서의 역할을 성공적으로 수행하게 된다면 삼남의 튼튼한 배후지를 바탕으로 서울 이북의 가상의 적에 대해 장기적인 측면에서도 전쟁을 성공적으로 이끌 수 있는 매우 적절한 지역이었다.

둘째, 수원이 교통상의 요지로 타 지역에 비해 상업이 발달할 가능성이 매우 높았으므로 단순한 군사거점 이상의 역할을 기대할 수 있었다는 점이다. 결국 하삼도下三道(조선시대 충청도·전라도·경상도를 아울러 부르던 이름)의 곡창과 군사를 보호하고, 군사적으로 주요한 거점이 되며, 장기적으로 거점의 안정화를 기여할 수 있는 지역으로는 수원이 가장 유리한 지역이었다. 따라서 군사력의 중추를 수원에 집결시키고 왕의 거처로서의 상징성을 강화하기 위해서 정조는 수원에 자신의 친위부대를 반드시 주둔시킬 필요가 있었다.

정조는 수원 지역의 군사적 중요성을 인식하고 1789년(정조 13년) 현륭원을 천봉한 직후 수원도호부를 방비하던 총융청 소속의 향군 5초를 장용영으로 이관하여 장용영 향군 5초를 설치하였다. 수원은 현륭원 천봉 이전부터 군사적으로 왜구를 방비하는 매우 중요한 지역이었다. 때문에 일찍부터 총융청에서 독산성을 중심으로 향군 5초를 설치하였다. 총융청은 1초당 125명의 정원이었으므로 정조는 장용영으로 이관한 향군을 각 초당 장용영 편제에 맞춰 2명씩 증원하여 1초당 127명, 도합 635명으로 조직하였다. 그리고 이들은 정조의 현륭원 행차를 수가하고 현륭원과 수원도호부를 호위했다. 당시 수원도호부의 부사를 역임했던 조심태는 수원도호부에 설치한 향군의 운영에 대한 견해를 아래와 같이 밝혔다.

> "장용영이 5초 향군을 본부에 설치한 것은 오로지 행행幸行할 때 뒤편에서 경호하기 위함이고, 경군京軍이 가마를 호위하는 폐단을 없애기 위함이다."

조심태는 수원도호부에 향군 5초를 설치하는 주역으로, 장용영 향군이 군복과 군기를 확보하는 방법으로는 호조를 비롯한 여러 기관에서 돈을 모아 해결하는 것이 가장 좋을 것이라고 건의하였다. 이에 정조는 비변사와 협의하여 최종적으로 비변사 소유의 군량인 보환곡 1,000섬을 수원으로 이관하여 군영 창설 비용으로 사용하라고 하였다.

조심태의 건의로 장용영 향군은 재정적으로 안정되어 정조가 추진하는 배후 친위도시의 군사력의 기반을 형성하였다. 안정된 군사적 기반을 중심으로 정조는 수원 지역의 향군을 장용외영으로 확대하여 왕권 강화를 위한 확실한 군사적 기반을 만들고자 하였다.

정조는 1793년 1월 12일 수원도호부를 화성유수부로 승격하고 화성유수부에 장용외영을 설치하여 화성유수로 하여금 장용외사를 겸하도록 하는 조처를 단행하였다. 이는 조선 정치사에서 매우 파격적인 일로 지방의 일개 고을이 국왕의 친위도시로 거듭나는 일이기도 했다. 정조는 화성유수부를 신설하면서 수원 지역이 자신을 비롯한 왕실의 고향과 같이 중요한 곳이며, 따라서 지위를 격상시켜야 한다며 수원 지역의 국방의 중요성을 강조하였다. 이와 같은 국방에 대한 강조는 다름 아닌 자신의 친위군영인 장용외영을 설치하기 위한 사전 포석이었다.

"왕위에 오른 이후로 재용財用을 많이 저축하는 것을 가장 소중하게 여겨 왔다. 그런데 다행히 황천에 계신 조종祖宗의 말없는 도움을 입어서 용이 서리고 범이 웅크린 듯한 좋은 자리를 잡아 영원토록 천억만년 끝없을 큰 운세를 정하였으니, 이 땅의 소중함은 실로 주周나라의 풍豊이나 한漢나라의 패沛와 같이 융성할 것이다. 오직 이곳을 잘 수호할 방도를 더욱 애써 치밀하게 하여 체모가 존엄하고 제도가 엄숙하여지도록 하는 것이 바로 나 소자小子

의 정리로나 예법으로나 당연히 해야 할 일이니, 비유하자면 마치 종묘의 예절을 두고 먼저 백관百官의 아름다움을 말하는 것과 같을 것이다. 그 소중함에 관계되는 것이 이와 같다. 이곳 수원부는 현륭원을 마련한 뒤로부터 관방이 더욱 중하여졌다. -중략- 남한산성은 단지 방위하는 성의 역할만이 있을 뿐인 데도 대신이 사使가 되고 유수는 문반의 경재卿宰로만 오로지 차임하면서도 방위의 일을 위해서는 무장武將이 남한산성에 통의되었다. 그런데 더구나 이곳 이 수원부의 소중함이야 말해 무엇하겠는가."

정조는 이와 같이 수원도호부가 왕실과 관방으로 소중한 지역임을 재삼 강조하고 수원 부사를 유수로 승격시키어 장용외사壯勇外使와 행궁정리사行宮整理使를 겸임하게 하였다. 화성유수는 대신이나 무장으로 국왕의 특지를 받아 임명하기로 하였으며, 정5품 판관이 보좌하게 하였다. 정조는 신설된 화성유수 및 장용외사의 지위를 강화와 개성의 종2품의 유수와 격이 다르게 정경正卿 2품 이상으로 하는 것을 정식으로 삼고 초대 화성유수만은 더욱 특별하게 임명하였다.

정조는 초대 화성유수로 1790년부터 좌의정으로 독상獨相 체제를 유지한 채제공을 임명하였으니, 이를 통해 화성유수부와 장용외영의 신설이 갖는 의미를 확인할 수 있다. 최고의 고위관료를 특지로 화성유수에 임명한 것은 앞서 말한 바와 같이 정조 자신이 추진하는 왕권을 강화하여 새로운 경장정책을 추구하고자 하는 의도가 있는 것이다. 새로 신설되는 화성유수부의 수장이 조정 내에서 가장 비중 있는 인물이 임명되어야만 그에 따른 다양한 정책 지원이 가능했기 때문이다.

정조는 앞서의 설명과 같이 장차 자신이 국왕의 지위를 물려주고 화성유수부에 상왕의 지위를 가지고 내려와 살고자 하였다. 이는 곧 조선 초기 태조 이성계가 실시하였던 한성과 함흥을 양경체제로 두는 것과 동일한 형태를 취하고자 함이었다. 곧 주상主上 순조가 임어하는 한성부와 상왕上王 정조가 임어하는 화성을 양경체제兩京體制로 하고자 하는 의도였다.

정조는 이와 같은 의도를 실현하기 위해 성곽을 축성할 것을 계획하였다. 이 계획을 주도하기 위하여 화성유수 채제공을 영의정으로 승진시키고, 이명식을 신임 화성유수로 임명하였다. 이명식은 5번의 관찰사와 3번의 관방을 지휘한 최고의 행정가였다.

이명식의 뒤를 이은 화성유수는 조심태로, 정조 즉위 이후 함경북도병마절도사·삼도수군통제사·포도대장·총융사 등 주요 무반 직을 역임하였던 인물이다. 조심태의 능력을 인정한 정조는 1789년 장헌세자의 묘소인 영우원 천봉과 수원부 읍치 이전을 통한 신도시 건설의 책임자인 수원부사로 임명하였다.

조심태는 무장임에도 불구하고 새로운 수원부 읍치를 조성함에 있어 시전市廛을 설치하여 상업을 활성화시키는 기초 안을 제시하기도 하였다. 이러한 노력으로 인해 정조의 특별한 사랑을 받은 조심태는 이후 훈련대장과 총융사·금위대장 등 주요 군영 대장을 모두 다 역임하였다. 정조는 군제개혁과 관련된 주요 정책 대부분을 조심태와 상의할 정도였다. 1793년 화성유수부를 신설하며 화성유수부에 있는 군영제도의 개선에 대한 내용을 비롯하여 군제 복식 개선방향 등이 그것이다. 특히 조심태는 1794년 화성유수로 임명되어 정조가 훗날 상왕上王이 되어 머물 화성 건설의 책임자로서 최선을 다하는 등 정조의 최측근으로 평가받았다. 결국 화성유수부는 정조의 개혁정치의 기반이 되는 곳이자 새로운 국가 건설의 모델도시라고 할 수 있었다.

채제공의 화성 축성 방안과 지휘

화성 축성은 1794년(정조 18년) 1월 7일 팔달산에서 성곽을 쌓을 돌을 뜨는 것으로부터 시작하였다. 하지만 실제 화성 축성의 시작은 1년 전인 1793년(정조 17년) 수원도호부를 화성유수부로 승격시키고 채제공을 화성유수로 임명하면서부터 시작되었다고 할 수 있다.

정조는 국왕으로 즉위한 지 17년째 되는 날인 3월 10일에 화성유수 채제공을 특별히 불렀다. 지방의 수령을 어전회의에 부르는 것은 조정에서 흔한 일이 아니다. 이 날이 자신이 즉위한 날이기에 특별한 의미를 가지고 채제공을 부른 것이다. 이 자리에서 정조는 민사民事는 모두 조정의 계책이라며 채제공에게 백성을 위한 정책을 제시해 달라고 요청하였다. 채제공은 이 자리에서 1791년(정조 15년)에 자신이 주도하였던 모든 백성들이 자유롭게 상업행위를 할 수 있는 '통공정책'通共政策의 적극적 추진이 필요하다는 의견을 제시하였고 정조는 이를 받아들였다. 이 자리에서 정조는 채제공에게 화성유수부의 성곽 축조를 미리 준비하라고 지시하였다.

채제공은 축성방략을 정조에게 올려 화성 축성에 대한 전반적인 계획을 세웠다. 정조는 채제공의 축성방략과 정약용의 성설을 기본으로 삼아 축성을 추진하고자 하였다. 따라서 화성유수로서 행정 전반을 이해하고 축성방략을 저술하여 축성의 대강을 알고 있는 채제공이 성역을 총찰하는 것이 타당하였다.

그래서 정조는 화성 축성을 본격적으로 준비하면서 영의정에서 물러나 야인으로 있던 채제공을 1793년 12월 6일 화성성역총리대신華城城役總理大臣으로 임명하였다. 사실 채제공은 앞서 정조의 표현대로 화성 축성을 준비하고 있었다. 채제공은 화성 축성을 온전히 감독할 수 있는 감동당상으로 훈련대장 조심태를 추천하였다. 소론이었던 조심태를 추천한다는 것은 그만큼 채제공이 사심 없이 일한다는 것을 의미했다.

1793년(정조 17년) 화성유수 시절 정조는 채제공에게 축성 준비를 지시하고 축성 방안에 대한 의견을 구하였다. 이때 채제공은 이렇게 말하였다.

"축성의 역사는 마땅히 어렵고 쉬움을 살펴 헤아려서 그중 어려운 것을 먼저 하고 쉬운 것을 뒤에 한 연후에라야 모두 실마리가 잡힐 것입니다. 문을 설치하고 누를 세우는 공사는 규모가 커서 비용과 힘이 가장 많이 들 것입니다. 이제 만일 먼저 남북의 두 문을 지으면 그 나머지는 산을 따라서 길을 두르고 평지에 담을 세운다면 성이 차례로 완성을 고하게 될 것입니다."

이처럼 화성 축성에 대한 확고한 계획을 가지고 있던 채제공은 1794년부터 본격적으로 추진된 화성 축성에 보다 발전된 축성 계획안을 가지고 있었다. 기본적으로 채제공은 축성의 위치를 다시 잡았다. 처음 1792년(정조 16년) 12월 정약용의 화성 설계안과 달리 현장을 직접 관찰하여 최적의 성터를 확정한 것이다. 이는 화성의 규모와 체모 그리고 장기적인 관점에서 도시의 발전까지 고민한 결과였다.

채제공의 축성방략은 철저하게 성곽이 쌓여질 지형을 잘 활용하고 성곽의 문루 등을 만들어 성곽의 효율성을 높이자는 것이다. 화성 축성 단계에서 축성의 주재료는 석재로 하기로 원칙을 세웠다. 그래서 성곽 전체를 석성石城으로 하고자 하였다. 그럼에도 성곽의 동쪽과 서쪽의 가장자리의 터가 대부분 주봉主峰과 안산案山이기 때문에 모두 흙으로 쌓는 것이 좋겠다는 의견이 지배적이었다.

하지만 채제공은 이러한 의견이 풍수적 측면에서 타당하지 않다고 인식하였다. 주봉과 안산은 자연적으로 이루어진 지세이기 때문에, 그 흙을 파내거나 뚫거나 하여 산맥을 상하게 해서는 절대로 안 된다고 하였다. 요즘의 자연 환경과 경관 보전과 일맥상통하는 것이다. 실제 화성의 동쪽과 서쪽의 성곽을 토성土城으로 할 경우 먼 곳에서 흙을 퍼와야 하기 때문에 석재를 이용하여 공사를 하는 것보다 비용이 더 들 것이고, 또한 토성이 석성보다 견고하지 않기 때문에 석성으로 하는 원칙을 지켜야 한다는 것이 채제공의 축성방략 중 하나였다.

두 번째는 성을 쌓고서도 성가퀴, 성루, 문루를 설치하여야 한다고 하였다. 성벽만 쌓고 성곽의 시설물을 만들지 않는다면 성을 쌓은 의미가 없다는 것이다. 이에 대하여 채제공 이전의 많은 학자들의 논의가 있었고, 이러한 다양한 의견을 수렴하여 성가퀴, 성루, 문루를 설치하여야 한다고 강조하였다.

세 번째가 화성 내의 물길을 내는 것이다. 화성의 설계안에 광교산에서부터 내려오는 버드내柳川를 끌어들이느냐 마느냐의 문제가 제기되었고, 채제공은 버드내를 성곽 안으로 넣어야 한다고 하였다. 그 과정에서 성곽 안의 물줄기 위에 돌다리를 견고하게 만들어 동서의 교통과 안전을 추구하여야 한다고 하였다. 이렇게 하여야만 평지에 성을 쌓는 것이 수월할 수 있다고 하였고, 버드내 위에 돌다리를 만드는 공사비용은 수문이나 무지개다리를 만드는 것과 비교하면 힘도 덜 들고 돈도 적게 먹힐 것이니 잘 강구하여 정하는 것이 좋다고 하였다.

이와 같은 계획 하에 채제공은 화성을 쌓을 때 중요한 3대 원칙을 제시하였다.

"서두르지 말 것, 화려하게 하지 말 것, 기초를 단단히 쌓을 것"이 그것이다. 이렇게 해야 축성 이후 백년이나 천년이 지나도 흔들리지 않는 것이라고 강조했다. 이러한 전반적인 원칙 하에 축성 현장의 감독을 맡은 관료들이 그때그때의 형편에 따라 적절하게 처리해 나가면 될 것이라고 하였다. 감독관들에게 융통성과 창의성을 부여한 것이다.

이에 대하여 정조는 채제공의 축성 제안에 대하여 먼저 대강大綱을 세우고, 다음에 규모를 정하여 일을 추진하라고 하였다. 채제공에게 화성으로 내려가서 축성 현장을 정확히 살피되 둥글게도 하지 말고 네모지게도 하지 말고, 눈에 보이는 외관을 신경 쓰지 말고 되도록이면 이로움을 인하고 형세를 이용하는 방책을 따르도록 하라고 강조하였다. 축성을 위하여 거중기와 같은 기계를 고안하여 효율적으로 공사를 진행하고, 특히 공사비용과 관련해서 조정에서 획급해 준 것 이외에는 경비를 번거롭게 하지 말고 또한 원납전을 강제로 거두지도 말고, 다시 양쪽이 모두 편할 방도를 생각하도록 하였다. 특히 옹성과 초루, 현안懸眼과 누조漏槽, 착호鑿壕와 설치設雉를 지형에 따라 배분하는 일을 멀리는 중국의 법을 본뜨고 가까이는 반계 유형원의 제안을 적극 수용하라고 하였다.

특히 정조는 화성의 모양에 대하여 채제공과 상의를 하였다. 축성 기공식날인 1794년 1월 15일 하루 전에 화성에 도착한 정조는 총리대신 채제공과 화성 축성에 대한 상의를 하였다. 화성 안으로 흐르는 천이 유천柳川이기에 버들잎처럼 지으라는 것은 채제공과 합의된 내용이었던 것으로 보인다. 또한 화성의 북쪽 대문인 장안문을 건립하기 위하여 북쪽 민가를 철거하기로 한 것을 폐지한 것은 채제공과의 사전 논의에서 나온 것으로 보아야 한다.

채제공은 화성유수로 임명받은 뒤부터 아예 수원으로 이주하여 살았고, 축성 시에도 이곳에 거주하였다. 대략적으로 팔달문 안쪽에서 팔달산으로 올라가는 중턱쯤이 아니었을까 싶다. 화성에서 거처하면서 화성을 정조의 친위도시로 만들어 정국 운영의 중심이 될 수 있게 하기 위함이었다. 그래서 정조는 채제공의 정자 이름을 '채로정'采露亭이라고 지어주기도 하였다. 채씨 성을 가진 늙은이란 뜻인 채로蔡老를 늙었다는 말을 바꾸어 멋스럽게 채로采露라고 한 것이다. 더불어 채제공의 집에 맑은 달이 계속 있기를 희망하는 시를 주기도 하였다. 이는 채제공에게 힘을 실어주어 축성의 진행을 순조롭게 하기 위한 정조의 배려였다.

화성 축성이 진행되는 과정에서 축성 비용 문제가 중요하게 대두되었다. 축성 5개월 만에 금위영과 어영청 두 군영 및 삼남의 결전에서 빌려 온 비용 15만 냥 중에서 8천 냥밖에 남지 않았다. 그래서 채제공은 균역청에서 우선 10만 냥을 변통하여 사용토록 건의하였고 이를 해결하였다.

채제공의 예산에 대한 합리성은 축성에 사용될 목재를 옮기는 데서도 찾을 수 있다. 화성 축성에 사용될 큰 목재들은 황해도 장산곶에서 가져왔다. 장산곶에서 베어낸 목재를 운송하기 위해서 대형 배를 빌리게 되면 임대료가 많이 들었다. 이에 채제공은 세금을 운반하는 영남 우조창右漕倉의 조선漕船이 한양으로 세금을 전하러 올라왔을 때 돌아가는 길에 장산곶에서 목재를 싣고 화성의 구포항에 내려주고 가도록 하였다. 일을 합리적으로 해결하는 채제공의 지혜를 엿볼 수 있다.

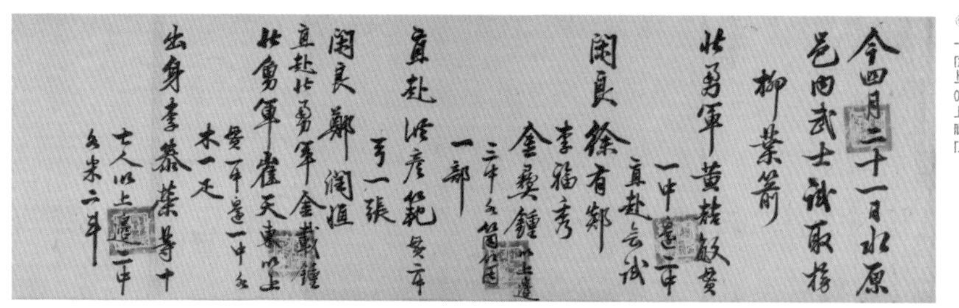

무사시취방
武士試取榜

채제공은 수원유수에 임명된 지 3개월이 지난 4월 21일에 수원부 읍내 무사들에게 활쏘기시험試射을 시행하였다. 이 문서는 시험의 결과로 시상한 인물 명단과 내역을 기록한 방문榜文이다. 시상자들은 장용군壯勇軍, 한량閑良, 직부시험을 부여받은 무인 등 총 25명이다. 시상 내역은 회시會試를 바로 볼 수 있게 하는 것과 화살통, 활, 목면, 쌀 등을 지급하는 것이다.

정조는 화성 축성에 대하여 "이 성을 축성하는 것은 국방의 경계를 견고히 하는 것과는 다르니 한편으로는 선침仙寢의 중한 바를 위해서이고, 또 한편으로는 행궁行宮의 중한 바를 위해서이다. 그러므로 이 공역은 일마다 민심을 기쁘게 하고 민력을 수고롭게 하지 않는 데 힘써야 하는 것이다. 그런데 혹여 한 가지라도 백성을 병들게 하는 일이 있다면 그것은 설령 공역工役이 빠른 시일 내에 이루어지는 성과를 거두더라도 내 본뜻이 아니다"라고 하였다. 이처럼 백성들의 수고스러움을 깊이 생각하였던 정조는 너무 더운 날 축성에 참여하는 백성들에 대한 안타까움이 있었다. 그래서 더위를 먹지 않도록 척서단 4,000정을 나누어주고 정화수와 함께 복용하게 할 정도였다.

척서단을 나누어준 것도 모자라 더위가 심할 때부터 처서處暑(양력 8월 23일 경) 전까지는 공역을 중지시키는 방안을 제안하였다. 이를 화성성역총리대신인 채제공의 의견을 받아 결정하라고 하였다. 이에 채제공은 정조의 의견을 받아들여 성곽 축성을 잠시 멈추도록 하였다.

실제 정조는 당시 전례 없는 더위와 가뭄으로 온 나라가 힘들어진 것이 축성과 연관된 것이라 생각한 듯하다. "옛 사람들이 오행五行을 끌어대어 설명한 것을 보면 많은 사람들을 부리고 백성을 수고롭게 하여 성읍城邑 쌓는 일을 일으키면 양기陽氣가 심해져서 가뭄이 생긴다고 하였다. 그러니 백성들을 부역에 동원하는 일을 제대로 조절하지 못해서 이런 가뭄이 생긴 것인지 어찌 알겠느냐?"라고 하였다. 즉 세간에 화성을 쌓는 일에 대한 불평이 존재하는 것에 대해 염려하였고, 축성 현장에서 일하는 백성들만이 아닌 목수와 석수들도 더위가 심할 때는 일하지 않도록 하였다.

결국 정조는 추운 계절과 공사비용 부족으로 인하여 축성을 더 이상 진행할 수 없다고 판단하여 공사 중지 명령을 내렸다. 정조의 축성 정지에 대한 조치에 채제공은 반대 의견을 제시하였다. 하지만 정조의 의지가 워낙 강했기 때문에 채제공은 받아들일 수밖에 없었다. 그 과정에서 채제공은 화성 축성의 공사비용 조달에 대한 대안을 제시하였다. 평지에서 성곽 쌓는 일은 팔달산 일대에서 쌓는 것과 달리 성곽이 높고 안쪽에서 흙으로 쌓아 올려야 한다. 그렇기 때문에 축성비용은 더 많이 들어갈 수밖에 없다. 그래서 평지성을 쌓기 시작하면서 축성비용이 과다하게 들어갔고 비축된 돈이 부족할 수밖에 없었다. 그래서 채제공은 평안도 병영의 예비자금 2만 냥을 가져다 축성비용으로 사용하자고 건의하였다. 1791년(정조 15년)부터 평안병영에서는 포흠조라는 이름으로 세금을 거두어 1년에 5천 냥씩 모아놓았다. 4년 동안 모은 2만 냥을 잘 보관하고 있었기에 이 금액을 축성비용으로 전환하고자 한 것이고, 정조는 채제공의 건의를 받아들였다.

화성 축성의 경비 문제는 지속적으로 이어졌다. 축성이 시작된 지 16개월이 지난 1795년 4월에도 이 문제는 계속 제기되었다. 채제공은 화성성역을 책임지고 있는 직책으로 경비 조달 문제를 거론하지 않을 수 없었다. 그래서 이전에 승군 동원 계획도 정조에게 건의하였던 것이다. 채제공은 또다시 팔도의 군정軍丁을 동원하고 경기도 관찰사에게 명령하여 민역民役을 발급하자고 정조에게 건의하였다. 정조는 이 의견에 대하여 난색을 표하며 채제공의 건의를 받아들이지 않았다. 아마도 처음에 자신이 이야기했던 백성을 힘들게 하지 않겠다는 의지를 관철하고 싶었던 것으로 보인다. 어쨌든 이 군정 사용 제안은 행정가 채제공의 고민하는 모습을 보여주는 것이라고 하겠다.

정조는 축성 정지 기간에도 부석浮石과 번회燔灰는 우선 미리 비치備置해 놓는 것이 좋겠다고 하교한 바가 있었다. 이에 채제공은 석회와 석재를 미리 값을 지불하고 구입해 놓았다. 석회의 사용은 화성 축성에서 매우 중요한 것이다. 성곽 축조에 있어 처음으로 석회를 사용하여 석재를 붙이는 공역을 했기 때문이다.

축성공사에 있어 가장 중요한 대형 목재를 민간의 산에서 구입하기 어렵게 되자 조정의 산림에서 구해오되 운반과정에서 농간이 발생하면 절대 용서하지 않겠다는 단호한 의지를 보여주었다. 더불어 목재를 쪼갤 때 드는 양료糧料에 대해서는 하선소下船所의 사력事力을 끌어다 해결하고자 하였다. 채제공의 축성 비용 절약과 합리성이 돋보이는 대목이다.

이처럼 축성에 대한 열정을 보이고 노력을 다한 채제공에게 정조는 선물로 보답하였다. 1795년 윤2월 화성행차 기간 중에 화성 축성에 공로가 있는 인물들에게 선물을 하사하였다. 이때 채제공은 가장 높은 평가를 받아 대표피大豹皮 1벌을 하사받았다.

채제공은 본인만 선물 받는 것으로 그치지 않고 화성 축성에 공이 큰 패장들에 대한 사기를 올려주기 위하여 특별한 제안을 하였다. 도목정사를 할 때 근무연한으로 하고 있지만 화성 축성에 참여한 보답은 일반적인 공사와 다른 것이므로 이들 축성 참여 패장들은 도목정사와 관계없이 필요한 자리로 승진을 시켜주었다.

화성의 대표적인 건물인 화성장대의 건립에 앞서 정조는 채제공으로 하여금 상량문을 짓게 하였다. 이는 화성장대가 팔달산 정상부에 있어 가장 상징적인 건물이고 정조가 호령하는 공간이었기 때문에 반드시 체모가 있는 화성유수 출신의 채제공만이 할 수 있는 일이었다. 채제공에 대한 정조의 신뢰를 다시 확인할 수 있는 대목이다. 이에 채제공은 팔달산 화성장대의 상량문을 작성하여 정조에게 보냈고, 정조는 이를 다시 화성유수부로 내려 보냈다.

마지막으로 채제공이 해야 할 일은 축성의 마무리였다. 축성 낙성연에 국왕 대신 참석하여 축성을 축하하였다. 축성을 완공한 이후에는 화성에 대한 지속적 관리가 필요하였다. 이를 위하여 경비 마련은 매우 중요했다. 채제공은 1797년(정조 21년) 6월 화성의 정리곡 마련을 위한 제안을 하였다. 채제공은 이 제안이 국가를 위하여 먼 장래를 내다보는 정책이 될 것이라고 확신하였다. 결국 이 제안은 정조에 의해 받아들여졌고, 이후 화성의 보수와 관리는 모두 이 정리곡으로 충당할 수 있게 되었다. 이로써 화성은 축성 이후에도 온전하게 관리될 수 있었다.

농업과 상업 모두를 중시한 실학자 채제공蔡濟恭

"그대의 파직을 허락하는 은총을 내리노라."

벼슬을 그만두겠다는 사람에게 은총을 내려 파직을 허락하겠다니 참으로 이상한 이야기다. 이 이상한 이야기의 주인공이 바로 정조와 채제공이다. 남인의 영수였던 채제공이 벼슬을 버리고 낙향하겠다고 하니 정조는 그를 달래고 달래 자신의 곁에 남아 있게 하고 싶었다. 그러나 끝내 고집을 꺾지 않는 노老 신하의 야속함에 속상하여 술 한잔 거하게 걸치고 파직을 허락하는 은총의 편지를 보냈다.

조선의 국왕과 신하 사이에 이렇게 아름다운 관계가 또 있는지 알 수 없다. 조선의 최고군주로 평가되고 있는 세종이 집현전 신하들에 대한 애정을 보인 외에 이와 같은 군신간의 사랑은 또다시 찾아보기 어려울 듯하다.

남인의 역사에 있어 채제공이 얼마나 특별한 위치에 있었는지에 대한 평가가 있다.

"남인은 숙종 갑술년(1694년, 숙종 20년) 이래로 폐고廢錮된 것이나 다름 없었으니, 문형은 권유權愈 이후로 없었고, 각신 출신의 대신은 채제공 이후로 없었다. 비록 한 조정에 있으면서도 좋은 벼슬자리는 노론·소론과 뚜렷이 층계가 있어 위아래가 현격히 달랐다."

위의 글은 한말 우국지사이자 역사가였던 황현의 『매천야록』에 나오는 글이다. 숙종 연간 이후부터 조선이 망하기 전까지 남인 중에는 채제공 외에는 정승이 없었다는 이야기다.

사실 이 말은 전혀 틀린 말이 아니다. 숙종 연간 장희빈의 죽음 이후 남인은 조정에서 완전히 퇴출되었고 정승은커녕 과거시험에 합격하기도 힘들었다. 더구나 영조 연간 이인좌의 난에 영남 지역의 남인들이 참여하였기 때문에 남인들의 과거시험 합격은 더더욱 어려워졌다. 그런데 정조시대 정승을 하였다니 이는 매우 놀라운 일이다. 아무리 정조가 탕평책을 구사하였다 하더라도 특별한 능력이 없거나 정조의 개혁정치를 돕지 않았다면 절대 정승에 올라갈 수 없었을 것이다. 그렇다면 이 특별한 인물 채제공은 어떤 사람인가?

몇 년 전 참여정부 시절 국무총리를 지냈던 이해찬 의원과 화성을 답사한 적이 있었다. 잠시 백수 시절을 맞게 되어 지인들과 더불어 화성 답사를 하기로 했다고 하며 필자에게 화성 안내를 요청했었다. 답사 중간에 청양에서 총리 두 사람이 나왔다고 말을 하자 이 총리는 깜짝 놀랐다. 이해찬 의원의 고향이 충남 청양군이었기 때문이다.

"아니 충남 청양에는 총리가 나밖에 나오지 않았는데 누가 또 있나요?" 하고 질문을 하였다. 그래서 웃으면서 조선시대 채제공이라는 분이 '화성성역총리대신'이라는 직책을 받아 총리 타이틀을 가졌으니 총리가 두 사람 아니냐고 농담을 하면서 대답을 해주었다.

그렇듯 채제공은 청양 출신이었다. 채제공이 청양에서 태어나게 된 것은

채제공 초상 시복본
蔡濟恭 肖像 時服本

1792년(정조 16년) 이명기가 그린 채제공의 전신좌상 시복본 초상이다. 1791년 규장각이 주관하여 정조 41세의 어진御眞을 그렸는데, 이때 채제공은 총찰總察을 맡았고 주관화사는 이명기, 동참화사는 김홍도金弘道였다.

정조어필 파직비망기
正祖御筆 罷職備忘記

1796년(정조 20년) 2월 12일 좌의정 채제공을 파직하는 비망기다. 1789년과 1790년 두 차례 좌의정을 지내고 1793년 영의정을 역임한 채제공은 1795년 12월 다시 좌의정에 임명되었다.

바로 장희빈과 연관된 집안의 내력 때문이었다. 채제공의 백종조부 채명윤은 숙종의 계비인 인현왕후 폐위에 반대하였다. 당시 인현왕후를 폐비시키고 왕비에 오르려는 인물이 바로 장희빈이었는데, 장희빈은 남인의 지지를 받고 있었다. 채명윤은 남인이었음에도 불구하고 이러한 행위가 옳지 않다고 판단하였고 남인의 당론과 관계없이 인현왕후의 폐위에 반대하였다. 그러나 자신의 정치적 소신이 받아들여지지 않자 관직을 버리고 동생인 채성윤을 데리고 충청도 홍주로 낙향하였다. 이 채성윤이 바로 채제공의 조부이다.

채성윤은 홍주의 구봉산 아래 어자동으로 이사를 갔으니 지금의 청양군에 있는 마을이다. 이곳 어자동에서 채제공은 1720년에 태어났다. 예문관, 홍문관 등 과거에 급제하여 가장 선망의 대상인 관직에 임용되었던 평강 채씨 집안은 이제 낙향거사의 집안이 되어 과거를 단념하고 조용히 지방에서 은거하며 살아가고 있었다. 그럼에도 불구하고 당시 정승을 지낸 남구만이 채제공의 부친인 채응일에 대하여 천하백가서天下百家書를 읽지 않은 것이 없다고 평가할 정도로 학문적으로 대단한 인물이었고, 어머니 연안 이씨는 임진왜란 때 선조를 의주까지 호송하여 호성공신 2등에 책봉된 이광정의 5대 손녀였다.

이처럼 남다른 부모와 조상을 둔 채제공은 어린 시절부터 뛰어난 재능을 보였다. 비록 밥 짓는 연기가 끊어졌다 이어졌다 할 정도로 가난한 살림이었지만 집안의 학문적 풍토는 다른 가정에 비할 바가 아니었다. 부친 채응일은 스스로 비범한 아들을 가르칠 수도 있었지만 당시 대탕평론자이면서, 서인의 영수이자 남인의 최대 정적이었던 송시열의 처벌을 두고 강경파인 청남淸南(온건파는 탁남濁南으로 불렸음)의 영수인 약산 오광운吳光運에게 채제공을 맡겼다. 이로 인하여 채제공은 오광운의 제자가 되었다. 채제공이 오광운의 제자가 되지 않았다면 다른 스승을 통해 남인의 학통을 이을 수는 있었을지는 몰라도 관직에 나가는 것은 수월하지 않았을지 모른다.

오광운은 『반계수록』의 서문을 쓸 정도로 기호남인 실학의 원조인 유형원과 이익의 학통을 이어나가는 인물이었다. 그는 단순히 남인의 학통을 잇는 청남의 영수만이 아니라 영조의 특별한 애정을 받았던 인물이었다.

영조가 즉위한 지 4년이 된 1728년에 일어났던 이인좌의 난은 충청도 지역의 소론과 영남 지역의 남인이 연대하여 일으킨 것인데, 영조는 청남의 영수인 오광운과 소론의 영수격인 오명항으로 하여금 군대를 이끌고 가서 이 난을 평정하도록 하였다. 소론과 남인이 일으킨 난을 소론과 남인으로 막게 하였던 고도의 계책을 사용한 것이다. 노론을 앞세워 이인좌의 난을 평정하게 하지 않은 것은 역적모의를 한 일부의 소론과 남인들에게 명분을 내주지 않겠다는 고도의 작전이었던 것이다. 결국 이인좌의 난은 진압되었고 영조는 오광운과 오명항에 대해 극진한 예우를 다하였다. 그러나 오광운은 높은 관직에 오르지 않고 오히려 은퇴하고 말았다. 이러한 상황에서 채제공의 부친은 오광운에게 자식을 맡겼다. 오광운으로부터 수학한 채제공은 미수 허목과 성호 이익을 퇴계 이황의 적통이자 우리나라 학문의 주맥主脈으로 인식하게 되었다.

채제공은 1743년(영조 19년) 정시 문과에 급제하였다. 23살이라는 어린 나이에 급제한 것은 참으로 놀라운 일이다. 조선시대 평균 대과 합격 나이가 41세였으니 23세 나이에 합격한 채제공은 천재였다고 해도 과언이 아니다. 이로써 56년 간의 파란만장한 관료 생활이 시작되었다.

채제공은 주로 경제 문제에 관심이 많았다. 이는 아마도 성호 이익의 영향을 받았기 때문일 것이다. 이익이 경세치용의 실학을 강조한 것은 사람들 모두가 아는 이야기이다. 그는 이러한 견해를 적극 수용하여 농업의 개량만이 아니라 상업의 발전, 조금 더 이야기하자면 시장 활성화를 통한 유통구조 개선에 대한 관심이 남달랐다.

채제공은 1778년(정조 2년) 사은 겸 진주 정사謝恩兼陣奏正使로 중국에 갈 때 박제가와 이덕무를 데리고 가서 그들의 영향을 받으며 북경의 거리를 보고 이용후생에 대한 적극적인 생각을 갖게 되었다. 그래서 채제공은 종로의 시전에 간판을 걸어서 홍보를 하게 할 정도의 파격적인 생각을 가지고 있었다. '우리 가게는 경상도 면포를 파는 집이오, 우리 가게 인삼은 강화도 것이오, 우리 가게 쌀은 여주 것이오' 등 큰 글자로 간판을 만들면 장사가 훨씬 잘된다는 것이다. 그는 서울 종로 상가체제를 개조할 근대적 사고를 한 것이다. 훗날 화성 건설 과정에서 상업 활성화에 대한 견해를 적극 피력하였던 것도 이러한 것이 바탕이 되었기 때문이다. 더불어 균역법의 폐단을 시정하고 포도청에서 억지자백을 받는 것을 금지시키는 제안 등 백성들의 실제 삶에 대한 개혁안을 지속적으로 제시하였다.

그가 정조와 인연이 닿은 것은 바로 사도세자 때문이었다. 1758년(영조 34년) 영조는 사도세자를 폐위하고자 하였다. 이때 목숨을 걸고 반대했던 인물이 바로 채제공이었다. 남인 출신으로 도승지에 올랐던 그는 사도세자 폐위의 부당성을 주장하여 영조를 설득하였다. 하지만 그는 1762년(영조 38년)의 비극인 사도세자의 죽음을 막을 수 있는 상황이 못 되었다. 모친상을 당해 당시 조정에 있지 못했기 때문이다. 아마 그가 조정에 있었다면 죽음을 무릅쓰고 반대하였을지 모른다.

그럼에도 불구하고 영조는 사도세자가 죽은 후 채제공을 자신의 침실로 불러들여 세손인 정조에게 "나의 유일한 사심 없는 신하요, 너의 충신이다"라고 하면서 "나도 잘못이 없고 세자도 잘못이 없었다. 오직 홍인한과 김상로가 죄인이다"라는 금등지사金縢之詞(억울함이나 비밀스런 일이 있어 후세에 이를 밝혀 진실을 알게 하는 문서)를 쓰는 장면을 공유하고 이를 자신의 첫 왕비인 정성왕후의 위패 방석 안에다 비밀리에 보관하는 것을 알게 하였다. 그러니 정조에게 있어 채제공은 할아버지 영조가 선택해준 최고의 신하였고, 의지할 수 있는 유일한 인물이었던 것이다. 그래서 정조는 신하들에게 "채정승과 나는 공적으로는 군신君臣의 관계이나 사적으로는 부자父子의 관계이다"라고 할 정도로 채제공을 아버지와 같은 존재로 여겼다. 이 금등이 정조의 독살설을 제기한 소설 『영원한 제국』의 모티브가 된 것이다.

채제공은 영조의 승하로 국장도감제조에 임명되어 무난히 국장을 치르고 정조가 국왕이 되었을 때 정조의 특별정책기관인 규장각 책임자인 제학에 임명되었고, 더불어 궁궐을 지키는 수궁대장이 되었다. 하지만 정조 즉위 후 그의 관료생활은 오래가지 못하였다. 홍국영 때문이었다.

홍국영은 정조 즉위 후 권력을 독점했고 역모 사건을 주도하다 발각되어 정조 즉위 4년인 1780년에 쫓겨났다. 당시 채제공은 자신이 홍국영과 친했다는 이유로 스스로 사직하고 명덕산(오늘날 의정부와 남양주를 아우르는 수락산)에 은거하여 책과 함께 생활하였다.

8년 동안 야인 생활을 하던 그를 다시 조정에 불러들인 것은 바로 정조였다. 1788년(정조 12년) 정조는 어필로 정승을 제수하는 교지를 내려 우의정에 임명하였다. 처음의 이야기처럼 1694년(숙종 20년) 갑술환국 이래 처음 있는 파격적인 일이었다. 이것이 정조의 삼상체제三相體制의 시작이었다.

노론·소론·남인의 영수들을 영의정·좌의정·우의정에 임명하여 상층 관직을 조절하면서 적재적소에 인재를 배치하는 본격적인 탕평정책이 추진된 것이다. 2년 뒤인 1790년 1월에 좌의정으로 임명된 채제공은 그해 7월에 노론의 영수인 김종수가 모친상을 당하자 독상獨相이 되었다. 위로 영의정도 공석이고 아래로 우의정도 공석이 된 것이다. 이는 조선 정치사에 극히 드문 일로, 정조가 자신이 하고 싶은 정책을 추진하기 위한 고도의 정치운영이었다.

채제공은 이 과정에서 모든 사람들이 장사를 할 수 있는 신해통공辛亥通共을 추진하였다. '신해'란 바로 1791년이고, '통공'이란 모든 공업이 통한다는 이야기이다. 여기서 공업이란 오늘날의 공업이 아닌 바로 상업, 즉 장사를 이른다. 1791년 이전까지 한양에서는 일반 백성들의 난전을 금하는 권리를 가지고 있는 시전상인들만이 장사를 할 수 있었는데, 채제공이 이를 건의해 무너뜨린 것이다. 결과적으로 채제공의 개혁입법은 백성들의 삶에 큰 도움을 주었던 것이다.

사실 채제공은 혁명적 개혁보다는 조선 사회의 점진적 개혁을 주장한 인물이었다. 그렇기 때문에 일종의 개량주의자로 전통의 유학을 정학正學으로 인정하고 천주교를 사학邪學으로 규정하였다. 서학은 실제로 불교와 대동소이하다고 인식하고 천당지옥설은 당나라 한유韓愈의 학설과 유사하다고 판단하였다. 그래서 채제공은 무지한 백성들이 불교의 천당지옥설에 현혹되듯이 천주교에 현혹되면 현실에서의 개혁이 안 될 것 같아 우려하였다.

조상들의 전통적 제사를 거부하는 것에도 반대하였다. 이는 가부장적 윤리에 대한 도전이라고 생각하였는데, 자연스럽게 1791년에 있었던 윤지충 권상연이 어머니의 신주를 불태운 사건이 발생하였을 때 이들을 사형시켜야 한다고 주장하기도 하였다. 이것이 오늘날 관점에서 보았을 때 천주교를 인정하지 않았다고 비판할 수 있겠지만 당대 관점에서는 너무도 당연한 것이었다. 이를 수용하지 못하였다고 반개혁적 인물로 평가하는 것 자체가 잘못된 역사인식일 수 있다.

정조는 독상으로 있던 채제공을 1793년 1월 화성유수로 내려보냈다. 아주 간단히 정리하자면 국무총리를 수원시장으로 발령낸 것이다. 이는 좌천이 아니라 정조의 꿈과 이상을 실현하기 위한 사전 작업이었다. 오랜 관료

경험을 바탕으로 신도시를 육성하는 기반을 조성하고 이듬해부터 있을 성곽 축조의 설계와 물품 준비 그리고 인력 준비를 그에게 맡긴 것이다. 채제공은 5개월 간 열심히 화성유수로서의 직책을 완수한 후 영의정으로 승진 발령을 받았다. 삼정승 중의 하나가 아닌 지정한 수상首相으로 발령을 받은 것이다.

영의정으로 승진한 그는 노론 세력에 대해 엄청난 공격을 감행하였다. 그는 정조가 국왕으로 즉위한 후 사도세자의 원통함을 알면서도 징토하지 않음을 안타까워하고, 징토가 시행되기 전 관복을 입고 조정에 서는 것은 의리를 저버리는 것이라고 생각하고 있었다. 그래서 1793년(정조 17년) 5월 28일 사도세자의 죽음에 대한 벽파의 잘못을 처단해야 한다는 상소를 올렸다. 노론은 전면적으로 항거하였고 조정은 혼란에 빠졌다. 이는 화성 축성을 반대하는 노론 세력을 잠재우기 위함이었고, 향후 사도세자의 복권을 위한 사전 준비 작업이었다. 정조는 1762년 사도세자가 죽은 이후 영조가 작성한 금등을 일부 공개하면서 노론에게 금등을 공개하지 않을 터이니 화성 축성을 반대하지 말고 채제공에 대한 탄핵을 거두라는 타협을 제시하며 마무리하였다. 이로써 화성 축성은 원만히 이루어지고 채제공은 화성성역총리대신으로 임명되어 화성 축성을 총감독하였다.

정조와 채제공, 채제공과 화성은 끊으려야 끊을 수 없는 인연이었다. 그가 1799년 세상을 떠나자 정조는 기력을 잃고 이듬해 하늘에 있는 사도세자의 곁으로 가고 말았다. 채제공과의 질긴 인연은 살아서만이 아니라 죽어서도 이어졌으리라 생각된다.

정조가 채제공을 평가한 대목을 보면 두 사람의 관계가 얼마나 특별한 사이인지 알 수 있다.

"저녁부터 새벽까지 백성을 걱정하는 한 생각뿐이었는데, 이제 채제공이 별세했다는 비보를 들으니, 진실로 그 사람이 어찌 여기에 이르렀단 말인가. 내가 이 대신에 대해서는 실로 남들은 알 수 없고 혼자만이 아는 깊은 계합이 있었다. 이 대신은 불세출의 인물이다. 그 품부 받은 인격이 우뚝하게 기력氣力이 있어, 무슨 일을 만나면 주저 없이 바로 담당하여 조금도 두려워하거나 굽히지 않았다."

화성 축성의 실질적 책임자 조심태

수원의 광교산은 한남정맥漢南正脈의 주산 중의 하나이다. 안양, 의왕, 서울의 양재까지 아우르는 이 산은 경기 중남부 지역의 시민들에게 좋은 안식처가 되는 곳이다. 광교산을 오르는 이들의 대부분이 수원 화성의 장안문 앞을 거쳐 경기대학교 정문에서 시작하는 등산로를 따라 간다. 그리고는 광교산 정상의 시루봉에서 창성사공원으로 내려오는 것이 일반적이다.

오늘날 이처럼 시민들에게 사랑받고 있는 광교산은 조선시대 화성 축성 당시에도 주목을 받은 곳이고 많은 사람들이 광교산을 찾았다. 아마도 화성 축성 시 광교산을 가장 많이 찾았던 이는 바로 화성유수를 역임했던 조심태였을 것이다. 그는 화성 축성의 실질적 책임자였기에 화성 축성에 필요한 돌을 구하기 위하여 광교산을 찾았다.

조심태趙心泰는 본관이 평양으로, 정조가 가장 측근으로 둔 무인이다. 그의 본관은 평양平壤, 자는 집중執仲, 시호는 무의武毅이다. 그는 유장儒將이라 할 만큼 문무를 겸하였다. 특히 대자大字에 능해서 왕명에 의하여 편액의 글자를 많이 썼다고 전한다.

조심태는 영조 16년(1740년) 정월 25일에 태어났다. 정조가 1752년생이니 정조보다 12살 앞서 태어난 것이다. 그는 4세 때 부친상을, 22세 때 모친상을 당했다. 그는 8척 장신인 데다 멋진 수염을 가졌던 미남형이었다. 또한 매우 총명해서 한 번 본 것은 바로 기억하였으며 활쏘기에도 능하였다. 그는 성격이 장중하고 과묵해서 말을 빨리 하지 않고 어지간해서 감정표현을 하지 않았다. 손님을 대할 때에는 공손히 예절을 지켰으며 교만한 기색이 없었다.

그는 무인임과 더불어 요즘으로 치면 도시계획 전문가이기도 했다. 1789년 7월 정조는 양주 배봉산에 있는 사도세자의 영우원永祐園을 수원 화산으로 천봉하기로 결정하고 새로운 수원부사로 조심태를 임명하였다. 이러한 일을 성공적으로 수행한 조심태는 정조가 화성을 축성할 때 화성유수로서 화성 축성의 실질적인 일을 모두 맡아 진행하였다. 이처럼 정조가 자신의 핵심적인 사업을 추진할 때 책임자로 일을 맡기는 인물이었으니 조심태가 정조에게 어떤 인물이었는지 알 수 있다.

조심태는 무인으로서 정조의 개혁정치를 도와주는 최측근 인물이었다. 사실 조심태는 소론이라는 당파에 속해 있었지만 소론보다는 무당파에 가까웠다. 그렇기 때문에 정조는 더욱 그를 신뢰하였고, 자신의 부친 사도세자와 연관된 주요 사업들을 대부분 그에게 맡기게 되었다.

조심태의 집안은 대대로 무반이었기에 어린 시절부터 무예 수련을 통해 당대 최고의 무장이 될 수 있었다. 28세(1767년, 영조 43년)에 음보로 선전관이 되었고, 29세에 무과 을과에 합격해서 정식으로 관직에 나아가게 되었다. 여러 무관직을 두루 거친 다음, 45세(1784년, 정조 8년)에 홍충도洪忠道(충청도의 당시 이름) 수군절도사, 46세(1785년, 정조 9년)에 홍충도 병마절도사가 되었다. 이후 그는 총융사·수원부사·훈련대장·포도대장·금위대장·어영대장·수원부 유수·한성부 판윤 등을 거쳐 형조판서에까지 올랐다. 1798년(정조 22년)에는 정조의 친위군영인 장용영의 대장이 되어 정조의 정치개혁과 국방강화에 주도적인 역할을 하였다.

조심태는 일반 무인과 달리 특이한 경력을 가지고 있었다. 그것은 다름 아닌 승지의 관직을 수행한 것이다. 승지란 승정원의 관리로서 요즘으로 치면 청와대 행정관 격이다. 정6품에 해당되는 직위이지만 국왕 옆에서 늘 함께 있어야 했기에 모든 관료들이 선망하는 직책이었다. 당연히 최고의 가문을 배경으로 하고 있거나 뛰어난 학문을 가지고 있어야 승지로 갈 수 있었다. 그렇기에 무반이 승지로 가는 경우는 거의 없었다. 하지만 정조는 조심태가 무반이었음에도 불구하고 그의 학문적 능력을 인정하고 승지로 임명하며 자신을 보좌하게 했다. 이럴 정도로 조심태는 특이한 무반이었다.

조심태의 능력은 1789년 7월 현륭원 천봉 이후 시작된 수원신도시 건설에서 극명하게 드러났다. 정조는 팔달산 일대로 읍치를 옮긴 이후 수원신도시 건설을 추진하였는데, 이는 단순히 수원도호부의 새로운 읍치邑治를 조성하는 것이 아니라 장기적인 계획 하에 자신의 친위도시를 만들려는 목적이었다. 그래서 일찍부터 눈여겨 본 조심태를 비록 무인이지만 과감하게 발탁하여 임명한 것이다.

수원도호부를 농업과 상업의 발전을 통해 자급자족할 수 있는 도시로 조성하기 위한 다양한 정책을 수립하는 과정에서 1790년(정조 14년) 2월 당시 좌의정인 채제공은 수원신읍치의 상업 발전을 위한 획기적인 제안을 하였다.

당시 수원도호부는 조선의 여타 고을과 마찬가지로 재정이 여유롭지 못하였고 초가집이 대부분이었다. 이런 현실에서 상업을 활성화시키는 것은

조심태
趙心泰

조심태(1740~1799년)는 정조시대 무신武臣으로 본관은 평양平壤. 자는 집중執仲이다. 당파색을 드러내지 않고 정조의 국방개혁의 중심인물로 활동하였다. 1768년(영조 44년) 무과에 급제하여 여러 무관직을 두루 거친 다음, 1785년(정조 9년)에 충청도 병마절도사가 되었다. 같은 해 3도수군통제사로 승진한 뒤, 좌포도대장·총융사에 이어 1789년에 수원부사로 임명되었다. 이때 현륭원顯隆園을 옮겨오는 일, 도시 규모를 확대하는 일 등 어려운 임무가 많았으나 이를 모두 차질없이 처리하여 큰 공적을 남기고, 1791년 훈련대장으로 직을 옮겼다. 1794년 승격된 화성유수로 다시 등용되어 화성 축성, 화성봉돈華城烽墩 설치 등의 방어시설은 물론 호수를 중심으로 송림을 보호하는 문제에 이르기까지 그의 공헌은 적지 않았다. 무관으로서는 보기 드문 명필이었으며, 특히 대자大字에 뛰어났다. 좌찬성에 추증되었고, 시호는 무의武毅이다. 이 초상화는 2009년에 수원시에서 표준영정으로 제작한 것이다.

현실적으로 쉬운 일이 아니었다. 그래서 채제공은 한성부의 부유한 상인들을 수원으로 이주시키는 방안을 고안하였다. 먼저 서울의 부자 20~30호를 모집하여 무이자로 1천 냥을 주고, 신읍치 대로에 좌우로 정면을 마주보게 하여 전방廛房을 건립하도록 하고 몇 년 후 대여해준 비용을 갚도록 하자는 것이었다. 이렇게 되면 상인들이 자본에 대한 부담 없이 수원으로 이주하여 장사를 할 수 있고 조정 역시 손해를 보지 않는다고 하였다. 더불어 기와집을 짓기 위하여 1만 냥을 수원도호부에 제공하여 관아가 기와를 구워 이윤을 남기지 않고 판매하면 값싸게 기와를 구입하여 가옥을 지어 기와집이 즐비한 도시를 만들 수 있을 것이라 제안하였다.

또한 수원신읍치 인근에 한 달에 시장을 여섯 번 세우고 한 푼이라도 세를 거두지 말고 단지 서로 장사하는 것만을 허락하면, 사방의 상인들이 소문을 듣고 모여 들어 자연스럽게 전주全州나 안성安城 못지않은 큰 시장이 형성될 것이라고 하였다. 이러한 제안이 시행되면 여러 지역의 백성들이 자연스럽게 찾아와 도시가 번성할 것이고 이보다 나은 방법은 없을 것이라고 하였다.

이에 대하여 정조는 여러 재상들에게 채제공의 수원신읍치 상업 활성화 제안에 대한 평가를 구하였고, 모든 이들이 동의하였다. 그러나 조심태는 채제공의 이와 같은 제안을 그대로 받아들이지 않았다. 당시 조심태는 수원부사로서 실제 정조가 추구하는 개혁적 상업도시를 만들기 위해서는 채제공의 견해가 타당하다고 보지 않았다. 조심태는 채제공의 견해가 매우 타당하지만 신읍치 조성 직후 바로 시행하는 것은 일단 보류하고 수원도호부민으로 하여금 상업 행위를 하는 것이 더 나은 것으로 판단하였다. 조심태는 채제공의 상업 활성화 제안 3개월 후인 5월에 새로운 제안을 하였다. 수원도호부 백성 중 살림밑천이 있고 장사물정을 아는 사람을 골라 읍 부근에 자리잡고 살게 하면서 그 형편에 따라 관청으로부터 돈을 받아가지고 이익을 남기며 살아가게 하는 것이 좋은 대책이라고 하였다. 이들에게 이자 없이 6만 냥을 대부해주고 3년 안에 갚으라고 하면 이 돈을 받아 장사를 할 것이라고 하였다.

조심태의 새로운 제안에 대해 채제공은 타당한 의견이라고 동의하면서 그 6만 냥의 비용을 균역청과 금위영·어영청 두 군영의 '관서별향고'關西別鄕庫에서 분배해 주는 것을 제안하였다. 이에 노론의 김종수金鍾秀 역시 동의하였고, 마침내 균역청의 비용으로 수원신읍치 상업활성화 정책이 추진되었다. 결국 현륭원 천봉 이후 수원신읍치 조성 당시 수원의 상업정책의 기반은 조심태가 만든 것이다.

또한 조심태는 창의성이 매우 뛰어난 인물이었다. 화성을 축성할 때 봉돈烽墩에 대한 계획은 그에 의해 이루어졌다. 일반적으로 봉화대는 산 정상부에 있어야 하는데 조심태는 이런 생각을 파격적으로 깨뜨리고 성곽에 이어 만들었다. 봉화대의 기능과 대포를 설치한 돈대의 기능을 합하여 새로운 개념의 봉돈을 만든 것이다. 이러한 창의성은 정조가 가지고 있는 국방정책에 상당한 기여를 하였다. 정조는 청나라의 영향력으로부터 벗어나기 위하여 화약무기를 개량한 신무기를 만들고 싶어 하였다. 요즘의 무기로 보자면 지뢰였다. 이 지뢰를 개발한 이가 바로 조심태였다.

혜경궁 홍씨 회갑연을 위한 8일 동안의 화성행차에서 6일째 되는 날 화성행궁 득중정 앞에서 정조와 관료들이 활을 쏘았다. 활쏘기를 마치고 마지막으로 화약을 땅에 묻고 성능을 시험하고자 하였다. 하지만 당시 날씨가 좋지 않았다. 이에 정조는 "지금 비가 오려고 날씨가 잔뜩 찌푸려 있는데, 이와 같은 데도 할 수 있겠는가?" 하고 조심스럽게 장용외사 조심태에게 가능성을 타진했다. 이에 조심태는 강한 자신감을 보여주었다. 첫 번째로 화약의 성능이 강하다는 것을 강조하였고, 두 번째로 비가 오더라도 땅 속까지 스며들지는 않을 것이라고 하였다. 즉, 조심태는 장용외영에서 개발한 새로운 화약무기가 어지간한 비에도 견디어 폭발이 가능할 것이라는 확신을 가지고 있었던 것이다. 조심태의 자신감에 정조는 성능 시험에 대한 지시를 하였고 마침내 매화시방埋火試放은 날씨가 안 좋은 상태에서도 성공을 거두었다. 결국 조심태의 창의성으로 인하여 정조는 화약무기 개발에 성공하였고 국방에 대한 자신감을 가지게 되었다. 이처럼 정조의 인정을 받았기에 자신의 집안과 깊은 인연이 있는 청계산의 청계사를 사도세자의 원찰로 지정하는 일을 주도하였던 것이다.

정조시대 국방정책과 수원 화성 건설을 주도하였던 조심태는 1799년(정조 23년)에 지병으로 세상을 떠났다. 정조는 그의 죽음을 애도하면서 특별히 전교를 내렸으며, 좌찬성에 추증할 것을 명하고 무의武毅라는 시호를 내렸다. 그리고 1년 뒤 정조 역시 세상을 떠났다. 하늘에서 만난 두 사람은 다시 정순왕후와 노론이 장악한 조선을 보면서 무슨 대화를 나누었을까? 궁금하기 짝이 없다.

양반과 평민이 어우러진 화성의 새로운 상업개혁

1789년(정조 13년) 7월 15일. 정조시대 후반부를 여는 새로운 날이었다. 정조는 자신의 생부인 사도세자의 묘소를 양주 배봉산에서 수원도호부 읍치로 이전하는 결정을 내렸다. 이는 단순히 아버지의 묘소를 천하명당으로 옮겨주었다는 단순한 개념이 아니라 새로운 조선을 건설하기 위한 신도시 건설의 신호탄이었다.

신도시 조성에 있어 가장 핵심인 것은 많은 백성들을 불러 모아 대도시를 이루는 것이다. 대도시가 되기 위해서는 반드시 경제가 활성화되어 돈이 돌아야 하는데, 그러기 위해서는 상업이 발달해야 한다. 그래서 정조는 새로운 상업정책을 추진하였고, 이는 수원에 한양의 육의전六矣廛과 같은 시전市廛을 설치하고 대부상大富商이 주도하여야 한다는 것이었다.

정조의 의중을 알고 있는 채제공은 신읍치 설치 다음해인 1790년(정조 14년)에 신도시 번영책을 제안하였다. 수원부의 상업진흥을 위하여 전방廛房의 상설화와 함께 남·북 장시가 발달되고, 8도의 부호·부상들을 옮겨 살게 하여 8부가富家를 형성시키고, 정부지원과 민간자본의 유치를 통해 수원지역의 백성들이 자발적으로 경제행위를 할 수 있게 하여야 한다는 것이었다.

이것은 기존의 상업과는 다른 전혀 새로운 방식이었다. 이러한 기획의 입안자는 국왕 정조였다. 정조는 새로운 조선을 위해서 반드시 필요한 것은 바로 새로운 형태의 유통과 무역을 담당할 수 있는 상인층의 형성이었고, 그러한 상인들이 상설 시장을 형성하여 조선의 상업을 주도하게 하고자 하였다. 그로 인하여 안성시장과 전주시장보다 더 큰 시장을 만들고자 하였다. 이러한 정조의 상업관에 가장 큰 영향을 주었던 인물은 다름 아닌 박제가였다.

천재적인 두뇌를 가지고 있던 박제가를 등용한 사람은 다름 아닌 정조였다. 그는 자신의 싱크탱크인 규장각을 설치하면서 박제가와 이덕무 등의 서얼들을 검서관으로 임명하여 학문 육성의 기반을 닦게 하였다. 이들은 규장각에 있는 수많은 서적들을 열람하고 그 내용을 분석하여 정조의 개혁정책의 밑거름이 되게 하였다. 정조의 수많은 개혁정책은 엄밀히 이야기하자면 규장각 검서관들의 뒷받침이 없었다면 결코 나타날 수 있는 것이 아니었다.

박제가가 정조에게 준 가장 큰 영향은 바로 양반의 상인론이었을 것이다. 정조가 재위하던 조선시대의 기후는 그다지 좋지 않았다. 재위 24년 중 20년은 가뭄과 홍수 등의 자연재해가 있었다. 영조 재위 52년 중 40년이 금주령의 시대였고, 정조 재위 내내 기후가 안 좋았으니 백성들이 먹고 살기 힘들었을 것은 너무도 당연한 일이었다. 그런 와중에도 양반들은 실용적인 생활을 하지 않고 오로지 낡은 학문에 매달려 일을 하지 않았다. 무위도식無爲徒食이 그들의 일이었다. 일하지 않는 사람이 많은 사회는 절대로 발전할 수 없다. 그러한 사람들이 많은 나라는 망하는 나라이지 흥하는 나라가 아닌 것이다. 정조는 어떻게 하면 이들로 하여금 실용적인 일을 하게 하여 조선을 근본적으로 변화시킬 것인가에 대한 고민을 하였다. 경제적 어려움을 극복하는 것 또한 중요한 과제였다.

그리하여 그는 1786년(정조 10년)에 조선의 모든 관리들에게 국가를 위한 새로운 정책을 과감하게 올리라는 요구를 하였다. 국왕에 대한 철저한 비판도 모두 수용한다고 덧붙였다. 정조다운 발상이었다. 박제가는 정조의 의도를 알고 있었다. 규장각에서 늘 가까이 하면서 국왕과 토론을 나누던 그였기에 정조가 얼마나 새로운 의견에 목말라하는지를 알고 있었던 것이다. 그래서 자신 역시 마음속으로만 생각하고 있던 파격적인 아이디어를 제공하였다. 그것이 바로 '병오소회'丙午所懷이다.

병오년은 바로 1786년을 이른다. 1786년 1월 22일 조정의 아침조회에서 전설사典設司 별제의 직책에 있던 박제가는 정조에게 파격적인 정책구상을 제시하였다. 바로 중국과의 통상과 양반상인론이었다. 박제가는 이렇게 이야기하였다. "현재 국가의 가장 큰 폐단은 바로 가난입니다. 그렇다면 가난을 어떻게 하면 구제할 수 있겠습니까? 그것은 바로 중국과 통상하는 길밖에 없습니다." 이처럼 박제가는 중국과 통상을 중요하게 여겼고, 중국과의 통상 이후 주변의 여러 나라들과도 통상을 해야 한다고 하였다. 서양의 선교사들까지 조선으로 입국시켜 그들의 지식을 배워야 한다는 파격적인 주장도 하였다.

박제가는 이러한 통상을 누가 해야 되는가에 대한 제안도 하였다. "신은 수륙의 교통요지에서 장사하고 무역하는 일을 사족士族에게 허락하여 입적할 것을 요청합니다." 즉 양반들이 장사를 하고 중국과의 통상에 적극적으로 참여하여야 한다는 것이다. 인재들이 마냥 과거시험에 몰두하여 생산적인 일을 하지 못하는 상황에서 국가의 경제적 안정과 백성들의 삶의 질 향상을 위하여 양반이 상인이 되는 것은 너무도 당연하고 반드시 그래야 한다는 주장이었다.

정조는 박제가의 건의를 받아들일 준비가 되어 있었다. 규장각에서 나누는 박제가와의 대화를 통해서 조선을 위한 이용후생利用厚生의 방도를 고민하고 있었기 때문이다. 그 결과 1789년 7월 수원부 읍치를 팔달산 일대로 이전하고 새로운 수원시전을 형성하면서 정조는 박제가의 양반상인론을 현실화시키기 위하여 새로운 시장을 구축하였다.

수원신읍치에 새로운 시장을 조성하고 화성 축성을 마무리한 후인 1797년(정조 21년) 2월 채제공과 비변사는 화성의 경제 활성화를 위하여 서울의 부호 20호를 선발하여 중국과 무역하는 품목인 관모官帽와 인삼의 유통권을 수원에서만 할 수 있게 해야 한다고 제안하고 절목(오늘의 법)을 입안하였다. 상인들의 자본 부족을 해결하기 위해 영남 감영의 남창에 속한 5만 냥과 평양 감영의 5만 냥을 화성의 이주 상인들에게 지원하여 밑천으로 삼도록 하였고, 이 상인들에게서 나오는 이자를 가지고 화성의 수리비용으로 삼게 하였다.

모자와 인삼이 주된 무역 품목이지만 만약 더욱 중요한 물품이 생기면 그것도 자연스럽게 무역의 품목에 넣어 마음대로 무역을 하는 것을 허락하였다. 당시 수원으로 이주하여 상업행위를 하려는 이들의 대부분이 한양의 상인들이었고, 그중에서도 의원과 역관들이 주류를 이루었다. 의원들 역시 조선후기에 상업행위에 뛰어들었고, 역관들은 조선 무역의 중추였다. 이들이 자신들의 직분을 그대로 유지하며 수원에서의 상업행위를 할 수 있게 배려해준 것은 조선의 상업을 움직이는 한양의 대상大商을 유치하기 위한 의도였다.

이와 같은 정조의 결정은 화성을 하루속히 대도시로 만들고자 하는 의도였다. 하지만 의도가 좋다고 해서 모든 것이 좋은 정책으로 연결되는 것은

화성 시전 모형

정조의 화성 육성정책으로 수원신읍치 조성 이후 8곳의 시전市廛이 형성되었다. 비단을 취급하는 입색전, 생선과 과일을 취급하는 어물전, 무명과 모시를 취급하는 목포전, 소금을 취급하는 염급상전, 백미, 담배, 국수를 취급하는 미곡전, 놋쇠, 유기를 취급하는 유철전, 관과 곽을 취급하는 관곽전, 종이와 신발을 취급하는 지혜전이 개설되었다.

아닐 수도 있다. 당시 한양의 부호들은 정조의 배려에 의해 서로 수원으로 내려오고자 신청을 하였다. 20호만이 내려올 수 있다고 하였는데, 경쟁적으로 내려오고자 한 것이다. 모자와 인삼의 유통권을 독점시켜주고, 시전 설치 비용을 조정에서 대여해주겠다고 하는데 내려오지 않을 이유가 없었기 때문이다.

이러한 과도한 열기가 거꾸로 문제가 되었다. 정조가 총애하는 판중추부사 이병모가 수원의 시전 설치에 대한 분분한 의견을 정리하여 정조에게 6가지의 불편한 진실을 이야기하였다. 그 첫째가 한양의 부호가 수원으로 내려갈 경우 한양이 문제가 된다는 것이고, 둘째가 모자와 인삼만으로 수원을 발전시키기 어려우니 다양한 품목으로 장사를 할 수 있게 하여야 한다는 것이고, 셋째가 한양의 부호들이 정작 수원에 완전히 거주하지 않고 왔다 갔다 하면서 수원의 경제권을 장악하여 가난한 수원의 백성들 위에 군림하여 고통을 줄 수 있다는 것이다. 요즘으로 치면 1%가 99%를 장악할 수 있기에 사회적 문제를 야기할 수 있다는 것이다. 하기야 단 20호의 상인들이 1만 호에 이르는 수원 백성들의 경제권을 장악하는 것은 분명 문제가 있는 것이었다. 넷째가 특정상인 20호가 인삼을 독점하게 되면 나머지 상인들이 인삼 유통을 할 수 없고, 다섯째 한양의 특정 상인들을 대상으로 수원 시전 건립을 허가해줄 때 나머지 상인들이 소외될 수 있으며, 마지막으로 새로운 수원시전 육성정책은 독점상인을 유치하는 것이므로 왕도정치의 근본에 위배된다는 것이었다.

참으로 무서운 이야기가 아닐 수 없다. 특정 세력에게 독점권을 주면 일시적으로 많은 돈을 투자하여 상업을 흥하게 할 수는 있지만 이는 백성을 모두 이롭게 하고자 하는 왕도정치의 근본이념에 어긋난다는 것이다.

정조는 이병모의 의견을 받아들였다. 불편한 6가지의 진실이 틀린 말이 아니었기 때문이다. 이병모의 의견에 좌의정 채제공 역시 동의를 하였다. 비변사에서 제안한 화성 상업 육성법이 그대로 시행되어도 큰 문제가 없다는 많은 의견이 있지만 그래도 반대하는 사람들이 있다면 철회를 하는 것이 장기적으로 옳다는 것이었다.

이는 당시 화성유수 조심태의 주장이기도 했다. 조심태는 1790년(정조 14년) 5월 수원부사 시절 수원신읍치의 상업 활성화 방안을 제안했었다. 그것은 바로 한양의 부상富商도 일부 받아들이지만 실제 수원의 상인들을 육성하자는 것이다. 수원에 거주하는 전체 백성들 중에 상업에 종사하고 싶은 이들에게 조정에서 총 6만 냥을 지원하여 시전을 설치하고 장사를 하도록 하자는 것이었다. 비록 외부에서 대형 상인들이 온다고 하여도 수원 출신들이 함께 장사를 하는 것이기에 문제가 없다는 것이다. 이 절충안에 따라 수원은 새로운 상인세력이 공존하게 되었다.

한양의 부자상인과 수원의 상인 그리고 전국 경향각지에서 올라온 상인들이 특정의 독점권이 없이 자유롭게 장사를 할 수 있게 된 것이다. 여기에 조선의 무역을 주름잡는 역관 상인들의 일부가 수원으로 와서 인삼과 모자를 유통하여 수원지역 경제를 활성화하도록 용인해주어 다양한 모습으로 상업이 발전되었다. 이 시장이 바로 조선 3대 시장인 화성 성내·외 시장이었다.

장안문과 팔달문을 연결하는 남북대로에 시전을 설치하면서 거대한 기와집이 들어섰다. 정조는 남북대로의 시전은 반드시 기와집으로 하라고 지시하였다. 다른 그 어떤 시장보다 규모와 위엄이 있어야 하기 때문이다. 즉 국왕이 기획한 시장은 일반 도시에 만들어진 5일장, 7일장의 정기시장과는 다른 시장이어야 하기 때문이다. 이 시장을 활성화하기 위하여 앞서의 이야기처럼 많은 논의 속에서 수원 상인과 한양의 상인 그리고 각 지역의 상인들을 모집하였다. 이들 부상富商들은 단순히 조선 사람들만을 대상으로 하는 상업이 아니라 중국과 교통할 수 있는 거대한 상업체계를 꾸리고 기존의 상업패턴을 바꾸기 위한 노력을 하였다. 이 속에서 등장한 것이 앞서의 내용처럼 양반상인론이었고, 정조는 마침내 양반상인론을 책임질 가문을 맞이하게 되었다. 그 집안이 바로 고산 윤선도의 후예인 해남 윤문海南 尹門이었다.

윤선도는 효종의 사부로서 수원(오늘날 화성시 화산동 일대)에 거주하는 남인 세력의 중심인물이었다. 모든 근거지가 해남에 있지만 관직 생활을 해야 하는 처지에서 해남에 머물 수 없었기 때문에 한양 도성 안과 수원에 집을 두고 있었다. 효종이 그의 풍모와 국가에 대한 공헌을 인정하여 수원에 국왕의 특별지시로 집을 지어주었으니 효종과 윤선도의 특별한 관계를 이해할 수 있다. 하지만 효종 사후 정치적으로 몰락하여 정조 대까지 해남 윤씨들은 정치적으로 중용될 수 없었다. 따라서 영특한 재질을 가지고 있어도 윤선도의 후손들은 과거에 합격을 해도 제대로 인정받지 못하였다. 윤지범의 경우 외교를 담당하는 승문원에 임명하려고 하였지만 윤선도의 후예라는 이유로 노론의 배척으로 끝내 승문원에 나아갈 수 없었다. 윤지범 뒤로 해남 윤씨 가문에서 과거에 합격한 이가 윤지눌이다. 정조는 윤지눌이 과거에 합격하는 날 "무슨 벼슬인들 못하겠는가!"라며 극찬을 하였다. 즉 윤지눌의 천재성을 인정한 것이고, 해남 윤씨 세력들을 통하여 자신의 세력을 형성하고자 하였다.

해남 윤씨들은 정통 남인으로 정약용 집안과 밀접한 연관이 있었다. 정약용의 어머니가 바로 공재 윤두서의 손녀이다. 공재 윤두서는 '자화상'이라는 초상화로 유명한 문인 화가로서 고산 윤선도의 손자이다. 따라서 다산의 어머니는 고산 윤선도의 현손녀가 된다. 따라서 다산 정약용은 해남 윤씨 집안이 바로 자신의 외갓집이 되는 것이다.

다산의 매형은 이승훈이었는데, 이승훈은 성호 이익의 종손인 이가환의 조카였다. 이가환의 누나가 이승훈의 어머니였다. 더불어 정약용의 여동생이 채제공의 아들인 채홍원과 결혼을 하였으니 남인의 세력들이 모두 일가붙이가 된 것이다.

이처럼 해남 윤씨를 중심으로 남인 세력들이 통혼으로 얽혀있기에 정조는 이들과 함께 국왕을 중심으로 개혁정치를 하고자 하였다. 노론 세력들의 배척에도 불구하고 윤지눌은 규장각 초계문신으로 선발되어 정조와 다산, 이가환, 채제공 등과 함께 조선의 개혁을 위해 노력하였다. 사촌형 윤지범은 정조가 사도세자의 묘소를 수원으로 옮기고 난 이듬해인 1790년(정조 14년) 초에 사도세자의 사당을 관리하는 경모궁령과 병조좌랑으로 임명하였다. 이러한 것만 보아도 정조가 이들을 얼마나 총애하였는지를 알 수 있다. 이로 인하여 윤지범은 정조의 개혁정치를 돕기 위하여 해남 윤문의 일가들을 수원으로 불러들이는 역할을 하였다.

『정조실록』 14년 12월 8일(1790. 12. 8)의 기록을 보면 윤지운, 윤지섬, 윤지홍, 윤지익, 윤지식, 윤지상, 윤지민 등이 해남에서 수원으로 올라와 정착을 하고 과거시험을 보아 정조가 기뻐한 내용이 나온다. 윤지범이 자신과 같은 항렬의 집안 형제들에게 수원으로 올라오기를 요구하였고, 이들이 그의 의견을 수용한 것이다. 정조는 이때 해남 윤씨의 일가들이 수원으로 올라온 것에 대해 너무도 기뻐하여 조정의 비용 1천 냥을 무상으로 지원하여 이들이 집을 짓고 하나의 마을을 이루게 하였다. 당시 5칸짜리 초가집이 20냥 하던 시절이니 1천 냥이라는 비용이 얼마나 큰 금액인지 상상할 수조차 없다. 이만큼 정조는 해남 윤씨들이 고향을 떠나 수원으로 온 것에 대해 감격한 것이다. 윤지범 역시 수원으로 이사하였다. 다산이 쓴 윤지범의 묘지명을 보면 그는 정조가 해남 윤씨를 위해 만들어준 수원의 집으로 1795년(정조 19년)에 아예 이주를 하여 신읍인 성곽 안에서 살 정도였다.

그렇다면 정조가 왜 이렇게 감격하였을까? 그것은 이들을 통해 자신의 원하는 통상, 즉 무역을 중심으로 하는 '장사'를 명문가가 중심이 되어 추진할 수 있기 때문이었다. 앞서의 내용처럼 한양의 부상富商과 수원의 부상들이 수원에 시전을 형성하고 새로운 상업을 추진하기로 하였지만 이들의 능력만으로는 모자라는 것이 존재하였다. 이들이 해상을 통한 통상을 해보지 않았기 때문이다.

고산 윤선도로부터 시작된 해남 윤씨들의 해상 경영은 놀라운 것이었다. 이들은 양반임에도 불구하고 해남 일대의 섬에서 어업행위를 크게 하고, 이 해산물을 유통하였다. 더불어 이들은 지역민을 참여시켜 바닷가의 갯벌을 간척하여 농토를 넓히고 둔전을 개발하였다. 이처럼 해남 윤씨들의 상업과 농업의 개혁적 방식은 150여 년 동안 지속되었기 때문에 그들의 경험능력knowhow은 탁월한 것이었다. 따라서 정조는 이들의 능력이 수원의 새로운 상업개혁에 중요한 역할을 할 것이란 기대를 가지고 특별지원을 한 것이었다. 해남 윤씨들의 실용정신이 그대로 수원에 와서 꽃을 피운 것이다. 이로 인하여 수원의 시장은 전국 상업의 중심지가 되었다.

실학정신과 백성에 대한 사랑으로 만들어진 화성

화성은 과연 어떤 의미의 성곽인가? 한마디로 단정 짓기는 참으로 복잡하고 미묘하다. 왜냐하면 화성 건설이 가지고 있는 의미가 너무도 다양하기 때문이다. 누군가가 필자에게 화성은 어떤 의미의 성곽이냐고 물어본다면 딱 하나로 이야기하지 못하고 여러 이야기를 할 수밖에 없다. 아마도 필자는 "화성은 정조의 개혁정책의 산물로 조선후기 새로운 사회를 만들기 위한 기반도시로 만들어진 것입니다"라는 교과서에 있는 것과 같은 판에 박힌 대답을 할 것이다. 그러다가 누군가가 그런 원론적인 답변 말고 조금 더 깊이 있는 답변을 원하면 아마도 이렇게 답할 것이다.

"정조는 화성을 건설하면서 병자호란으로 입은 깊은 치욕을 극복하기 위한 자주적 방어체제를 만들기 위한 표준 군사시스템을 완성하고자 한 것과 농업과 상업의 새로운 방식, 즉 국영농장을 통한 농사방식 및 저수농법을 적용하고자 하였으며, 양반들이 상업행위를 하여 국제적 무역 교류를 화성을 중심으로 치르고자 하는 근대화된 상업 방식을 실현하기 위해 건설하였다."

그러나 이러한 모든 답변이 화성에 대한 궁금증을 해결해 줄 수는 없을 것이다. 왜냐하면 화성은 당대 사회의 발전적 측면을 모두 모아 만든 최고의 성곽이자 도시였기 때문이다. 그래서 이곳에는 다양한 문화가 내재되어 있으며, 어려운 현실로 빠져 들어가는 조선을 구할 수 있는 변화의 정치적 기운이 함께 하고 있다. 그것이 결국 실학정신이라는 이름으로 담겨 있는 것이라고 할 수 있다.

필자가 화성을 좋아하는 이유는 수많은 사람들의 지혜로 만들었기 때문이다. 정조는 축성을 시작한 1794년(정조 18년) 1월, 전국의 모든 고을 수령에게 자신들이 다스리고 있는 지역의 성곽에 대한 설계도와 이것을 보완할 수 있는 새로운 설계도를 그려서 조정에 바치라고 지시하였다. 당시 조선에서는 300여 개의 고을 모두 읍성이 있었기 때문에 정조가 원한 것은 바로 각 지역에 있는 읍성의 설계도였다. 이때 경상좌도 병마절도사 윤범행이 정조의 지시를 무시하고 엉터리 설계도를 그려 보내자 삭탈관직하고 유배에 처했다. 정조는 자신의 염원이 담긴 성곽을 만들기 위해 전국의 모든 백성들의 지혜를 모아 성곽을 쌓으려고 하였는데, 이처럼 어처구니없는 설계도를 보냈으니 분노에 치를 떨었던 것이다. 이 사건 이후 모든 고을 수령들이 해당 고을의 읍성을 자세하게 그린 설계도와 새로운 방어체계를 고민한 새로운 설계도를 추가로 그려 보냈다. 도합 600여 장의 설계도가 조정으로 들어왔고, 이 설계도는 당연히 화성유수부로 보내졌다.

이 내용을 자세히 살펴보고 이해해보면 결국 화성은 전국의 모든 고을에서 보낸 성곽의 설계도를 통해 장점과 단점을 분석하였고, 더불어 그것을 분석한 내용을 가지고 정약용이 설계한 기본계획과 연계하여 설계를 한 것이었다. 여기에 더하여 축성을 위해 조선 최초로 만든 특별기구에 속한 성역소城役所라는 기술자 편수들의 지혜를 합친 것이기도 하다. 정조는 기술자들을 단순히 노동만 하는 계층으로 보지 않고 그들의 기술과 지혜를 받아 안고자 하였다. 그것은 화성의 4대문에 있는 공사 실명판만 보아도 알 수 있다. 감독관인 정부 전·현직 고위 관리들과 기술자들인 편수들의 이름을 같이 넣은 것만 봐도 기술자들을 얼마나 높이 대우하였는지 알 수 있다.

사실 화성은 이처럼 기술자와 하루하루 날품팔이를 하는 일당 노동자들을 대우해 주었기 때문에 견고하면서도 빨리 축성될 수 있었다. 우리는 흔히 정약용이 고안한 거중기, 녹로, 유형거와 같은 과학기계로 인하여 축성이 빨라진 것이고, 더불어 정조가 화성 축성에 참여한 모든 이들에게 임금을 주었기 때문에 빨라진 것으로 이야기하고 있다. 물론 이 말도 틀린 말은 아니다. 하지만 그것보다 더한 것이 있기 때문에 축성이 견고해지고 빨라졌다. 그것은 다름 아닌 정조의 사랑 때문이었다. 양반도 아니요, 중인도 아니고 지위도 높지 않은 목수·석수·칠장이·톱질장이·기와장이 등 축성에 참여한 기술자와 허드레일꾼 모두에게 정조가 깊은 사랑을 주었기 때문이다.

그 사랑은 다름 아니라 성곽을 쌓는 추운 겨울날 정조가 하사해준 털모자였다. 겨울은 다른 계절에 비해 활동하기 어려운 것이 사실이지만 그래도 흰 눈과 얼음은 어린이와 연인들을 들뜨게 하는 묘한 매력이 있다. 그러나 과거 200여 년 전으로 돌아가면 겨울은 고통의 계절이었다. 우리가 겨울에 솜옷을 입고 따스하게 살 수 있게 된 것은 채 몇 십 년이 되지 않았다. 고려 말에 문익점에 의해 목화가 보급되었지만 실제로는 귀족들의 전유물이었지 조선조에 이르기까지 솜옷은 백성들의 의복이 아니었다. 그러니 야외에서 일을 할 때 얼마나 추웠겠는가!

화성을 축성할 때도 겨울은 추웠고 축성에 참여한 기술자와 인부들은 너무도 힘들어하였다. 백성을 사랑하는 군주 정조가 왜 그런 사실을 몰랐겠

© 이용창(기록사진작가)

팔달문

보물 제402호. 사적 제3호인 화성은 1796년(정조 20년)에 완공되었는데, 이 문은 화성의 4개 성문 가운데 남문이다. 화강암으로 된 석축에 홍예문虹霓門을 내고, 그 위에 여장을 돌린 다음 2층 누각을 세웠다. 누각은 앞면 5칸, 옆면 2칸 규모에 우진각지붕의 건물이다. 아래층과 위층의 공포는 다포식이며, 쇠서의 끝이 강하게 위로 솟아 있고 살미첨차의 끝이 장식화되어 조선 후기의 전형적인 목조 건축 양식을 보여준다.

팔달문 공사실명판

화성의 4대문 모두 축성에 참여한 인물을 기록한 공사실명판을 제작하였다. 1950년에 발생한 한국전쟁으로 장안문이 파괴되어 공사실명판도 함께 사라져 복원되지 않았다. 팔달문 공사 책임자는 이방운이고, 석수는 김상득이었음을 확인할 수 있다. 정조시대 기술자 우대정책의 대표적인 상징물이다.

© 이용창(기록사진작가)

는가? 정조는 겨울을 이기면서 축성을 진행할 수 있는 특별한 조처를 내려 주었다. 그것이 바로 기술자와 일꾼들에게 털모자를 선물하는 것이었다. 그깟 털모자를 하사한 것이 뭐 그리 대수이고, 정조의 특별한 민본주의에서 나온 것이라고 말하는가, 라고 의아해할 수 있다. 하지만 실상을 알고 나면 정조의 털모자 하사는 참으로 어마어마한 일이었다. 정조가 화성을 축성하는 백성들을 얼마나 사랑했는지 알 수 있게 하는 대목이기 때문이다.

조선시대에는 한 겨울에 정3품 당상관 이상만이 귀마개를 할 수 있었다. 토끼털로 만든 귀마개는 정3품까지 올라간 나이 많은 관료들의 건강을 지켜주었던 유일한 물건이었다. 더불어 털로 만든 모자 역시 이들만이 쓸 수 있는 귀한 물건이었다. 지금이야 아무것도 아니지만 조선시대에는 모자를 아무나 쓸 수 없었다. 신분적 차별이 극심하던 시대에 이런 털모자는 아무나 쓸 수 없었던 것이다. 물론 유득공의 문집을 보면 조선후기 사회가 급격하게 변화하게 되면서 서울에 있는 정3품 당상관 아래에 있는 일부 관료들이 건방지게 귀마개를 한다고 개탄을 하였지만 그래도 일반 평민들은 절대로 쓸 수 없는 것이 바로 털모자였다.

지리산과 설악산 등지에서 호랑이를 잡는 포수들이 호랑이 가죽으로 털모자를 만들어 쓰기도 했겠지만 그것은 아주 특수한 사례이다. 이처럼 감히 평민들은 만져보지도 못할 털모자를 겨울에 성곽을 쌓는 기술자와 인부들에게 나누어준 것은 상상조차 하기 힘든 일이었다. 그만큼 정조가 화성에 대한 애정을 가지고 있었기 때문에, 아니 화성을 축성하는 모든 이들을 사랑하는 마음을 가지고 있었기 때문에 가능했던 것이다.

털모자만이 아니라 기술자와 막일꾼들에게 솜옷도 하사해 주었다. 앞서 설명했지만 조선시대 솜옷을 입는 것은 그리 흔한 일이 아니었다. 여름에 입던 삼베옷을 겨울이 되어도 그냥 입는 사람들이 허다한 것이 당시의 상황이었기 때문이다. 그런 시대적 상황에서 안에 솜을 두껍게 넣어 걸치기만 해도 따스함을 느낄 수 있는 솜옷을 임금님이 지어서 나누어 주었으니 화성 축성에 참여한 모든 이들이 감격의 눈물을 흘리지 않을 수 없었을 것이다.

결국 화성은 정조의 백성을 사랑하는 마음과 정조의 마음을 이해한 백성들의 마음이 하나가 되어 세계 최고의 걸작으로 탄생된 것이다. 작은 털모자와 솜옷이 사람의 마음을 움직이고 그로 인해 화성이 탄생된 것이다.

이처럼 화성은 정조·채제공·조심태·정약용 등 특정 인물들의 지도력 때문에 이루어진 것이 아니라 축성에 참가한 백성들의 지혜와 기술자들의 헌신적인 노력이 더해졌기 때문에 만들어진 것이다. 물론 그 바탕에는 군왕 정조의 깊은 사랑이 있었기 때문이기도 하다. 오늘날 우리는 무척이나 각박한 사회에 살아가고 있다. 이러한 사회를 보다 아름답게 만드는 것은 서로를 사랑하는 것 말고는 없을 것이다. 세계문화유산 화성에 대해 건축미의 웅장함 혹은 아름다움만 볼 것이 아니라 그 속에 담겨 있는 인간에 대한 진실된 사랑을 보았으면 한다.

정조의 비밀 어찰과 화성華城

2009년 2월, 방송과 신문을 비롯한 모든 언론에 정조의 비밀어찰에 대한 기사가 톱뉴스를 차지했다. 조선시대 세종과 더불어 최고의 성군聖君으로 평가받고 있는 정조가 자신의 반대세력인 노론 벽파의 영수 심환지沈煥之에게 비밀편지를 보내 정국운영과 정조 자신의 개인적인 건강 문제를 협의했다는 것이다. 정조를 사랑하는 일반 대중은 물론이거니와 역사학계에서도 깜짝 놀라는 분위기였다.

언론에서는 이번에 공개된 정조의 비밀편지의 내용은 제대로 모른 채 정조를 '음모가' 혹은 '밤의 정치인'으로 매도하는 경향을 보이며, 나아가 정조가 죽기 13일 전까지 자신의 병을 심환지에게 알려줌으로써 심환지가 정조를 독살했다는 의혹에서 완전히 벗어났다고 하였다.

이런 측면에서 우리나라 굴지의 방송국인 문화방송의 '시사매거진 2580'에서 정조의 독살설에 대한 진위 문제를 비중 있게 다룸으로써 정조의 비밀어찰은 정조 본인의 의도와 관계없이 200년 후대의 백성들에게 흥밋거리의 소재로 전락하고 말았다.

사실 필자는 정조 비밀어찰의 존재를 2008년부터 알고 있었다. 이미 시간이 흘렀기 때문에 공개하는 것이기는 하지만 당시 단국대학교 김문식 교수와 성균관대학교 안대회 교수로부터 정조가 심환지에게 보낸 비밀어찰에 대한 이야기를 들었을 때 필자는 상당한 충격을 받았다.

정조에 대한 연구를 남들 만큼 오래하지는 못했지만 그래도 대학원에 입학하면서 당시까지 약 15년 정도 공부를 해왔는데, 정조의 새로운 모습을 보는 것 같아 신선한 것을 넘어 충격이 컸다. 물론 당시 선배 교수들이 필자에게 이야기한 내용은 새로운 문헌을 발견했다는 것과 정조가 비밀리에 신하들에게 서신을 보냈다는 것이었다.

조선시대 국왕이 신하들과 공개적이 아닌 비밀서신을 교환했다는 것은 무척 놀라운 일이다. 조선시대 국왕의 존재는 형식적으로는 초월적 존재이기에 굳이 비밀리에 편지를 보내면서까지 정국에 대한 논의를 할 필요가 없었다.

기록상으로 보이는 최초의 비밀편지는 효종孝宗이 자신의 스승이었던 우암 송시열宋時烈에게 보낸 비밀편지였다. 그 편지 내용은 지금 공개되었는데, 다름 아닌 '북벌'北伐에 대한 내용이었다. 병자호란의 치욕을 겪고 난 후 청나라의 수도인 심양으로 인질로 끌려가 10여 년 가까이 볼모로 잡혀 있었던 효종은 형이었던 소현세자昭顯世子가 죽고 난 후 자연스럽게 인조의 뒤를 이어 조선의 국왕이 되면서 북벌에 대한 강력한 의지를 표명하였다.

하지만 당시에는 청나라 사신들이 끊임없이 조선 땅에 거주하면서 그들이 요즘 말로 치면 고도의 스파이 노릇을 하고 있었기에 감히 공개적인 '북벌론'을 등장시킬 수가 없었다. 그래서 효종은 송시열에게 비밀편지를 보내 어떻게 하면 군비를 증강하고 백성들의 의지를 하나로 모아 북벌을 단행할 것인가를 논의하였다. 그리고 효종은 편지의 중요성을 감안하여 불에 태우거나 아니면 원본을 다시 궁중으로 보내줄 것을 지시하였다. 송시열은 효종이 보낸 편지를 그대로 모사하여 집안에 소장하고 원본은 돌려주는 방식을 취했다. 그래서 이 편지는 훗날 정조에게로 전해졌고, 정조는 효종과 송시열의 관계에 대하여 직접 글을 쓰기도 하였다.

정조가 신하들에게 비밀어찰을 보낸 것은 바로 효종이 자신의 스승이었던 송시열에게 보낸 것을 모델로 삼은 것이다. 가장 어려운 순간, 혹은 정치적으로 반드시 해결해야 될 중요한 일에 대하여 국왕 스스로 결정하는 것이 아니라 최고위급 신하들과 소통하여 의견을 조절하고 이를 통해 조선이라는 나라를 안정시키고자 하는 의도였다. 이런 측면에서 정조의 비밀어찰은 태동된 것이다.

정조의 비밀어찰은 단순히 노론 벽파의 영수인 심환지에게만 전달된 것이 아니다. 그 며칠 전에 한국방송의 다큐멘터리 '역사추적' 팀이 필자를 찾아왔다. '역사추적'은 과거 온 국민의 역사수준을 한 단계 끌어올리는 데 지대한 공헌을 한 '역사스페셜'과 '한국사 전傳'의 후신으로 최근 대단한 인기를 누리고 있는 방송이었다. 이 방송의 김종석 피디는 정조의 비밀어찰이 가진 정치적 의미에 대한 고민을 하고 있었다. 다행히 그가 고민하는 내용과 필자가 고민하는 내용이 거의 일치했고, 더불어 수원화성박물관에 소장되어 있는 또 다른 정조의 비밀어찰을 촬영하기 위해 필자를 찾아온 것이다.

수원화성박물관에 소장된 정조의 비밀어찰은 남인의 영수인 채제공과 소론을 지향하는 무당파이자 당대 무반武班의 영수 조심태에게 보낸 것이었다. 채제공은 정조에게 있어 아버지와 같은 존재로, 사도세자가 죽은 날 영조가 세손이었던 정조를 불러 '너의 가장 사심 없는 신하다'라고 할 정도의

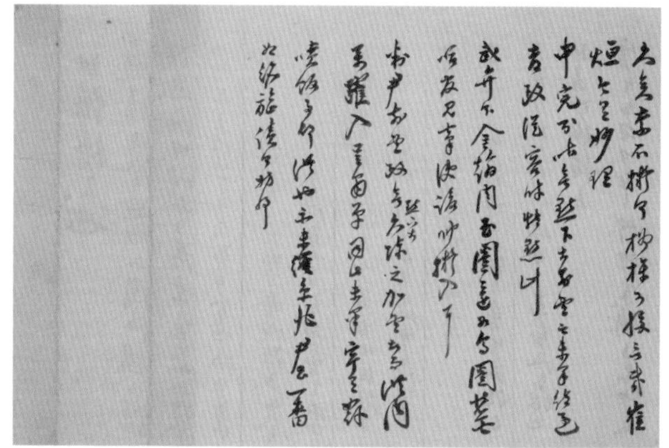

정조 어찰
正祖 御札

정조가 임용하고자 염두에 둔 인물에 대한 생각을 밝힌 편지다. 이 편지는 채제공 후손 집안에서 전해져 왔으며 첫머리에 이 종이를 돌려보라고 한 것으로 보아 채제공은 다른 인물과도 정조의 생각을 공유하며 인사 문제를 함께 고민하였던 것으로 보인다. 정조가 이 편지에서 거론한 인물은 김희성金熙成, 이병렬李秉烈, 김경락金卿洛, 김수신金秀臣, 정범조丁範祖, 홍장보洪章輔, 류역柳櫟, 최항崔烜, 신완申完, 김한주金翰周, 홍주만洪周萬이다.

인물이었으며, 그 후 정조는 한 번도 그에게 신임을 끊은 적이 없었다.

조심태 역시 정조가 만든 핵심군영인 장용영의 대장을 역임한 인물로, 단순한 무장이라기보다는 도시계획 전문가이자 국방개혁의 핵심인물이었다. 그래서 정조는 이 두 사람을 화성축성총리대신과 화성유수로 임명하여 화성 축성을 추진케 할 정도로 신임이 남달랐다. 수원화성박물관이 소장하고 있는 정조의 비밀어찰은 채제공과 남인 신하들의 인사문제를 논의하는 것과 일부 신하들이 술 마시고 사고를 친 것에 대하여 너그럽게 용서해 줄 테니 더욱 열심히 일하라는 내용이었다. 더불어 조심태에게는 화성 축성을 서두르라고 채근하고 있다. 화성 축성을 빨리 진행시켜야만 제대로 된 정치를 할 수 있다는 내용이었다.

한국방송 '역사추적' 팀은 채제공과 조심태에게 보낸 비밀어찰을 세심하게 촬영하면서 이것이 가지고 있는 의미는 무엇인가 하고 필자에게 물어보았다. 그래서 필자는 이렇게 답해주었다.

"정조는 자신이 추구하는 올바른 정치, 즉 백성들을 위한 평화로운 나라를 만들기 위해 정국 안정이 가장 먼저 필요하다고 판단하였고, 결국 자신의 측근과 반대당의 주요 정치인들에게 편지를 보내 자신의 의도를 설명하고 이해시킴으로써 새로운 조선을 만들고자 하였다."

물론 너무 추상적일 수는 있지만 필자가 판단하기에 정조가 신하들에게 보낸 비밀어찰은 정조가 음모론적으로 밤에 정치를 하는 것이 아니라 공개적인 자리에서 차마 나누지 못할 이야기들을 편지를 통해서 인간적인 접근방식으로 문제를 해결하고 이를 공론화하는 작업을 한 것이라 판단하고 있다. 정조는 정치에 있어서 소통이 가장 중요하다고 판단하였다. 소통이 없으면 대화가 이루어질 수 없고, 대화가 없는 정치는 곧 죽은 정치라고 판단한 것이다.

조선시대 사대부들은 자신들이 공부한 철학과 사상을 현실정치에 투영하고자 하였다. 요즘으로 치면 이데올로기가 없는 사람들은 기본적으로 정치의 현장에 나아갈 수 없었고 혹은 나아간다 하더라도 자신의 정치이념을 현실화 시킬 수 없었다. 당시 사색당파로 나뉘어 있다 하여도 기본적으로 모든 정치인들은 공자와 주자의 학문을 계승한 인물들이었고, 그 안에 각론으로 '이'理와 '기'氣에 대한 개념적 차이를 두고 있을 뿐이었다. 물론 이와 같은 '이'와 '기'에 대한 개념 차이가 무척 크게 나타나기도 하지만 어쨌든 큰 틀 안에서 함께 고민하고 있기에 정조는 이들 당파 간의 미묘한 학문적 차이와 정치적 차이를 소통을 통해서 서로를 이해하고 관용을 베푼다면 백성들을 위한 개혁정책 추진에 어려움이 없을 것이라 판단했던 것이다. 결국 정치는 소통이라는 것을 극명하게 보여준 것이 바로 이번에 공개된 정조의 비밀어찰의 핵심인 것이다.

그렇다면 필자는 왜 이렇게 정조의 비밀어찰에 대한 성격 규정을 위해 많은 지면은 할애하는가. 사실 정조는 조선의 그 어떤 임금보다 드라마틱한 일생을 살다간 사람이다. 아직도 그의 죽음이 독살인지 아니면 과로사인지 혹은 의료사고인지 명확히 밝혀지지 않는 것을 보면 그의 삶이 예사롭지 않았음을 알 수 있다. 그가 자신의 죽음에 대한 미스터리보다 더욱 극적인 삶을 살아갈 수밖에 없었던 것은 다름 아닌 사도세자의 죽음 때문이었다. 사도세자의 죽음은 단순히 왕세자의 죽음이 아닌 역적의 죽음이었고, 역적의 아들인 왕세손 정조의 비극이기도 하였다.

역적의 아들이 역적이 되는 것은 전근대 사회의 일반적인 현상이었다. 따라서 역적의 아들인 정조가 아무리 할아버지 영조에 의해 그의 큰아들인 효장세자의 아들로 호적이 정정되었다 하더라도 그가 사도세자의 아들임을 모르는 이는 조선팔도에 단 한 명도 없었다. 즉 정조는 효장세자의 아들이 아닌 사도세자의 아들인 것이다. 그래서 정조는 1776년 3월 10일 경희궁 숭정전에서 즉위하면서 즉위 윤음의 첫마디로 '과인은 사도세자의 아들이다' 라고 천명하지 않았던가!

그러니, 문제는 정조가 사도세자의 아들인 것이었다. 역적의 아들이 국왕이 되었다고 하는 것은 '명분론'名分論을 중시하는 조선 사회에서 너무도 큰 문제였다. 그래서 정조는 이를 해결하기 위해 사도세자의 호칭을 장헌세자莊獻世子로 고치고, 양주 배봉산에 있던 무덤을 수원으로 옮기고 현륭원顯隆園이라 한 것이다. 그러나 이것만 가지고는 정조의 정통성이 회복될 수는 없었다. 정통성이 없는 국왕이 어떤 정치를 추구해도 신하들이 따르지 않으면 그것은 밑 빠진 독에 물 붓는 것과 같은 이치였다. 그래서 정조는 사도세자의 명예를 회복하고 자신의 정통성을 확립하는 마지막 단계로 사도세자를 상왕上王으로 추존하는 일을 추진하였다. 이를 위한 방편으로 자신의 아들인 순조가 15세가 되면 자신은 국왕의 지위를 세자에게 물려주고 상왕으로 화성華城에 거주하려고 했다. 사전 준비 작업으로 1793년 1월 수원도호부를 화성유수부로 승격시켜 도시의 위상을 한층 높였고, 이듬해부터 축성을 시작하여 그 어느 세력도 넘볼 수 없는 강력한 군사도시로 만든 것이다.

정조는 자신이 상왕이 된 후 다음 날 주상主上인 순조로 하여금 할아버지인 사도세자를 국왕으로 추존케 하여 자신의 사도세자 명예회복사업의 마무리를 명쾌하게 하고자 하였다. 그리고 이를 통해 진정 영조–사도세자(장헌세자)–정조로 이어지는 조선왕실의 정통성을 가진 국왕으로 새로운 개혁정책을 추진코자 한 것이다.

이와 같은 의중을 지니고 있던 정조는 이미 화성 축성 이전부터 자신의 측근들에게 보내던 비밀편지를 자신의 신하이기는 하지만 반대세력인 노론 벽파의 영수인 심환지에게도 보내기 시작하였다. 그 시점이 정확히 1796년

8월 20일이었다.

필자가 이 시점을 무척이나 중요하게 여기는 것은 바로 정조가 화성 축성이 완성된 단계부터 정국 운영에 대한 확신을 가졌다고 믿기 때문이다. 앞서 말한 바와 같이 정조의 개혁구상을 위한 핵심이 바로 화성 건설이었다. 단순히 『화성성역의궤』에 나오는 "화성 건설은 현륭원을 보호하고 화성행궁을 호위하기 위함이다"라는 수준을 넘어 조선사회의 변혁의 근거지이자 모델도시였다. 상업을 진작시키기 위하여 상인들을 유치하여 활발한 사업을 추진케 하고, 농업을 육성하기 위해 둔전屯田을 적극적으로 개발하고, 더 나아가 군정軍政의 폐단을 완전히 제거하고자 하였다. 화성에서 적극적 실험을 한 이후 이것이 성공하면 조선팔도 전역에 시행할 의도를 가지고 있었다. 그렇기 때문에 정조에게 있어 화성은 단순히 아버지의 무덤이 있는 곳이 아닌 새로운 조선을 만들기 위한 대전환의 출발점이기도 하였다. 따라서 화성이 99% 완공된 1796년 8월 20일은 정조에게 자신의 정치력에 대한 확신을 심어준 날이기도 하였다.

이처럼 정조에게 매우 중요한 의미를 가지고 있는 화성은 축성 이전 노론 벽파의 반대에 부딪혔다. 실제 화성을 축성하기 전에 노론 세력들은 "전하가 화성에 성곽을 축성하시려는 것은 무엇인가 의도가 있습니다"라며 강력히 반발하였다. 정조가 화성을 기반으로 강력한 친정체제를 꾸리려는 것을 알고 있었던 것이다. 그래서 그들은 1794년 1월 전국의 모든 고을 수령들에게 보다 나은 축성 방법론을 제시하고 도면을 제출하라는 정조의 지시를 어기기까지 하였다. 심지어 그들이 제출한 축성 도면은 조잡하기까지 하였다. 국왕의 지시보다는 당론을 중요시 여겼다는 것을 극명하게 보여준 것이다. 하지만 이들은 정조의 진정한 뜻을 알지 못했다. 정조가 화성을 축성하는 것은 화성과 화성에 주둔한 장용외영 군사들의 힘을 빌려 강력한 왕권을 가지고 노론 벽파를 깡그리 없애려는 것이 아니었다.

요즘 일부 학자들이 정조가 화성 축성 이후에 군왕의 권위를 상실하였다고 폄하하는 경우도 있지만 이후 정조의 정치적 모습을 보면 전혀 그렇지 않다. 정조는 화성 축성을 통해 진정한 탕평을 이루고자 하였다. 자신의 호위부대로 출발하여 중앙오군영을 축소하여 만든 조선 최고의 군영인 장용영壯勇營의 편액을 노론 벽파의 영수인 김종수金鍾秀로 하여금 쓰게 한 것만 보아도 그가 얼마나 매사에 당파를 균형적으로 조절하고자 했는지 여실히 알 수 있다.

결론적으로 말하자면, 정조의 비밀어찰이 가지고 있는 의미는 바로 소통이다. 국왕이 신하들과의 소통을 통해 자신의 진심을 보여주고 이를 통해 백성을 위한 정치를 하려는 것이었다. 국왕 정조가 무엇이 아쉬워서 신하들과 대화를 하고자 하였겠는가? 조선시대 신하들은 영의정이라 하더라도 감히 국왕의 얼굴을 똑바로 보고 이야기할 수 있는 처지가 못 되었다. 더군다나 정조는 학문과 무예 모두 다 신하들보다 월등하였고, 강력한 지도자로서의 리더십을 가지고 있었다. 정약용의 기록에서 보듯이 정조가 목소리를 높여 어전에서 신하들을 꾸짖으면 모두들 두려움에 떨었다고 한다. 정조는 이 정도로 강력한 힘을 가지고 있었지만 그보다 더 우선하는 것은 바로 국왕과 신하, 그리고 관료와 백성들의 소통이라고 생각하였다. 정조의 비밀어찰을 통해 국왕 정조의 모습이 새롭고 더욱 위대하게 느껴지는 것은 바로 이 때문이다.

역사는 냉정히 바라보면서 그 안에서 우리가 얻어야 할 것을 깨우치는 것이 중요하다고들 말한다. 우리가 정조와 화성을 통해 배우고자 하는 것은 21세기 전 세계적인 격변의 시대에서 어떻게 하면 보다 올바르고 아름답게 살 것인가에 대한 문제이다. 지금 우리는 남북이 분단되고, 외세에 의해 이리저리 움직여지는 정치현실, 나아가 부익부 빈익빈의 심화로 인한 계층 간의 갈등이 첨예화된 현실에서 살아가고 있다. 이런 현실을 극복하고 한반도에서 살아가는 모든 백성들이 평화롭고 평등하고 자주적인 나라를 만들기 위해서는 정조의 꿈과 개혁정신 그리고 화성에 담긴 깊은 의미를 되새겨보아야 할 것이다.

백성들에게 행복을 주는 정조 능행陵幸의 의의

사람이 곧 하늘이라는 평범한 진리에 대해 생각해 본 적이 있는가? 사람을 하늘과 같이 높고 귀한 존재로 여기는 민족이 과연 존재하는가? 우리 민족은 사람을 곧 하늘과 같이 존엄한 존재로 여기며 반만년을 지내왔다. 그렇기 때문에 분단으로 인해 지금은 어렵고 힘든 시절을 살아가고 있지만 민족의 미래는 밝을 수밖에 없다. 사람만이 희망이요, 사람이 꽃보다 아름답다고 노래하는 우리 민족에 있어 진정 사람, 곧 백성을 가장 고귀한 존재로 여기며 그들의 삶과 질을 높이고자 한 국왕이 바로 정조正祖였다. 정조는 능행陵幸을 통해 백성들의 삶의 모습을 파악했을 뿐만 아니라 백성들과 직접 대화를 하고 그들을 격려했던 아주 특별한 군주였다.

정조는 능행을 통해 먼저 왕실의 권위를 높이고 자신의 정통성을 강조하는 효과를 얻고자 하였다. 하지만 정조의 능행의 근본 목적은 능행이란 형식을 통해 상공업의 발달로 사회변동이 활발하던 수도권 지역을 직접 방문하여 사대부와 백성들의 사기를 북돋우고 갈등과 분쟁을 해결하는 데 있었다.

잘 알려져 있다시피 정조는 조선시대 다른 국왕들에 비해 능행차가 특별히 많았다. 그가 재위 기간 24년 동안 도성을 벗어나 경기도에 흩어져 있던 왕릉을 방문한 횟수는 총 66회이다. 정조는 특히 태조, 숙종, 영조의 왕릉을 자주 방문하였는데, 이는 선왕에 대한 효성의 표현인 동시에 왕위 계승의 정통성을 강조하는 의미가 있기도 했다.

이에 더하여 정조는 사도세자가 잠들어 있는 영우원과 현륭원을 전체 능행 횟수의 절반에 육박하는 31회 방문하였는데, 이는 당파싸움의 와중에 희생된 아버지 사도세자의 억울한 죽음을 신원하고 자신의 혈통을 대외적으로 드러내고자 한 것이었다.

하지만 앞서 말한 바와 같이 정조의 능행차는 백성들의 삶의 질을 높이는 데 더 큰 의의가 있었다고 보아야 한다. 정조 이전의 국왕들은 능행차를 단순히 행차行次라고 표현하였다. 하지만 정조는 자신의 행차를 단순한 행차가 아닌 행행幸行으로 규정하였다. 국왕의 행차가 백성들에게 행복을 주는 일이 되어야 한다고 생각했기 때문이다.

사실 백성들로서는 국왕의 행차가 귀찮고 힘든 일이었다. 국왕의 행차를 위해 세금을 내야 했고 길을 닦는 일에 끌려 나가야 했다. 하지만 정작 국왕의 장엄한 행차는 마음대로 볼 수도 없었다. 그렇기 때문에 국왕의 행차는 백성들에게 있어 행복한 일이 아닌 괴로운 일이었다. 당시는 『춘향전』이라는 소설 속에서도 나오듯이 일개 남원고을 수령으로 임명받은 변학도의 행차조차 감히 쳐다볼 수 없는 세상이었기 때문이다.

그런 세상에서 정조는 자신의 능행차를 전혀 다른 차원으로 만들고자 하였다. 그는 경기도 일대 곳곳에 있는 선대왕의 묘소로 가는 길 중간 중간에 많은 도시들을 방문하면서 권위를 내세우지 않고 철저하게 백성들을 위

시흥환어행렬도
始興還御行列圖

시흥환어행렬도는 정조의 화성 행차의 일곱째 날 화성을 출발한 행렬이 시흥행궁始興行宮에 들어오는 과정을 그리고 있다. 그림 위쪽에 나란히 가고 있는 두 개의 가마가 정조의 누이동생인 청연군주淸衍郡主와 청선군주淸璿郡主의 가마이다. 혜경궁이 탄 가마는 그 아래에 보이는데, 가마 주위를 장막으로 감싸고 혜경궁에게 음식을 올리고 있는 중이다. 그 아래쪽 큰 깃발이 임금의 깃발인 용기龍旗이고, 그 앞에 가는 가마가 정조正祖 임금의 가마이다.

로하는 일에 주안점을 두었다. 혜경궁 회갑 진찬연을 위해 8일 간의 화성방문을 그림으로 기록한 8폭 병풍에도 나오듯이 백성들이 국왕의 행차를 자유롭게 구경하고 있는 모습을 발견할 수 있다. 하다못해 국왕 주위에서 엿파는 소년과 언덕 위에서 담배 피며 국왕의 행차를 한가롭게 관람하고 있는 모습도 볼 수 있다.

바로 이러한 것이다. 정조는 자신의 행차를 모든 백성들이 자유롭게 보기를 원하였다. 억압과 권위에서 탈피하여 국가 행사 중 가장 화려하고 멋진 국왕의 행차를 백성들이 아주 편하게 볼 수 있도록 한 것이다. 행차 한 달 전부터 전국에 방을 붙여 국왕의 행차를 보고 싶은 사람들은 누구든 와서 볼 수 있도록 하였다. 당시 백성들은 정조의 능행차 관람을 바로 '관광'觀光이라 했다. 밝은 빛, 곧 국왕을 보기 위한 일이 관광이었던 것이다. 그러니 관광이라는 것은 가장 아름답고 장엄한 것을 보는 것이 틀림없는 것이리라! 정조의 이와 같은 조처는 즉위 초 살해 위협에 시달리던 시절을 극복한 자신감의 발로였는지도 모르겠다. 백성들은 국왕의 행차를 보며 자신이 살고 있는 조선이라는 나라에 대한 무한한 자긍심을 가졌을 것이다. 그리고 나라님에 대한 충성심을 가슴에 새겼을 것이다.

정조는 방문하는 왕릉과 연고가 있거나 능행로 주변에 있는 공신功臣·문신文臣의 사당에 제사를 지내게 하고 그 자손을 관리로 임명하기도 하였다. 아울러 방문지의 서원이나 향교에 제사를 올림으로써 해당 지역 문신들의 학덕學德을 기리고 유생들의 학문을 권장하였다. 정조는 모든 당파를 초월하여 이와 같은 일을 한 것이다. 물론 자신의 지지 세력이 아닌 노론의 서원을 방문함으로써 그들에게 국왕의 은혜를 베풀어 자신의 편으로 끌어들이고자 한 정치적 의도가 있었던 것도 사실이다. 현재 정치판에서 자신을 비방하는 사람들을 청와대로 초청해서 저녁식사 한 번 같이 하면 6개월 간 아무런 말도 하지 않는다고 이야기하듯이 정조 역시 이를 통해 상대 진영에 대한 암묵적 동의를 받은 것이 아닌가 한다.

어쨌든 학문을 진흥시키고자 노력하는 국왕의 모습은 백성들에게 있어 무척이나 고무적인 일이었다. 더구나 능행지에 와서 별시別試를 통해 문반과 무사를 수시로 선발하기까지 했다. 조선시대에는 입신양명이 최고의 효로 평가받고 있었는데 지역민들을 대상으로 특별과거시험을 개최하니 백성들의 기쁨은 말할 나위 없었다.

이러한 정조의 배려에 보답하듯 백성들이 능행에 자발적으로 봉사하는 경우가 나타났다. 1788년(정조 12년) 8월 정조의 행렬이 서빙진西氷津에 이르렀을 때 갑자기 강물이 불어나 선창이 물에 잠겼는데 관광을 나선 과천·광주의 백성들이 몰려들어 물이 솟는 곳을 배로 막고 그 위에 배에 있던 기물을 깔아 길을 만들어 건너게 하였다. 참으로 아름다운 광경이 아닐 수 없다. 조선시대 그 어느 국왕의 행차에서도 찾아볼 수 없는 일이었다. 그만큼 백성들에게 정조는 아버지와 같은 따스한 존재로 여겨졌던 것이다.

정조가 능행을 통해 진정 얻고자 했던 것은 백성들과의 소통을 통해 그들의 억울함을 해소하고 나라가 발전할 수 있는 길을 찾는 것이었다. 정조는 우선 경기감사, 지방관, 민정 파악을 위해 미리 현지에 보낸 암행어사 등 관리들의 보고에 따라 민원 사항을 처리하게 하였다. 하지만 이 정도로 정조의 마음에 들 수는 없었다. 그래서 정조는 능행 시 상언上言과 격쟁擊錚의 제도를 활성화하였다.

상언은 자신의 억울함을 호소하기 위해 백성들이 국왕에게 올리는 상소문이었다. 반드시 한문으로 써야 한다는 조건이 붙어 있기는 하였지만 조선 백성 누구나 글공부를 하였기 때문에 상언을 만들어 올리는 일이 그리 어려운 일은 아니었다. 격쟁은 국왕의 행차 길에 징과 북을 두드려 행차를 막고 억울함을 호소하는 것인데 백성들이 감히 상상할 수도 없는 일을 정조는 자연스럽게 시행한 것이다. 정조의 이와 같은 파격적인 결정은 백성들에게 있어 자신의 억울함을 국정 최고책임자에게 호소할 수 있는 절호의 기회를 얻은 것이다.

이 결과 정조의 능행 중에 총 3,355건의 상언 격쟁이 있었고(상언 3,232건, 격쟁 123건), 정조는 환궁하여 이에 대한 모든 조처를 취하였다. 이 모든 것을 정조는 읽고 해결하도록 지시를 내린 것이다. 백성의 일을 자신의 일로 여기지 않았다면 결코 할 수 없는 일이었다. 국왕의 능행차가 사전에 알려지면 수도권뿐만이 아닌 전국의 억울한 백성들은 국왕을 만나기 위해 능행차 길에 참여했고, 그들은 그 억울함을 호소할 수 있었다. 그래서 정조의 말대로 능행차는 선대왕에 대한 참배를 위한 단순한 행차가 아닌 백성들에게 행복을 주는 행차였던 것이다.

최근 들어 정조의 혁신정책에 대한 다양한 평가가 이루어지고 있다. 정조의 그 많은 혁신사례 중에서 단연코 가장 우수한 것은 바로 백성들과의 직접적인 대화를 통해서 그들의 어려움을 들어주고 해결해 주는 것이다. 이는 군주와 백성들이 하나로 느껴져 작게는 지역에서 크게는 나라 전체가 하나가 되어 보다 발전된 사회를 만들 수 있기 때문이다. 정조를 통해 무엇을 배우고자 한다면 바로 자신을 백성들에게 던져 그들과 하나가 되어야 한다는 것이다. 그 길만이 분열된 사회를 통합하고 세계 문명의 중심국가로 나가는 첩경이자 대도大道이다.

1795년 윤2월 화성행차는 어떤 길로 갔는가?

사람들은 이렇게 이야기한다. 정조는 길 위의 군주라고…….

길에서 사람을 만나고 인생을 깨우치듯 정조는 길에서 백성을 만나고 조선을 생각했다. 정조에게 길이란 단순히 걷기 위한 도로가 아닌 억조창생의 시작이었다. 그래서 그는 그가 머물고 있는 창덕궁을 떠나 길을 나섰던 것이다. 우리는 '이산'이라는 드라마를 통해 세손의 길 떠남을 보았고 길 위에서의 흐느낌을 보았다. 그러나 진정 정조의 길 떠남은 사랑하는 연인 송연을 만나기 위한 길 떠남이 아니고, 자신의 목숨을 부지하기 위한 길 떠남이 아니었다. 그의 길 떠남은 억울하게 돌아가신 아버지를 만나기 위한 것이었고, 길 위에서 만난 여리고 슬픈 질곡의 백성들을 보듬기 위함이었다.

더불어 정조는 선대왕의 능을 참배하고 도성으로 돌아오는 도중 자신을 호위하는 군사들로 하여금 강력한 군사훈련을 지시하고 이를 통해 국왕 자신과 자신이 다스리는 조선을 그 어느 누구도 침범할 수 없음을 보여주었다. 그리고 백성들은 그 모습을 보기 위해 전국에서 모여들었고, 그들의 국왕 정조에 대한 무한한 존경심을 가지게 되었다. 그 능행의 절정이 바로 혜경궁의 회갑연을 치르기 위한 8일 간의 화성행차였다.

1795년 윤2월 9일, 새벽의 정적을 깨는 종소리와 더불어 창덕궁 돈화문 앞에 융복을 차려입은 정조가 모습을 드러냈다. 아버지의 묘소를 수원으로 옮긴 지 6년 만에 처음으로 어머니 혜경궁 홍씨를 모시고 화성유수부로 행차하고자 나선 것이다. 정조는 1년 전부터 행차를 준비하면서 수원으로 내려오는 길을 새로 만들었다. 그 길이 지금의 1번 국도이다. 원래 길은 지금의 남태령을 넘어 과천과 인덕원을 거쳐서 가는 '과천길'이었으나 노량진에서 시흥을 지나 군포와 의왕 등을 거쳐 지지대고개로 통하는 시흥길을 새로 만들었다. 필자는 해마다 8월이면 수원지역 초등학생들을 데리고 정조의 화성행차 길을 원형대로 따라 걸었기에 정조가 만든 시흥길은 어느새 정든 길이 되었다.

정조는 돈화문을 나와 종루 앞의 큰길로 향했다. 지금의 종로 보신각 앞으로 행차한 것이다. 그리고 대광통교와 소광통교를 지나 숭례문을 지나갔다. 숭례문을 지나 현재의 서울역 앞을 지나 노량진으로 향한 행차는 정약용이 설치한 그 유명한 배다리를 건너 노량행궁에 도착했다. 정조는 배다리를 원활하게 설치하기 위해 주교사舟橋司라고 하는 특별관청을 설치하였는데, 그 자리가 바로 노량진동 주민자치센터 자리이다. 그 자리에서 약간 위쪽으로 올라가면 아직도 노량행궁의 중심 건물인 용양봉저정龍驤鳳翥亭이 초라한 모습으로 흔적을 남기고 있다. 과거 정조시대 노량행궁은 단순히 정조가 수원 행차 시에 점심 수라를 들기 위한 주정소만이 아닌 노량진 일대의 조운선을 관장하고 상인들을 통재하던 막강한 곳이었다. 하지만 세월의 변화를 어찌 막을 수 있겠는가! 대부분의 건물은 사라지고 용양봉저정 하나만 남

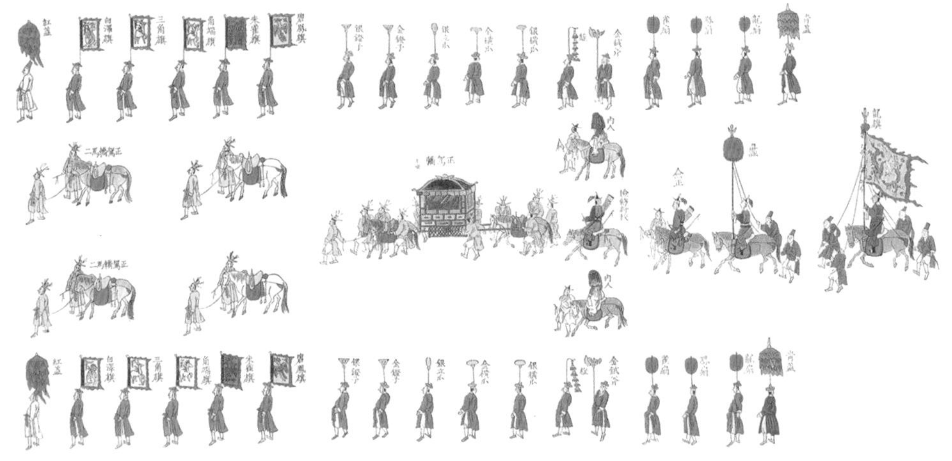

화성반차도
華城班次圖

반차도班次圖는 말 그대로 문반文班과 무반武班들이 행차를 하는데 순서를 정한 것을 근린 그림이다. 당시에는 카메라가 없었기 때문에 도화서 화원들이 오늘날의 기록사진처럼 아주 세밀하게 그렸다. 이처럼 세밀하게 정조의 화성행차를 그린 것이 바로 '화성원행반차도'華城園幸班次圖인데, 이는 사람들의 배치를 미리 알려주는 역할을 하기도 한다. 정조의 화성행차를 그린 반차도는 크게 두 가지가 있다. 하나는 당시 행차의 일정을 모두 기록한 『원행을묘정리의궤』園幸乙卯整理儀軌의 반차도이다. 그리고 또 하나는 국립중앙박물관에 소장된 「화성원행반차도」이다.

아 정조의 옛 체취를 느끼게 할 뿐이다.

첫날 점심 수라를 이곳에서 마친 정조는 6천여 군사들을 거느리고 위풍도 당당하게 시흥행궁에 도착하였다. 현재 시흥행궁은 완전히 사라지고 그 흔적도 희미하다.

정조의 행차길은 시흥행궁을 뒤로 하고 현재의 1번 국도를 그대로 따라 수원으로 내려가다 관악전철역 옆의 만안교萬安橋를 만나게 된다. 혜경궁 홍씨의 회갑연을 위해 새로 시흥대로를 만들면서 안양천을 건너기 위해 만든 만안교는 원래 관악전철역사 바로 옆에 있었는데, 전철역을 만들면서 안양천의 원래 위치에서 약 200여 미터 아래로 이동하여 다시 축조되었다. 만안교의 글씨는 일반적인 글씨체와는 완전히 다르다. 무엇인가 튀어 올라가는 이 글씨체는 정조시대 최고의 명필이었던 유한지兪漢芝의 글씨로, 만안교 아

© 국립고궁박물관

래로 흐르는 장쾌한 물의 역동성을 표현한 것이다. 일제 강점기와 한국전쟁을 통해 무수히 많은 문화유산들이 파괴되었음에도 불구하고 아직도 우리를 위해 남아 있는 것은 정조시대 문화의 풍요로움을 우리가 깨달을 수 있도록 해주기 위한 정조의 배려가 아닌가 한다.

만안교에서 안양전철역 앞의 안양 1번지를 지나 군포사거리로 그리고 다시 1번 국도를 지나게 되면 정조가 둘째날 점심을 먹었던 사근행궁에 도착한다. 물론 사근행궁은 현재 남아 있지 않다. 의왕시의 중심지역인 고천동이 바로 사근현이었고, 현재 고천동 주민자치센터가 바로 사근행궁의 터였다.

사근행궁에서 수원으로 올라가는 길은 큰 고개를 올라가야 했다. 이 고개는 지지대고개라고 불리는데, 정조에 의해 만들어진 이름이다. 이 고개에 오르면 멀리 화산 쪽에 있는 부친의 현륭원이 보이는데, 정조는 그곳까지 가는 시간이 너무도 답답하기 이를 데 없어 "왜 이렇게 더딘가[遲遲]?" 하고 한탄을 하였다고 한다. 참배를 마치고 서울로 환궁할 때는 이 고개의 마루턱에 어가를 멈추어 서게 하고 뒤돌아서서 오랫동안 부친의 묘역을 바라보면 눈물을 흘렸다. 이 고개 위에는 정조의 효행을 기념하여 순조 때 지지대비를 건립하였는데 현재 경기도 유형문화재 제24호로 지정되어 있다.

지지대고개를 지나 프랑스 참전비를 지나 본격적인 노송지대로 들어오면 첫 번째로 맞이하는 곳이 바로 정조의 동상과 효행기념 미술체험관이다. 도심에서 너무 떨어져 있어 찾는 이가 많지 않지만 그럼에도 불구하고 정조의 효심이 깊이 담겨 있는 길 위에 만들어진 것이기에 그 어느 기념관보다 의미가 있다고 할 수 있다.

© 김준혁

괴목정교
槐木亭橋

괴목정교는 정조의 화성행차길 표석 중의 하나이다. 괴목정교는 한양에서 수원으로 들어오는 지지대고개를 지나 수원 첫 번째 입구에 있는 다리이다. 이 일대에 느티나무가 많아 '괴목'이라는 지명이 붙었는데, 여기에 괴목정을 만들고 다리를 만들어 괴목정교라고 이름을 붙였다.

효행기념 미술체험관을 지나면 곧바로 정조가 지나갔던 괴목정교槐木亭橋가 나온다. 수원으로 들어와서 첫 번째 맞이한 괴목정교는 누구의 글씨인지 알 수는 없지만 당대 최고의 명필임에는 틀림없다. '느티나무정자 다리'란 이름답게 괴목정교 남쪽으로 약 10m 지점에 370여 년 된 느티나무 한 그루가 서 있는데, 아직도 그 위용이 대단하다. 필자가 어린 시절 해마다 거르지 않고 이곳으로 소풍을 와서 나무에 올라가고자 애쓴 기억이 아직 남아 있다.

괴목정교에서 남쪽으로 조금 내려오면 현재 법화당이란 이름으로 바뀐 미륵당이 있다. 정조의 행차 시절에도 그대로 있던 미륵당으로, 그 시절 그 모습대로 오늘날까지 남아 있는 몇 안 되는 것 중의 하나이다. 앞서 말한 지지대고개의 이름이 사근내고개에서 미륵고개로 불리웠는데, 바로 이 미륵당 때문이었다. 이 미륵은 조선후기 경기남부지역에 많이 생겨난 전형적인 마을 미륵으로 이 지역 백성들의 소망을 모두 받았던 미륵이었다. 이 미륵당 앞에는 원래 거대한 장승이 있었다. 이 장승은 조선말기 대표적인 판소리 중의 하나인 '변강쇠전'에도 등장하는 장승이었다. 변강쇠가 겨울에 땔감을 구하러 가기 싫어서 마을 입구의 장승을 베어오자 전국의 장승들이 변강쇠를 죽이기 위한 회의를 하는데 그때 조선 전체 장승의 우두머리로 등장하는 장승이 바로 이곳 지지대고개 아래의 미륵당 장승이었다. 아마도 미륵을 보좌하고 국왕 정조의 행차길을 맞이하는 장승이었기 때문에 장승 세계에서도 최고의 위치에 있던 것이 아닌가 한다. 하지만 이 미륵 옆에는 대형버스 차고지가 생겨 미륵의 영험함은 사라지고 버스 엔진 소리에 정신을 차릴 수 없을 지경이다.

정조는 자신의 행차 길에 특별히 더 많은 소나무를 심었다. 그 소나무가 이제는 노송지대란 이름으로 수원시민들의 명소가 되었는데, 1970~80년대 이 주변에는 참으로 많은 포도밭과 딸기밭이 있었다. 오월의 싱그러운 날, 연인들은 정조의 효심을 느끼면서 이곳 딸기밭을 찾았는데 이제는 딸기밭은 흔적도 없이 사라졌다. 그나마 다행인 것은 수원시가 이 길의 노송을 살리기 위해 도로를 없애고 공원으로 만들었다는 것이다. 필자는 이 동네 출신으로 차도 별로 다니지 않던 그 시절 딸기 서리를 위해 딸기밭을 많이도 기어 다녔다. 그런데 기억은 아스라이 사라지고 이제 벌써 쉰 고개이니, 이 글을 쓰며 옛 추억에 눈물을 흘린다.

노송지대에는 화성유수부의 송덕비가 가득한데, 아직도 2차선인 이 길은 그대로 이어져 만석거라는 큰 저수지에 다다른다. 정조가 만든 이 저수지는 조선의 농업개혁의 산실이자 우리 농업을 한 단계 발전시킨 대표적 문화유산이다. 정조는 이 저수지 옆에서 잠시 쉬면서 융복 위에 황금갑주를 걸치고 장안문으로 향했다. 그의 위용은 진정 조선 군왕의 모습이었으며 만

백성의 어버이였다. 그가 장안문으로 들어서자 세차게 내리던 비도 멈추고 갑자기 태양빛이 가득하여 그의 황금갑주에서 번쩍이는 빛으로 사람들은 눈을 뜰 수 없을 지경이었다. 그리고 그는 자신을 호위하는 군사들과 온 백성들의 마음을 담고 화성유수부의 종루 앞을 지나 화성행궁으로 들어갔다.

서울에서 무려 140여 리. 요즘의 미터법으로 환산해서 무려 56km를 내려온 그의 능행길은 단순한 국왕의 행차가 아닌 백성들을 위해 행복을 주는 행행幸行이었다. 비록 그 길의 옛 모습은 대부분 남아 있지 않지만 그래도 흔적을 보며 정조의 위민사상과 개혁정책을 이해하였으면 한다. 그래서 정조를 사랑하고 그가 이루고자 했던 진정한 백성의 나라를 오늘에 다시 구현할 수 있기를 진정으로 바라마지 않는다.

혜경궁 홍씨 회갑 진찬연의 비밀

"내후년은 곧 우리나라에 초유의 큰 경사가 있을 해이며, 나 소자小子가 천재일우千載一遇로 만나는 기회이다."

1793년(정조 17년) 1월 19일, 창경궁 영춘헌에서 대소 신료들을 대상으로 천명한 정조의 말이다. 내후년에 있을 우리나라 초유의 큰 경사란 무엇인가? 그 경사는 바로 정조의 생모인 혜경궁 홍씨의 회갑을 의미했다. 어머니의 회갑을 정조는 그 어떤 국가 행사보다 중히 여겼고, 이를 두 해 전부터 준비하기 시작한 것이다.

이날 정조는 정승급 이상의 대신들에게 어머니 혜경궁의 회갑 진찬연을 어떻게 준비할 것인가에 대한 행사 추진계획을 설명하였다. 물론 이 행사 추진계획은 정조가 기획한 것이었고, 신료들은 이 부분만큼은 국왕의 의지를 적극 받아들여야 했다.

어머니에 대한 하례는 이듬해인 1794년에 육순 잔치를 거행하면서 추진하고, 어머님에 대한 공경을 위한 호號를 받들어 올리는 일은 영조의 두 번째 왕비인 정순왕후의 대왕대비전과 사도세자의 사당인 경모궁에 고하고, 축하잔치는 아버지 사도세자의 묘소가 있는 화성으로 가서 사도세자의 묘소인 현륭원을 참배하고 화성행궁에서 간단하지만 정성 가득한 회갑잔치를 하겠다고 한 것이다. 그러면서 정조는 어머님의 회갑잔치가 단순히 왕실 가족의 축하잔치가 아니라 자신에게도 천재일우의 기회라고 강조했다. 그 천재일우의 기회란 다름이 아니라 화성으로 가서 사도세자가 묻혀 있는 현륭원을 참배하며 자연스럽게 사도세자의 명예를 높이고 자신의 정통성도 확보하고자 한 것이다. 그래서 정조는 어머니의 회갑잔치에 특별한 의미를 부여하였다.

"예禮는 의義로써 일으키고 정情은 예를 인연해서 펼쳐진다. 이 해의 이 경사, 이곳의 이 예는 자궁(어머니)의 마음을 감동시켜 돌릴 것이니 어찌 일거양득一擧兩得의 마땅함을 얻은 것이 아니겠는가?"

이처럼 정조는 어머니 회갑잔치라는 한 번의 거사를 통해 두 가지의 이득을 얻을 수 있다고 하였으니, 이를 통해 단순히 효심만이 아닌 국가 전체의 부흥을 위한 왕권강화를 목적으로 추진하였음을 알 수 있다.

마침내 1795년 윤2월이 되었다. 윤2월 9일, 화성으로 내려가는 거대한 행렬은 창덕궁 정문인 돈화문을 출발하였다. 당시 양력으로 3월 29일이었다. 봄이 한창인 시기였다. 아직 농사일이 본격적으로 시작되기 전이고 날씨는 따뜻해서 행차하기 나쁘지 않은 날씨였다. 매화꽃이 가득피어 산천은 온통 분홍빛이었다.

아름다운 산하를 바라보며 정조는 어머님의 회갑잔치만을 생각하였을 것이다. 그는 회갑 진찬연이 조선 역사 이래 가장 큰 경사라고 생각하였기에 그 이전에는 감히 상상할 수 없었던 파격적인 행사로 치르기로 사전에 준비하였다.

봉수당진찬도
奉壽堂進饌圖

봉수당진찬도는 원래 「화성능행도」華城陵幸圖 8폭 병풍의 첫 번째 폭에 해당되는 그림이다. 「화성능행도병」은 능행을 주관했던 정리소整理所에서 이를 기념하여 만든 병풍이다. 원행의 전모를 기록한 『원행을묘정리의궤』園幸乙卯整理儀軌에 의하면 당시 대병이 총 16좌나 만들어졌다. 즉 궁중에 대병 3좌를 내입하고, 총리대신 채제공蔡濟恭에게 대병 1좌, 당상 7명과 낭청 5명에게 각각 대병 1좌씩을 분상하였다고 한다. 혜경궁의 회갑진찬연은 정조 일행이 화성에 도착한 지 3일째 되는 윤2월 13일에 화성행궁의 내당인 봉수당에서 거행되었다.

화성에 도착한 이후 향교에 가서 공자를 참배하고, 사도세자의 묘소도 참배하였다. 화성 내의 여러 곳을 다니는 동안 백성들을 만나 다양한 이야기도 들었지만 그에게 가장 중요한 것은 바로 어머니의 회갑잔치였다. 2년 전에 대소 신료들에게 천명한 대로 잔치의 무대는 화성행궁 봉수당이었다.

봉수당奉壽堂은 이름 그대로 어머님의 만수무강을 위해 정조가 직접 지은 이름이었다. 원래 이곳은 화성행궁의 동헌이었다. 화성행궁이 1789년 7월 이후 수원신읍치의 관아로 만들어졌고, 그 중심에 동헌인 장남헌壯南軒이 건축되었다. 정조는 1794년 12월에 남쪽을 장대하게 하겠다는 의미를 가지고 있는 장남헌이라는 이름을 봉수당이라 바꿔 부르게 하고, 당대 최고의 명필인 조윤형에게 봉수당의 편액을 쓰게 하였다. 조윤형의 충심이 너무 강했던지 건물의 크기에 비해 과도한 편액이 설치되었다. 처음 정조가 직접 써준 어필 장남헌 편액은 동헌 건물과 자연스럽게 어우러져 전혀 어색함이 없었는데 완성된 봉수당 편액은 일반적인 편액의 크기를 뛰어넘는 과도한 편액이 되고 말았다.

봉수당 앞마당이 그리 크지 않기 때문에 화성행궁의 중삼문인 중양문中陽門을 활짝 열어 놓아 봉수당 앞에서 치러지는 회갑 진찬연을 모두가 볼 수 있게 하고, 봉수당 월대의 양쪽 끝에 특별무대를 설치하여 춤을 비롯한 공연과 왕실의 친척과 고위 관료들이 배석할 수 있게 하였다. 이 무대에서 이전까지의 조선에서는 단 한 번도 볼 수 없는 최초의 행사가 개최되었다.

혜경궁 홍씨의 회갑연에서 가장 독특한 것은 여성을 중심으로 행사가 진행되었다는 점이다. 조선시대의 가부장적인 제도는 너무도 잘 알려져 있다. 철저한 남성 중심의 사회이다. 남자는 여러 번 결혼을 해도 아무 문제가 없고, 여성들은 재가만 하여도 난리가 났다. 남편이 죽으면 반드시 수절하고 따라 죽으면 더욱 훌륭한 여인이 되었다. 양반 사대부 여인들이라 해도 고운

옷 입고 맛난 음식 먹으며 명산대천을 여행하는 것이 아니라 늘 무명옷을 입고 손에서 길쌈을 놓아서는 안 되었다. 조선시대는 여인들에게 시부모와 남편, 그리고 자식을 잘 봉양하는 것이 최고의 미덕이라고 가르쳤다. 그래서 여인들은 전면에 나서지 못하고 늘 집안의 깊은 곳에서 그늘에 있어야 했다.

그런데 이 잔치에서 파격적인 일이 벌어졌다. 물론 주인공이 혜경궁 홍씨이기는 했지만 여인들이 봉수당 안을 차지하고 앉아있었던 것이다. 당시 혜경궁의 회갑잔치를 위해 혜경궁과 관계가 있는 여인들을 대거 불렀다. 친고모인 조엄의 아내, 자신의 오라버니인 홍낙성의 아내, 동생의 아내 등 일가친척 여인들을 참여케 한 것이다. 물론 일반 양반가에서는 회갑잔치에 여인들을 초대해 잔치를 할 수 있었겠지만 왕실에서 국왕의 어머니 회갑잔치에 지방으로까지 여인들을 불러 그들을 행사 중심의 전각에 모시는 예는 없었다. 결국 남성들은 전각 밖의 무대에 앉을 수밖에 없었다. 국왕 정조부터 어머니가 계신 봉수당 밖의 월대에 작은 자리를 마련하여 앉아 있으니 혜경궁의 남자 친척이나 고위 관료들이 전각 밖에 앉는 일은 너무도 당연한 것이었다. 즉 여인들을 우대하면서 잔치를 치른 이 행사는 조선 역사상 최초의 일이었다.

두 번째는 여인과 남성이 함께 잔치를 치른 최초의 행사라는 것이다. 앞서 이야기한 것은 여인을 우대하였다는 것인데, 본질적으로 이 행사를 이야기하자면 조선 왕실사에서는 감히 존재할 수 없는 행사가 실현된 것이다.

조선시대 왕실 행사는 내연內宴과 외연外宴으로 구분된다. 내연은 철저히 여인들의 행사이다. 왕비를 비롯한 후궁과 정승의 아내인 정경부인을 비롯한 고위 관료들의 아내들이 참석한 행사가 바로 내연이다. 요즘도 대통령의 영부인이 고위 관료들의 아내들과 함께 고아원 방문 등 여러 행사를 치르듯이 조선시대에도 왕비의 주도하에 수시로 고위 관료들의 아내와 더불어 잔

봉수당
奉壽堂

봉수당은 화성행궁의 정전正殿 건물이다. 봉수당은 원래 1789년(정조 13년) 7월 15일에 과거의 수원부 읍치에서 현재의 자리로 이전을 결정하고 나서 건물을 짓기 시작하여 8월 19일 상량하고 9월 25일 완공하였다. 봉수당의 처음 이름은 한양의 남쪽에 있는 도시, 즉 수원을 장대한 도시로 만들겠다는 의미로 '장남헌'壯南軒이라고 지었다. 1795년(정조 19년) 혜경궁의 회갑연 진찬례를 이 건물에서 거행하였고, 이때 정조는 혜경궁의 장수를 기원하며 '만년萬年의 수壽를 받들어 빈다'는 뜻의 '봉수당'이라는 당호를 지어 당대 최고의 명필이었던 조윤형으로 하여금 현판에 쓰게 하였다.

치를 베풀었다.

이와는 반대로 외연은 철저히 남성 중심의 잔치였다. 국왕과 관료들이 모여서 하는 잔치였고, 다양한 의미의 잔치들이 수시로 벌어졌다.

이처럼 왕실에서의 외연과 내연은 철저히 구분되어 여성과 남성이 함께 한 잔치는 없었다. 남성의 잔치에 여인이 참석할 수 없었고, 여인들의 잔치에 남성이 참석할 수 없었다.

그렇기 때문에 내연에서 잔치에 사용되는 음식을 나르고 춤을 추는 것은 궁녀들이 하지만 외연에서 음식을 나르고 술을 따르고 춤을 추는 것은 모두 내시와 10살 미만의 어린 무동이 담당했다. 즉 모두 남성이었다.

우리가 보는 드라마나 영화처럼 국왕을 비롯한 공신들 그리고 고위 관료들의 잔치에 여성 궁녀들이 술을 따르고 같이 웃어주고 춤을 추는 일은 그저 상상일 뿐이다. 그런 일은 실제 존재하지 않는다. 여성들의 잔치에도 음악을 연주하는 악공이 동원되기는 하지만 실제 그 악공들은 모두가 맹인이었다. 왕실의 지엄한 여성들을 절대 볼 수 없게 하기 위하여 내연에는 반드시 맹인 악공들을 쓰게 한 것이다. 외연에서도 10살 미만의 어린 무동들을 악공청에서 훈련시켜 왕실의 외연만이 아니라 종묘대제, 석전대제에서 일무를 추게 하였다. 이를 통해서 유교의 명분주의와 남녀칠세부동석 사상이 얼마나 뿌리 깊게 조선사회에 자리잡았는지 알 수 있다.

그런데 이 행사는 남성과 여성이 함께 하는 행사였다. 여성들이 본전인 봉수당에 자리를 잡고 남성들이 무대 양쪽에 자리를 잡고 여성 무용수들이 춤을 추고 남성 악공들이 연주를 하였다. 내연과 외연의 합연이 시작된 것이다.

이 얼마나 놀라운 일인가! 어쩌면 이 행사야말로 근대화의 시작인지도 모른다. 일반적으로 근대화라는 것을 산업화로 잘못 이해하고 있는데, 근대화의 시작은 바로 자유로움이다. 여성과 남성을 분리하였던 고루한 시대정신에서 남성과 여성이 함께 잔치를 하며 서로를 존중해주는 것이 바로 새로운 시대정신이요 근대화가 아니겠는가!

이 속에 또 다른 비밀이 숨겨져 있다. 그것은 바로 정조의 검약정신이다. 혜경궁 홍씨의 회갑연에서는 최대 33명의 무용수들이 춤을 추었다. 정조는 이 무용수들이 모두 한양에서 내려올 경우 상당한 경비가 소요될 것으로 보았다. 이들의 출장비를 고려한 것이다. 거대하고 중요한 행사이지만 최대한 경비를 줄이고 아끼고자 하는 마음이 강했다. 그래서 한양의 무용수는 17명만 내려 보내고 수원 화성행궁 소속의 여성들을 16명 참여시켰다. 악공

또한 한양에 있는 악공청의 악공들이 내려온 것이 아니라 화성에 주둔한 장용외영 소속의 악공들로 하여금 연주케 하였다.

이는 단순한 경비 절감만을 목적으로 추진된 것이 아니다. 그것은 바로 지방 문화에 대한 인정이요 확신이었다. 당대 문화만이 아니라 오늘날 문화 역시 모두 서울 중심이다. 문화예술 전반이 서울에 집중되어 있어 지방의 문화는 발전하지 못하고 실제 서울에 있는 대부분의 사람들이 지방의 문화를 인정하지 않는다. 그런데 정조는 당시 화성을 중심으로 새로운 지방문화를 양성하고 싶어 하였다. 그래서 천년의 경사라고 강조하였던 어머니의 회갑연에서 무용과 음악을 지방의 예인들에게 맡긴 것이다. 그들이 잘할 수 있으리라는 확신을 가지고 있었기 때문이다. 결국 다양한 문화공연은 대성공이었고 정조는 행사를 마친 후 이들에게 포상을 하였다. 자신의 생각이 옳았음을 확인하고 기뻐한 것은 너무도 당연한 일이었다.

이 과정에서 정조는 새로운 시도를 하였다. 여기에 사용된 음악의 반을 조선의 음악으로 대체하고 춤 역시 백성들의 춤을 도입하였다. 조선시대 왕실 의례에 있어 반드시 지켜야 할 것은 철저히 중국의 음악을 사용하는 것이었다. 중국에 대한 사대 의식이 너무 크다보니 발생한 일이었다. 하지만 조선의 문화에 대해 주체적 의지를 가지고 있는 정조에게 모든 의례를 중국식으로만 하는 것은 참을 수 없는 일이었다. 그래서 정조는 조선의 악기로 조선의 음악을 연주하게 하였던 것이다. 당시 김홍도나 신윤복의 풍속화 등을 통해 정조시대를 진경시대眞景時代라고 불렀지만 정조는 음악에 있어서도 진경시대를 만들었던 것이다.

여기에 더해 마지막 무대 공연이었던 '선유락'船遊樂은 고유의 왕실 무용이 아닌 백성들의 놀이문화였다. 정조는 이 공연을 왕실공연으로 승화시켜 백성들의 문화와 왕실의 문화를 교류케 하였다. 백성들의 문화에 대한 자부심이 있었기에 가능하였던 것이다.

결국 정조의 어머니 혜경궁 홍씨의 회갑 진찬연 행사는 단순히 효심을 보여주기 위한 잔치가 아니었다. 이 행사는 근대화의 시작이요, 조선 문화의 자부심을 보여주는 행사였다. 새로운 문화와 미래의 좌표를 보여준 백성을 위한 새로운 나라 만들기의 출발이었다.

조선 최대의 행궁,
화성행궁

개혁군주 정조의 꿈을 이룰 수 있는 곳은 바로 화성이었다. 그 화성에서 정조의 거처는 바로 화성행궁이었다. 따라서 화성행궁은 4대 개혁과제를 앞세우며 위민정책을 추진했던 정조의 정치적 기반이었다.

정조는 생부 사도세자로 인하여 자신에게 가장 부족한 부분이 정통성이었음을 알고 있었고, 정통성 회복만이 곧 왕권을 강화할 수 있는 방법이며, 왕권이 강화되어야 개혁정책을 일관되게 추진할 수 있다고 인식하였다. 그로 인하여 정조는 사도세자의 정치적 복권 노력을 시도하였고, 그 결과가 1789년(정조 13년)에 있었던 현륭원 천봉이었다.

사도세자의 현륭원이 수원도호부 읍치로 이전되면서 수원도호부의 관아를 비롯한 행정중심지는 새로운 지역으로 이전하여야 했는데, 정조의 결단에 의해 팔달산 동쪽 지역으로 확정되었다. 수원부 신읍치 조성 과정에서 1차로 340칸의 화성행궁이 건립되고, 1794년부터 시작된 화성 건설에서 화성행궁의 규모도 확대되어 1796년 화성 완공 시에는 576칸으로 최종 마무리되었다.

화성행궁은 단순히 정조의 화성행차 시에 머무는 행궁의 개념이 아니었다. 장기적인 개혁 추진 공간으로서의 의미를 가지는 것과 동시에 수도권 남쪽의 정치·경제·사회·문화의 중심지였다. 이는 정조 이후에도 그 정통성과 기능이 이어졌으며, 화성의 상업적 기능이 확대되면서 대도회大都會로 확대되어갔기에 화성행궁은 화성유수부의 관아로서 행정의 중심 역할이 강화될 수밖에 없었다.

특히 화성행궁은 정조의 장기적인 양경체제兩京體制 구상에 맞물려 건설되었기 때문에 정조 사후에도 화성의 백성들은 정조에 대한 향수를 간직하고 있었다. 그렇기 때문에 화성행궁이 파괴되기 전까지 화성행궁과 화령전에서는 정조에 대한 제향이 왕실과 조정의 주관으로 이어졌다.

이 화성행궁이 일제강점으로 인하여 파괴되어 갔다. 나라를 빼앗긴 1910년 이전부터 조금씩 변화가 있었던 것은 사실이지만 이는 대한제국 황실의 의도이기보다는 1905년 을사늑약 체결 이후 조선통감부의 압력 때문이었다.

화성행궁의 파괴는 곧 민족의 아픔이었다. 백성을 위한 위민정치의 공간이 친일 식민지 지배를 위한 공간으로 변한 것은 조선 백성으로서 용납할 수 없는 일이었다. 수원의 백성들은 일제강점기에도 화성의 시설물을 지키기 위한 노력을 끊임없이 지속하였고, 이는 세계적으로 평가받아야 할 일이었다.

해방 이후 수원시민들은 일제에 의해 파괴된 화성행궁 복원에 적극적 의지를 가지고 실천하였다. 이는 우리나라 문화유산 복원사에 있어 획기적인 일이 아닐 수 없다. 물론 다른 지역에서도 문화유산에 대한 애정을 가지고 있는 시민들은 상당하다. 그렇지만 1970~80년대 산업화 시기와 새마을

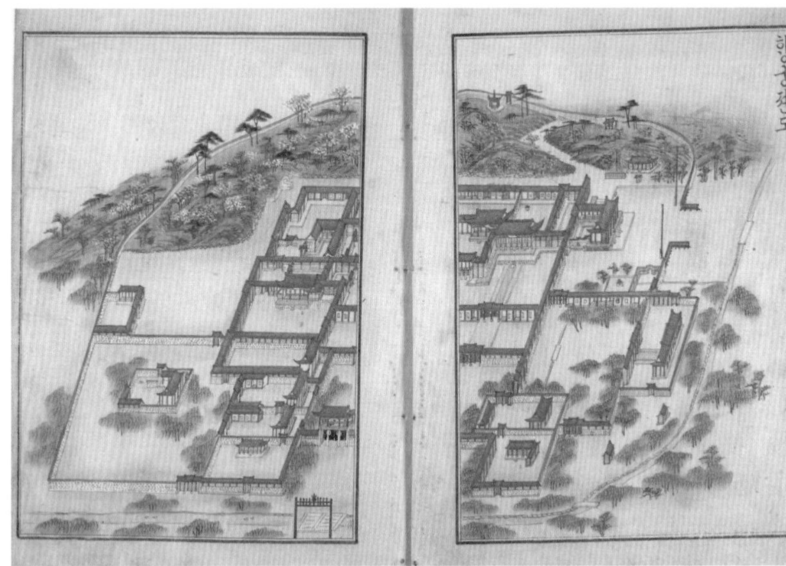

정리의궤 화성행궁도

프랑스 국립도서관 소장 『정리의궤』 성역도의 화성행궁도다. 화성성역의궤는 화성행궁도 하나만을 그렸는데, 정리의궤 성역도는 책 앞부분에 화성행궁 전도와 봉수당, 장락당, 낙남헌, 미로한정 등 화성행궁 주요 건물을 상세히 그리고 있다.

운동이 적극적으로 추진되던 시기에 문화유산 복원에 대한 논의는 거의 없었던 것이 사실이다. 2000년대 이후 문화적 바탕과 인식과는 상당한 차이를 보이고 있는 것을 인정하여야 한다.

그러함에도 수원시민들이 화성행궁 복원에 관심을 갖고 복원에 필요한 자료 수집 그리고 학술대회와 화성행궁 복원을 위한 시민모임 등을 추진한 것은 놀라운 일이 아닐 수 없다. 이와 같은 시민들의 노력에 화답하듯 경기도와 수원시는 화성행궁 복원을 결정하고 지방자치시대가 오기 전부터 수원시의 중점과제로 선정하여 화성행궁 복원을 추진하였다.

이것은 일제강점기로부터 오늘날에 이르기까지 백성이 건의하고 관청에서 수용하여 문화유산을 복원한 첫 번째 사례가 되었다. 민관의 공동 노력으로 오늘날 세계적인 문화명소 화성행궁을 복원한 것이다.

화성행궁

화성행궁은 1789년(정조 13년) 수원도호부의 관아를 팔달산 일대 신읍치로 이전하고 수원도호부 관아와 행궁의 역할을 동시에 하기 위하여 건립하였다. 처음에는 340칸으로 건립하였다가 1794년(정조 18년) 화성 축성을 진행하면서 576칸으로 확대하였다. 1793년 정조가 화성행궁이라고 이름을 짓고 직접 현판 글씨를 내려주었다. 일제강점기에 대부분 파괴되었다가 1989년 수원시민들이 화성행궁복원추진위원회를 결성하여 복원 사업을 추진하였고, 그 결과 2002년에 482칸이 복원되었다. 2020년까지 화성행궁 원래의 모습으로 복원할 계획이다.

이처럼 20세기 후반에 들어와 시민들의 노력으로 복원된 화성행궁은 조선 궁궐사에 매우 독특한 양식을 가지고 있다. 화성행궁의 특징은 일반 행궁과는 달리 정궁正宮의 '삼조삼문'三朝三門의 형식을 취하고 있다는 점이다. 기존 행궁은 대체로 100칸에서 150칸 내외의 크기이다. 그러나 화성행궁은 정궁에서 취하고 있는 삼조, 다시 말해서 외조外朝, 치조治朝, 내조內朝의 공간으로 조영되었다. 이것은 화성행궁이 일반 행궁의 격과 다르다는 것을 보여준다.

궁궐을 삼등분하면 앞쪽으로 외조가 자리 잡고 있는데, 외조란 '궐내각사'闕內各司를 의미하는 것으로 요즘으로 치면 청와대 비서실이라고 할 수 있다. 궐내각사란 전통시대의 홍문관, 승정원, 내자시, 사복시, 승문원 등 임금의 명을 받아 업무를 수행하는 기관들이다. 이러한 정궁의 외조와 같은 기능을 하는 시설물들이 바로 남북군영, 서리청, 비장청, 집사청, 외정리소 등의 건물이다. 이 기관들은 행궁을 유지하고 왕과 화성유수의 명을 받아 업무를 수행하는 기관들이다.

화성행궁의 치조 공간은 봉수당奉壽堂과 유여택維與宅이라고 할 수 있다. 봉수당은 정궁인 경복궁의 근정전, 창덕궁의 인정전과 같은 정전正殿의 역할을 하는 곳으로, 왕이 화성으로 행차하였을 때 신료들과 백성들을 만나는 곳이다. 유여택은 평상시 화성유수가 정치적 행위를 하던 공간이었으나 왕이 행차하였을 경우 왕의 접견 장소로 사용된 곳이다. 정궁의 편전과도 같은 역할을 하는 곳이라고 할 수 있다.

치조의 공간을 뒤로 하면 내조의 공간이 그대로 연결된다. 장락당長樂堂, 봉수당, 그리고 미로한정未老閑亭 등의 휴식공간이다. 잠자리와 휴식공간을 연결해 배치하면서 정조는 팔달산과 더불어 화성행궁의 아름다움을 극대화시켰다. 미로한정 아래에 국화를 심어놓고 국화를 감상한다든가, 아니면 화성행궁 주위로 뽕나무를 심어 실용적인 생활을 강조하기도 하였다.

이렇듯 화성행궁은 서울의 정궁 제도에 의해 설치되었으며, 그러한 모습은 화성행궁 입구에서부터 다시금 강조되고 있다. 현재 화성행궁의 정문인 신풍루 앞은 화서문에서 팔달문을 지나 경기도청 앞길까지 연결되어 있다. 하지만 예전 화성행궁 앞에는 명당수明堂水가 흐르고 있었다. 명당수 위로 아름다운 다리가 있었고, 그 다리 이름이 바로 신풍교新豊橋다. 신풍교 바로 앞에는 홍살문이 웅장하게 자리잡고 있었다.

홍살문 뒤로 현재도 남아 있는 괴목槐木(느티나무) 세 그루가 화성행궁을 호위하듯 힘차게 서 있다. 지금 신풍루 앞 광장에 남아 있는 조선시대 최대의 크기를 자랑하는 하마비下馬碑는 원래 신풍교 앞에 있는 것으로, 정확한 위치는 확인할 수 없지만 대체로 행궁 광장 오른편 끝에 있었을 것으로 추정된다.

삼조삼문의 첫 번째 문인 신풍루新豐樓 앞의 이와 같은 조경은 바로 정궁의 제도와 일치하는 것이다. 어느 궁궐이든지 정문 앞에는 괴목이 있고 정문 앞뒤로 명당수와 다리가 있기 마련이다. 물론 화성행궁이 정궁과는 다르기에 순서상의 차이는 존재한다. 즉 명당수와 괴목 그리고 다리가 정문 바로 뒤에 있는 것이 일반 정궁의 제도이나 화성행궁은 약간의 순서를 바꾸어 놓았다. 이는 정궁과 행궁의 차이를 두는 것이기도 하지만 화성행궁의 풍수지리적 조건을 고려해서 설정한 것이라 보아야 하겠다.

풍수지리를 고려한 대표적인 예가 바로 화성행궁의 방향이다. 조선시대 임금은 늘 남쪽을 바라보는 것으로 설정되어 있었다. 그래서 왕은 남면南面한다고 했던 것이다. 그래서 대체적으로 왕궁은 남향이었다. 그러나 화성행궁의 경우 팔달산을 등에 지고 읍치와 어우러지며 자연의 지세를 거스르지 않게 하기 위해 자연스럽게 동향을 취하고 있다. 이러한 연유로 인해 하마비, 신풍교, 괴목, 신풍루의 순으로 행궁의 자리매김을 한 것이다.

화성행궁의 삼문은 정문이자 외삼문인 신풍루와 중삼문中三門인 좌익문左翼門, 그리고 내삼문內三門인 중양문中陽門이다. 경복궁 역시 외삼문이자 정문인 광화문光化門, 중삼문인 흥례문興禮門, 내삼문인 근정문勤政門으로 근정전 앞에 삼문으로 설치되었다. 화성행궁 역시 정당인 봉수당 앞에 신풍루와 좌익문, 중양문을 세움으로써 봉수당의 격을 높였다. 이는 훗날 정조가 상왕이 되어 머물기 위해 지어진 궁이었기 때문이다. 따라서 화성행궁은 왕실에서 특별히 공을 들여 건축한 행궁 중의 행궁이라고 할 수 있다.

화성행궁은 무려 600여 칸이나 되는 엄청난 규모로 조성되었다. 정문인 신풍루는 1789년(정조 13년)에 지은 것으로, 처음에는 '진남루'鎭南樓라고 하였다. 남쪽에 있는 왜구를 막고 삼남(충청, 전라, 경상)을 아울러 수원을 대도

© 국립고궁박물관

화성행궁 편액

화성행궁 편액은 정조가 직접 쓴 어필편액御筆扁額이다. 정조는 1793년 1월 수원도호부를 화성유수부로 승격하고 수원도호부 관아를 화성행궁으로 승격시키고 직접 편액 글씨를 썼다. 명필이었던 정조의 필법이 유감없이 발현된 화성행궁 편액은 처음 봉수당에 봉수당 편액과 함께 걸려 있었다. 봉수당이 일제강점기 훼철되면서 이왕직 수장고로 옮겨졌다가 현재 국립고궁박물관에 보관되어 있다.

회로 만들겠다는 의지를 보인 것이다. 1794년(정조 18년)에 혜경궁의 회갑연을 앞두고 정조는 진남루의 명칭을 신풍루新豐樓로 고치라고 명하고, 당대 최고의 명필인 조윤형으로 하여금 현판 글씨를 써서 걸게 하였다.

'신풍'新豐이란 이름은 중국 한나라 고조高祖가 '풍 땅은 새로운 또 하나의 고향'이라고 한 고사에서 유래한 것이다. 신풍루는 단지 화성행궁의 정문 기능만을 한 것이 아니라 왕이 얼마나 백성을 사랑하는지를 여실히 보여주는 산증인과도 같은 곳이다. 1795년(정조 19년) 을묘원행 때, 신풍루 앞에서는 정조가 친히 참석한 가운데 홀아비, 과부, 독신자, 고아 등 의지할 곳 없는 사람들에게 쌀을 나누어주고 굶주린 백성에게는 죽을 끓여 먹이는 진휼賑恤 행사가 벌어졌다. 이것이야말로 신풍루를 신풍루답게 한 것이라고 하겠다. 또한 수원 춘팔경水原春八景의 하나인 '신풍사주'新豐社酒는 바로 이 신풍루에서 해마다 봄이면 유생들이 모여서 향음주례鄕飮酒禮를 거행하는 광경을 말하는 것이다. 현재의 건물은 일제강점기에 의해 파괴된 후 90여 년이 지난 2002년 7월에 복원되었다.

화성행궁에서 가장 중요한 건물이 바로 봉수당이다. 봉수당은 처음에는 수원부 신읍치의 관아로 1789년(정조 13년)에 건립되었으며, 임금 행차 시에는 정전正殿으로 쓰인 건물이었다. 1790년(정조 14년) 2월 원행 때 정조는 '장남헌'壯南軒이라고 직접 써서 편액을 달았으며, 1793년 1월 수원부가 화성유수부로 승격될 때, 정조 어필로 쓴 '화성행궁'華城行宮이라는 현판이 걸렸다. 즉 장남헌과 화성행궁이라는 두 현판이 나란히 걸린 것이다. '화성행궁' 현판은 길이가 자그마치 320cm로, 현재 국립고궁박물관에 소장되어 있다.

'장남헌'이라는 편액이 '봉수당'으로 변경된 것은 1795년 혜경궁 홍씨 회갑 진찬례進饌禮 때부터이다. 이때 정조는 어머니 혜경궁 홍씨의 장수를 기원하는 악장樂章과 자신의 마음을 읊은 시를 지어 신하들에게 보이면서 '만년萬年의 수壽를 받들어 빈다'는 의미의 '봉수당'이라는 당호를 지어 조윤형으로 하여금 현판에 쓰게 하였다. 그리고 1795년(정조 19년) 윤2월 13일 원행 때, 혜경궁 홍씨의 회갑잔치가 이 건물에서 거행되었다. 정조가 얼마나 자신의 어머니를 사랑하는지 알게 해주는 대목이다. 화성 축성과 효孝는 불가분의 관계인데, 그 대표적인 건축물이 바로 봉수당이다. 봉수당이야말로 우리나라 효 문화유산의 가장 대표적인 것이라 할 수 있겠다. 봉수당은 구한말 개화의 물결과 일제 강점기를 거치면서 완전히 파괴되었는데, 1997년 12월 복원되어 옛 모습을 되찾았다.

봉수당 다음으로 중요한 건물이 봉수당과 붙어있는 장락당長樂堂이다. 이 건물은 1794년(정조 18년)에 혜경궁의 회갑연을 대비해서 지은 것으로, '장락당'이라는 이름은 한漢나라의 궁전이었던 장락궁長樂宮에서 따왔다. 한나라에서 장락당은 원래 황제가 신하들과 더불어 조회하는 곳이었으나 뒤에 태후가 거처하게 되면서 대왕대비나 대비전을 일컫는 말로 쓰였다. 어머니 혜경궁 홍씨의 만수무강을 기원했던 정조는 한나라 태후의 거처였던 장락궁의 이름을 따서 장락당이라 이름 짓고 직접 편액을 써서 걸었다. 실제로

1795년(정조 19년) 을묘원행 때 혜경궁 홍씨는 이곳에서 머물렀다. 구한말 개화의 물결과 일제 강점기를 거치면서 완전히 파괴되었다가, 1997년 12월 복원되어 본래의 모습을 되찾게 되었다.

모습도 당당한 행궁이다 보니 여러 행사가 반드시 필요했다. 이러한 행사를 위해 지어진 건물이 바로 낙남헌洛南軒이다. '낙남헌'이라는 이름은 중국 후한後漢 시대의 도읍인 낙양성洛陽城 남궁南宮에서 따온 것이다. '낙'洛자는 낙양을 뜻하고, '남'南자는 남궁을 뜻한다. 을묘원행 때 군사들을 배불리 먹이는 행사인 '호궤'와 별시別試를 치르고 급제자에게 합격증을 내려주는 행사인 '방방'放榜이 이곳에서 벌어졌다. 또 노인들을 초청하여 대접하는 '양로연'도 벌어졌다. 화성행궁 부속 건물 중에서 파괴되지 않고 본래의 모습을 그대로 유지한 유일한 건물이다. 일제 강점기에는 수원 군청으로, 그 이후에는 신풍초등학교 교무실 등으로 사용되기도 했다.

유여택은 평상시에는 화성유수가 거처하는 곳으로 쓰이다가, 임금이 행차하게 되면 잠시 머무르며 신하를 접견하는 곳으로 이용되던 건물이다. 1795년(정조 19년) 행차 때, 정조는 이 건물에서 각종 행사에 대한 보고를 받고 하교를 내렸다. 1800년 정조가 승하한 다음 현륭원 재실齋室에 모신 어진御眞과 창덕궁 주합루에 모신 대본大本 어진 일체를 이곳에 잠시 봉안하기도 했었다. 현재의 건물은 1998년 12월 복원된 것이다.

이 밖에 화성행궁의 내당으로 쓰였던 복내당福內堂과 임금과 신료들이 하나의 마음이 되어 활을 쏘던 득중정得中亭, 정조를 비롯한 역대 임금이 행차할 때 화성행궁에서의 행사 준비를 담당하는 외정리소外整理所, 화성행궁의 잡다한 사무를 보던 집사들이 사용하는 집사청, 그리고 화성유수와 많은 관리들이 임금님을 향해 망궐례를 올렸던 우화관于華館 등이 화성행궁의 주요 건물로 자리 잡고 있다.

화성,
불취무귀不醉無歸의 산실

오늘날 대학에서 인문학이란 쓰레기통의 썩은 고깃덩어리 같은 존재이다. 인간의 존재 가치를 고민하는 인문학은 이미 구조조정의 대상이 되어버렸고, 사람들에게 인문학이란 생소한 단어가 되어버렸다. 이러한 현실에서 다시 인문주의를 부활한다는 것은 참으로 어려운 일이다. 인문학은 돈으로 해결할 수 있는 것이 아니다. 인문학은 사람의 마음으로 피워내야 한다. 현재의 정부가 인문학을 강화하고 역사교육을 강조한다고 하는 것은 역으로 인문학의 기본 가치를 모르고 하는 것이다. 역사교과서를 국정화하고 문화의 다양성을 인정하지 않는 이들이 어떻게 인문학을 발현할 수 있겠는가?

한국 사회에서 인문학을 올바르게 성장시키기 위해서 해야 할 일은 인문시대를 다시 조명하는 일이 기본이 되어야 한다. 그 첫 번째가 바로 인문주의를 추구한 국왕 정조를 재조명하고, 세계문화유산 화성을 다시 보는 것이다. 왜냐하면 화성은 단순한 성곽이 아닌 반만년의 우리 역사에서 가장 위대한 군주로 평가받고 있는 정조대왕의 꿈과 이상이 오롯이 담긴 곳이기 때문이다. 더불어 화성은 위민爲民의 터전이요 개혁의 실천지였기에 새로운 이상사회를 꿈꾸는 이들이라면 반드시 찾아야 할 성지聖地이다.

그렇다면 화성은 정조의 개혁 정책에 어떤 의미가 있는 것이었을까? 정조는 자신의 아들인 순조가 15세가 되는 해인 1804년에 국왕의 지위를 물려주고 상왕으로 화성에 거처하고자 하였다. 그래서 화성 축성 과정에서도 철저하게 도성都城의 구조로 건설하였다. 그러나 정조가 상왕이 되려고 했다고 해서 그가 모든 권력을 내려 놓고자 한 것은 아니었다. 권력이 없는 국가 지도자가 어떻게 백성을 위한 개혁정치를 할 수 있단 말인가. 정조는 그런 어리석은 지도자가 아니었다. 실제 조선시대는 상왕上王의 제도가 존재하였다. 자왕子王에게 왕위를 물려준 상왕은 인사권·사법권·군대통수권을 가지고 있었고, 정조는 상왕으로 화성에 거처하면서 백성들을 위한 새로운 조선을 만들고자 하였다. 그러나 이것만이 화성의 의미는 아니다. 정조는 화성에서 새로운 경제개혁 프로그램을 시행하고, 이를 전국의 모든 고을에 전파하기로 하였다. 그것이 바로 농업개혁과 상업개혁 프로그램이었다.

농업개혁을 위해 정조는 화성 성곽 밖에 '만석거'萬石渠라는 저수지를 파서 1년 내내 논에 물을 공급해 줄 수 있는 시스템을 구축하였다. 그리고 이 만석거 주위에 나라에서 비용을 충당하여 국영농장을 조성하였다. 이 국영농장에 경제기반을 다 잃고 고향을 떠나 길거리를 떠도는 토지 없는 백성들을 데려 와서 농사를 짓고, 수확량의 40%를 세금으로 내어 자신의 도리를 다하게 하였다. 그리고 조정에서는 이 세금을 이용하여 장용영 군사들의 급여를 충당케 하여 당시 백성들을 고통스럽게 만들었던 군포軍布 납부 제도를 없애고자 하였다.

만석거 저수지를 이용한 저수농법과 본격적으로 시행한 이앙법은 당대 농업의 대대적인 혁신을 가져왔다. 그래서 이를 한 번 더 검증하기 위해 사

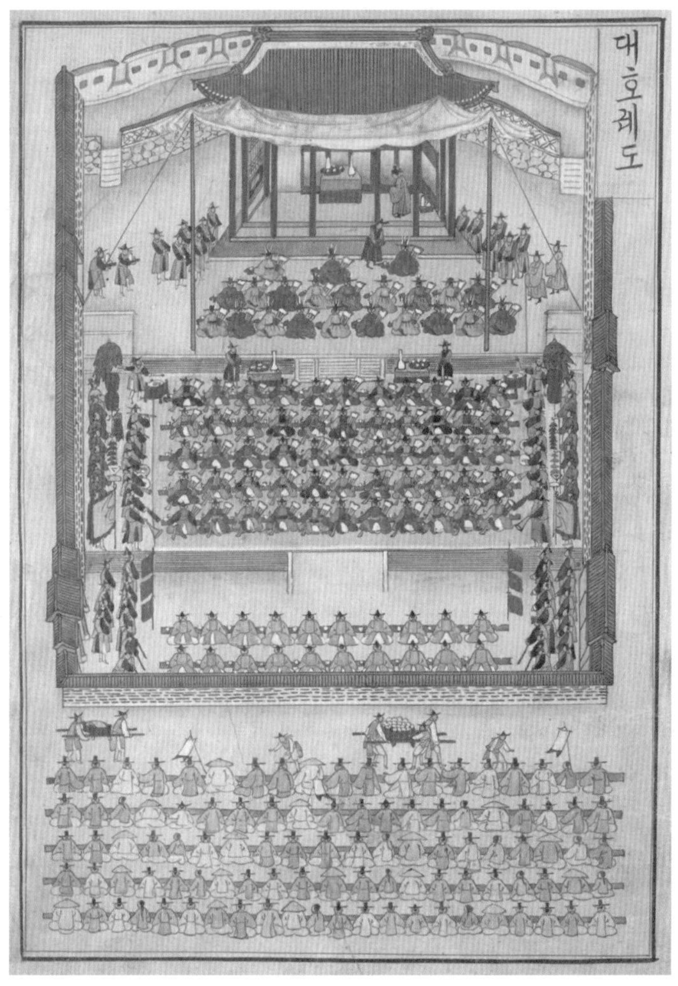

대호궤도
大犒饋圖

『정리의궤』 성역도의 대호궤도이다. 호궤란 음식을 베풀어 군사들과 기술자들을 위로하는 것을 말한다. 정조는 호궤할 때 장용외사는 마땅히 단속을 하여 원이 있는 곳으로는 나가지 말게 하고, 음식을 베풀어 먹이는 날에는 군악을 크게 베풀어 각각 취하고 배부르게 하라고 지시하였다. 대호궤 행사는 1796년 8월 19일 동장대에서 성역의 감동당상, 도청, 낭청, 장관 및 장교, 원역, 공장 등의 노고를 위문하였고, 정조가 내려주신 술과 음식을 함께 나누어 먹었다.

도세자의 묘소인 현륭원 옆에 '만년제'萬年堤를 축조하고 나아가 화성의 서쪽에 '축만제'祝萬堤를 설치하여 조선 농업의 일대 변혁을 주도하였다.

'농자천하지대본'農者天下之大本을 내세우면서도 실제 농사를 짓던 백성들의 삶에 대해 의도적이었든 의도적이지 않았든 조정의 권력자들이 도외시하던 시절에 국왕의 혁신적인 개혁정책으로 조선 농업의 일대 전환이 생겼으니 이는 참으로 대단한 개혁이 아닐 수 없었다. 이러한 정조의 농업개혁의 산실이 바로 화성이었으니, 화성이야말로 개혁정책의 근본 터전이 될 수밖에 없었던 것이다.

여기에서 더 나아가 정조는 화성을 상업개혁의 중심지로 삼고자 하였다. 일부 관리들이 화성에 진출한 상인들에게 국가가 보유하고 있는 인삼유통권의 독점권을 주자는 주장이 제기되었으나 정조는 이미 '신해통공'辛亥通共을 통해 독점권을 가진 상인들을 제한하고 모든 백성들이 상업행위를 할 수 있는 개혁 프로그램을 진행시켰는데, 다시 이를 번복하면서 독점권을 주려고 하지 않았다. 그래서 정조는 양반임에도 불구하고 상업행위를 통해 나라를 부강하게 만들고자 하는 의도가 있는 사람들에게 조정에서 무이자로 1만 냥씩 대여하는 방식을 취하였다.

이러한 정조의 정책으로 인하여 당대 최고의 명문가로 손꼽히는 해남 윤씨인 고산 윤선도 집안의 후손까지 수원으로 와서 상업행위를 하게 된 것이다. 이는 단순히 상업을 장려하는 수준이 아니라 신분제의 근본적인 발폐 현상을 극복하고 양반·중인·서얼·평민·노비·천민 등을 구분 짓는 구시대의 잔재를 추방하고자 하는 깊은 의도를 품고 있었다.

인간은 누구나 차별과 소외 받는 것을 싫어한다. 예전에도 그랬고 오늘날에도 기득권층과 기층인들의 차별은 너무도 심하다. 고대광실高大廣室에 사는 이들과 초가삼간草家三間에 사는 이들의 차별 만큼이나 버블 세븐 지역에 있는 호화평수의 아파트에 사는 사람들과 10평 남짓한 임대아파트에 사는 이들이 함께 공존하지 못하고 사는 것이 오늘날의 현실이다. 그러나 정조는 이러한 금기와 장벽을 깨는 개혁정책을 통해 모든 이들이 함께 호흡하고 서로의 기쁨을 나누며 사는 그런 행복한 사회를 만들고자 하였다.

이러한 사회를 만들기 위한 정조의 실천적 모습을 보여준 대표적 행사가 바로 8일 간의 화성 행차였다. 1795년 윤2월에 있었던 화성행차는 단순히 어머니 혜경궁 홍씨의 회갑연만을 위한 행차가 아니었다. 정조는 이 화성행차를 통해 자신이 진정 백성들을 위한 참다운 군왕임을 보여주었다. 가난한 이들을 위하여 국왕이 직접 쌀을 나누어주고, 중앙이 아닌 지역의 뛰어난 인재를 발탁하기 위해 과거시험을 개최하였으며, 대규모 군사훈련을 통하여 임진왜란과 병자호란 등 외세에 의한 치욕의 역사를 극복하여 자주적으로 나라를 지킬 수 있는 힘을 보여주었다. 이에 더하여 국왕이 친림하여 양반과 평민을 나누지 않고 모든 노인을 참여시켜 공경하는 양로연 행사를 개최하였다. 이와 같은 행사에서 정조는 백성들에게 술잔을 높이 들어 보이면서 첫마디에 '불취무귀'不醉無歸라고 하였다. 즉 취하지 않으면 돌아가지 못한다는 말이었다. '불취무귀'란 말은 실제 취해서 돌아가라고 한 말이 아니라 자신이 다스리는 백성들 모두가 풍요로운 삶을 살면서 술에 흠뻑 취할 수 있는 그런 아름다운 세상을 만들겠다는 의미였다. 한편 아직도 그런 사회를 만들어주지 못한 군왕으로서의 자책감과 미안함을 토로한 것이었다.

정조의 이 말에는 깊은 뜻이 담겨 있었다. 사실 전근대 사회에서 술은 일반인들이 마음껏 먹을 수 있는 것이 못 되었다. 사극을 보면 주막에 가서 마음껏 먹는 장면이 나오지만 이는 사실이 아니다. 술은 곡식을 이용해서 만드는 것이었기에 흉년이 들면 곡식 생산량이 줄어 술을 빚을 수가 없고 가난한 자들은 제대로 먹을 수가 없었다. 오죽했으면 영조 재위 52년간 경제적 어려움 때문에 40년이 금주령의 시대였겠는가.

그래서 조선의 군왕들은 백성들이 흠뻑 술을 먹고 기뻐할 수 있는 세상을 만들고 싶어 하였다. 정도전이 경복궁의 이름을 지을 때 『시경』詩經에 나오는 구절 중 하나인 "이미 술에 취하고 덕에 배부르니 군자만년 그대의 복을 도우리라"既醉以酒 既飽以德 君子萬年 介爾景福에서 큰 복을 빈다는 뜻의 '경복'景福이라는 두 글자를 따온 것이 바로 그 이유인 것이다. 술에 취하고 군왕의 덕에 배부른 것이 가장 이상적인 사회라고 생각했기 때문이다.

이처럼 정조는 모든 삶과 언어를 백성들을 위하여 헌신하였다. 아마도 일본의 하토야마 총리가 배우고자 했던 정조의 위민사상과 개혁정책이 바로 이런 것이었고, 정조의 비밀어찰에 담긴 소통의 정치가 바로 이것이리라. 그러한 정치의 근본이 되는 곳이 다시 강조하지만 바로 화성이었다.

오늘날 다시 정조와 같은 국가지도자를 만날 수 있을까? 사마천이 『사기열전』에서 안자晏子를 얘기하며 "오늘날 안자가 살아있다면 나는 그를 위해 채찍을 드는 마부가 되고 싶다"라고 하였듯이, 만약 정조와 같은 멋진 지도자를 만난다면 모든 것을 버리고 그와 더불어 새로운 세상을 만들기 위해 혼신의 힘을 다 해보고 싶다.

화성만의 독특한 건축물과 시대정신

4부

화성의 신神을 받들어 모신 성신사城神祠

1796년(정조 20년) 7월 초, 정조는 뜻밖의 명령을 내렸다. 지금까지 화성을 축성하는 과정에 있어 늘 신하들과 상의하면서 일을 추진했는데 그날은 갑작스런 명령을 내린 것이다.

"화성에 성신城神을 모실 수 있는 사당을 건립하라."

정조의 특별한 명령을 채제공을 비롯한 신하들은 이해하고 있었다. 전하께서 드디어 명령을 내리셨구나, 하고 그들은 생각하였을 것이다.

정조가 화성의 신을 모실 수 있는 사당을 건립하라고 한 것은 그가 단순히 '천지신명'天地神明을 공경하기 때문에 그런 것이 아니었다. 국왕의 행동과 언어는 단순한 것이 아니기 때문에 갑작스런 특별한 명령은 말 그대로 특별한 것일 수밖에 없었다.

정조는 늘 아버지 사도세자를 국왕으로 추존하고 싶어하였다. 하지만 1775년 12월, 자신이 할아버지 영조를 대신해서 대리청정을 시작할 때 영조의 특별한 지시가 있었다. 손자인 세손이 국왕으로 즉위하더라도 사도세자를 국왕으로 추존하지 말라는 것이었다. 정조는 한없이 낙담하였을 것이다. 자신이 아버지를 얼마나 사랑하는데, 그래서 반드시 아버지를 국왕으로 추존하고 싶었으나 왕실의 위엄과 체통을 지켜야 하기에 어쩔 수 없이 아버지를 추존하지 못하고 있었다. 하지만 할아버지의 지시를 어기지 않으면서 자신의 뜻을 펼칠 수 있는 기회가 왔다. 바로 자신의 후궁인 수빈 박씨가 잉태를 하고 아들을 낳은 것이다. 정조는 그 아이가 커서 할아버지가 되는 사도세자를 국왕으로 추존하길 바랐고, 그 시점이 되면 국왕의 지위를 물려주고 화성에 내려와 살고자 하였다. 그래서 화성을 상왕上王이 경영하는 새로운 수도로 삼고자 한 것이다. 그러기 위해서는 새로 쌓는 화성이 서울의 도성처럼 국가 수도로서의 조건을 갖추어야 했다.

그러자면 궁궐과 좌묘우사左廟右社, 즉 왼편에는 종묘가, 오른편에는 사직단이 있어야 했다. 화성에는 사직단은 만들었는데 역대 국왕의 신위를 모신 종묘는 만들 수 없었다. 그래서 종묘 대신 화성에 신을 모실 수 있는 성신사를 만들기로 한 것이다. 그러니 정조의 마음을 이해하고 있는 신하들은 성신사 건립의 의미를 이해한 것이고, 빠른 시간 안에 성신사가 완공될 수 있도록 최선을 다했다.

정조의 지시 직후인 7월 11일, 성신사를 지을 터를 닦았다. 터를 닦으면서 먼저 토지의 신에게 왜 이 터를 닦아야 하는지 고하는 의식을 하였다. 절충장군이자 독성중군, 즉 독산성 일대의 군사들을 책임지는 정3품의 고위직 사령관인 김후가 무릎을 꿇고 제문을 읽었다. 김후는 "사물이 크게 되는 데는 신神의 힘이 없는 법이 없습니다. 큰 고을에 성을 쌓으니 이것이 모두 토지신의 덕택입니다"라며 땅의 신에게 고마움을 표하였다. 실제 팔달산 동쪽의 너른 들판에 국가의 운명을 책임질 성곽이 쌓일 것이라고 그 누가 생각을 하였겠는가!

22일 오시午時에 주춧돌을 놓고, 이틀 뒤인 24일 묘시에 기둥을 세우고 상량을 하였다. 9월 19일 묘시卯時에 성신사 위판을 모시고 건물을 완공하였다. 위판을 봉안하는 날도 왕실의 일관日官인 안규상으로 하여금 직접 잡도록 하였다. 그래서 잡은 날이 바로 9월 19일이었다. 위판은 화성유수 조심태가 국왕을 대신해서 모셨다. 전사관 겸 대축은 수원부 판관 홍원섭, 재랑齋郎은 남양 부사 전의현, 축사는 용인 현령 정우태, 찬자는 수원부 중군 김후, 알자는 영화도 찰방 이오진이었다. 화성을 중심으로 둘러싼 모든 고을의 수령들로 하여금 제향에 참여하게 한 것이다. 그리고 정조가 직접 봉안제에 사용될 축문을 지었다. 정조가 왜 화성을 만들었는지, 그가 얼마나 백성들을 사랑하는지가 이 축문에 고스란히 담겨 있다. 축문을 통해 화성의 의미를 되새겼으면 한다.

> "저 화산의 남쪽에 성을 쌓으니 이것이 곧 화성이라. 땅은 천연의 웅장함을 본받으니 이에 경영하였구나. 만세토록 오랜 터를 여러 사람 마음을 합하여 만들었네. 성벽은 높디높고 성가퀴가 둘러쳐졌네. 우리 현륭원 호위하고 우리 한양 막아준다. 해자 도랑 믿음직하여 신령의 마음 씻는 듯하다. 성주가 제사하니 많고 많은 영광이라. 천만억년 다하도록 우리 강토 막아주소서. 한나라의 풍패豊沛같은 우리 고장을 바다처럼 편안하고 강물처럼 맑게 하소서. 나를 오래 살게 하고 나에게 복을 주며, 나에게 태평성대 주옵소서."

성신사는 화성의 성신을 모신 곳이다. 정조는 화성성역이 완료되는 시점에 수도 한성부의 종묘와 같은 공간 조성의 필요성을 느꼈다. 이는 갑자년(1804년) 양위 후 수원으로의 이어移御를 위하여 수원의 위상을 높일 필요가 있었기 때문이다. 따라서 정조는 화성 성역 시 한양의 제도와 같이 사직

© 이용창(기록사진작가)

성신사
城神祠

성신사는 화성의 신을 모신 사당으로 팔달산 오른쪽 기슭의 병풍바위屛巖 옆에 자리 잡고 있다. 1796년 봄에 정조의 특별명령으로 터를 잡고 사당을 건립하였다. 그림은 프랑스 국립도서관 소장 정리의궤 성역도의 성신사 모습이다. 성신사는 정문이 삼문으로 되어 있고, 가운데 문은 솟을대문으로 건립되었다. 사당은 전체가 단청을 칠하여 품격을 높였다. 팔달산의 병풍바위와 조화를 이룬 모습을 보여주고 있다.

© 프랑스 파리 국립도서관

단, 문묘, 종각 설치와 더불어 성신사를 설치한 것이다. 정조는 성신사 설치를 지시한 것뿐 아니라 완공 후 성신城神에 대한 고유문告由文을 직접 작성하기까지 하였다. 화성 성신사에 대한 애정으로 정조가 낙성연에 직접 참석하여 제사를 주관하고자 하였으나 갑작스런 한양의 홍역 창궐로 인하여 세자를 보호하기 위해 수원 행차를 취소하였다.

정조가 1796년 7월 11일 성신사 지을 터를 닦은 것은 상당한 정치적 의미가 있다. 7월 11일이라는 날짜는 단순한 택일이 아니라 사도세자의 정통성과 연관되어 있는 날이다. 1789년 7월 11일은 금성위 박명원의 상소로 인해 양주 배봉산에 있는 영우원永祐園을 천봉하기로 결정한 날이다. 즉 정조의 왕권 강화를 공식적으로 대내외에 선포한 날이기도 하다. 이렇듯 정조에게 있어서 각별한 의미를 지닌 7월 11일에 화성 성신사의 터를 닦은 것이며, 이는 우연한 일이 아니다. 따라서 성신사는 화성에서 화성행궁과 더불어 가장 중요하고 신성한 공간이라 할 수 있다.

성신사는 화성유수부의 주산主山인 팔달산 병암屛巖에 성신사를 설치하여 수원 전체를 아우르는 곳으로 선택하였다. 이 자리는 현재 강감찬 장군 동상이 위치하고 있다. 이는 1971년 6월 29일 '애국조상건립위원회'와 서울신문사가 공동주관하여 기공한 것으로 1971년 10월에 준공되었으며, 1972년 5월 4일 당시 국무총리였던 김종필을 비롯한 정부 요인과 수원시민이 참석한 가운데 제막식을 거행하였다.

그러나 강감찬은 수원과는 아무런 연고가 없는 인물로 성신사 자리에 이 동상이 자리 잡고 있는 것은 수원의 정체성을 살리는 데 상당한 문제점을 내포하고 있다. 특히 성신사 터 일대는 지표조사 시 기와 파편과 초석 일부 등이 발견되어 그 위치가 더욱 확실해졌다.

참으로 다행인 것은 수원의 대표적인 화성지킴이 모임인 '화성연구회'가

지속적으로 성신사 복원을 주장하였고, 이러한 의견에 공감을 한 기업은행이 11억 원을 기증하여 성신사를 2009년에 복원한 것이다.

성신사의 복원은 단순히 화성의 여러 시설물 중 한 곳을 복원한다는 의미가 아니라 수원의 정체성을 살리고 정조의 깊은 뜻을 알리는 것이다. 복원된 이후 수원에서 진행하는 모든 행사 시 행사 주체들이 이곳 성신사에 와서 예를 올리고 시작한다. 아마도 정조가 원하던 것이 그것이었을 것이다. 화성 성신사에 모셔져 있는 성신城神이 부디 수원 화성만이 아닌 이 나라 전체를 잘 지켜주었으면 하는 바람이다.

우아한 철옹성
공심돈空心墩

화성을 쌓은 당대인들은 조선 축성문화의 근간에 대한 자부심은 그대로 유지하되, 다시는 임진왜란이나 병자호란 같은 전투에서 적으로부터 부끄러움을 겪지 않기 위해 주변 국가와 중국으로부터 전래된 서구의 축성문화를 받아들였다. 이 때문에 화성은 창조와 도전정신으로 가득한 성곽이 되었다. 이처럼 새로운 시대정신으로 만들어진 화성의 건축물들 중 가장 도전정신이 강한 시설물이 바로 공심돈空心墩이다.

공심돈, 말 그대로 속이 비어 있는 돈대墩臺란 뜻이다. 1792년 12월 국왕 정조로부터 지엄한 명령을 받아 화성 축성의 기본 설계를 맡았던 정약용은 처음에는 공심돈을 화성의 시설물에 넣을 생각을 하지 못했다. 옹성, 치성, 포루, 누조 등 다양한 시설물들을 고안하긴 했지만 공심돈만큼은 그의 축성 계획에 포함되지 않았다. 그만큼 공심돈은 독특하고 조선 축성사에 한 번도 얼굴을 들이민 적이 없는 너무도 낯선 시설물이었다.

화성 축성이 시작된 후 얼마 지나지 않아 정조는 화성의 성벽을 쌓을

중국 계현 평돈

중국 천진天津의 순천부에 있는 황애관장성黃崖關長城의 평돈平墩이다. 황애관장성은 명나라 장수 척계광이 만든 성으로, 주로 왜구를 막기 위한 장성이었다. 척계광은 모원의가 만든 『무비지』武備志에 의거해 돈대를 만들어 활용하였다. 황애관장성이 있는 곳이 예전에 계현薊縣으로 불리는 지방이었기 때문에 이 돈대를 계평돈薊平墩이라고 불렀다.

10여 리가 넘는 길을 순행했다. 수많은 신하들을 거느리고 팔달산에서부터 시작된 행차는 화서문 터에 이르렀다. 정조는 이 자리에서 공심돈을 거론했다. 당시 신하들에게 공심돈은 전혀 생소한 방어시설물이었다. 정조는 이 자리에서 중국의 『무비지』武備誌에 나오는 공심돈을 언급하면서 성문과 가까운 곳에 건물을 올리되, 속 안이 비어 계단으로 오르내리면서 적들을 공격할 수 있도록 했다. 공심돈의 꼭대기는 말 그대로 돈대로 적들을 감시하고 신호를 보내 우리 군사들에게 연락을 취하는 공간으로 사용하도록 했다. 실제 『화성성역의궤』에도 이 공심돈이 중국 천진 계현의 평돈平墩을 따라 만들었다고 하고 있다.

필자는 이 평돈을 보기 위해 천진에서 승용차를 대여해 3시간을 달려 계현의 황애관장성黃厓關長城으로 가서 이 평돈을 눈으로 직접 보았다. 정말 화성의 동북공심돈과 너무도 유사하였다. 황애관장성을 만든 중국 명나라 장수 척계광戚繼光은 왜구를 막기 위한 일환으로 이 장성을 쌓고 돈대를 만들었다. 그런 내용을 알고 있던 정조는 아마도 수원 화성을 왜구를 막기 위한 군사적 기지로 생각하고 이 돈대를 떠올린 것이 아닌가 한다.

정조가 화성을 순행했던 1794년(정조 18년) 1월 정약용은 부친의 상중喪中이었다. 그해 6월이 되어야 아버지 정재원의 탈상이었기 때문에 다산이 할 수 있는 일은 많지 않았다. 그는 화성의 기본설계 이외에 축성 초기 단계에서 구체적으로 건물의 설계할 수 있는 역할을 할 수 없었다. 이 건물은 축성의 실질적 책임자였던 화성유수 조심태가 지휘했다.

공심돈은 화성에서 처음으로 등장한 시설이었다. 이전에는 남한산성에 돈대를 설치한 적이 있고, 또 강화에도 해안선을 따라 51군데에 돈대를 설치한 바가 있었다. 그러나 강화의 돈대는 단지 높은 대를 쌓아 군사들이 그 위에 올라서서 먼 곳을 감시하는 정도의 시설일 뿐이었다. 돈대를 효과적으로 운용하기 위해서는 대를 아주 높이 설치해야 했다. 이때 가장 불편한 점은 높은 돈대를 오르내리는 일이었다. 공심돈은 이런 불편을 해소하기 위해서 돈대의 내부를 비우고 그 안에 위 아래로 오르내릴 수 있는 사다리를 설치해서 적이 보지 못하는 동안에 군사들이 돈대 안에서 자유로이 이동하고 또 적에게 공격을 할 수 있게 했다.

다산의 처음 계획과 달리 성벽 전체 길이가 길어지고, 포루의 배치나 숫자에 차이가 생겼으며, 공심돈 같은 시설이 늘어나 화성의 모습은 처음과는 약간의 차이가 있었다. 그러나 성곽의 기본적인 개념이나 방어시설의 설치 등에서 화성은 다산의 계획안을 충실히 따라 조성되었다고 평가할 수 있다.

화성에 공심돈은 3곳이 있다. 북쪽을 제외한 동·서·남의 세 공심돈은 각기 다른 독특한 형태를 취하고 있다. 물론 서북공심돈과 남공심돈이 상당히 유사하긴 하나 각각의 건물은 모두 다른 아름다운 맛이 있다. 공심돈은 기초부분은 돌로 쌓고 군사들을 보호하는 바깥의 둘레는 벽돌로 쌓았다.

서북공심돈

서북공심돈은 보물 제1710호로 지정되었으며, 성제城制는 우리나라 성곽에 처음 있는 것이다. 『화성성역의궤』에 기록된 것과 같이 치성雉城의 상부에 공심돈을 조영한 형식은 현존 성곽 건축에서는 화성에서만 볼 수 있는 귀중한 유산이다. 치성의 석재 쌓기 기법과 상부 공심돈의 전돌 축조 기법, 현안과 총안, 전안 등의 중요한 시설 등 독창적인 건축형태와 조형미를 가지고 있다.

성벽 밖으로 튀어나온 치성 위는 네모난 돌로 쌓았는데, 모서리 부분을 네모반듯하게 쌓지 않고 둥글게 만들었다. 이러한 건축기법은 아마도 조선의 성곽 건축에서는 거의 볼 수 없는 탁월한 기법이라고 할 것이다. 서북공심돈을 바라보면 조선 건축의 아름다움을 그대로 느낄 수 있다. 사실 서북공심돈은 화성 전체의 시설물 중에서도 가장 탁월한 군사시설물이다. 치성 상부에 축조된 공심돈은 3층 구조를 이루고 있으며, 1층과 2층의 외벽과 3층의 하부는 벽돌로 쌓고, 내부는 목조로 안전하게 만들었다.

서북공심돈 외부의 북측과 서측 면에는 각 2개소의 현안懸眼을 두어 내부 1층 바닥에서 성에 접근하는 적을 방어할 수 있도록 조성하였다. 현안의 하부는 치성벽의 석재를 오목하게 U자형으로 가공하여 상부 전돌 현안과 연결되게 하였다.

동북공심돈

화성의 창룡문 인근에 있는 동북공심돈東北空心墩은 성곽 주위를 살피거나 비상시에 적의 동향을 파악하기 위한 망루로, 화성에서 처음 등장했다. 1796년(정조 20년) 높이 5.42m, 둘레 38m 규모로 완성됐으며, 한국전쟁 과정에서 완파된 뒤 1975년 복원됐다. 화성에는 이외에도 서북공심돈과 남공심돈이 있다.

치성 위의 벽돌로 쌓은 공심돈 1층과 2층 각 면에는 6개의 총안銃眼이 있는데, 아래쪽에 2개, 위쪽에 4개이다. 3층에는 여장을 쌓고 같은 높이에 4개의 총안을 내었다. 3층 망루의 포사는 정면 2칸, 측면 2칸의 팔작지붕이다. 벽면 위쪽의 판문에는 전안箭眼이 설치되어 있다.

이와 같은 공심돈 내부에 설치된 무기는 네덜란드로부터 중국으로 전해졌다가 다시 조선으로 수입되었던 불랑기포佛郞機砲(서양식 중기관총)와 정조 때 새로 개량한 백자총이었다. 큰 구멍에는 불랑기포를 설치하고 작은 구멍으로는 백자총을 쏘도록 해 적들로 하여금 어느 방향에서 총탄이 날아올지 모르게 한 것이다.

3개의 공심돈 중 가장 먼저 만들어진 것은 지금은 없어진 남공심돈이다. 1795년 10월 18일 완공됐는데, 이를 기념하기 위해서였는지는 모르겠지만 다음날 인부들에게 대규모 회식을 시켜줬다고 한다. 다음해인 1796년 3월 10일 서북공심돈을 완성했고 4개월 후인 1796년 7월 19일 동북공심돈이 완공됐다. 남공심돈은 서북공심돈과 상당히 비슷한데 규모는 작은 편이다.

한편 동북공심돈은 완전히 다른 형태를 취하고 있다. 일단 서·남공심돈은 약간 사각 형태이나 동북공심돈은 원형의 모습이다. 그리고 위의 공심돈은 사다리를 타고 올라가게 한 데 반해 동북공심돈은 소라처럼 돈대 안을 빙글빙글 돌아 올라가도록 설치됐다. 이 모습은 요동 계평돈의 모습과 매우 유사하다. 동북공심돈은 매우 대단한 위력을 지니고 있었다. 다른 시설물과 달리 위아래 2층에서 동시에 대포를 쏠 수 있었기 때문이다. 보통의 건물들은 동시에 대포를 쏘게 되면 무너질 염려가 있는데 동북공심돈은 과학적 계산과 튼튼한 축성법으로 전혀 문제가 없었다. 이 돈대에 오르면 화성 전체가 한눈에 내려다보인다. 연무대에서 군사훈련을 받고 있는 장용영 군사들에서부터 멀리 성외시장에서 가격을 흥정하고 있는 상인들의 모습까지 보이지 않는 게 없을 정도이다.

그러나 역시 공심돈 중 가장 대표적인 건물은 단연코 서북공심돈이다. 남공심돈은 일제강점기 팔달문 주변의 도심 확장과 지금의 지동시장인 성외시장 확대 등으로 영원히 사라졌다. 동북공심돈은 한국전쟁 중 엄청난 폭격으로 아랫부분을 제외하고는 화성의 역사에서 자취를 감추고 말았다. 오로지 서북공심돈만 그 엄청난 전쟁의 참화 속에서도 굳건히 오늘날까지 자리를 지키고 있다.

서북공심돈이 오늘날까지 온전하게 남아 있는 건 아마도 정조의 사랑이 너무도 극진했기 때문일 것이다. 정조는 정약용의 설계에 없던 공심돈을 지으라고 지시만 한 게 아니라 대략적인 설계까지 제시했다. 1796년 9월 화성 축성이 완료되고 10월 열렸던 낙성연에 참석하지 못했던 정조가 이듬해인

1797년 1월 3정승과 6판서를 비롯하여 수많은 신료들을 거느리고 화성으로 행차했다. 이 행차는 2년 전 화성행궁에서 열렸던 혜경궁 홍씨 회갑연만큼이나 많은 신료들이 참가했다. 정조는 완성된 화성을 둘러보다 바로 서북공심돈 앞에서 모든 신하들에게 큰 소리로 하교했다.

"우리 동국東國 역사상 최초로 지어진 건물이다. 마음껏 구경하라."

우리나라 역사상 최초로 지어진 공심돈, 그것도 자신의 기본설계안과 지시에 의해 만들어진 시설물이기에 정조는 화성의 전체 시설물 중에서 가장 애정을 느꼈고 신하들에게 마음껏 구경하라고 지시한 것이다. 이처럼 정조의 깊은 사랑이 있는 건물이었으니 전쟁의 참화도 비껴간 것이 아닐까?

서북공심돈과 동북공심돈은 화성에서 가장 많이 사랑받고 있다. 전쟁의 아픔으로 무너진 동북공심돈은 1975년 화성복원사업으로 복원돼 원형의 모습을 되찾았고, 서북공심돈은 전투시설물인데도 선비처럼 우아한 자태가 세계인들을 감동시키고 있다. 얼마나 대단했으면 국내 유수의 건축디자인이 이 공심돈을 본뜨고, 수원시 심벌마크가 이 공심돈을 형상화했겠는가! 서북공심돈은 2011년 3월 국가지정문화재 보물 제1710호로 지정되었다.

아름다움의 극치
방화수류정訪花隨柳亭

세계문화유산 화성에서 빼어난 외관과 아름다운 경관을 가지고 있는 건축물은 단연코 동북각루인 방화수류정이다. 각루란 성곽에서 높은 구릉을 택하여 누각 모양의 건물을 세워 비상 시에는 군사지휘소로 주위 일대를 감시하고, 평상 시에는 휴식을 즐길 수 있는 정자로 다기능적인 성격을 지닌 건물이다. 화성에는 동북각루·서북각루·서남각루·동남각루 등 4곳의 각루가 있다.

방화수류정이 자리 잡은 위치는 화성의 동북방면 용두에 위치하고 있다. 광교산의 한쪽 기슭이 남으로 뻗어가서 선암산이 되었고, 다시 서쪽으로 감돌아 몇 리를 가서 용두龍頭에 그치고서 북쪽으로 활짝 열렸다. 용두란 용연龍淵 위에 불쑥 솟은 바위이다. 성이 이곳에 이르면 산과 들판이 만나고 물이 돌아서 아래로 흘러 대천에 이르게 되므로 동북 모퉁이의 요처가 동북각루東北角樓이고, 이곳에 걸려 있던 편액이 방화수류정이다.

화성의 기본 설계는 정약용에 의해 이루어졌지만 다산의 『성설』城說에 동북각루 건립에 대한 의견은 없었다. 동북각루의 건립은 정조가 화성 기공식 이후 화성 건설 예정지 순행 중 용두 일대가 중요한 전략적 위치라고 판단하여 건립을 지시하면서 이루어졌다.

『화성성역의궤』에 방화수류정이라고 표기되어 있지만 정식으로는 '동북각루'東北角樓라는 이름이 사용되고 있다. 바로 화성 성곽 동북지역의 비교적 높은 위치에 있어 전투를 지휘하고 적들의 침입을 관측할 수 있는 각루라는 뜻이다.

이 이름 외에 민간의 백성들이 가장 많이 불렀던 이름은 바로 '용두각'龍頭閣이었다. 원래 '각'閣이라는 이름이 붙는 건물 중에서 왕실에서 주로 많이 쓰인 곳은 널리 소식이나 배움을 알리는 용도의 건물이었다. 보신각은 날이 바뀌고 해가 바뀌는 것을 알리고 규장각은 배움을 알리는 곳이었기에 '각'이라는 이름이 들어간 것이다. 방화수류정이 용두각이라는 이름으로 불리게 된 것은 용머리 형상을 하고 있는 용두암 위에 지어진 건물이자 그곳에 정조가 행차하여 과거시험과 활쏘기 등을 하였기 때문이다. 이 행사에서 기쁜 소식이 널리 퍼졌기 때문에 수원의 백성들은 그곳을 용두각이라는 이름으로 불렀던 것이다.

마지막으로 '용연정'龍淵亭이라는 이름이다. 방화수류정 밖에 있는 아름다운 연못이 바로 '용연'이다. 용의 형상을 하고 있는 바위 아래 있었기 때문에 지어진 이름으로, 아름다운 보름달이 떠오르면 수원의 백성들이 용연에서 달을 바라보았다. 그래서 용연에 있는 정자라고 하여 용연정이라 불리기도 한다. 하지만 가장 대표적인 이름으로 불리는 것이 바로 『화성성역의궤』의 기록대로 방화수류정이다.

방화수류정訪花隨柳亭이라는 이름은 정조를 모신 자리에서 남인계 명재상인 채제공이 지은 것으로, 화산花山과 유천柳川의 의미를 취한 것이다. 당

© 이용창(기록사진작가)

방화수류정
訪華隨柳亭

방화수류정은 동북각루, 용연정이라고도 불린다. 화성의 북수구문인 화홍문의 동쪽에 인접한 높은 벼랑 위에 있는데, 그 아래에는 용연이라는 인공 연못이 있다. 앞면 3칸, 옆면 3칸의 아자형 평면구조이며, 지붕은 8각 지붕을 기본으로 남북에 합각을 더 세워 십자형으로 되어 있으며 그 위에 삼절병통이 얹혀 있다. 정자의 이름은 중국 송나라의 시인 정명도의 시에서 따온 것이며 현판의 글씨는 원곡 김기승이 썼다. 프랑스 국립도서관 소장 『정리의궤』 성역도의 방화수류정 그림을 보면 용연 연못에 있는 굽은 소나무가 인상적이다.

© 프랑스 파리 국립도서관

시 편액의 글씨는 화성행궁 봉수당奉壽堂과 낙남헌洛南軒의 편액을 쓴 당대 최고의 명필 조윤형이 썼지만 지금은 남아 있지 않고, 병신년(1956년)에 원곡原谷 김기승金基昇(1909~2000)이 쓴 현판이 걸려 있다. 조윤형이 쓴 글씨는 일제 강점기까지만 해도 남아 있었던 듯 희미하나마 사진은 남아 있는데, 원본의 소재는 확인되지 않고 있다.

'방화수류정'이라는 편액은 원래 송나라 학자인 정호程顥(1032~1085)가 쓴 「춘일우성」春日偶成이란 시의 '방화수류과전천'傍花隨柳過前川이라는 구절에서 온 말이다.

구름 적고 바람 부는 한낮이 가까운데雲淡風輕近午天
꽃 따라 버들 따라 앞 시내를 지나가네傍花隨柳過前川
사람들은 내 마음이 즐거운 건 모르고서時人不識余心樂
애들처럼 한가하게 소풍 온 줄 착각하네將謂偸閒學少年

이 시는 정호라는 유학자가 봄날 한가롭게 거닐면서 느끼는 자연의 이치를 읊은 시이다. 하지만 정조는 '방화수류'傍花隨柳의 '화'花와 '유'柳에 화산花山과 유천柳川의 의미를 부여했다.

화산은 사도세자의 묘인 현륭원이 있는 곳이고, 그 남쪽에 유천이 있었기 때문에 정조는 '방화수류정'이란 편액을 걸게 했던 것이다. 따라서 겉으로 보기엔 화창한 봄날 꽃과 버들을 찾아가 노닌다는 의미인 것처럼 보이지만, 사실은 사도세자가 잠들어 있는 현륭원을 찾는다는 의미가 숨겨져 있다. 유천을 통해서 아버지 묘소인 화산의 현륭원을 찾아가겠다는 것을 의미한다. 이처럼 방화수류정이라는 이름은 정조의 지극한 효심을 표현한 것이다.

© 이용창(기록사진작가)

방화수류정 야경

방화수류정 아래층에는 대포를 설치한 포대를 만들었다. 위로는 아름다운 정자가 만들어졌지만 석축으로 조성된 1층 공간에는 여러 문의 대포를 설치하게 하였다. 장용외영에서는 아예 이곳을 돈대로 규정하여 1명의 장교, 혹은 장교의 임무를 수행했던 사람을 차출하여 돈대장을 임명하였다. 즉 방화수류정을 단순히 국왕이 행차하여 머물렀던 곳이나 혹은 백성들이 쉴 수 있는 정자로서만이 아닌 철저하게 성곽의 일부로서 본연의 군사적 기능을 충실하게 한 것이다.

방화수류정은 1794년(정조 18년) 9월 7일 진시辰時에 터닦기를 시작하여 같은 해 10월 4일 묘시卯時에 주춧돌을 놓았다. 3일 뒤인 10월 7일 오시午時에 상량을 하고 10월 19일 방화수류정을 완성하였다. 이처럼 화성 축성의 전 단계 중에서도 가장 빠른 일정으로 완공된 것은 이듬해 을묘년(1795년)에 있을 정조의 어머니 혜경궁 홍씨의 회갑연을 대비하기 위함이었다.

방화수류정의 건축은 정조의 직접 지시에 의한 것이었으므로 건축을 주도할 책임자를 선발하는 것도 중요한 일이었다. 정조는 처음에 방화수류정 건축의 책임을 경기중군 김후에게 맡겼다. 김후는 해풍 김씨로 수원 출신이었기에 수원에 대한 전반적인 현황을 총체적으로 이해하고 있는 인물이었다.

정조는 1794년 2월에 김후를 방화수류정 건립 책임자로 임명하여 9월에 독성禿城의 중군으로 옮기게 했으나 다시 방화수류정 책임자로 임명하였다. 정조는 김후에게 축성의 다양한 잡물들을 총괄하는 책임을 겸직시키기도 하였다. 1795년 윤2월에 전라좌수사로 승진 임명되었다가 다시 화성 축성의 책임을 맡겨 축성이 완공된 1796년 9월까지 무려 886일을 축성 현장에서 개울 파내기, 화홍문, 방화수류정, 동북성, 동장대, 구천방龜川坊에 흙을 채우는 책임자로 일하게 하였다. 화성 축성이 완공된 후 정조는 그의 공로를 인정하여 부임할 자리가 나는 즉시 병마절도사로 품계를 올려 승진시키는 특전을 주었다. 이만큼 정조는 방화수류정의 건립을 중요하게 여겼다.

김후가 잠시 승진하여 외직으로 나가있을 때 이를 대신하여 방화수류정 건립책임자로 임명됐던 이는 전 현감 정우태丁遇泰였다. 훗날 용인 현령을 지내 화성 축성에 참여했던 그는 1793년 12월에 화성 축성에 참여하여 장안문과 서장대, 방화수류정 그리고 낙남헌 공사책임자로 활동하였다.

석수로는 한산閑散이었던 최귀득이 편수를 맡았고, 목수는 수원부 출신의 한진욱이 담당하였다. 미장이는 한양의 장용영 내영 소속의 권옥權玉이 담당하였으며, 기와장이는 한양 총융청에 소속된 이홍득이 맡아서 축성을 진행하였다.

정조는 방화수류정 건립 상량문을 승정원좌승지 겸 경연참찬관 춘추관 수찬관 이서구에게 작성하도록 하고 상량문 내용으로 방화수류정의 의미와 가치를 드러내게 하였다.

엎드려 생각하건대
용이 서리고 호랑이가 웅크리고 앉은 듯이
높은 담은 자물쇠의 형세를 장하게 하고
새가 날고 꿩이 날아오를 듯이
층층이 쌓은 성루는 선기옥형璿璣玉衡의 차례에 응하는구나.
한 지방의 아름다움을 드날리니
만세의 태평성대를 즐거워하는구나.
이 화성을 돌아보니
우리나라 적현赤縣을 설치하였구나.
한나라의 좌풍익左馮翊처럼 왼쪽을 보좌하여

가까이 서울에 이어져 있고
명나라의 봉양鳳陽처럼 많은 병사 두어
공손히 무덤을 지키는구나.
하늘은 만들고 땅은 설치하여
성인의 세상 기다려 신령과 화합하고
산은 맺혀지고 시내는 흘러내려
지극한 덕 돌아보니 이 터와 어울리네.
이에 굳센 성과 끓는 연못 같은 견고함지어
새로 판자 대고 쌓는 공사 하는구나.
높은 성가퀴는 구름과 이어져
한강 남쪽의 기운과 모양을 더하였고
웅장한 관문이 땅에 꽂히니
호남 오른쪽의 요충지를 제어하는구나.
별궁은 태미성의 담장을 안은 듯
구중의 금빛 대궐 이루었고
보배로운 경계는 낭풍원閬風苑을 본떠서
12층의 백옥루白玉樓를 이루었구나.
잘 이루어지느냐 하는 것은 백성의 마음에 달려 있으니
공사에도 백성들의 힘 번거롭게 하지 않았구나.
보아라, 저 성가퀴의 한쪽 면은
용연龍淵의 윗머리에 있으니
만 떨기의 연꽃 같은 여러 봉우리는
춤추듯 나는 형세 바치고
천 줄기의 수양버들 같은 긴 시내는

그물 같은 그림의 빛을 펼치네.
홀로 뛰어나 붉은 언덕 위에 세웠으니
모든 부의 아름다운 형세를 독점하였고
둥근 거울을 푸른 연못에 굽어 비치니
특별히 다른 구역의 풍경을 열었구나.
드디어 목수에게 명령하여
아름다운 건물을 세웠다네.
–이하 생략–

즉 정조가 화성을 세운 것은 한漢나라의 수도인 장안長安을 호위하는 좌풍익 같은 도시이며, 그 좌풍익 안에서도 방화수류정은 백옥루와 같은 국왕이 머무는 아름다운 곳을 의미하는 것이다. 붉은 바위 위에 홀로 우뚝 서 있어 수원 지역 일대의 형세를 독점하였다는 것은 바로 국왕 정조를 상징하는 건물을 말하는 것이다. 그렇기 때문에 정조는 방화수류정에 대한 각별한 의미를 지니고 축성 과정과 축성 이후에도 지속적으로 방화수류정을 찾아 행사를 개최하였다.

정조는 화성 축성 전반부에 방화수류정을 건립하고 혜경궁 홍씨의 회갑연에 적극적으로 활용하였다. 1795년 윤2월 14일 화성행궁에서 기민들을 구제하는 사미賜米 행사와 화성유수부 노인들을 위한 양로연 행사를 마치고 방화수류정에 행차하여 활을 쏘았다. 또한 1797년 1월 29일 화성 축성 공사가 완공된 후 처음으로 방문하여 화성 전역을 돌아보면서 방화수류정을 찾았다. 정조는 이곳에서 활을 쏘아 3발을 맞추고, 임금이 지은 시를 내려 주시며 여러 신하에게 거기에 잇대어 시를 지어 올리도록 하였다.

봄날 성을 두루 돌아도 해는 아직 지지 않고
방화수류정의 구름 낀 경치 더욱 맑고 아름답구나.
수레를 세워놓고 세 번 쏘기가 묘하니
만 그루 버드나무 그림자 속에 화살은 꽃과 같네.

정조가 이처럼 방화수류정에서 활을 쏘고 시를 지은 것은 모두 무예를 높이는 뜻을 보이기 위해서였다. 실제 방화수류정이 전투지휘소로 만들어졌고, 누각 아랫부분에 대포를 설치한 전투용 전각이었기에 정조는 이곳을 통해 자신의 국방강화 의지를 천명한 것이다.

일곱 빛깔 무지개 화홍문華虹門

조선시대에는 수원천을 버드내라고 불렀다. 주위에 버드나무가 많았기 때문이다. 버드내를 한자로 유천柳川이라고 하는데, 그래서 화성을 다른 이름으로 '유천성'柳川城이라고도 한다. 이 버드내가 화성 안에 포함되어 있어 자연스럽게 북쪽과 남쪽에 수문을 만들어야 했다. 이 수문들은 물 흐름을 관리할 뿐만 아니라 돌다리의 기능도 아울러 겸했던 선진적인 시설물이었다.

버드내 북쪽에 있는 수문으로 흔히 화홍문華虹門으로 부르는 문이 있다. 아름다운 무지개 문이라는 뜻인 북수문은 동북각루인 방화수류정과 어우러져 성내에서 가장 아름다운 경관을 보여주고 있다.

화성 축성 시 수원천을 넓게 파내어 홍수도 방지하고 그 흙을 이용하여 성곽 축조에 사용하기도 하였다. 그리고 7칸의 수문을 만들어 동과 서를 잇는 다리 역할을 하게 하였다. 수문이면서도 누각이 있는 북수문은 홍예에서 쏟아지는 장쾌한 물보라와 주위 환경이 잘 어우러져 수원 8경의 하나로 '화홍관창'華虹觀漲이라고 불릴 만큼 아름다운 경관이다.

북수문의 누각은 평상시에는 수문, 교량으로서, 비상 시에는 군사시설로 활용할 수 있도록 총안과 포혈을 갖추어 설계된 실용성과 아름다운 외관이 조화된 화성 성곽의 대표적인 시설물 중의 하나다.

화성의 가운데로 수원천이 흐르는 것은 잘 알려진 사실이다. 수원천은 광교산에서부터 멀리 아산만까지 이어지는 대천大川이다. 광교산으로부터 발원한 물줄기가 이어지다가 화홍문에서부터 성곽 안으로 이어지면서 남수문을 지나 세류동으로 이어지는 것이다. 문제는 바로 화홍문으로 들어오면서부터이다. 귀신이 물줄기를 타고 화홍문 안으로 들어오면 그때부터 화성 안에 사는 사람들에게 재앙이 닥치게 되기 때문이다. 그래서 화홍문 안으로 들어오는 악귀를 차단하기 위해 신성한 능력을 가진 동물을 만들어 놓았다. 그 동물이 바로 이무기이다.

이러한 이무기는 화홍문 양편에만 세워놓지 않았다. 방화수류정 아래 용연에서 솟아오르는 물이 수원천으로 빠져나가는 물길에다 또 다른 이무기를 만들어 놓았다. 빠져나가는 물을 아예 이무기의 입을 통해서 나가게 함으로써 물을 정화하고 악귀를 완전히 없애버리게 한 것이다. 그러니 용연에서 나오는 물은 어떠한 악귀도 나쁜 기운도 없는 순수 그 자체이다.

현재 화홍문 양 옆에 있는 동물을 사람들은 대부분 해태라고 생각한다. 하지만 이는 해태가 아닌 이무기이다. 지금의 모습은 원래의 모습과는 상당한 차이가 있다. 『화성성역의궤』에 나와 있는 이무기의 모습은 상당히 매력적이다. 용의 얼굴처럼 힘차게 그려져 있는 이무기가 실제 화홍문과 용연 이무기의 모습이었다. 그러나 조선왕조가 몰락하고 일제강점기가 되면서 사람들이 조금씩 깎아 먹었다. 이무기 얼굴에 튀어나온 코의 돌가루를 먹으면 아들을 낳는다는 속설 때문이었다. 결국 아들을 낳지 못한 여인들이 밤마다 몰래 와서 돌가루를 뜯어가는 바람에 결국 이무기의 모습이 용의 웅장

© 이용창(기록사진작가)

화홍문
華虹門

화홍문은 전란에 대비하여 여러 가지 방어시설을 갖추는 동시에 시내를 관통하는 개천이 범람하지 않도록 물길을 조정하는 구실을 하였다. 또한 주변의 경관이 아름답게 꾸며져 있어 군사·토목기술·건축미 측면에서 한국 건축의 걸작이다. 7개의 수문은 철창으로 방어하여 사람이 다닐 수 없게 하였다. 수문에 누각을 세운 것은 조선시대 건축물 중 유일하다. 그림은 프랑스 파리국립도서관 소장 『정리의궤』 성역도에 수록된 화홍문이다.

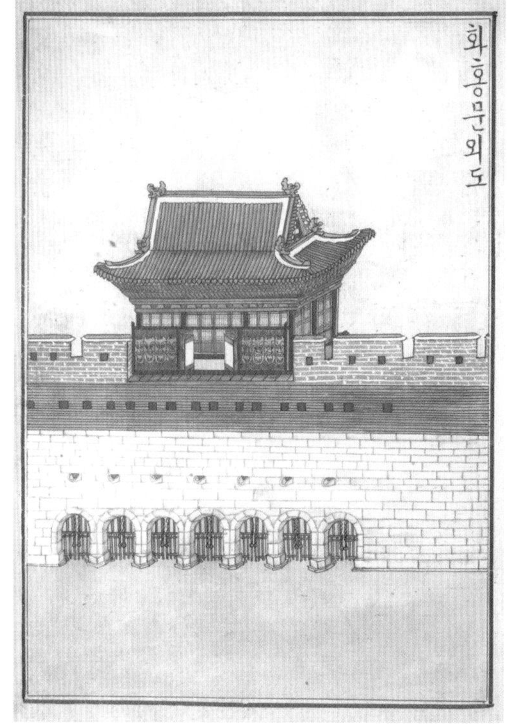

© 프랑스 파리 국립도서관

한 모습이 아닌 아기 해태가 되어버린 것이다.

그럼에도 불구하고 화홍문의 이무기는 화성의 수호신이었다. 화성 안으로 들어오는 악귀를 막아주고 백성들을 지켜주었다. 지금은 원래의 모습이 사라지고 방향도 틀어져 있지만 분명한 것은 200여 년 전부터 수원의 민초들과 함께 했다는 것이다.

1922년 대홍수가 전국을 강타했다. 수많은 인명과 재산이 사라졌다. 수원도 예외일 수 없었고, 수원천은 홍수를 피하지 못했다. 이로 인해 수원시의 중심을 흐르는 수원천을 통제하는 북수문인 화홍문과 남수문 등이 파괴됐다. 1906년 대한제국의 국폐에 상징도안으로까지 등장했던 화홍문은 누각이 떠내려가고 석축 일부가 유실됐다. 조선 최고의 건축물이 사라진 것이다. 정조가 화성을 완공한 지 126년 만에 일어난 슬픈 역사였다.

당시 화홍문이 붕괴되는 순간 사람들은 편액을 먼저 걷어냈다. 지난 숭례문 화재사건 당시 건물이 완전히 타기 전에 편액을 건져내어 500여 년 전에 썼던 양녕대군의 글씨를 살려내었듯이 귀한 화홍문 편액을 살려낸 것이다.

화홍문 편액은 정조시대 최고의 명필로 평가받았던 유한지兪漢芝라는 분이 쓴 글씨였다. 전서篆書에 능했던 유한지는 광교산으로부터 흘러 내려오는 장쾌한 물줄기가 화홍문 아래로 떨어지면서 바닥 위로 튀어 오르는 모습을 글씨로 형상화하였다. 처음 보는 이들은 무슨 글씨가 저렇게 이상하게 생겼을까 하고 의아해할 수도 있지만 글쓴이의 의도를 알고 나면 저마다 감탄사를 내뱉으며 고개를 끄덕이게 된다.

비록 편액을 구하기는 했지만 화홍문의 누각은 비참하게 사라지고 말았다. 그러나 당시 수원인들은 비통함에 머물지 않고 화홍문을 다시 복원하기로 결정했다. 그래서 '수원명소보존회'란 단체를 결성했다. 지금도 문화유산을 복원하고자 하는 인식이 많이 부족한데 일제강점기에 문화유산을 복원하기로 했다는 건 상상하기 어려운 일이다. 그 당시 화홍문을 복원하기 위해 단체를 만들었다는 건 우리 문화사에 있어 획기적인 일이 아닐 수 없다.

1925년, 지금의 매향학원의 전신인 '화성학원' 설립자 차재윤을 중심으로 교장 홍사훈과 수원지역 기업인 그리고 수많은 수원 백성들이 돈을 모아 화홍문 복원에 주력했다. 당시 교육운동을 통한 독립운동을 꾀하던 이들이 정조의 개혁의지와 민본주의 정신이 담긴 화홍문을 복원하며 새로운 독립정신을 일깨우고자 한 것이다.

보존회를 결성한 그해 석축공사를 완성해 동과 서를 잇는 교량의 역할을 충실하게 했다. 그리고 계속 복원기금을 모아 마침내 1932년 5월 화홍문 누각을 완공했다. 이로써 화홍문은 다시 옛 모습을 찾게 됐다.

이는 우리 역사상 지역 백성들이 돈을 모아 문화유산을 복원한 최초의 사례이다. 그것은 단순한 문화유산 복원이 아닌 민족정기를 부활시키고자 하는 독립운동의 일환이었다. 세계 어느 곳에서도 유례를 찾아보기 힘든 쾌거였고, 식민지 조국의 해방을 예견하는 새로운 걸음걸이였다.

몇 해 전 서울시에서 근대 문화유산의 대표로 평가받는 서울시청의 태평홀을 허물려는 시도가 있었다. 문화재위원들의 서울시청 본관 보존 권고에도 불구하고 중장비를 동원하여 군사작전을 방불케 하듯 순식간에 파괴자의 모습으로 돌변한 것이다. 물론 서울시청 본관 건물이 조선총독부에서 만든 치욕의 건물이고 더불어 안전진단에 문제가 있어 해체 이후 새롭게 복원하겠다는 서울시의 입장도 이해 못할 바는 아니다. 하지만 어찌 자랑스러운 문화유산만이 우리의 역사이겠는가? 슬픔의 역사, 치욕의 역사 역시 우리의 문화유산이다. 병자호란의 치욕을 그대로 보여주는 삼전도비 역시 보물로 지정되지 않았는가?

최근 우리 사회는 근대 문화유산에 대한 관심이 늘고 있는 한편 근대에 지어진 각종 건물들을 철거하고 그 자리에 국적 불명의 빌딩과 아파트를 짓고 있다. 역사는 사라지고 민족은 간 데 없고 오로지 물신숭배만이 남아 있다. 일제강점기 시절 화홍문을 복원하기 위해 노력했던 시민정신은 사라지고 오로지 개인의 자본과 집단의 투기만이 있을 뿐이다. 화홍문을 복원하고자 하는 마음을 지닌 그런 시절이 과연 잘못된 것인가 반문하고 싶다.

조선에 단 하나밖에 없는 봉돈烽墩

수원 화성의 특별한 시설물을 이야기하라고 하면 봉돈을 빼놓을 수 없다. 봉돈은 조선 역사상 최초로 만들어진 시설물이기 때문이다. 봉화대면 봉화대고, 대포를 설치한 돈대면 돈대지 어떻게 봉화대와 돈대가 합쳐진 군사시설물이 있을 수 있겠느냐고 생각하기 마련이다. 그런데 화성에는 봉화대와 돈대가 합쳐진 독특한 건물이 있으니, 바로 봉돈이다.

조선시대에는 외세의 침입을 알리는 가장 중요한 수단이 봉화대였고, 그 봉화대의 대부분은 산 정상부에 있었다. 하지만 화성행궁에 거처하는 국왕과 백성들을 위한 봉화는 산 정상에 있지 않고 성곽의 일부에 포함되어 존재한다. 기존의 봉화와는 근본적으로 다른 새로운 시스템인 것이다. 더불어 봉화대에 대포를 설치하여 쳐들어오는 외적들을 물리칠 수 있게 하는 돈대가 결합되었다. 화성 축성에 참여한 기술자들의 기발한 생각이 아니고는 가히 상상할 수도 없는 시설물이다.

조선시대 사람들은 봉화가 오르지 않기를 바랐다. 전쟁이 없이 태평한

화성성역의궤 봉돈 내·외도

프랑스 파리국립도서관 소장 『정리의궤』 성역도의 봉돈 그림이다. 『화성성역의궤』의 봉돈 그림과 달리 내·외도의 그림이 있고, 봉돈 맨 오른쪽 화구火口에서 불이 오르는 장면이 인상적이다.

시대이기 때문이다. 화성장대 상량문에도 '석성石城에 봉화가 오르지 않으니, 매일 밤 편안함을 알리고'라고 표현할 정도로 화성의 안녕을 위하여 봉화가 오르지 않기를 바랐다. 하지만 봉화가 없는 것은 오히려 불안을 가중시킬 수 있었다.

그래서 정조시대 좌부승지 김하재는 봉화의 중요성을 더욱 강조하면서 전국의 봉화대 파수에 대한 새로운 점검을 요구하였다. 봉화대를 파수하는 자들의 게으름이 국가를 위기에 빠뜨릴 수 있기 때문이었다. 실제 병자호란 당시 임진강을 건너 도성 밖 오늘날 신촌 지역인 서강 일대로 쳐들어온 청나라의 군사보다 봉화가 늦게 도성에 올랐으니 그들이 얼마나 게으름을 피웠는지를 알 수 있다. 그래서 정조는 봉화의 시스템을 새로 정비하고 새로 쌓은 화성에 단순히 불과 연기만을 올리는 봉화대가 아닌 방어시설을 겸한

© 이용창(기록사진작가)

봉돈

1796년 완성된 수원 화성의 봉돈烽墩은 밤에는 횃불, 낮에는 연기로 전하는 군사신호체계이다. 일반적인 봉수대가 주변을 잘 살필 수 있는 산 정상에 별도의 시설로 만들어진 것과 달리 화성의 봉돈은 축조방식이 독특하다. 화성 성벽 일부를 밖으로 돌출시켜 화강석으로 기초를 쌓고, 윗부분은 벽돌로 성벽보다 높게 축조했다.

봉화대를 만들고자 했다. 그 결과 조선 역사상 유일하게 성벽에 붙어 있는 봉돈이 탄생된 것이다.

화성의 봉화는 정조의 축성계획에서 매우 중요한 부분이었다. 왜냐하면 『화성성역의궤』에서도 기술하였듯이 멀리 적의 형편을 살피고 봉화를 신중하게 피우는 일은 병법에서 중요한 원칙이기 때문이다. 화성은 군사적으로 완벽하지 않았다. 화성의 동쪽 성 밖은 인가가 드물고, 산등성이가 가로질러 뻗어 있었다. 이곳에 외적들이 주둔한다면 대포를 설치하고 화성 안쪽을 공격할 수 있기 때문에 전략적으로 문제가 될 수 있었다. 또한 화성 동쪽 끝으로 이어지는 광교산의 깊은 계곡과 광교산과 연결된 의왕의 백운산의 지름길을 적들이 알고 쳐들어온다면 역시 문제가 될 수 있었다. 그래서 이를 지키기 위하여 장안문 앞쪽에 영화역을 설치하여 파수를 하게 하였지만 이것만 가지고는 안심할 수 없었다.

그래서 성곽으로 쳐들어 올 적들의 동태를 살피기 위하여 용연 위쪽에 있는 약바위라 불리는 약암藥巖에 돈대를 설치하고 광교산의 문암에서 창룡문으로 들어오는 쑥고개까지 다섯 곳에 돈대를 설치하여 50명의 군사를 두었다. 여기에 더해 화성의 서쪽에 있는 숙지산과 그 앞쪽 고양동에 있는 대유둔 운영사무소인 둔사의 언덕 뒤편에 돈대를 설치하고 남수문 입구의 거북산이란 불리는 구암龜巖에 돈대를 설치하였다. 이처럼 화성을 적들로부터 지키기 위한 감시처를 곳곳에 만든 것이다.

하지만 이와 같은 돈대들이 있다 하여도 비교적 높은 평지에서 화성행궁을 바라보면서 화성 밖 전체를 조망하며 봉화를 올릴 수 있는 돈대는 반드시 필요하였다. 봉돈에서 오르는 횃불이나 연기 신호가 이들 돈대와 화성 내에 있는 중포사 및 내포사를 통해 화성유수에게 그대로 전달되어야 전투에 대비할 수 있기 때문이었다. 아무리 높은 성벽과 사대문 그리고 포루 등으로 무장한 철옹성 화성이라 하더라도 성곽을 방비하는 경계가 느슨해져 외적이든 혹은 정조의 개혁을 반대하는 세력이든 그들이 쳐들어온 것을 알지 못한다면 철옹성은 의미가 없기 때문이었다.

그래서 화성 축성이 3년째 접어 들어가는 1796년 1월 22일에 화성유수 조심태가 봉돈 건립의 필요성을 역설하였고, 정조는 이를 적극적으로 받아들여 건립을 지시하였다. 그리고 정조와 조심태는 각 누각과 포루에 파수를 보는 군사들을 두어 경계를 잘 할 수 있기는 하나 봉수대를 설치하면 더욱 효율적이라고 재삼 강조하였다.

조심태는 동장대를 마주보고 있는 지역이 성 내외를 한눈에 훤히 내다볼 수 있는 지역임을 확인하고 현재의 위치에 봉돈을 정하였다. 이 지역에 봉돈을 설치하면 동쪽으로는 육지의 봉화와 이어지고 서쪽으로는 바다의 봉화에 응할 수 있었다. 동쪽의 봉화는 용인의 석성산石城山 봉화로, 40리쯤 되는 지점에 있기 때문에 봉화를 확인하는 데 전혀 문제가 없었다. 하지만 서해 바다의 봉화는 화성에서 흥천대興天臺까지 100리 길이 훨씬 넘어서 직접 눈으로 확인하기가 매우 힘들었다. 물론 조선시대에는 공해가 없었기 때문에 날씨가 좋을 때는 서해가 보였지만 흐린 날은 흥천대 봉수를 확인하기 어려웠다. 그래서 생각한 것이 중간에 봉화대를 하나 더 설치하는 일이었다. 장수 1명과 군사 3명만 두면 충분히 봉화를 유지할 수 있다고 판단했다. 그 봉화대가 바로 화성에서 30리 떨어진 서봉산에 세운 서봉산 봉화대이다.

조심태는 화성의 봉화대를 전혀 새로운 형식으로 만들기로 했다. 성벽에 돌출된 치성 형태로서 철성凸城의 제도에 의거하여 봉돈을 만들었고 모든 재료를 벽돌로 쌓았다. 봉돈 안쪽은 3층으로 만들어 계단으로 올라가 각각의 자리에서 총을 쏠 수 있게 하였다. 여기서 가장 중요한 것은 바로 총과 대포 구멍을 만들어 화약무기를 사용할 수 있게 한 것이다. 총과 대포를 쏠 수 있는 구멍 각각 18개씩을 만들어 남쪽에서부터 오는 적들을 효과적으로 제압할 수 있게 한 것이다. 그래서 봉화를 올리는 봉화대와 대포를 설치하여 경계근무를 할 수 있는 돈대墩臺의 기능 두 가지가 하나로 합쳐진 것이다. 그래서 다른 봉화대와 달리 봉돈烽墩이라 이름 지어진 것이다.

봉돈은 화성의 여러 시설물 중에서도 상대적으로 많은 비용이 들어갔다. 봉돈의 기초를 다지는 큰 돌이 115덩이가 들어가고 바로 위에 쌓은 중간 크기의 돌이 72덩이, 등과 몸체 전체를 만든 벽돌이 무려 11,500여 장이 들어갔다. 거기에 군사들이 쉴 수 있는 방구들을 만드는 데 들어간 비용 등을 모두 합쳐 5,320냥이나 들어갔다. 화성 축성 전체 비용이 87만 냥이었으니, 대략 1/18에 해당하는 금액이었다. 화성 축성에서 가장 많은 비용이 들어간 것이 팔달문인데 54,000냥 정도이고, 그 다음이 장안문으로 50,400냥 정도이다. 그 다음이 화홍문으로 30,940이 들었다. 화홍문은 화성을 가로지르는 천 가운에 쌓았기 때문에 3만 냥에 이르는 막대한 금액이 들어간 것이다. 그런 반면 평지에 쌓은 봉돈은 장안문과 팔달문 등 4대문과 화홍문, 남수문을 제외하고는 가장 많은 비용이 들어간 건물이었다. 그만큼 화성 내에서 중요한 위상을 지닌 시설물이었음을 확인할 수 있다.

한국전쟁으로 파괴되었던 봉돈은 1970년대 후반에 온전한 모습으로 복원되었다. 그리고 아름다움과 웅비함을 고루 갖춘 모습을 후세인들에게 자랑스레 보여주고 있다. 예전에도 봉돈에서 5개의 불이 오르지 않았듯이 앞으로도 영원히 1개 이상의 불이 오르지 않았으면 좋겠다. 그것이 바로 태평시대이기 때문이다.

위엄과 사랑을 보여주는 동장대東將臺

한국전쟁 기간 중 살아남은 화성의 여러 시설물 중에서 단연 압권은 바로 동장대東將臺다. 『화성성역의궤』에 동쪽에 있는 장대라고 하여 '동장대'라고 한다고 기록되어 있는 이 장대의 편액 이름은 연무대鍊武臺이다. 무예를 훈련하는 곳이란 뜻이다. 1831년 화성유수 박기수에 의해 편찬된 『화성지』에는 동장대의 편액 이름이 기록되어 있지 않다. 이후 1899년에 간행된 『수원군읍지』에 동장대의 편액 이름이 연무대鍊武臺라고 기록되어 있는 것으로 보아 연무대 편액은 1800년대 후반에 설치된 것 같다.

실제 화성 성역 당시의 동장대에는 편액의 이름이 없었다. 당시 『화성성역의궤』에 동북각루는 방화수류정, 서장대는 화성장대, 북수문은 화홍문이라고 명확히 기록되어 있고, 의궤의 그림에도 편액이 그려져 있다. 그럼에도 불구하고 동장대에는 편액을 설치하지 않았다. 그 이유가 무엇인지는 정확히 알려져 있지 않지만 분명 편액을 설치하지 않은 이유가 있었을 것이다. 그 이유를 곰곰이 생각해 보았는데, 아마도 백성들이 더욱 편하게 동장대를 이용하게 하기 위함이 아닐까 한다. 조정에서 국가가 주도한 건축물에 편액을 설치한다는 것은 국왕이 친림하여 사용한다는 것을 의미한다. 따라서 화성의 주요 시설물인 화성장대와 방화수류정, 화홍문 등은 국왕이 직접 방문하고 사용하는 건물이다 보니 백성들이 사용하기 부담스러웠을 수도 있었을 것이다. 역으로 동장대는 편액을 설치하지 않아 백성들과 장용영 군사들이 훨씬 자유롭게 사용할 수 있었을 것이라 생각한다.

동장대를 이처럼 백성들과 군사들이 함께 사용한 것은 우리 국방사와 성곽 건축사에서 깊이 있게 연구되고 각광받아야 한다. 왜냐하면 군사시설물은 원래 통제의 대상인데 아무런 통제 없이 모든 이들이 함께 어울렸기 때문이다.

동장대에서 감동받는 것은 먼저 장대將臺 자체다. 이렇게 웅장하면서도 기품 있는 장대는 우리 건축 역사상 거의 없다. 동장대와 유사한 기능의 건물로 약간 큰 규모의 건물로 통영의 세병관洗兵館과 여수의 진남관鎭南館이 있다. 이순신 장군과 깊은 인연이 있는 건물들로 잘 알려져 있는 이 건물들은 웅장하지만 유려함과 기품이 부족하다. 그런 반면 동장대(연무대)는 유연하며 기품이 넘친다.

두 번째로 감동을 주는 것은 바로 장대 뒤편에 있는 영롱장玲瓏墻이라는 담장이다. 영롱하다는 말이 무엇인가? 영롱이라는 말은 사물이나 빛이 광채가 찬란하고 맑다는 뜻이다. 이 말 그대로 기와로 디자인하여 만든 영롱장은 찬란하고 아름답다. 정조가 화성을 축성할 때 강조했던 "미려美麗함은 적에게 두려움을 준다"는 말을 그대로 적용한 것이다. 수원시의 여러 건축물이 이 담장을 활용하기를 희망할 정도로 영롱장의 아름다움은 탁월하다.

마지막으로 장대 앞의 계단에 있는 하마석下馬石이다. 정사각형의 돌로 만들어진 하마석은 말에 올라타거나 내리려는 사람이 딛는 돌이다. 아무것도 아닌 것 같지만 이 돌에는 아주 깊은 의미가 담겨 있다. 그것은 사람의 등을 밟고 말을 타지 않으려는 인간존중의 정신이 담겨 있는 것이다. "인간으로 태어나 어찌 귀한 자가 있고 천한 자가 있느냐!"는 정조의 평등정신이 그대로 담긴 돌이라고 할 수 있다. 정조를 공부하면서 느끼는 정조의 매력은 바로 그가 인간을 존중하려고 진심으로 애쓴 사람이었다는 것이다. 박사학위 논문을 쓰면서 읽었던 정조의 문집 『홍재전서』弘齋全書 「일득록」日得錄의 "나는 평생 동안 미천한 마부에게라도 이놈 저놈 해본 적이 없다"는 말씀은 가슴이 저리도록 고마운 말씀이었다. 권력 있고 돈 있는 사람들이 요즘 이야기하는 갑질을 하면서 가난하고 힘없는 사람들을 서럽게 만드는데, 200여 년 전 조선의 국왕인 정조가 가장 낮은 신분의 사람들에게도 이놈 저놈 해본 적이 없다는 것은 참으로 놀라운 일이다. 이 말씀 하나로도 정조는 위대한 국왕이다.

그런데 이 하마석의 존재는 『화성성역의궤』에는 존재하지 않는다. 프랑스 국립파리동양어학교와 파리국립중앙도서관에 소장된, 혜경궁 홍씨에게 보여주기 위하여 편찬된 『정리의궤』 성역도城役圖에도 동장대 월대로 올라가는 국왕이 다니는 어계御階 앞에 하마석은 없다. 그렇지만 이 하마석은 당대에 만들어진 것이고, 분명 국왕의 하마 및 승마를 위하여 만든 것이다. 그런데 왜 의궤에 나오지 않을까? 아마도 이는 『정리의궤』까지 간행되고 『화성성역의궤』의 정리가 모두 끝난 1799년에 만들어진 것이 아닐까 싶다.

프랑스에 있는 『정리의궤』 성역도에 처음 등장하는 그림은 화성행궁 봉수당의 그림이다. 『정리의궤』에 나오는 그림들은 모두 화성행궁의 주요 건물인데, 이 건물들 모두는 국왕과 그의 어머니인 혜경궁이 머물 수 있는 건물이다. 아마도 혜경궁에게 화성행궁의 이 건물들에서 생활할 것이라는 것을 알려주기 위해 제작된 것일지도 모른다. 그 건물 첫 번째가 바로 정조가 어머니 혜경궁을 위하여 회갑잔치를 열어준 봉수당인데, 그 봉수당의 가운데 있는 어계 앞에 하마석이 그려져 있다. 『화성성역의궤』의 화성행궁에 그려진 봉수당의 그림에는 이 하마석이 없다. 화성행궁 전체 도면을 그리면서 봉수당 앞에 있는 작은 하마석은 그리지 않았던 것 같다.

어쨌든 중요한 것은 정조가 봉수당 앞에 하마석을 만들고 이곳에 도착하여 봉수당으로 들어갈 때 사람들의 등을 밟고 말에서 내리지 않고 이 하마석을 이용했다는 것이다. 그리고 봉수당에서 다시 화성의 곳곳을 행차하기 위하여 나갈 때 다시 이 돌을 딛고 승마를 했을 것이다. 이러한 일로 인하여 화성 축성 당시에는 바로 동장대 계단 앞에 하마석을 만들지 않았지만 화성행궁의 봉수당과 더불어 백성들을 위한 다양한 행사를 할 수 있는 곳이 동장대였기 때문에 이후에 이곳에 하마석을 설치한 것으로 생각된다.

이러한 평등정신이 담긴 하마석이 설치된 동장대는 매우 특별한 행사를 치른 역사가 서린 곳이다. 다름 아닌 '대호궤'大犒饋와 정조의 '친림시열'試閱이 있었다. 호궤란 오늘로 치면 돼지를 잡아 백성들과 함께 나누어먹는 회식을 의미한다. 앞에 대大자가 붙은 것은 매우 큰 회식이었음을 의미한다. 정조는 화성 축성에 참여한 기술자들에게 자주 회식을 시켜주곤 하였다. 기술자들과 허드렛일꾼들이 기쁘게 축성에 참여하게 하고자 함이었다. 회식을 통해 군주의 사랑과 동료애를 느끼게 해주고 싶었던 것이다.

대호궤는 성곽 축성이 마무리 되어가는 1796년(정조 20년) 8월 19일에 승지 김조순의 주관하에 무려 2,702명에게 회식을 시켜준 것이다. 영의정을 역임한 감동당상 채제공과 축성에 참여한 고위 대신들, 그리고 주요 기술자인 석수와 목수 등과 날품팔이들도 모두 참여하게 하여 돼지 10마리를 잡고 술과 안주를 주는 대형 행사를 연 것이다. 이 행사에서 놀라운 것은 바로 정조가 직접 참여한 것과 동일한 내용으로 행사를 하게 한 것이다. 자신

© 이용창(기록사진작가)

동장대

東將臺

화성 동쪽에 있는 장대인 동장대의 편액 이름은 연무대鍊武臺이다. 연무대는 화성의 동문인 창룡문과 북쪽 수문인 화홍문 사이의 높은 언덕에 위치하고 있으며, 사방이 트여 있어 화성의 동쪽에서 성 안을 살펴보기에 좋은 군사요충지이다. 1796년에 수원 화성이 완공된 뒤, 연무대는 병사들의 훈련장이었다. 그림은 프랑스 파리 국립도서관 소장 『정리의궤』 성역도의 동장대시열도東將臺試閱圖이다. 시열이란 국왕이 군대를 사열하는 것을 말한다. 이 그림은 조선시대 어느 문헌에도 없는 유일한 그림이다. 1796년(정조 20년) 1월 22일 거행된 동장대시열 행사는 조선시대 군사훈련의 전범을 보여주는 것으로, 동장대 밖의 군사들이 학익진을 취하고 있는 것이 매우 특이하다.

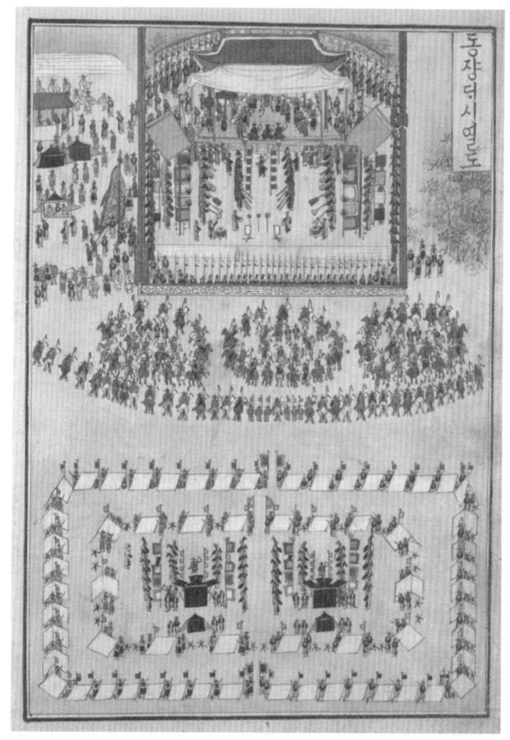

© 프랑스 파리 국립도서관

의 측근이자 훗날 사돈이 될 김조순을 보낸 것도 대단한 일이고, 국왕이 직접 참여한 것과 같은 모습을 보여주기 위해 왕실에서 국왕을 상징하는 각종 신물들이 내려가 전시되었다. 대호궤도의 그림만으로 보면 이는 분명 국왕이 참석한 것이다. 이처럼 정조는 자신이 직접 내려가서 기술자들과 함께 하지 못함을 아쉬워하고 미안해 하였다. 동장대에서 대호궤의 행사를 한 것은 바로 정조가 동장대가 단순히 군사용으로만 사용하는 건물이 아니라 백성들과 어우러지는 건물로 기획한 것임을 보여주는 것이다.

이와 더불어 군사용 본래의 위용 있는 건물로도 사용되었음을 최근에 프랑스 국립도서관에서 발견된 한글본 『정리의궤』의 '동장대시열도'東將臺試閱圖에서 볼 수 있다. 1796년(정조 20년) 1월 22일에 있었던 동장대에서의 정조 친림 시열 행사, 즉 사열 행사는 장용영 군사들의 위용과 군사통수권자로서의 정조의 모습을 보여주고 있다. 화려한 군장기와 동장대 밖에서 마상편곤을 시연하려고 준비 중인 장용외영의 군사들의 모습 등을 통해 정조시대 동장대에서 벌어진 군사훈련의 모습을 확인할 수 있다.

동장대 밖의 군사들은 학익진을 펼치고 훈련을 준비하고 있다. 정조는 이순신 장군의 모든 기록을 모아 1795년(정조 19년)에 『충무공이순신전서』忠武公李舜臣全書를 간행하였다. 이로써 충무공을 현양하면서 그의 전술을 모두 공부할 수 있었다. 이순신 장군이 학익진을 통해 한산도 대첩을 이룬 것을 정조는 바다가 아닌 육지에서 활용하고자 하였다. 그러한 훈련을 화성의 동장대 밖의 넓은 군사훈련장에서 실시하고자 한 것이다.

그런 측면에서 동장대는 조선의 새로운 국방 문화와 전술 훈련의 기반이 된 곳이기도 하다. 결국 동장대는 군사용으로 만들어진 건물이지만 국왕과 관료 그리고 백성들이 함께 어우러지는 위민의 공간이었음을 우리는 알 수 있다. 이런 나라 만들기가 진정으로 필요한 때다.

화성유수부의 의원, 조선 의료 개혁의 시작

전근대 사회 군주이건 21세기 민주주의 시대의 국가지도자이건 지도자가 해야 할 가장 중요한 일은 무엇일까? 그것은 아주 간단하다. 백성들을 배불리 먹이고, 따스한 집에서 자게 하고, 올바른 교육을 시켜 최소한의 교양을 쌓게 하고 건강한 삶을 누리게 하는 것이 바로 지도자가 해야 할 일이다. 그런 측면에서 역대 군주나 오늘날 대한민국 대통령들은 참으로 한 일이 별로 없는 것 같다.

사실 임진왜란은 우리 역사에서 참으로 가혹한 현실을 주었다. 그것은 일본군이 침략을 해서 수많은 인명을 살상하고 국토를 유린한 때문만은 아니다. 물론 이것이 바탕이 된 것은 사실이지만 임진왜란으로 인하여 국가 정책과 지배층의 백성들에 대한 지배권이 더욱 강화되었기 때문이다.

임진왜란은 지도층의 무능 때문에 발생한 사건이었다. 그럼에도 임진왜란 이후 국왕 선조로부터 양반사대부들이 자신들의 지배력을 강화하기 위하여 향촌사회를 통제하였다. 그들은 향촌사회의 공동체 운영이라는 명분으로 향약을 널리 전파하고, 이를 통해 향촌사회를 통제하면서 양반들의 기득권을 강화하였다. 조정은 각 지방을 통제할 재정 능력이 없어 수령으로 하여금 지방의 부호들과 결탁하게 하고 그들이 지방의 운영을 통제하게 하였다. 물론 조선 후기에 이르러 지방의 수령권이 강화되어 향촌에 있는 양반들을 통제할 수 있었지만 임란 직후에는 전혀 그렇게 하지 못했다. 때문에 중앙 정부에서 교관을 파견하여 교육을 진행하게 했던 향교 교육도 전면 중지되어 공자에 대한 제향만이 남게 되었다.

향교에서의 교육이 중지된 것은 단순한 것이 아니다. 이는 조선이라는 나라의 정체성과 운영에 중대한 문제를 준 것으로 이해해야 한다. 유교국가 조선에서 유교 교육을 국가가 포기했다는 것은 국가가 백성을 위해 할 수 있는 공공적 성격의 정책을 모두 포기했다는 것과 다르지 않다. 그런 측면에서 백성에 대한 의료는 말할 나위가 없다. 국가가 해야 할 가장 중요한 일이 백성들이 아프지 않고 건강하게 오래 살아가게 해야 하는 것인데, 이를 임진왜란 이후 돈이 없어 국가가 시행할 수 없게 된 것이다. 결국 돈이 있는 양반사대부들과 일부 토지와 상업 행위를 통해 부를 축적한 백성들만이 의료혜택을 받을 수 있었던 것이다.

이와 같은 현실에서 정조는 의료의 공공성 강화를 매우 중요하게 여겼다. 이러한 의료 공공화를 위한 혁신적 실험을 할 필요가 있었다. 그것은 당연히 화성이었다. 정조는 자신의 의료공공성 강화를 위한 계획을 실천하기 위하여 화성 축성을 자연스럽게 이용하고자 하였다. 왜냐하면 화성 축성 기간 중 환자를 치료하면서 이를 의료 공공성 강화라는 오늘날 사회복지 개념으로 전환하고자 한 것이다.

정조는 당시 의료 문제의 시대적 상황을 이렇게 바라보고 있었다.

"의식이 조금 여유 있는 사람은 자연히 제때에 간호할 수 있지만 가난한 선비, 궁한 백성들 중 고할 데도 없는 사람들은 그 누가 구제해 준단 말인가? 저들의 광경을 생각하면 눈으로 본 것 같다. 사람마다 병을 진찰해 주고 집집마다 약을 지급하는 것은 물론 의논하기 어렵지만 가장 가난한 무리를 들은 대로 구제한다면 조금이나마 실효가 있을 것이다."

이로 볼 때 정조의 의료정책은 모든 백성을 대상으로 하는 것을 기본으로 하되 빈민들에 대한 구제가 더욱 우선적이었음을 알 수 있다. 정조는 도성 외의 지방에 거주하는 빈민들의 홍역 치료에 대한 특별한 관심을 가지고 있었다. 이는 단순히 전염병인 홍역을 치료하는 문제만이 아니라 백성들을 사랑하는 은혜가 빈궁한 이들에게 먼저 가야 한다는 위민의식爲民意識의 발로이자 극빈계층에 대한 사회복지 정책의 강조였다.

정조는 백성들에 대한 의료를 전면 개혁하기 위하여 먼저 의서醫書를 간행하는 것이 중요하다고 판단하여 새로운 의서를 간행하고 전국의 각 지방으로 배포하게 하였다. 1786년(정조 10년) 5월 박상돈과 남기복이 엮은 『진역방』疹疫方이라고 하는 홍역 치료에 대한 의서가 바쳐졌을 때도 기존의 한문으로 된 내용을 언문으로 번역하여 보내도록 지시하였다. 의서가 한문으로만 간행되면 일반 백성들이 쉽게 읽을 수 없어 병의 치료를 원활하게 할 수 없기 때문이었다. 이는 정조가 생각하고 있는 의료의 대중화 정책의 일환이라고 볼 수 있다.

이와 같은 지방에 거주하는 백성들에 대한 의료정책을 추진하였던 정조는 화성유수부를 기반으로 지방 의료정책의 새로운 방향성을 제시하고자 하였다.

1793년 수원도호부를 화성유수부로 승격시킨 정조는 이에 걸맞는 도시 위상을 부여하고자 하였다. 화성은 장기적으로 자신이 거처할 도시였기에 상왕上王이 거주할 공간으로서의 새로운 관청을 설립하였다. 기존의 수원도호부 관아를 화성행궁으로 승격시켜 행궁을 정식으로 설치하였을 뿐만 아니라 조정의 행정관청의 분소分所를 새롭게 설치하였다. 이와 같은 새로운 기관을 설치하면서 수원지역의 백성들을 구제할 수 있는 의료기관의 설치는 너무도 당연한 것이었다.

하지만 조선시대는 도성을 제외하고는 전의감·혜민서·활인서 등 일반 백성들을 구제하기 위한 의료기관을 설치하지 않았다. 각 지방에서 발생한 각종 전염병은 임시로 조정의 의관을 파견하여 조처할 따름이었다. 따라서 화성유수부 역시 기존의 지방수령체제 하에서의 행정체제를 유지하면서 새로운 의료기관을 설치하는 새로운 문제가 대두되었다. 결국 이것을 해결하는 방법은 도성에서와 같은 의료기관의 설립 대신 의과시험에 합격한 약원을 화성유수부에 임명하는 것이었다.

조선시대는 조정에서 지방 행정을 위하여 수령과 교수를 반드시 파견하였다. 즉 국왕을 대신하여 지방을 통치할 수령과 조정이 각 지방마다 학문양성을 위하여 설립한 향교에서 학생들을 지도할 교수를 파견하는 것이다. 조선시대 전국의 행정구역에 대한 세세한 실정을 보여주고 있는 『신증동국여지승람』 관원조에 의하면 전국의 모든 지방의 관원 파견은 일치하고 있다.

이와 같은 현실에서 정조는 화성유수부에 기존의 수령인 유수와 향교의 교수 외에 의학醫學 1명을 추가로 임명하였다. 즉 1793년에 수원도호부사를 화성유수로 승격시키면서 장용외사를 겸하게 하고 화성유수를 보좌하는 판관을 임명하였다. 새롭게 임명된 판관은 정조가 승하한 이후 정조의 어진을 봉안한 화령전의 책임을 담당하기도 하였다. 정조는 판관 외에 화성유수부에서 일어나는 각종 사건을 조사하는 검률檢律을 추가로 임명함과 동시에 의학醫學, 즉 의관을 새롭게 임명하였다. 이는 임진왜란 이후 처음 있는 일이었다.

賞之由已爲馳啓爲白有在果本府居生各色匠手等段
置一從分等磨鍊一等米一石五斗二等米一石三等米
九斗依昨年已例以儲置米一一招致面面分給後匠手
姓名領米數爻修成冊上送于整理儀軌廳爲白乎旀緣
由馳啓 成冊見賞典

丙辰十月初九日

水原府留守趙心泰狀啓城役牌將等領賞待箇箇木緜
內下還營後分給事有旨祗受形止本月初七日已爲馳
啓爲白有在果臣於當日聚會京鄉牌將謹依別單刱付
一一領給爲白遣同領賞人役姓名及賞格數爻修正單
子上送緣由馳啓

別單

華城城役儀軌 卷三 狀啓

甲寅六月二十六日

城役都廳李儒敬別單本月二十六日未時量知穀官千
圭錫賫奉傳令一度內下滌暑丹四千錠來傳爲白有等
以臣在城役所祗受而三十錠臣祗受爲白乎旀二百二
錠各處看役別監董十四員京府牌將八十七員處頒給
一千一百六錠各役所書吏三十三人匠手一千七十三
名處頒給二千四百五十二錠各處付役募軍二千四百
五十二名處頒給爲白有如乎臣謹以傳令辭意字字曉
諭於匠募是白乎則舉皆攢手感祝不敢言勞是白乎旀
餘數段姑留貯應所各隨匠募等追付者次次頒給計料
而外此救療之方因監董堂上經紀別設藥局多備淸暑
相當之劑隨請題給以救中暑病暍之患緣由幷以爲先

척서단 기록

『화성성역의궤』에 기록된 척서단 하사 내용이다. 정조는 한 여름에 화성 축성에 참여한 기술자들이 더위로 고생할까봐 척서단을 내려주었다. 1794년(정조 18년) 6월 26일에는 4,000정의 척서단을 내려주었다고 기록되어 있다.

의학의 경우 전의감에서 50명, 혜민서에서 30명 등 각종 기관에서 총 140명을 양성하였다. 이들은 지방의 의원 집안에서 가전家傳에 의한 의료교육이 아닌 철저한 국가 의료기관에서 양성된 의관이었기에 그 수준은 조선에서 가장 높은 수준이었다. 이들 의관들은 대부분 조정의 의료기관에 남아 근무를 하였기 때문에 지방으로 임명되는 경향은 거의 없었음에도 불구하고 화성유수부의 위상으로 인하여 특별히 임명된 것으로 보아야 한다.

화성유수부의 공식적인 의관과 더불어 조정에서 임명된 또 다른 의관이 존재하였다. 1793년 화성유수부에 장용영외영을 설치하고, 화성유수가 겸직하게 하였다. 화성유수부와 장용외영을 지휘하는 인물은 동일하지만 체제는 다를 수밖에 없었다. 왜냐하면 장용외영은 군대조직이었기 때문이다. 이 장용외영의 장졸들을 위한 의관 임명은 당연한 것이었다.

장용외영은 도성의 장용내영과 그 체제가 유사하기 때문에 군영에 필요한 각종 인원은 대동소이하다고 할 수 있다. 장용외영에는 장용내영과 마찬가지로 약방 1명과 침의 1명을 두었다. 아울러 장용외영의 기병인 친군위에 반드시 필요한 마의馬醫 1명이 임명되었다.

약방과 침의는 도성과 지방을 논할 것 없이 침술업이 정밀하고 밝은 사람으로 국왕에게 아뢰어 분부를 받아 차출하여 임명하였다. 이들 약방과 침의는 중요성을 인정받아 하급 관리임에도 불구하고 국왕의 교지로 임명되며 이를 장용영 향색제조餉色提調의 직인을 찍어 순령수가 전해주었다. 더불어 약방은 내의원으로 옮겨 보내더라도 그대로 겸임하게 할 정도로 실력 있는 인물을 파견하였다.

약방과 침의는 군교軍校 중의 환자를 간호하는 것만이 아닌 화성유수부에 있는 빈민을 구원하거나 치료해주는 일을 맡았다. 화성유수부에 임명된 의관 1명으로 많은 인원을 감당할 수 없었기 때문에 장용외영의 약방과 침의로 화성유수부 내의 빈민을 치료하게 한 것으로 보인다. 당시 군교 중에서 약재를 자기 능력으로 마련하여 준비하지 못하는 자에게는 장용외영에 문서를 바치면 모든 약을 무료로 지어주었다. 이는 자연스럽게 빈민에 대하여도 동일하게 적용되었으리라고 판단된다.

당시 약방과 침의는 장용외영의 교련관과 국왕 호위를 전담하는 장용위보다도 높은 대우를 받은 것을 확인할 수 있다. 즉 교련관과 장용위는 약방과 침의를 만나면 반드시 그들에게 먼저 절을 해야 하는 규정을 마련한 것으로 보아 정조의 의관에 대한 대우를 확인할 수 있다.

이와 같은 화성유수부와 장용외영의 공식적인 의료기관 및 의관 임명과 별도로 1794년 1월 화성 축성 당시 임시 약국을 설치하였다. 화성 축성 과정에서 의료기관의 설치는 당연하였다. 정조는 1794년 1월부터 1796년 9월까지의 화성 축성기간에 참여한 기술자와 인부들의 돌림병 및 일상적인 질환 그리고 공사 중의 부상을 위하여 약국을 설치하였다. 이 약국은 일정 정도의 치료만을 담당하는 것이 아니라 그들의 병이 완치될 때까지 치료를 담당하였다.

당시 약국은 성문 밖에 임시로 장막을 쳐서 입원 시설을 마련하였고 환자들에 대하여는 일하지 못한 대가로 매일 돈 1전과 쌀 1되를 지불해주었다. 다만 허위로 병원에 입원한 환자가 있을 수 있었기 때문에 확실하게 병세를 조사하기 위하여 패장 1명과 사환군 1명을 보내 판단하도록 하였다.

당시 약국에 입원하여 치료를 받은 이는 약 1,700여 명으로 파악된다. 입원 치료자 외에 크고 작은 상처 등으로 잠시 약국을 이용한 환자에게는 매일 돈 1전 5푼과 쌀 1되를 지급하였다. 이들은 치료와 노동을 동시에 하였기 때문에 입원환자들이 일당 1전을 받는 것보다 높게 1전 5푼을 받은 것이다.

정조는 수원신읍치 이전과 화성축성에 참여한 관원 및 인부들을 위한 의료행위를 실천하였다. 이는 "사람의 병을 고치는 일이 곧 나라의 병을 고치는 일과 같다"는 정조의 기본적인 의료철학이 바탕이 되었을 뿐만 아니라 개혁정치의 기반이 될 화성을 축성하는 이들에 대한 민본주의적 배려였다.

정조는 화성 축성과 관련하여 본격적인 민본적 의료행위를 실천하였다. 즉 더위에 지친 인부들을 위해 척서단滌署丹을 지급했으며, 그들의 건강을 위하여 일시적으로 공사를 중지시키기도 했다. 화성 축성에 참여한 기술자와 인부들에 대한 깊은 애정을 보여주고 있는 정조는 단순히 척서단만을 내려보낸 것이 아니라 처방에 대한 주의와 배포 지침도 함께 지시하였다. 당시 정조가 하사한 4,000정의 척서단은 감독, 패장, 원역, 모집한 일꾼들에게 등급을 매겨 골고루 나누어 주었다.

당시 정조로부터 척서단을 하사받은 기술자와 인부들은 모두가 손을 모아 감축하고 기뻐서 말을 잇지 못하였다. 더불어 척서단 외에 임시로 설치된 약국에 척서단과 효능이 유사한 약재를 많이 구비하여 누구든지 원하면 지급할 수 있는 체제를 갖추어 놓았다.

이와 같이 정조는 화성 축성에 참여한 관원들과 기술자 그리고 인부들을 위하여 척서단과 제중환 및 다양한 약재를 하사하여 그들의 건강을 책임졌다. 이 결과 3년에 걸친 대규모 토목공사를 단행하면서 단 한 명의 사망자도 발생하지 않았다.

백성이 주인인 세상을 만든 터전 만석거萬石渠

"사람이 곧 하늘이다."人乃天

아무리 들어도 참으로 대단한 말이다. 사람이 곧 하늘이라니! 감히 하늘과 사람을 비유하다니! 천지만물의 창조주인 하느님과 그가 흙으로 빚어 만든 인간을 동일시하는 이 말은 아마도 서구 사회에 사는 사람들은 들어본 적도 없는 말일 것이다.

하지만 우리는 동학東學의 교주였던 최제우가 사람이 곧 하늘이라는 '인내천'人乃天을 이야기하고, 2대 교주였던 최시형이 사람 섬기기를 하늘과 같이 하라는 '사인여천'事人如天을 부르짖었다. 이처럼 하늘의 신과 땅의 인간을 구분하는 '서학'西學과 다르게 하늘과 땅 그리고 그 사이에 살아가는 인간을 동일한 존재로 여기며 평등한 사회를 꿈꾼 동학이라는 철학을 만든 우리 민족은 참으로 놀랍고도 놀라운 민족이다.

그래서 동학의 세례를 받은 농민들은 총체적인 국가 문란을 극복하고 평등과 평화 그리고 자주적인 나라를 건설하고자 1894년에 농토를 떠나 죽창

만석거
萬石渠

수원 화성 북쪽에 있는 저수지로 1795년(정조 19년) 농업개혁을 위한 저수지로 축조하였다. 정조는 즉위 초부터 윤음을 반포하고 저수지에 수통水桶을 설치하고자 하였는데, 이를 발전시켜 저수지에 물을 가두었다 흘러내리게 하는 수갑水閘(수문)을 만석거에 최초로 설치하였다. 정조는 화성을 축성하면서 화성을 중심으로 여러 개의 호수를 파고 방죽을 축조하였는데, 북쪽에 판 것이 만석거이다. 서쪽에 축조한 것이 수원시 서둔동의 축만제祝萬堤(서호西湖)이고, 남쪽에 축조한 것이 사도세자 묘역인 화산花山 현륭원 앞의 만년제萬年堤이다. 이 저수지 앞에 영화정迎華亭이란 정자가 있어서 신구 화성유수의 인신印信을 교대하였다.

영화정도
迎華亭圖

프랑스 파리국립도서관 소장 『정리의궤』 성역도의 영화정도이다. 영화정은 1795년에 축조한 만석거의 정자로 신구新舊 화성유수가 거북이 모양의 인신印信을 교환하는 곳이어서 교귀정交龜亭이라고도 한다. 저수지 위에 연꽃이 피어 있고 배 2척이 한가롭게 떠 있는 것이 화성의 평온함을 보여준다.

을 손에 잡은 것이다. 배운 것도 가진 것도 없는 그들은 흰옷에 선연한 핏물이 들어도 결코 손에서 죽창을 놓지 않았다. 백산白山을 지나 황토현을 거쳐 전주성을 점령한 그들은 마침내 백성들의 손으로 자신들이 원하는 지도자를 선출할 수 있게 되었다.

전주성에서 조정과 대 화약和約을 맺으면서 탐관오리가 아닌 백성들에 의해 선출된 집강執綱(동학의 기본 교단 조직의 책임자)에 의해서 다스릴 수 있게 된 것이다. 21세기 대한민국 사회에서 실시되고 있는 지방자치제도의 원형이 바로 전주화약에 의해서 탄생된 집강소執綱所 설치였다.

그렇다면 이 집강소 설치는 그냥 생겨난 것일까? 물론 동학이라는 집단 내에 집강이 존재하기에 그 동학 조직의 영향으로 탄생한 것은 분명하다. 그러나 실제 이와 같이 백성들이 보다 나은 인물을 선출했던 것은 실제 정조시대 화성유수부(수원)에서 있었던 일을 기억해 낸 것이었다.

정조는 1789년 수원부 읍치를 팔달산 동쪽 일대로 옮기는 대역사를 단행하였다. 사통팔달 교통의 요지인 팔달산 일대는 실학의 선구자라고 평가받는 반계 유형원이 지목한 곳이었고, 정조는 반계의 저술 내용대로 그 지역을 군사적 도시로 성장시킴과 더불어 농업과 상업의 중심지가 되게 하였다.

어머니인 혜경궁 홍씨의 회갑연을 화성에서 치르면서 잔치 비용을 절감하여 그중 1만 냥으로 만석거라는 저수지를 만들고 토지를 매입하여 '대유둔'大有屯 혹은 '대유평'大有坪이라고 하는 국영농장을 만들었다. 토지 없이 떠도는 유민을 받아들여 이곳에서 농사를 짓게 함으로써 경제적 자립을 꾀하게 하였고, 그들이 농사지은 수확량의 40%를 세금으로 내게 하여 화성에 주둔한 장용외영의 군비로 사용하였다. 수확량의 거의 대부분을 조정과 향리들이 착취하던 시절에 40%만 거두어갔던 것은 정조의 위민정책이 아니고서는 상상할 수도 없는 일이었다.

만석거는 정조 19년(1795년) 1월 축조 공사가 시작되어 5월 18일에 5,960냥을 들여 완성되었다. 쉽게 이야기해서 농업용 목적의 저수지로는 최초라고 할 수 있다. 만석거의 수로 입구에는 수문을 설치하여 닫을 수 있게 하였다. 물이 많이 고이면 수문을 열어서 물을 빼고, 물이 모자라면 수문을 닫아서 물이 빠져 나가지 않게 하는 것이었다. 둘레가 1,022보, 요즘 수치로 하면 약 1,226m의 넓은 저수지를 만들었다. 가장자리 수심은 7척(210cm), 가운데 수심은 11척(330cm)이고, 물은 광교산에서 내려오는 광교천을 사용하였다. 이 저수지를 건설한 덕분에 화성의 북대문인 장안문 밖의 대유평이라는 국유지의 논은 농사가 잘되는 땅으로 바뀌어 엄청난 풍년을 이룰 수 있었다.

만석거를 만듦으로써 얻어지는 효과는 정조 21년과 22년에 연이어 발생한 재해를 거치면서 나타났는데, 당시 수원 지방은 이를 통해 극심했던 가뭄을 이겨낼 수 있었다. 만석거가 수원을 살렸다고 할 수 있었다. 만석거를 통해 가뭄을 극복하자, 정조는 자신감을 가지고 이어서 다른 저수지도 건설하였다. 그래서 '서호'西湖라 불리는 축만제와 현륭원 입구의 만년제 등을 축조한 것이다.

이와 같은 저수지 축조와 둔전 설립 정책은 균역법을 통해 거두어들인 백성들의 한 맺힌 군포 대신에 국영농장에서 생산된 수확량에서 나온 수익금으로 군대를 운영하여 조선후기 백성들의 원성이 가장 높았던 군정軍政의 폐단을 혁파하고자 한 정조의 깊은 의도에서 나온 것이기도 하다.

그런데 더욱 놀라운 것은 바로 국영농장으로 찾아온 이들에게 토지 구역을 나누어주는 '마름'에 대한 내용이다. 우리가 생각하고 있는 마름에 대한 인식은 천편일률적으로 소작인들을 착취하는 지주들의 앞잡이였다. 그래서 일제강점기 시절에 마름은 저주의 대상이었다.

그런데 정조는 만석거를 중심으로 하는 국영농장의 마름을 그 지역 거주민들과 유, 이민들 중에서 토지를 불하받아 농사짓는 모든 이들이 투표를 하여 가장 신망이 높은 사람을 선발하게 하였다. 화성유수부의 관리나 서리들 혹은 장용외영의 장수들이 자기들 입맛에 맞는 마름을 선발하게 만든 것이 아니라 농사에 참여하는 주체들이 직접 마름을 선발하게 하였으니 정조시대에 이미 민주주의 제도의 실현이 있었던 것이다.

결국 만석거 일대는 우리 역사에서 백성들이 직접 자신의 삶과 직결된 경제적 문제를 해결하고 스스로 투표에 의해 가장 신망이 높고 합리적인 인물을 선출했던 민주주의 제도의 요람이었던 것이다. 그리고 이러한 전통을 경험했던 농민들은 1894년 전주화약을 통해 집강소 설치라는 민주주의와 지방자체제도의 실현을 이루었다.

화성에 국영농장인 대유둔을 건설한 정조

정조가 죽기 28일 전인 1800년 5월 30일 늦은 밤에 정조는 조정의 대소관료를 모아놓고 분노에 찬 목소리로 소리쳤다. 어지간해서 자신의 감정을 드러내지 않는 정조가 크게 화를 내는 일은 극히 드문 일이었다. 정조가 그토록 화가 난 것은 그가 추진하고자 하는 개혁을 신하들이 제대로 추진하지 않기 때문이었다. 이에 정조는 신하들에게 자신이 추진하는 개혁정책을 7월 1일부터 더욱 강력하게 추진할 것이니 자신과 함께 개혁을 하고자 하는 이들은 조정에 남고 자신의 개혁에 따르지 않을 사람들은 고향으로 돌아가라고 하였다. 이것이 그 유명한 오회연교五晦筵教다. 오월 마지막 날인 그믐날 경연에서의 가르침이라는 뜻이다.

정조는 오회연교 다음날인 6월 1일 아침에 화성유수 서유린을 처음으로 만난다. 어제의 강력한 외침 뒤의 만남은 특별한 것이었다. 그것은 바로 자신과 개혁정책을 추진할 가장 적임자와 함께 미래의 개혁 프로그램을 의논하기 위해서였다.

정조는 서유린에게 물었다. 내가 왜 화성을 건설했는지 아느냐고. 그리고는 서유린에게 화성에서 저수지를 만들고 그 옆에 국영농장인 둔전을 만들어 토지 없는 백성들이 농사를 짓고 안정된 삶을 살 수 있는 농업개혁의 혁신터전을 만들기 위해서였다고 하였다. 그리고 화성에서 농업의 새로운 모델을 성공시키고 이러한 방안을 8도에 보급하여 조선의 백성들 모두를 평안하게 해주고 싶다고 하였다. 즉 화성은 농업개혁을 위한 터전으로 만들어진 것이기도 하였다. 실로 정조의 화성 건설 의도는 바로 여기에 있기도 했다. 그래서 정조는 저수지와 둔전인 만석거와 대유둔, 축만제와 축만둔(서둔) 건설 사업을 이처럼 깊은 의도를 가지고 추진하였다.

1794년 전국적 흉년을 맞아 화성 성역에 모여들어 품을 팔다가 오갈 곳이 없게 된 사람들에게는 그들의 생활을 보장해주는 '구황지책'救荒之策이면서, 둔전은 장차 장용영 군인의 생활기반이기도 하였다. 소금기가 많아 척박하여 농사가 잘 안 되기로 이름났던 수원 지역의 토지를 농업생산을 늘려서 백성의 생활을 안정시키고 수원의 재정도 안정적으로 확보하려는 이 시도는 전국적 농업진흥정책의 출발점이기도 했다.

정조의 농업진흥책은 즉위 초반부터 시작되었다. 정조 2년 1월에 시행된 『제언절목』堤堰節目에서 보듯, 조선전기 이래의 방천인수防川引水 위주 정책에서 벗어나 농업정책에서 제언을 중시하는 획기적 변화를 보인 것이 바로 정조 시대이다.

이 시기에는 이앙법移秧法과 수도작水稻作 재배가 확대되면서 수리기술도 발달하여 국가와 개인은 수리를 위하여 수문과 수차에 대한 연구를 진행시키고 있었으며, 『농정전서』農政全書 등의 외래 농업 지식을 수용하여 그를 연구하고 이에 따라 여러 기술이 활발히 실험되기도 하였다. 만석거, 축만제 등 여러 저수시설은 바로 이러한 시기에 그 연구 성과를 적용한 것이다.

정조는 중국 기전畿甸의 예를 들면서 축성의 기본이 수로를 잘 다스리는 일治水道임을 언명하고 있었고, 이와 같은 정조의 유시에 따라 화성 성역 기간 중 수원에서는 수원의 하천 상황에 유의한 여러 치수 대책이 추진되었다.

"농사짓는 근본은 부지런함과 수고로움에 달려 있는데, 그 요체는 역시 수리水利 사업을 일으키고 농작물을 토질에 맞게 심으며 농기구를 잘 마련하는 것뿐이다. 이 세 가지가 그 요체인데, 그 가운데서도 수리 사업을 일으키는 것이 첫 번째를 차지한다. 『주역』周易에서 수水와 지地가 합쳐진 것이 비괘比卦이고, 지와 수가 합쳐진 것이 사괘師卦가 되는데, 이것이 정전법正田法의 기본 원리이다. 토질에 잘 맞게 하고자 한다면 물을 놔두고 어떻게 하겠는가!"

정조는 이처럼 수리사업의 중요성을 강조하면서 제언 축조와 둔전 개발에도 적극적이었다. 주역의 대가인 정조가 주역의 64괘의 하나인 수지비水地比와 지수사地水師의 괘 풀이를 통해 수리 사업의 가치와 의의를 설명한 것이다. 그가 훗날 주역 64괘의 14번째 괘인 화천대유火天大有의 이름을 따서 만석거의 둔전 이름을 대유둔大有屯이라 지은 것은 우연이 아니다.

성곽 내의 도심을 통과하는 수원천과 기타 팔달산에서 흘러나온 지천支川들을 관리하는 조치를 취하여 용연과 남지, 북지, 동지 등 곳곳에 여러 연못을 만들되 식수와 조경 등도 함께 진행하여 유락의 명소로 아름답게 조성하였다. 또한 장마철이면 상습적으로 범람하던 광교산 '대천'大川(수원천)에 대한 대대적 준설과 제방 공사를 행하면서, 외곽에 버려진 넓은 땅을 관개하기 위해 수로渠를 파서 물을 끌어대고, 제언과 둔전을 만들기 시작하였다.

만석거와 대유둔의 건설은 처음에는 어려움 속에 진행되었다. 당시에 이미 화성 성역의 비용은 당초의 예산을 초과한 데다 여론도 만석거 건설을 반대하고 있었으므로 정조는 몹시 고심하였다. 그러나 정조는 어렵사리 결

一每十年行宮大修理別劃釐理物力擧行本庫物力勿
爲取用仍爲全數會錄爲白齊
一物種價直修補年限作爲定規別成冊子頒之本府以
爲永久遵行毋敢違越之地爲白齊
一行宮修理及城役修補時監董褊裨及校吏工匠姓名
詳細錄置以爲日後考勤慢勸懲之地爲白齊
一未盡條件追于磨鍊爲白齊
大有屯設置節目
古者寓兵於農謂之屯田充國金城之略諸葛渭濱之拓
非直爲留屯戰守之備也蓋欲其丁無遊手土無遺利而
官則省漕輓之費軍則裕犒餉之資有國門它之利儘如
是矣本府以外營重鎭雄城甫屹而新治草刱斥鹵未闢
華城城役儀軌 附編二 節目
府底一切生理靡所聊賴肆我 聖上深軫華民務本之
業克追前聖荒度之功乃於停役綸音兼寓闢土實利敷
而丁寧如指諸掌既又捐帑錢而制民田置屯牛而助民
耕於是焉先自長安門外至古等村北坪陳荒處拓而糞
之縱橫其畝者初年實數已爲二十六結之多以此新墾
之土盡付於府下吏民而分授之制助耦之法已詳於啓
聞中矣若其屯上設堤利澤長流阡外加陌膂沃歲增以
是而足兵民之食以是而補城陴之繕其爲功利之博孰
京於此大抵地利興而民產制人和臻而屢豐降播於稑
於千斯萬斯則屯名之錫以大有有以仰 聖人眷顧祈
祝之德意也其所對揚惟在明立課條固着根基以永聖
世厚生之樂其設施本末條列于左爲齊

대유둔절목
大有屯節目

대유둔은 화성의 북쪽에 축조된 만석거 일대의 국영농장이다. 소금기가 많아 농사짓기 어려운 땅을 개간하여 비옥하게 조성하였고, 이 땅에 장용영 군사들의 가족들과 토지가 없는 백성들로 하여금 농사를 짓게 하였다. 대유둔은 정조시대 농업개혁의 산실로 평가받고 있는데, 『대유둔절목』은 국영농장 대유둔의 운영제도에 대한 내용을 담고 있다.

단을 내려서 1795년 혜경궁 홍씨 회갑 진찬연進饌宴에 사용한 후 남은 금액을 제언 축조와 둔전 설치 비용으로 하사해주기로 하였다.

그뿐 아니라 토지 매입과 임금 지급 등의 비용을 충당하기 위하여 별도의 예산을 마련하였고, 별하전別下錢 2만 냥을 내려 보내 사업을 진행시켰다. 화성의 생산기반이자 유지비용을 마련하기 위한 토대로서 둘레 1,022보步 규모의 만석거는 1795년 5월 18일 완공되었고, 100여 석락石落(한 섬 분량의 씨앗을 심을 정도의 넓이로, 대략 2,000~3,000평 정도의 크기) 규모의 둔전에서는 이때부터 경작이 시작되었다.

만석거와 대유둔 건설 과정에는 당시 화성유수였던 조심태와 판관 홍원섭이 함께 주도적 역할을 하였는데, 특히 기본 구상이 나오기까지는 홍원섭의 역할이 중요하였다. 홍원섭은 연암 박지원의 동년배로서 연암일파燕巖一派의 일원이었으며, 1795년 12월 만석거와 대유둔 설치에 대하여 화성유수의 이름으로 올라간 장계도 정조의 특명에 따라 실제로는 그가 지었다.

한편 대유둔에서는 『대유둔설치절목』大有屯設置節目에 나타난 대로 당시로서는 가장 선진적이며 효율적인 운영방식이 채택되었다. 만석거와 대유둔의 전체적 관리와 경영은 둔사屯舍에 상주하는 양반 출신의 둔도감 1인과 장교 출신의 둔감관 1인 이하 모두 8명의 인원이 담당하였다.

병농일치兵農一致의 이상을 실현하려던 이곳 대유둔에서는 장용외영의 장교, 서리와 군졸, 관예 등을 경작자로 우선 선발하고, 둔전의 3분의 1은 경작지가 없는 일반 수원부민에게도 분급하였다. 다만 이들에게는 능력에 따라 분급지의 다과를 정하여 주되, 한 사람에게 주는 토지는 1석락石落을 상한으로 하여 한전限田의 이념을 관철시켰다. 여기에서는 만석거의 수리 혜택을 받으며 둔소에서 종자를 공급받아 영농이 이루어졌다. 농부들은 제공된 농기구를 가지고 소 1마리에 2인의 농부가 협업하는 방식二人通力合作으로, 당시로서는 선진적인 협동농업을 하였다. 생산물은 당시 지주제의 병작반수幷作半收 관행에 따라 분배되어 생산물의 반에 해당하는 둔곡은 수성고修城庫에 들어가 화성의 보수 관리 비용으로 충당되었으며, 나머지 결역結役은 전정소田政所에 귀속시키는 방식으로 농장이 경영되었다. 대유둔에서는 당시 수전의 확대 경향에 편승하여 대단위의 수전 경영으로 벼농사가 이루어졌다. 둔전에는 최신의 영농기구와 어느 곳보다 많은 축력이 이용되었다.

화성성역소에서는 공사에 동원된 소牛의 분뇨를 거름으로 제공하기도 하였으며, 2인이 짝을 이룬 영농단위에서는 경험 많은 농부의 기술이 적극 활용되면서 그의 주도로 농업기술의 전수가 이루어지도록 하는 등 농업 실습 교육의 효과를 거두면서 협동영농이 이루어졌다. 이 시기 조정에서는 수전의 확대에 부응하는 제언堤堰 확충정책을 밀고 가면서, 과학적 수리 기구를 도입하고 영농기술의 개발을 선도하였다. 측우기를 활용하고 수갑水閘과 수차水車 등 선진적 농업기구를 제작하고 시험하면서 과학적 영농을 도모하고, 이를 대유둔에 적용하여 효율적 경영을 뒷받침하였던 것이다.

이러한 노력은 원래 '황전폐답'荒田廢畓이었던 대유둔 지역을 옥토로 바꾸어 놓아 이곳은 계속되는 가뭄 피해에서 벗어나는 것은 물론 높은 농업생산성을 실현하였다. 대유둔이 설치된 그해 가을, 1,500여 석의 소출이 나서 둔전에서 거두어들인 수입은 766석으로, 당시로서는 최고 수준의 생산성을 달성하였다. 더구나 이듬해 전국적 가뭄에도 수원의 둔전은 그 피해를 면할 수 있었다.

이후 정조와 화성유수부는 둔전 확대를 통해 재정을 확보하는 방향으로 기획을 하고 새로운 둔전 건설을 추진하였다. 수원에서의 농업진흥책을 전국으로 확대하여 조선 전체가 수원의 둔전 농법을 따르게 하고자 함이었다. 이러한 정조의 의도는 1800년 6월 1일에 있었던 수원유수 서유린과의 대화에서 직접 드러나 있다.

1798년 4월에는 현륭원 동구의 만년제를 추가로 건설하고, 이어서 같은 해 11월에는 『권농정구농서윤음』勸農政求農書綸音을 전국에 내려서 새로운 농업 구상을 모아들여 혁신적 농서를 편찬하려 하였으며, 같은 해 논의를 거쳐 이듬해 1799년 봄에는 화성부 서쪽 5리에 있는 여기산 아래에 당시로서는 최대 규모인 길이 1,246척, 너비 720척, 몽리답 232석락의 축만제(서호)와 축만제둔(서둔)을 건설하기에 이르렀다.

정조시대 수원 지역에 축조된 저수지의 특징은 물의 수위를 일정하게 유지시켜주는 수구水口와 관개용수의 양을 조절할 수 있는 수갑水閘이 설치된 것이다. 1795년(정조 19년)에 만들어진 수원 북쪽 지역의 만석거와 현륭원 동구에 축조된 만년제가 이렇게 되어 있다. 축만제 역시 만석거에 설치된 수구와 동일한 형태의 구조물이 있었고, 수갑 또한 설치되었다.

대유둔은 화성유수부가 둔전의 소유권을 가지고 있는 지주地主, 즉 전주田主가 되고, 성내의 백성들이 농사를 짓는 작자作者로 하는 이른바 지주전호제地主田戶制로 이루어졌다.

이와 같은 대유둔 운영 방식은 둔전의 토지를 백성들에게 나누어주고 경작하게 하여 그 수확의 절반을 수성고에서 가져가게 하는 형태로 운영되었다. 화성유수부가 전주로서 작인에게 전답을 분급하는 방식의 병작제를 운영할 수 있었던 것은 바로 토지가 관官이 소유한 토지였기 때문이다. 왕실에서 내린 조정의 비용으로 논을 매입하거나 토지를 논으로 만드는 작업을 수행한 주체가 바로 관이었다. 사실상 앞서 이시원의 이야기처럼 장용영의 둔전을 만들어 수확량의 1/3만 세금으로 걷으려 하였지만 여러 현실적 고려로 인하여 60 : 40으로 나누는 제도를 운영하게 되었다. 병작반수 제도와 유사한 이와 같은 방식은 처음 의도보다는 약화되었지만 실제 백성들이 받는 혜택은 당시의 그 어떤 토지보다도 높았다.

화성에서 여러 곳으로 확대된 둔전은 정조의 의도대로 선진적 농업방식으로 전환되었다. 화성유수부에서 실행된 장용영의 둔전은 백성과 군사들이 공동으로 농사짓고 이곳의 수입금으로 군사들의 급여와 화성 수리에 사용하게 된 것이다. 이와 같은 서둔의 농업진흥책은 당시 농업의 현실과 농정의 이상을 조화시키려는 특징을 가지고 있었다.

화성 둔전의 운영 방안은 당시 둔전의 최고책임자인 둔도감을 양반으로 규정한 데서 보듯, 양반층士의 주도적 역할과 지주제의 병작반수 관행을 유지하면서도 정전법井田法, 한전법限田法, 둔전의 병농일치兵農一致 이상의 구현을 표방하여 그를 일치시키려 하였으며, 선진적인 협동영농방식과 수리 및 영농 기술을 도입하여 최대의 생산성을 올리고자 하였다. 정조는 이처럼 둔전제를 적극적 활용하는 농업진흥책을 전국으로 확대하여 백성들의 삶을 안정시키고자 하였다.

정조, 화성행궁에서 신무기를 실험하다

군복을 입은 군주의 초상화를 본 적이 있는가? 조선시대 국왕들은 대부분 초상화를 그릴 때 익선관에 곤룡포를 입은 모습을 그리게 한다. 붉은 색의 곤룡포는 조선의 국왕임을 보여주는 것이지만 실제 이 곤룡포는 제후국가의 국왕 복식이다. 새롭게 조선의 국왕으로 등극하는 이들은 면류관에 구장복九章服을 입고 정궁正宮에서 즉위하지만 이후 익선관에 곤룡포를 입고 국정國政을 운영한다.

그렇다면 왜 조선의 국왕이 검은 익선관과 붉은 곤룡포를 입었을까? 이 의관은 명나라와 청나라의 황제가 조선의 국왕에게 하사하기에 입는 것이다. 이는 매우 슬픈 이야기이지만 당시 국제 정세와 조선의 위상으로 볼 때 어쩔 수 없는 일이었다. 조선이 건국할 때 아예 대놓고 사대교린을 이야기하면서 명의 제후국가임을 천명하고 건국하였기 때문이다. 전 시대의 왕조국가였던 고려가 황제의 국가를 천명한 것에 비하여 조선이 스스로 제후국가로 처신한 것은 안타까운 일이다. 백성들이 원해서 그렇게 된 것이 아니라 소수의 권력자들이 국가를 지배하기 위해 내린 잘못된 판단이었다.

어쨌든 익선관과 곤룡포를 하사받은 조선의 국왕은 그와 똑같은 옷을 추가로 맞추어 지속적으로 입고 정사를 보았고, 그러한 모습을 초상화로 남겨 놓았다. 그런데 정조의 초상화는 우리가 알고 있는 일반적인 국왕의 모습이 아니라 머리에는 전립을 쓰고 몸에는 용의 문양이 무려 3개나 들어가 있는 군복을 입은 모습이다.

왜 그런 것일까? 그것은 다름 아니라 정조의 부친인 사도세자가 그런 모습을 하고 초상화를 그렸기 때문이다. 정조는 66회의 능행차를 다닐 때 단 한 번도 곤룡포를 입고 행차한 적이 없다. 모두 군복을 입고 다녔다. 아무리 추운 날이어도 군복을 입고 말을 타고 다녔다. 북풍한설이 몰아치는 날씨에 넓은 가마 안에 들어가 화로의 온기를 쬐며 따뜻하게 다닐 수 있었음에도 불구하고 정조는 절대 그렇게 하지 않았다. 왜냐하면 사도세자가 그렇게 다녔기 때문이다.

그렇다면 여기서 한 가지 생각해보자! 왜 사도세자는 군복을 입고 말을 타고 다녔을까? 그것은 다름 아닌 임진왜란과 병자호란으로 치욕을 겪은 조선을 부활시키고 다시는 그런 치욕을 겪지 않게 하고자 하는 의도에서였다. 더 나아가 북벌론을 주장하였던 효종을 계승하여 청나라가 내분에 처했을 때 군사를 이끌고 요동 땅을 점령하고자 하는 생각을 가지고 있었고, 이를 실천하기 위해 그런 상징적인 모습을 하였던 것이다.

정조 역시 아버지 사도세자의 뜻을 이어 북벌에 대한 의지를 가지고 있었다. 조선시대를 연구하는 학자들 대부분이 정조시대에 북학은 존재하지만 북벌은 존재하지 않는다고 하지만 당시 상당수의 자료들이 북벌에 대한 이야기를 하고 있다. 북학의 대명사라고 할 수 있는 박지원의 『열하일기』와 박제가의 문집인 『정유집』에서도 병자호란에 대한 치욕을 극복하기 위해 군대를 동원하여 요동을 점령하자는 대목이 있다. 결국 북벌은 허구의 논리가 아닌 당시 올바른 정신을 소유하고 있는 이들에게 국가의 정체성을 보여주는 실천적 논리였다.

이러한 사도세자의 뜻을 계승하고 국방강화를 통한 북벌 정신을 온전히 가지고 있는 정조는 자신의 의지를 실천하기 위하여 1795년 윤2월에 화성에서 있었던 어머니 혜경궁 홍씨 회갑 진찬연을 이용하였다. 어머니 혜경궁과 아버지 사도세자는 동갑이었고, 사도세자가 28세에 돌아가셨으니, 혜경궁은 33년 간 혼자 외로운 삶을 살아야 했다. 더군다나 혜경궁은 왕실의 지엄한 법도로 인하여 남편의 묘소에 단 한 번도 가본 적이 없었다. 그래서 정조는 어머니를 아버지의 묘소에도 모시고 가고 앞으로 본인과 더불어 평생을 살아갈 화성도 보여주고 싶었다. 그러기 위해 한양에서 회갑연을 베풀지 않고 수원으로 내려온 것이다.

물론 이것은 표면적인 이유이다. 정조가 화성으로 행차한 데는 숨은 목적이 있었다. 그것은 다름 아닌 아버지 사도세자의 비원을 실현하기 위한 신무기 개발이었다. 사도세자는 살아있을 당시에도 자신이 거처하는 전각 지하에 굴을 파놓고 신무기를 개발하였다. 혜경궁 홍씨는 이 기록을 토대로 사도세자가 정신병에 걸린 것이라고 하였다. 하지만 일국의 왕세자라면 그렇게 의지가 약하거나 정신병에 걸리지 않는다. 『한중록』에도 기록되어 있고, 정조가 쓴 사도세자의 일대기인 『현륭원지』顯隆園誌에도 나오듯이 사도세자는 어린 시절부터 병법서와 무예서를 좋아하였다. 5살 때부터 스스로 활을 만들고 나무칼을 만들어 사용하기도 하였다. 효종의 북벌론에 대한 확고한 계승의지를 어린 시절부터 가지고 있었기에 이에 대한 준비를 하고 있던 것이다.

그런 사도세자가 15세가 된 이후 대리청정을 하면서 국정 전반을 살펴보니 북벌을 위해서는 조선이 가지고 있는 무기만으로는 해결할 수 없음을 깨닫게 되었다. 그래서 적은 숫자의 무기로 대량 인원을 공격하고 막을 수 있는 화약무기의 필요성을 절감하였다. 그래서 그런 무기를 만들기 위하여 자신의 전각 지하에 토굴을 파놓고 각종 무기를 제작한 것이다.

물론 혼자서 무기를 만들지는 않았을 것이다. 사도세자에게는 아주 충성스런 무인이 있었다. 그 무인이 바로 훈련도감의 초관 임수웅이었다. 임수웅은 '조선제일검'이라 불리는 김광택의 수제자였다. 영조는 전설의 조선검이라 불리는 김체건의 아들인 김광택의 이름을 직접 지어주었다. 김체건은 일본의 통신사 일원으로 참여하여 일본 검법을 몰래 익히고 돌아와 일본을 막을 방법을 찾았고, 압록강 일대의 국경에 잠입하여 만주족의 검법과 창법 그리고 그들의 무기도 연구하였다. 이러한 참된 애국의 공로를 영조는 인정하였고 그래서 새로 태어난 아들의 이름을 직접 지어주는 영광을 주었다. 아버지로부터 훈련받은 김광택은 조선제일검으로 성장하였고, 임수웅이라는 수제자를 길러냈다. 임수웅은 사도세자의 최측근 무인으로 사도세자가 1759년에 『무예신보』라는 책을 편찬할 때 무예 시범을 보이고 모든 일을 주관하였다. 이처럼 당대 최고의 무인이 사도세자를 도와 신무기 개발에 참여했던 것이다.

사도세자가 이렇게 자신의 전각 지하에서 무기를 제작한 것은 청나라 첩자들의 감시를 피하기 위한 고육지책이었다. 조선에서 신무기를 개발하지는 않는지 혹은 청에 대한 반기를 들지는 않는지 감시하는 청나라의 첩자는 한둘이 아니었다. 그래서 구중궁궐 깊은 곳에 있는 자신의 전각 지하 토굴이라면 어느 누구도 범접할 수 없을 것이라 생각한 사도세자는 안심하고 신무기 개발에 몰두할 수 있었다. 하지만 사도세자의 이러한 신무기 개발은 그의 죽음으로 무산되었다.

득중정어사도
得中亭御射圖

득중정어사도는 수원능행도인 8폭 병풍의 하나로, 1795년(정조 19년) 윤2월 14일 오후 정조가 화성행궁 안의 득중정得中亭에서 신하들과 함께 활쏘기를 한 다음 저녁에 혜경궁 홍씨를 모시고 매화시방埋火試放(불꽃놀이)을 구경하는 장면이다.

정조는 아버지의 이 꿈을 실현시켜 주고 싶었다. 그래서 비밀리에 화약을 이용한 신무기 개발을 지시하였고, 어머니의 회갑연을 핑계 삼아 청나라의 감시를 피해 신무기 개발 실험을 화성행궁 득중정得中亭에서 한 것이다. 청나라 첩자들도 정조가 어머니의 회갑잔치에서 신무기를 실험할 것이라는 생각은 못할 것이라 판단하였기 때문이다. 이렇게 청의 감시망을 피해 실험한 신무기가 매화埋火라고 불리는 지뢰였다.

정조는 먼저 득중정에서 활쏘기를 하였다. 활쏘기란 단순히 개인의 건강과 무예를 단련하기 위한 것만이 아니었다. 활쏘기는 바로 군왕과 신하들이 자연스럽게 몸을 통하여 단결하게 만드는 특별한 회합이었다. 특히 조선 역사상 최고의 신궁神弓으로 평가받는 정조는 자신의 활솜씨를 한껏 보여주었다. 정조의 활시위를 떠난 화살은 모두 과녁의 정중앙에 꽂혔다. 고위 신하들과 무관들에 비해 3배 이상의 적중률을 보여주면서 '무인군주'라는 인식을 더욱 굳게 심어 주었다. 군복을 입은 정조의 늠름한 무인의 모습은 신하들에게 조선을 지킬 군주라는 믿음을 주었을 것이다.

활쏘기로 군주와 신하 간의 화합을 유도한 이후 매화를 터트렸다. 정조는 이미 1779년에 남한산성에 거동하여 중앙 오군영의 군사들을 동원한 군사훈련을 실시할 때 매화 실험을 실시한 적이 있었다. 남한산성에서의 매화 실험 역시 성공적이었다. 당시 영의정이었던 김상철이 이런 이야기를 하였다. "전하, 만약 이 무기가 병자년에도 있었다면 우리가 그 치욕을 겪지는 않았을 것입니다." 참으로 통탄스런 이야기이다. 이와 같은 김상철의 이야기를 들은 정조는 이렇게 답했다. "이것은 원숭환이 영원寧遠에서 시험한 홍이포의 유제이다. 병자년(1636년)에는 이 방법을 배우지 않아서 쓰지 못하였으니, 참으로 한탄스럽다."

즉 정조는 병자호란 당시 지뢰를 이용한 화포기술을 사용하지 못해 청에게 굴복한 것에 대하여 매우 안타깝게 생각하고 있었다. 그래서 국왕인 자신이 나서서 국방력 강화를 위한 새로운 화포기술을 창안하고자 노력하였다. 그 결과 새로운 화포기술을 개발하였으며, 그 첫 번째 시험을 화성에서 실시한 것이다.

정조 재위 초반 북벌론을 주장했던 송규빈은 북벌을 성공하기 위해서는 반드시 신기한 화기를 가지고 적을 향해 먼 거리에서 발사하여 사격을 가한다면 적들은 모두 가루가 되어 재를 이루고 말 것이니 승산이 있다고 하였다. 송규빈의 국방정책 개혁론을 받아들여 친위군영인 장용영 창설과 수어청 혁파를 추진했던 정조가 화약무기 개발에 대한 송규빈의 의견을 받아들인 것은 너무도 당연하다. 송규빈이 아니라 하더라도 정조의 입장에서는 강력한 군영을 만들기 위해 반드시 화약을 이용한 화포의 개발이 절실히 필요했다.

하지만 득중정에서 화약을 땅에 묻고 성능을 시험하고자 할 때 갑자기 날씨가 좋지 않았다. 이에 정조는 "지금 비가 오려고 날씨가 잔뜩 찌푸려 있으니 이와 같은데도 할 수 있겠는가?" 하고 장용외사 조심태에게 가능성을 타진했다. 이에 조심태는 매화시방에 대한 강한 자신감을 보였다. 첫 번째로 화약의 성능이 강하다는 것을 강조하였고, 두 번째로 비가 오더라도 땅속까지 스며들지는 않을 것이라고 하였다. 즉 조심태는 장용외영에서 개발한 새로운 화약무기가 어지간한 비에도 폭발이 가능할 것이라는 확신을 가지고 있었던 것이다. 조심태의 자신감에 정조는 성능 시험에 대한 지시를 하였고 마침내 매화시방은 날씨가 안 좋은 상태에서도 성공을 거두었다.

이로써 전체적인 화성행차 시의 주간 군사훈련과 야간 군사훈련은 장용외영의 3,800여 군사들의 일사불란함을 보여줌과 동시에 장용외영이 가지고 있는 화약 신무기를 선보임으로써 화성유수부가 강력한 군사도시임을 보여주었다. 또한 화성 내에 거주하는 백성들과 함께 횃불과 등불을 올리고 내리는 훈련을 함으로써 민보民堡에 대한 새로운 개념을 보여주었다.

결국 정조가 화성행차에서 보여준 일련의 군사훈련은 자연스럽게 다른 군영으로 하여금 장용외영을 두렵게 만들었다. 더불어 이는 자연스럽게 장차 자신이 왕위를 물려주고 거처할 화성유수부를 지키는 친위군사력의 위세를 보여주어 자신이 추구하는 국방개혁에 대한 반대를 일소하고 향후 외세에 대한 군사적 방어 및 공격의 중심지로서의 역할을 천명한 것이라고 할 수 있다.

이런 의미에서 화성행궁 득중정은 우리 과학사와 무기 발달사에 있어 가장 위대한 공간이라 할 수 있다. 역사의 산실! 이러한 표현이 맞을 것이다. 정조가 득중정에서 매화(지뢰) 시험을 성공시키고 기뻐했을 그 모습을 떠올려 본다. 아마도 그는 하늘에 있는 아버지 사도세자를 떠올리고, 외세에 굴복당하지 않을 조선의 미래를 기대하였을 것이다.

상하동락上下同樂의 잔치 화성 낙성연落成宴

백성들에게 있어 가장 아름다운 잔치는 무엇일까? 그것은 다름 아닌 자신을 주인으로 인정해주는 잔치일 것이다. 현대사회 이전의 전근대사회에서 백성들이 가장 의미 있게 치른 잔치는 바로 혼인식이었다. 지금처럼 20분 만에 끝나는 잔치가 아니라 하루 종일 마을 사람들과 술과 음식을 마시고 기뻐하며 잔치를 즐겼다. 이들이 이렇게 기쁜 마음으로 잔치를 연 것은 바로 자신들이 주인이 되어 공동체의 정신으로 치른 잔치였기 때문이다. 이러한 공동체의 정신이 담긴 잔치가 바로 화성 건설 공역을 마무리하는 기념비적 잔치인 낙성연이었다.

1794년 1월 7일 화성 축성을 위해 첫 삽을 뜬 후 3년여의 시간이 흐른 1796년 9월 10일 마침내 공사가 끝났다. 이날 정조는 창덕궁 영춘헌에서 화성유수 조심태와 도청 이유경을 배석시킨 후 "공사를 시작한 지 3년 만에 둘레 만 타萬垜의 성가퀴가 완성됨을 아뢰니, 마치 신의 도움이 있는 듯하다"라며 화성 축성이 성공적으로 끝났음에 매우 감동하였다. 그리고 그간 화성 축성에 참여했던 모든 감독관 그리고 미천한 일꾼들에게까지 모두 상을 나누어 주라고 명을 내렸다. 이제 자신이 그토록 기다리던 화성이 완공되었기에 정조의 기쁨은 지금 우리가 상상하는 것과는 완전히 다른 차원의 기쁨이었을 것이다.

현재도 대형 건물을 준공한 이후 한두 달 있다 정식으로 개관하듯이 정조 역시 비록 9월 10일에 화성이 준공되었다 하더라도 한 달여 뒤에 자신이 직접 내려가서 축성 기념행사를 치르고자 하였다. 그래서 가장 좋은 길일吉日인 10월 16일을 택하여 참여한 모든 사람들과 화성의 백성들을 불러 모아 잔치를 베풀고자 하였다.

정조는 10월 낙성연 이전에 기술자와 일꾼들을 위로하는 배려를 보이기도 하였다. 전국 경향각지에서 찾아온 기술자들은 낙성연의 화려한 잔치보다는 빨리 고향으로 돌아가고 싶었을 것이다. 그래서 일을 마치고 고향으로 돌아갈 일꾼들을 위하여 축성 완공 시점과 더불어 먼저 회식을 시켜주고 그들의 노고를 치하하였다. 이날 정조의 명을 받은 승지 김조순은 공사감독관 이하 기술자 70명을 위로하고 이들에게 국왕이 하사한 양식과 상을 하나하나 똑같이 나누어 주었다.

그런데 새로운 문제가 발생했다. 미리 고향으로 내려간 기술자들이 있었던 것이다. 아마 그들은 잔칫상을 받지 않고 하루라도 빨리 고향으로 돌아가 아내와 자식들이 보고 싶었던 모양이다. 정조는 비록 이들이 먼저 고향으로 돌아갔으나 똑같이 일한 수고가 있으니 잔치에 사용하기 위한 돈의 일부를 떼어 선물을 사서 상을 받은 기술자들과 동일하게 선물하는 아량을 베풀었다. 이후 고향으로 돌아가는 기술자와 일꾼들을 위해 몇 차례의 호궤(회식)를 실시한 후 마침내 화려한 낙성연이 화성행궁 낙남헌에서 실시되었다.

정조는 신하들로 하여금 화성 축성 낙성연에 대해 '행사를 널리 알리고 다양한 놀이를 마련해 상하上下가 함께 즐기도록 하라'고 특별히 지시하였다. 기존의 행사들이 왕실과 관료들, 그리고 사대부들을 위한 행사였다면 이번 낙성연은 진정 백성들을 위한 것이었기에 상하가 함께 기뻐하고 즐거워하는 잔치로 승화시키라는 것이었다. 그러한 장소로 화성행궁의 낙남헌이 선택된 것은 너무도 당연한 것이었다.

1796년 10월 16일, 화성행궁 낙남헌에서 개최된 낙성연은 우리 문화사에 독특한 의미가 있다. 화성 축성을 기념하는 행사로 구체적인 기록은 남아있지 않지만 『화성성역의궤』에 '낙성연도'라고 하는 그림으로 남아있기 때문에 그 행사의 내용과 의미를 파악할 수 있다.

일반적으로 왕실행사는 국왕을 중심으로 남자들만의 잔치인 외연과 왕비를 중심으로 여성들만의 잔치인 내연으로 구분된다. 이 잔치들은 모두 왕실의 중요한 날에 벌어지는 것으로 종친과 고위 관리들을 중심으로 펼쳐졌다. 그런데 국왕이 친림하기로 되어 있던 낙성연 행사에는 왕실 가족과 고위 관료를 포함하여 일반 백성까지도 함께 하겠다고 했다. 정조는 낙성연 행사를 준비하게 하면서 호호부실戶戶富實·인인화락人人和樂·상하동락上下同樂을 강조하였다. 즉 백성들 모두가 부유하고 화목하여 상하가 함께 즐거워하는 사회를 만들고자 하였다. 이는 정조의 위민정신이 그대로 드러난 것으로 훗날 노비혁파법을 추진하는 기반이 되는 정신이기도 하였다.

조선시대 왕실 행사에 일반 백성들이 함께한다는 것은 상상할 수도 없는 일임에도 정조는 화성 축성 과정에서 수원지역 백성들의 노고를 치하하기 위해 함께 참여케 하고 그들을 위한 연회행사를 낙남헌 앞마당에서 열었다. 이 놀이가 바로 산대놀이와 사자놀이였다. 낙남헌에 만들어진 중심무대에서는 왕실의 무용과 음악을 연주하게 하고 마당에서는 백성들을 위한 마

낙성연도
落成宴圖

프랑스 파리국립도서관 소장 『정리의궤』 성역도 중 낙성연도이다. 낙성연은 화성 축성 완공 축하잔치로, 1796년(정조 20년) 10월 16일에 개최되었다. 채색본이 처음 공개되면서 정조시대 야외무대에서 펼쳐진 채붕의 모습과 가인歌人들의 공연 모습을 새롭게 조명할 수 있게 되었다.

당놀이를 하게 한 것은 조선시대 전체를 통해 유일한 행사였다. 이는 곧 위민爲民의 시대였던 정조시대의 모습을 극명하게 보여준다.

낙남헌 주요 무대 위에서 벌어지고 있는 연행이 궁중이나 지방 관아의 행사에서 벌어지는 정재呈才라면, 낙남헌 마당에서 벌어지고 있는 것은 사자·호랑이춤이라는 민간 예술이다. 무대의 높낮이와 주관객과의 거리에 따라 두 연행을 구분하고 있음을 알 수 있다. 이 민간 예술을 구경하고 있는 관객들 역시 초청받은 특별한 관객으로 보이지 않는다. 별달리 마련된 좌석 없이 서 있는 채로 사자·호랑이춤과 누각형 산대를 구경하고 있다. 마당에 운집한 민간인 구경꾼들의 존재는 낙성연이 1795년 봉수당 진찬에서처럼 일부 궁중 친족들과 고관들만의 폐쇄적인 연행이 아니었음을 말하고 있다.

화성 낙성연에서는 '원근에서 구경 온 백성들'을 '위로하고 기쁘게' 하기 위해 '비단 장막을 설치하고 다양한 놀이'를 마련했다. 일반 백성들이 흥미롭고 기쁘게 즐기기 위해서는 그들이 흥미를 느낄 수 있고 친숙하게 여기는 민간연행 종목이 연행되어야 한다. 낙성연도 속의 '누각형 산대'나 사자춤·호랑이춤이 바로 이러한 민간연행 종목이었다. 그리고 이러한 연행을 가능하게 한 이들이 바로 4명의 재인들이었다.

화성 낙성연에서의 사자·호랑이춤의 존재는 우리의 전통연행예술사에 흥미로운 가설을 세울 수 있게 한다. 적어도 화성 낙성연 이전 시기까지 궁정의 연행문화는 지방관아의 규범이 되었으나, 조선 말기에 이르러 지방관아의 연행종목이 궁정으로 역수입되었다고 주장할 수 있는 것이다.

화성 낙성연에서의 연행예술 양상과 그 특징을 보면 화성행궁이라는 동일한 공간에서 벌어진 연행임에도 불구하고 봉수당 진찬에서의 양상과는 또 다른 면모를 보이고 있음을 알 수 있다. 봉수당 진찬과 마찬가지로 화성 낙성연은 그동안 막연하게 인식되어 왔던 전통예술의 공간구조, 무대, 신분과 남녀에 따른 관객석의 배치, 참여 연행자들의 성격, 연행종목 등에 걸쳐 여러 중요한 정보들을 우리에게 제시해주고 있다. 이 정보들 중에서 화성 낙성연의 경우 '보계 구조의 구체적 제시', '지방관아 행사에 등장한 사자·호랑이춤의 양상', '채붕의 존재' 등의 특징을 주목할 만하다. 이 특징들은 우리나라 연행예술사를 기술함에 있어 중요한 사례로 손꼽을 만하다.

화성 낙성연이 갖는 연행예술사적 의의는 '상층 문화예술과 민간 문화예술의 공존'이라는 점에서도 찾을 수 있다. 이는 '낙남헌 대청과 보계'와 '마당'으로 정리되는 연행 공간, '보계와 마당의 이중 무대구조'로 정리되는 연행 무대, '대청·보계'와 '마당'으로 구분되는 관객석, '정재 연행자'와 '사자춤·호랑이춤 연행자'가 공존하는 연행자 구성, '정재'와 '사자·호랑이춤'으로 정리되는 연행 종목 등을 통해 구체적으로 나타난다. 상층의 문화예술인 정재 연행과 민간의 문화예술인 사자춤·호랑이춤이 한자리에 공존하는 흔치 않은 양상을 화성 낙성연은 보여주는 것이다.

결국 우리는 이와 같은 낙성연 전체의 모습을 통해 상하동락上下同樂의 진정한 모습을 확인할 수 있는 것이다. 이러한 상하동락의 잔치로 마무리하였기 때문에 화성은 오늘날까지 화합과 소통의 공간일 수 있고, 더 나아가 우리 사회의 미래를 위한 새로운 문화콘텐츠의 보고라고 할 수 있다.

8일 간의 화성 행차와 화성 축성을 기록한 『의궤』儀軌

1795년 윤2월 9일 새벽 6시, 조선의 22대 국왕이 거처하는 창덕궁에서 조선 개국 이래 처음 있는 거대한 행차가 시작되었다. 창덕궁을 호위하고 있는 군사들과 행차를 준비하는 관료들로 인산인해를 이루고 있는 사이에 군복을 입은 정조가 창덕궁 정문인 돈화문으로 말을 타고 나와 화성으로 출발을 지시하였다. 어머니 혜경궁 홍씨의 회갑잔치를 위해 100여 리 떨어진 화성으로 길을 나서는 것이다.

국왕 정조의 표현대로 단군 이래 천년만의 경사라고 평가 받는 혜경궁 홍씨의 회갑 진찬연은 조선 500년 역사에서도 가장 특이한 이력을 가진 행사였다. 국왕의 모친의 회갑연 행사를 서울이 아닌 지방에서 하였기 때문이다. 비록 왕비가 되지 못한 혜경궁이지만 효성이 지극한 정조의 어머니였기에 행사 내용은 그 어떤 왕후의 행사보다 규모가 있고 진지하였다. 그리고 정조는 어머니를 모시고 이틀에 걸쳐 화성으로 행차한 후 나흘 동안 회갑잔치와 부대 행사를 치른 후 다시 이틀에 걸쳐 화성행궁으로 돌아와 대규모의 행사를 마쳤다. 정조를 호위한 인원이 약 6,000여 명에 이르고, 행사에 동원된 말이 778필이나 되었으니 참으로 엄청난 행사였다고 할 수 있다. 이 행사가 오늘날 우리들에게 전달되어 각종 문화행사로 재현될 수 있었던 것은 바로 『원행을묘정리의궤』園幸乙卯整理儀軌라는 기록 때문이다.

『원행을묘정리의궤』는 혜경궁 회갑 진찬연의 출발 이전의 준비사항부터 한양으로 돌아온 이후의 마무리 일정까지 모두 기록해 놓은 기록문화의 절정이다. 동시대에 같이 만들어진 『화성성역의궤』가 화성 축성의 모든 것을 기록한 것이라면 『원행을묘정리의궤』는 정조와 혜경궁 그리고 정조의 친인척들과 관료, 군인 백성들 모두가 어우러져 화성(수원)에서 열렸던 행사 내용 전체를 세세히 기록한 것이다.

그렇다면 『원행을묘정리의궤』란 책의 이름은 어떻게 나온 것이고, 그 안에 기록된 내용은 무엇일까? 원행園幸이란 바로 정조의 부친이자 혜경궁의 남편인 사도세자의 묘소인 현릉원顯隆園에 행차한다는 말이다. 국왕이 죽어서 묻힌 곳을 능陵이라 하였고, 왕이 되지 못한 세자가 묻힌 곳을 원園이라 하였다. 사도세자는 국왕이 되지 못하였기에 당연히 묻힌 곳이 '원'이 될 수 밖에 없었다. 여기서 '원행'의 '행'幸을 다닌다는 뜻의 행行으로 사용하지 않고 행복하다는 의미의 행幸을 사용한 것은 국왕의 행차는 백성에게 행복을 준다는 뜻으로 정조가 만든 표현이다. 그러니 어머니 혜경궁 홍씨의 행차는 비단 왕실의 기쁨만이 아닌 조선 전체 백성들의 기쁨이자 행복이란 뜻이다.

을묘乙卯란 말은 육십갑자의 하나인 을묘년을 말하는 것으로, 바로 1795년을 이른다. 정리整理란 말은 말 그대로 여러 행사들의 내용을 일목요연하고 상세하게 정리하였다는 것이다. 의궤는 바로 조선시대 왕실 행사를 잘 정리하여 국왕에게 올리는 공식보고서이다. 그러므로 『원행을묘정리의궤』는 바로 1795년에 정조와 그의 어머니 혜경궁 홍씨가 사도세자의 현릉원을 행차

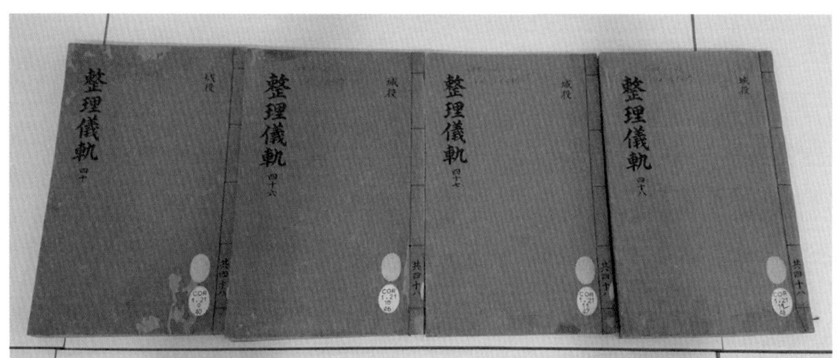

© 프랑스 동양언어학원

정리의궤
整理儀軌

『정리의궤』는 1797년~1800년 사이 정조가 어머니 혜경궁 홍씨를 위하여 언해본으로 편찬한 것으로 추정된다. 현재 발견된 것 중 가장 오래된 한글본 의궤이다. 1887년 한국의 첫 번째 프랑스 외교관으로 부임했던 빅또르 꼴렝 드 플랑시Collin de Plancy(1853년~1922년)의 소장본으로, 당시 13책이 있었던 것으로 추정된다. 1901년에 출간된 모리스 꾸랑Maurice ourant(1865년~1935년)의 『한국서지』韓國書誌 '보유판'補遺版에 처음 소개되었다. 현재 프랑스 파리 동양어학교 도서관에 소장되어 있다.

© 프랑스 파리 국립도서관

정리의궤 성역도

주한 프랑스 초대 공사인 플랑시는 귀국 후 『정리의궤』 12책은 파리 동양어학교에 기증하고 39권인 성역도가 있는 채색본은 경매처분하였다. 당시 구입자가 프랑스국립도서관에 기증하였다. 『화성성역의궤』의 화성 도면과 달리 왕실 도화서 화원들이 혜경궁을 위하여 채색으로 화성 시설물을 그려 조선왕실 회화사 연구 및 한국 성곽 건축사 연구에 매우 큰 도움을 주고 있다. 2016년 6월 저자가 프랑스 국립파리도서관에서 발견하여 세상에 알려지게 되었다.

한 모든 내용이 담긴 보고서라고 이해하면 된다.

그렇다면 이 보고서가 얼마나 대단하기에 세계기록유산인 『조선왕조의궤』 중에서도 가장 귀한 기록유산으로 평가받는 것일까? 그리고 지난번 KBS 다큐멘터리 '의궤'의 핵심 내용으로 선정된 것일까?

수원 시민만이 아니라 전 국민이 시청한 KBS의 다큐멘터리 '의궤'는 한국 다큐의 역사를 바꾸어 놓은 최고의 수작이었다. 편당 5억 원의 제작비가 투자된 '의궤'는 한국 방송의 자존심이었다.

우리 문화의 극명함을 보여주리라는 제작 의도가 있던 KBS 다큐팀은 무엇으로 우리 문화의 정수를 보여줄까 고민하였다. 가장 한국적인 것이 가장 세계적이라는 이 명제를 두고서 말이다. 더불어 우리의 최고급 문화와 대중문화가 하나로 합쳐진 것은 무엇일까에 대한 고민도 함께 하였다. 그리고 그 과정에서 우리 문화의 정수와 백성이 참여하는 내용을 함께 보여줄 것을 고민한 결과 바로 위민군주 정조의 8일 간 화성행차를 재현하기로 결정하였다. 이 행차의 내용이 오롯이 『원행을묘정리의궤』에 있기에 그렇게 결정할 수 있었다. 그래서 '의궤'가 제작된 것이다.

『원행을묘정리의궤』는 8일 동안 있었던 모든 행사와 참여한 사람들의 이름, 그리고 행사에 사용된 기물, 더 나아가 비용과 행사의 세세한 내용까지 모두 기록되어 있다.

행차에 사용된 물품에 대한 내용은 『원행을묘정리의궤』 권4 「기용」器用에 기록되어 있는데, 물품에 대한 가격도 함께 적혀 있다. 행사에 사용된 물품은 새로 만든 것인지, 어디서 빌려온 것인지도 기록을 하고 재료, 수량, 크기, 모양, 빛깔까지도 빠짐없이 기록했으며 그림으로도 그렸다. 이렇게 철저하게 기록을 하다 보니 혹 중간에 물품을 횡령한다든지 행사비용을 부풀린다든지 하는 부정부패 행위가 거의 불가능하였다. 행사에 참여한 사람들의 출장비와 인건비, 하다못해 참여한 778필의 말들이 먹는 콩의 양과 비용까지 끼니마다 계산이 되어 있어 그 세밀함은 놀랍기 그지없다.

또한 잔치 장면, 행사장 건물, 춤과 노래, 잔치에 쓰인 조화, 행사에 참가한 사람들의 옷차림, 그릇과 악기 등 행사에 관련된 모든 것들을 그림으로 그려서 오늘날에도 그 행사를 완벽하게 재현할 수 있을 정도이다. 당시 정조는 회갑잔치 외에 과거시험, 수원 향교에 가서 공자의 사당 참배, 아버지 묘소인 현륭원 참배, 화성을 지키는 낮과 밤의 군사훈련, 양로연 행사, 가난한 백성들을 위해 쌀과 죽을 나누어주는 행사를 하였는데, 이 모든 행사가 지금 시나리오처럼 그대로 남아 있다. 그래서 오늘날 이 행사를 재현하여 세계무형유산으로 등재할 준비를 하고 있는 것이다. 참으로 놀랍고 무서울 정도이다.

『원행을묘정리의궤』와 더불어 KBS의 다큐 '의궤'의 핵심은 바로 『화성성역의궤』를 심층 취재하며 정조의 화성 건설을 이야기하는 것이다. 화성 건설을 이야기하자면 단지 『정조실록』과 『승정원일기』 그리고 『일성록』만으로 해결할 수 없다. 바로 『화성성역의궤』가 있어야 했다. 이 『화성성역의궤』의 가치가 얼마나 대단하고, 이 의궤 덕분에 화성이 세계문화유산으로 등재되었음을 우리는 알 필요가 있다.

1997년으로 돌아가 보자. 세상에서 가장 아름다운 항구라고 일컬어지는 나폴리. 크리스마스가 얼마 남지 않아 모두가 들떠 있던 1997년 12월 6일, 역사적인 발표가 유네스코 세계문화유산위원회 제21차 총회에서 울려 퍼졌다.

"화성은 동서양을 망라하여 고도로 발달된 과학적 특징을 고루 갖춘 근대 초기 군대 건축물의 뛰어난 모범이다."

세계문화유산위원회 집행위원장의 이와 같은 말에 이어 수원 화성을 세계문화유산에 등재한다는 말이 이어졌다. 실제 유네스코 심사위원으로 화성을 방문한 스리랑카의 실바 교수는 "화성의 역사는 불과 200년밖에 안 됐지만 성곽의 건축물이 동일한 것이 없이 각기 다른 예술적 가치를 지니고 있다는 것이 특징이다"라며 건축물로서 화성의 가치를 인정해주었다.

그런데, 이러한 역사적 쾌거가 있기 6개월 전 프랑스 파리의 한 카페에서 작은 모임이 있었다. 유네스코총회에서 세계유산을 발표하는 것은 이미 6개월 전 이사회가 개최되고, 그 이사회에서 확정 권고된 문화유산을 세계유산으로 등재하는 것이 관례였다. 그렇기 때문에 1997년 6월에 있었던 프랑스 파리의 이사회와 카페의 작은 모임을 주목해야 한다.

그 모임의 참석자들은 유네스코 이사회 집행위원들이었으며 그들은 화성을 세계문화유산으로 등재할 것인가 말 것인가에 대한 깊은 고민에 빠져 있었다. 이유인즉, 화성이 세계문화유산으로 등재될 만한 충분한 값어치가 있음에도 6.25전쟁으로 인해 파괴된 것을 복원하였다는 것 때문이었다. 사실 이사회 초기에 화성의 세계유산 등재는 부정적이었다. 왜냐하면 건축물로서 화성의 가치를 인정하였던 실바 교수가 거꾸로 화성이 세계유산으로 등재되는 데 부적절하다는 결정적 의견을 보고서에 적어 놓았기 때문이다.

유네스코에서는 세계유산 등재를 위해 산하 기구인 국제기념물유적협회 ICMOS의 위원을 추천받아 그로 하여금 해당 지역을 실사하게 한다. 이코모스의 위원은 해당 국가를 방문하게 되면 거의 국빈급 대우를 받게 된다. 세계유산으로 등재시키기 위한 그 나라 정부와 문화 관련 기관이 극진한 대우를 하는 것이다. 실바 교수 역시 문화재청의 주선으로 국내 대학과 수원에서 특강을 하고 특별한 예우를 받았다. 그런데 실바 교수가 유네스코에 제출한 보고서에는 화성이 비록 건축학적으로 우수하고 아름답지만 한국전쟁 때 파괴되어 문화유산으로서 진정성이 부족하다고 기록되어 있었다. 유네스코 이

사회 집행위원들은 해당 국가의 문화유산을 볼 수 없었기에 이들은 자신들이 선임한 실사위원의 보고서대로 집행하는 것이 원칙이었다. 그러니 이들의 화성에 대한 생각은 당연히 부정적이었다. 그리고 이러한 분위기는 유네스코 대사를 통해 대한민국의 외무부로 전달되었고, 곧바로 수원시로 전해졌다.

외무부로부터 이 소식을 전해들은 당시 수원시장이었던 故 심재덕 시장은 수원시청 문화팀장 1명을 대동하고 다음날 아침 파리행 비행기에 몸을 실었다. 그리고 이틀 뒤 유네스코 이사회 집행위원들과 만났다. 유네스코 이사회에 공식 요청을 한 것이다. 그리하여 유네스코 이사회 컨벤션센터 옆의 작은 카페에서 만남이 이루어졌고, 다음날 그들은 유네스코 이사회에서 화성의 세계문화유산 등재를 통과시켰다.

무엇 때문이었을까? 고민하던 그들에게 명쾌한 답변을 해준 것은 무엇이었을까? 그것은 바로 『화성성역의궤』 때문이었다. 당시 심재덕 수원시장은 유네스코에서 화성이 복원된 문화유산이기에 망설이고 있다는 외교부의 소식을 받고 서지학자이신 故 이종학 독도박물관장이 영인한 『화성성역의궤』華城城役儀軌를 들고 찾아갔다. 그리고 세계문화유산위원회 집행위원들에게 우리 민족의 자랑인 '화성'의 모든 기록을 담고 있는 『화성성역의궤』를 보여줌으로써 화성이 기록에 의해 철저하게 다시 복원된 것임을 강조하였다.

당시 집행위원들의 『화성성역의궤』의 기록을 보고 너무도 놀랐다고 한다. 그런 기록을 본적이 없었으니 놀라는 것은 당연한 것이었다.

정조는 화성을 축성하고 그에 대한 상세한 기록을 남기고 그것을 책으로 만들고자 하였다. 정조는 화성성역이 끝나자 곧이어 앞서 이야기한 『원행을묘정리의궤』를 본 따 같은 체제로 화성 축성에 대한 모든 것을 기록하고 책으로 남기도록 지시하였다. 그래서 탄생된 것이 화성이 세계문화유산으로 등재되는 기초를 마련해준 『화성성역의궤』이다. 이 두 기록은 행사에 참여한 사람의 명단을 신분의 고하를 막론하고 모두 기록하고, 행사에 들어간 비용을 무슨 물품이 몇 개이고, 그 단가가 몇 전이라는 것까지 일일이 기록해 놓았다. 또한 행사에 참여한 미천한 신분의 노동자와 기술자의 이름과 주소, 복무 일수, 실제 한 일, 품삯 등까지 꼼꼼하게 기록했다. 뿐만 아니라 각 시설물의 모든 도면과 성역 축성에 이용되었던 과학기기들의 세분 단면과 크기까지 모두 기록했다.

이는 단순한 행차보고서, 공사보고서가 아닌 국가 운영 능력을 총체적으로 보여준 것이라고 할 수 있다. 이 두 기록이 얼마나 대단한지 규장각 관장으로 18세기 문화의 진수를 맛본 한영우 교수는 그저 "무섭다"는 말로 답을 대신했다.

우리는 『화성성역의궤』를 통해 당시 성역에 참가한 노동자들을 만날 수 있는 기쁨도 얻는다. 인간성 좋은 박선노미, 키가 작아 놀림을 받았던 김자근노미, 키 큰 최큰노미, 머리가 큰 이대두노미 등의 사람을 만나 대화를 나눌 수 있다. 일이 힘들다고 땡땡이 친 인간들, 노임을 안 준다고 데모하는 사람들, 그들을 통해 과거 사람들이나 현재 사람들이나 사는 것은 똑같다고 웃을 수도 있다.

이 같은 기록은 그냥 만들어지는 것이 아니다. 그것은 해당 국가의 문명과 직결되는 것이다. 우수한 문화를 가지고 있지 않다면 이러한 기록문화는 결코 만들어질 수 없다. 그렇기에 정조시대 문화의 우수성, 다시 말해 세계 일류 문명국가라는 당대의 자부심을 느낄 수 있는 것이다.

2007년 7월 1일, 세계기록유산위원회에서 『조선왕조의궤』를 세계기록유산으로 등재하였다. 그 『조선왕조의궤』 중 백미가 바로 『원행을묘정리의궤』와 『화성성역의궤』이다. 필자가 2004년 5월에 처음으로 『원행을묘정리의궤』와 『화성성역의궤』를 세계기록유산으로 등재하자고 문화재청에 제안한 이후 3년 만에 얻은 쾌거였다. 그날의 기쁨을 어찌 말로 표현할 수 있겠는가!

'의궤'는 세계 유일의 국가행사 보고서이다. 우리 선조들이 이렇게 모든 일의 과정을 철저히 기록한 이유는 후대에 있을 행사에 본보기로 삼기 위해서였다. 뿐만 아니라 나랏일을 운영하는 데 누구에게나 한 점 부끄러움이 없도록 하겠다는 자신감과 의지의 표현이기도 했다. 우리 선조들의 놀라운 지혜를 본받아 21세기를 살아가는 우리들도 더 철저한 기록과 역사의식을 가져야 할 것이다.

에필로그

정조가 꿈꾼 세상은 과연 어떤 나라였을까? 글쎄다. 어찌 그가 만들고자 했던 나라는 이런 나라였다고 정확히 이야기할 수 있단 말인가! 그래도 조금은 알 수 있을 것 같다. 그가 원했던 진정 이상적인 나라는 바로 평화롭고 평등하고 외세에 침탈당하지 않는 자주적인 나라였을 것이다. 그것이 정조가 우리에게 하고 싶은 이야기가 아니었을까?

정조가 그런 세상을 꿈꾸었다고 이야기하면 그렇지 않다고 이야기하는 사람들도 많을 것이다. 왜냐하면 그가 봉건시대의 군주였기 때문이다. 다산이 그런 세상을 꿈꾸었다고 이야기하면 그렇지 않다고 이야기할 수도 있을 것이다. 왜냐하면 그 역시 봉건시대 군주 정조를 위해 헌신했던 인물이었기 때문이다. 하지만 그들이 봉건시대를 살았다고 해서 그들의 꿈을 우리가 폄훼하거나 편견을 갖고 평가해서는 안 된다고 생각한다. 그들은 언어로, 몸으로, 실천으로 이야기했기 때문이다.

가난하고 소외된 사람들을 위해 눈물을 흘리고, 그들을 위해 밤을 새워가며 새로운 정책과 대안을 마련했던 그들의 모습을 우리는 보았다. 조선시대 그 어떤 국왕보다 어려운 정국을 딛고 국왕이 된 정조는 나라의 모든 백성들이 누구나 부유해지고戶戶富實, 사람들이 화목하고 즐겁기를人人和樂를 진심으로 바랐다 그래서 그가 만들고자 했던 나라는 바로 '낙국낙토'樂國樂土였다.

임진왜란과 병자호란을 거치면서 국토는 황폐화되고, 인조반정 이후 분열된 정치적 환경은 정조가 판단할 때 거의 죽기 직전의 인간과도 같은 형국이었다. 붕당정치의 폐해가 백성들의 삶 전반에 해악을 주었다고 판단한 정조는 국왕으로서 쌓여 있는 난제를 해결해야 하는 것이 그 무엇보다 우선이었다.

하지만 노론을 중심으로 하는 양반사대부들의 기득권이 조정만이 아닌 사회 전반에 뿌리 깊게 박혀 있었기에 새로운 정치를 추진할 수 없는 상황이었다. 따라서 정조는 백성을 지지기반으로 기득권을 제어하고 왕권을 강화하고자 하였다. 이에 정조는 국왕의 주도적 역할을 인정하는 성왕론聖王論을 전면에 내세우면서 스스로를 성인군주인 요堯 임금과 대비시키면서 국왕의 권위를 높여갔다. 더불어 신권臣權과의 조화를 동시에 추구하면서 정조는 4대 개혁과제인 민산民産·인재人材·융정戎政·재용財用을 천명하였다.

더불어 정조는 평등적 위민론을 바탕으로 둔 대동사회를 꿈꾸면서 서얼허통·노비추쇄관 혁파·자휼전칙·흠휼전칙 등 인간 존중을 위한 사회통합 개혁정책을 추진하고 사상의 자유로운 연구와 실학의 기풍을 조성하였다.

이를 완벽하게 성공시키기 위하여 반드시 필요한 것이 바로 정조 자신의 정치적 배후도시였다. 그곳이 바로 화성華城이었다. 정조는 자신의 개혁구상을 추진하기 위해 해마다 화성을 행차하면서 지역의 위상을 높이고자 하였다. 이를 위해 화성행궁과 성곽을 장대하게 건설하고 휴식과 유학 시설까지 갖추었다. 정조는 특히 화성에 엄청난 양의 책을 내려 보냈는데, 이는 단순하게 독서를 통해 여가를 보내는 것이 아니라 정국구상을 위한 기초 자료로 활용하고자 함이었다.

정조는 능행陵幸이라는 형식을 통하여 수도권 지역을 직접 방문하여 사민士民들의 사기를 북돋우고 갈등과 분쟁을 해결하였으며, 수시로 군사훈련을 실시하거나 전략적 요충지를 보강하는 등 수도권의 안정적인 성장을 위하여 노력했다. 1795년 혜경궁의 회갑연을 화성에서 개최함으로써 화성의 위상을 한층 향상시켰으며, 군왕과 백성이 하나라는 의식을 심어주었다. 또한 효孝를 표면에 내세움으로써 자연스럽게 모든 신료와 백성들에게 충忠의 이미지를 강조하는 효과를 나타냈다. 군사훈련을 통하여 국왕의 강력한 힘을 보여줌으로써 견제세력을 자신의 의도로 끌어들이고자 하는 모습도 보여주었다.

삼남 지역에서 서울에 이르는 교통의 요지인 수원 화성은 수도권 남쪽의 중심지역으로 정조의 개혁정치를 목적으로 한 정치·경제·군사도시로 성장했다. 이러한 수원은 국왕 정조의 배후도시로서 정조가 즉위 직후부터 실현하고자 한 탕평과 개혁의 상징이었다.

정조는 자신의 개혁정책의 근간으로 규장각 설치와 장용영 창설을 통하여 인재양성을 추진하고 국가 발전 이데올로기를 개발하였으며, 친위 군영을 창설하여 강력한 왕권 확보를 추진하였다. 특히 장용영은 친위 군영으로서의 역할을 넘어 효종의 북벌론을 계승하는 자주국방의 전진기지로 삼았다. 그리고 정조는 장용영의 재정 안정을 위하여 새로운 둔전 농법의 도입으로 군정軍政의 폐단마저 없애 민생안정을 추구한 백성의 군대로 성장하였다.

정조는 자신의 개혁완성을 위하여 배후도시 건설에 주력하였고, 조선의 문화적 역량을 총동원하여 화성을 완공하였다. 정조는 1804년 국왕의 지위를 양위한 후 상왕으로서 화성에 거주하며 양경체제兩京體制를 만들고자 하였다. 화성에서 새로운 세상을 만들고자 한 것이다.

이처럼 즉위 초 시해당할 위기에 처할 정도로 미약한 왕권에서 출발한 정조가 우리 역사상 가장 위대한 개혁군주로 평가받을 수 있었던 것은 철저히 백성을 지지기반으로 둔 개혁정책을 펼쳤기 때문이다.

오늘날 우리가 역사를 통해 배울 수 있는 것은 지도자가 백성을 근본으로 하지 않고 국정운영을 추진해서는 절대 성공할 수 없다는 것이다. 비록 정권이 미약하게 출발하여도 백성을 중심으로 정책을 추진하면 반드시 후세의 역사가에게 정당한 평가를 받을 수 있다는 것을 확인시켜준다. 이것이 바로 정조와 다산 그리고 화성이 현재를 살아가는 우리에게 주는 시대정신이다. 우리는 이를 반드시 기억해야 한다.

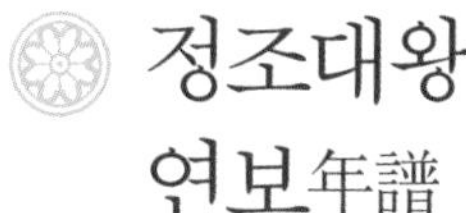

정조대왕 연보年譜

이름 산祘
자는 형운亨運
호는 홍재弘齋, 만천명월주인옹萬川明月主人翁
영조의 손자, 장헌세자莊獻世子(사도세자思悼世子)와
혜경궁 홍씨惠慶宮洪氏의 둘째아들
왕비는 좌참찬 김시묵金時默의 딸 효의왕후孝懿王后

연도	월	일	내용
1752년(1세)	9월	22일	창경궁 경춘전에서 출생, 원손 책봉
1759년(8세)	2월	12일	창경궁 명정전에서 왕세손으로 책봉
1761년(10세)	3월	10일	성균관에서 입학례 거행하고 3월 18일 관례 올림
1762년(11세)	2월	2일	경희궁 명광전에서 김시묵의 딸(효의왕후)과 가례 올림
	윤5월	21일	아버지 사도세자 서거
	7월	24일	동궁으로 책봉
1764년(13세)	2월	23일	효장세자(진종)의 후사가 됨
1775년(24세)	12월	3일	서명선이 삼불필지설三不必知說로 동궁의 대리청정을 막은 홍인한을 탄핵
	12월	7일	영조를 대신하여 대리청정 시작
1776년 (정조 즉위년, 25세)	3월	5일	영조 승하
	3월	10일	영조의 승하 이후 경희궁 숭정전에서 즉위
	3월	12일	홍국영, 서명선, 정민시, 김종수 등 정조를 보호해 온 이들이 동덕회同德會를 결성하여 정조를 보위하는 핵심 역할 담당
	3월	19일	효장세자·효순현빈을 진종·효순왕후에 추존, 능호 영릉
	3월	20일	사도세자의 존호를 추후하여 올려 '장헌'莊獻이라하고, 수은묘의 봉호를 '영우원'永祐園이라 하고, 사당을 '경모궁'景慕宮이라 정함
	5월	12일	제3왕손 은전군 이찬 삭직
	7월	5일	유배지에 있던 홍인한과 정후겸에게 사약 내림. 즉위 후 자신을 핍박했거나 홍국영을 제거하려던 세력들을 모조리 반역집단으로 처단. 숙의 문씨 등의 왕실 세력인 문성국과 그의 어미를 노비로 만들고 정순왕후의 동생 김귀주 일파 숙청

연도	월	일	내용
1776년 (정조 즉위년, 25세)	8월	24일	토역교문討逆敎文 반포, 정후겸·홍인한 축출
	9월		창덕궁 후원 부용지 위에 규장각(주합루)을 건축하고 운영을 혼자 결정. 장용영을 강화하여 친위 무력 양성
	9월	25일	규장각 창설 및 장용영 강화
1777년 (정조 1년, 26세)	1월	12일	흠휼전칙欽恤典則 제정
	3월	21일	서류허통절목庶類許通節目 제정, 서얼의 차별을 금지
	7월	8일	홍인한, 홍계희 집안이 주도해 정조 암살 시도
	8월	6일	정조, 창덕궁으로 거소를 옮기고 호위체계 강화
	8월	11일	2차 암살시도. 정조의 서제인 삼왕손(은신군 이진, 은언군 이인, 은전군 이찬) 중 은전군 추대 계획
	8월		궁궐 난입사건에 대한 수사가 진행 중인 상황에서 또 다른 암살 계획. 홍계희의 8촌인 홍계능과 홍상범의 사촌인 홍상길이 주도하여 정조 살해 후 은전군을 추대하려 함
	9월	24일	대신들이 정조의 명이 없는 가운데 은전군에게 자진하라는 전지를 작성함. 정순왕후가 감싸는 김귀주만 제외하고 모두 죽음. 화완옹주는 교동 유배
	11월	15일	숙위소宿衛所 설치, 숙위대장에 홍국영 임명
1778년 (정조 2년, 27세)	2월	6일	비변사에서 노비추쇄관奴婢推刷官 혁파 절목 제정
	3월	2일	후궁 숙의조씨淑儀趙氏(1707~80)를 귀인으로 삼음
	6월	4일	정조, 사회개혁을 위한 교서(경장대고更張大誥) 반포
	12월		홍봉한 사망
1779년 (정조 3년, 28세)	3월	27일	원빈 사망
	9월	26일	정조, 홍국영으로 하여금 은퇴상소 올리게 함
	10월	8일	숙위소 폐지, 홍국영의 세력 와해
1781년 (정조 5년, 30세)	2월	18일	규장각 초계문신절목 제정 및 초계문신제도 실시
1782년 (정조 6년, 31세)	2월	14일	강화에 외규장각外奎章閣을 신축
1783년 (정조 7년, 32세)	4월		다산, 성균관에 들어감. 정조와의 첫 만남
	11월	5일	자휼전칙 제정

연도	월	일	내용
1785년 (정조 9년, 34세)	7월	2일	정조의 친위군영 장용위壯勇衛 설치. 훈련도감의 군사 30명과 추가 20명 편성. 해마다 증원하여 서울과수원에 분산 배치
1786년 (정조 10년, 35세)	5월		의빈 성씨의 아들 문효세자 사망
	9월		의빈 성씨 사망. 상계군을 왕으로 추대하려 한 구선복의 옥사
	12월	1일	정순왕후, 대신들에게 한글 교서 내림(왕실의 연이은 죽음에 대한 사태들이 모두 독살로 판단되는 죽음이므로 역적을 찾아내라고 하여 조정이 뒤집히는 사건)
	12월	28일	정순왕후의 주장에 따라 은언군 강화 귀양. 정조는 단식 등의 비상수단 쓰면서 대항하다가 강화에 거처마련 후 결정
1788년 (정조 12년, 37세)	1월		장용영 발족
	2월	11일	남인 채제공蔡濟恭을 우의정으로 등용. 노론, 소론, 남인의 3상 체제. 장용영 군사를 직제로 만들어 완전한 조직 갖춤
1789년 (정조 13년, 38세)	3월		정약용, 정기과시에서 2등으로 합격하고 바로 초계문신에 뽑힘
	4월		정조, 초계문신들에게 『대학』을 강의하게 하였는데, 다산은 이를 기록하여 『희정당대학강의』를 편찬. 이때 다산은 왕이 직접 규장각의 월과로 시험을 주관하는 자리에서 다산은 땅이 네모졌다는 주장이 잘못되고 둥글다는 주장이 옳다고 밝힘. 특히 우리나라의 역사지리를 고증하고, 나아가 우리나라의 지리적 현실에서 폐단이 심함을 지적하여 물산에 대한 세금이나 광물 생산의 금령에 대해 그 개혁의 방안을 제시
	7월	15일	현릉원 청봉 결정 및 수원 신읍치 이전 추진. 금성위 박명원이 사도세자의 묘인 영우원 이전 상소. 전국 제일의 명당자리를 고른 끝에 수원의 화산으로 이장하고 현륭원이라 함
	8월		수원부의 관아를 팔달산 아래로 옮기고 행궁 설치 과천과 시흥에도 행궁 짓고 안양역에 파발집 지음
	10월	7일	융릉 묘역 완성. 한강에 배다리를 놓고 노량진을 건너 참배. 정약용, 배다리 설치 공법과 기술 개발
	10월	7일	사도 장헌세자 영우원을 화산으로 천봉하고 현륭원으로 개호
1790년 (정조 14년, 39세)	2월		현륭원 동쪽에 장헌세자의 명복을 빌기 위한 왕실의 원찰인 용주사 창건
	4월	29일	『무예도보통지』武藝圖譜通志 완성
1791년 (정조 15년, 40세)	2월	12일	금난전권 혁파(신해통공)

연도	월	일	내용
1791년 (정조 15년, 40세)	11월	13일	천주교도인 윤지충·권상연 참수 당함(최초의 순교자)
1792년 (정조 16년, 41세)	3월		도산서원 별시. 영남 남인 끌어안아 자파 세력을 확대하려는 정조의 구상의 일환. 유생 약 7천여 명 참석
	4월		경상도 지역 남인 1만여 명, 사도세자에 대한 영조의 처분을 재해석하여 사도세자의 의리와 효성을 천양하자고 주장하는 연명상소 올림
	겨울		정조, 정약용에게 화성을 쌓을 것을 지시하며 관련도서를 줌 정약용은 오랫동안 연구하여 거중기의 설계도면을 바침
1793년 (정조 17년, 42세)	1월		현륭원에 참배하고 수원행궁에 이르러 수원부를 화성으로 승격시키고 수원부의 현판을 떼어내 화성이라는 글씨를 써서 걸음. 팔달산에 올라 수원을 내려다보며 이곳에 건설할 새로운 성곽 도시를 화성이라 명명. 수원도호부를 화성유수부로 승격시키고 초대 화성유수 좌의정 채제공 임명
	1월	25일	비변사에서 노비추쇄관奴婢推刷官 혁파 절목 제정
	6월		영조가 남긴 친필문서 '금등'을 공개
1794년 (정조 18년, 43세)	1월	1일	정조, 전국 성지의 도면을 검토한 뒤 한양 정도 400년을 의식하며 10년 계획으로 화성 신도시 건설 착수
	1월	15일	화성 축조 시작
	10월		정약용, 경기 북부의 적성, 마전, 연천, 삭녕에 암행어사로 파견됨. 경기관찰사 서용보의 탐학을 보고
	12월		중국인 신부 주문모, 몰래 입국하여 지하포교 활동. 처음에는 남인 사대부 중심에서 점차 확산되어 이 무렵 1만여 명의 신자로 성장
1795년 (정조 19년, 44세)			만석거萬石渠 완공
	윤2월	9~16일	혜경궁홍씨의 회갑연을 위한 정조의 8일 간의 화성 행차 혜경궁홍씨 모시고 현륭원에서 회갑잔치. 12,000여 명 참가 정약용, 이때 종3품의 사간원 사간, 승정원 동부승지를 거쳐 병조참의에 제수되어 현릉원 참배길에 배행
	5월		화성의 농업생산 기반 시설인 만석거 저수지 준공. 국영시범농장인 대유둔의 수리시설로 서호(축만제), 서둔과 함께 정조대 농업개혁의 진원지
1795년 (정조 19년, 44세)	7월		주문모 체포에 실패하자, 벽파에서는 정약전의 시험 답안을 문제삼아 시관試官이었던 이가환까지 공격. 정조는 공조판서이던 이가환을 충주목사로 좌천시키고, 다산을 금정도(홍성) 찰방으로 좌천시킴

연도	월	일	내용
1796년 (정조 20년, 45세)	9월	10일	화성 성곽 준공
	10월	16일	34개월 만에 화성 건설 완료. 정조는 낙성연에 불참
	12월		정약용, 병조참지를 거쳐 좌부승지로 임명
1797년 (정조 21년, 46세)	6월		정약용, 승정원 동부승지에 제수되자, 사직을 요청하며 천주교와 관련한 비방에 대해 해명하는 상소를 올림. 정조는 다산을 보호하기 위해 황해도 곡산부사로 임명
1798년 (정조 22년, 47세)	4월	27일	만년제萬年堤 완공
1799년 (정조 23년, 48세)			『홍재전서』弘齋全書·『범우고』梵宇攷 편찬. 축만제祝萬堤 완공
	12월		채제공 사망
1800년 (정조 24년, 49세)	1월	1일	원자를 왕세자로 책봉
	2월		김창집의 4대손인 김조순의 딸을 직접 세자빈으로 책봉해 안동김씨 세도정치의 길을 열어 놓음
	5월	12일	탕평정치 하의 인사원칙이었던 호대법을 파기하고 이시수, 이만수 등 소론 위주의 인사 단행(정조의 정치적 승부수)
	5월	13일	사도세자의 기일. 정조는 10일간 근신재계했는데, 거의 모든 신하들이 정조의 인사정책에 반대함으로써 신료들로부터 고립. 정조 본인은 왕위를 물려준 후 노후를 보낼 화성신도시에서의 농업개혁 강화 등을 위해 1804년부터 본격적 준비(갑자년 구상)
	6월	14일	정조의 부스럼병이 번지면서 병세 악화되자 비밀리에 김조선에게 하교해 자신이 왕위 이양 후 화성으로 내려 갈 1804년 이후 정국에서의 주도적 역할에 대해 특별 당부. 김조순의 집에 비장되었다가 안동 김씨 세도가 확립된 이후 공개(1799년 9월 23일부터 1800년 6월 14일까지의 정조와 김조순 사이의 내밀한 대화기록)
	6월	16일	이 날 이후 정사 불가하고 투병생활
	6월	28일	정조 창경궁 영춘헌에서 승하 시호는 문성무열성인장효왕文成武烈聖仁莊孝王, 대비의 독살설
	11월	6일	현륭원 동쪽 언덕에 안장(건릉)
1814년(순조 14년)	9월		건릉을 현륭원 서쪽의 현 위치로 이장
1815년(순조 15년)	12월	15일	혜경궁홍씨 창경궁 경춘전에서 서거. 시호 헌경, 현륭원 부좌
1821년(순조 21년)	9월	13일	효의왕후 서거에 따라 정조 건릉을 현륭원 우록 자좌로 천봉
1899년(고종 36년)	12월	19일	정종, 효의왕후를 정조선황제正祖宣皇帝 효의선황후孝懿宣皇后로 추존

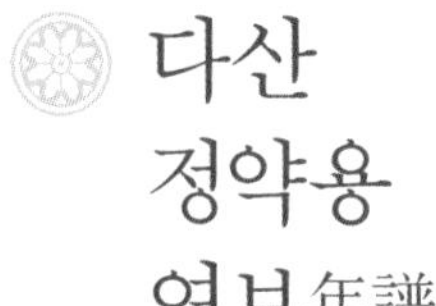

다산 정약용 연보年譜

1762년(영조 38년, 1세) 6월 16일 사시巳時 광주군 초부면 마현리(지금의 남양주시 와부읍 능내리)에서 4남 1녀 가운데 4남으로 출생했다. 본관은 압해押海로, 압해는 나주의 속현이므로 나주 정씨라고도 한다. 관명冠名은 약용若鏞, 자는 미용美鏞·송보頌甫, 호는 사암俟菴·다산茶山이다. 다산은 사도세자의 변고로 시파에 가담하였다가 벼슬을 잃은 부친 정재원丁載遠이 귀향할 때 출생하였기 때문에 자를 귀농歸農이라고도 했다.

1763년 (영조 39년, 2세)	완두창豌豆瘡을 앓았다.
1765년 (영조 41년, 4세)	천자문을 배우기 시작했다.
1767년 (영조 43년, 6세)	부친인 정재원이 연천현감으로 부임하자 그곳에 따라가 부친의 교육을 받았다.
1768년 (영조 44년, 7세)	오언시를 짓기 시작했다. '산'이라는 제목의 시에 "작은 산이 큰 산을 가렸으니, 멀고 가까움이 다르기 때문"小山蔽大山 遠近地不同이라는 구절이 있는데, 진주공晉州公(다산의 아버지)이 그의 명석함에 놀랐다. 천연두를 앓아 오른쪽 눈썹 위에 흔적이 남아 눈썹이 세 개로 나누어지자 스스로 호를 삼미자三眉子라고 했다. 『삼미자집』이 있는데, 이는 10세 이전의 저작이다.
1770년 (영조 46년, 9세)	모친 해남 윤씨가 죽었다. 모친은 고산孤山 윤선도尹善道의 후손이다. 윤선도의 증손인 공재恭齋 윤두서尹斗緖는 다산의 외증조부가 된다. 다산의 얼굴 모습과 수염이 공재를 많이 닮았다. 다산이 일찍이 문인들에게 말하기를 "나의 정분精分은 외가에서 받은 것이 많다"라고 하였다.
1771년 (영조 47년, 10세)	경서經書와 사서史書를 수학했다. 이때 경서와 사서를 본떠 지은 글이 자기 키 만큼이나 되었다.
1776년 (영조 52년, 15세)	관례를 치르고 풍산 홍씨 홍화보洪和輔의 딸과 결혼했다. 이때 진주공이 호조좌랑이 되어 서울에 있었기 때문에 살림집을 세내어 서울 남촌에 살았다.
1777년 (정조 1년, 16세)	선배 이가환과 자형 이승훈을 추종하여 성호星湖 이익李瀷의 유고집을 보고 사숙했다. 진주공의 임소인 화순으로 따라갔다. 청주, 전주 등지를 유람하면서 시를 지었다.

1779년 (정조 3년, 18세)	성균관에서 시행하는 승보시陞補試에 선발되었다. 손암 정약전이 녹암 권철신을 스승으로 모셨는데, 기해년(녹암 44세, 손암 22세, 다산 18세) 겨울 천진암天眞庵 주어사走魚寺에서 강학회를 열었다. 눈 속에 이벽李檗이 밤중에 찾아와 촛불을 켜놓고 경전에 대한 토론을 밤새며 했는데, 그후 7년이 지나 서학에 대한 비방이 생겨, 그처럼 좋은 강학회가 다시 열릴 수 없게 되었다고 한다.
1780년 (정조 4년, 19세)	진주공이 예천군수로 부임하자 그곳에서 글을 읽었다. 겨울에 진주공이 어사의 모함으로 예천군수를 사임하고 마현으로 돌아왔다.
1781년 (정조 5년, 20세)	서울에서 과시科詩를 익혔다. 7월에 딸을 낳았는데, 5일 만에 죽었다.
1782년 (정조 6년, 21세)	서울 창동倉洞(지금의 남대문 안)에 집을 사서 살았다.
1783년 (정조 7년, 22세)	성균관에 들어갔다. 2월에 순조의 세자책봉을 경축하기 위한 증광감시增廣監試에서 둘째형 약전과 함께 경의經義 초시初試에 합격하고, 4월에 회시會試에서 생원으로 합격했다. 회현방으로 이사, 재산루在山樓에 살았다. 9월 12일에 큰아들 학연學淵이 태어났다.
1784년 (정조 8년, 23세)	향사례鄕射禮를 행하고, 〈중용강의〉 80여 항목을 바쳤다. 율곡의 기발설氣發說을 위주로 했는데. 정조가 감탄했다.
1786년 (정조 10년, 25세)	7월 29일, 둘째아들 학유學游가 출생했다.
1787년 (정조 11년, 26세)	8월, 성균관 시험에 합격하여 『병학통』兵學通을 교지와 함께 하사받았다. 다산은 과거 보는 일을 그만두고 경전의 뜻을 궁구하려는 마음을 가졌다. 아마도 임금이 무인武人으로 등용할 뜻이 있었기 때문인 것 같다.
1789년 (정조 13년, 28세)	1월 7일, 임금이 4번 초시를 본 것을 확인하고 급제하지 못함을 민망히 여겼다. 3월, 전시殿試에 나가서, 탐화랑探花郞의 예로써 7품관에 부쳐져서 희릉 직장禧陵直長에 제수되었고, 초계문신抄啓文臣에 임명되었다. 5월에 부사정副司正으로 옮겼고, 6월에 가주서假注書에 제수되었다. 이 해 문신의 시험에 수석을 5번, 수석에 비교된 것이 8번이었다. 각과문신閣課文臣으로 울산 임소로 진주공을 찾아뵈었다. 겨울에 주교舟橋를 설치하는 공사가 있었는데, 다산이 그 규제規制를 만들어 공功을 이루었다. 12월에 셋째아들 구장懼牂이 태어났다.
1790년 (정조 14년, 29세)	2월 29일에 한림소시翰林召試에서 뽑혀 예문관 검열檢閱에 단독으로 제수되었다. 3월 8일, 해미현海美縣으로 정배定配되었다. 13일에 배소配所에 이르렀는데, 19일에 용서받아 풀려났다. 5월 3일, 예문관 검열로 다시 들어가고, 5일에 용양위龍驤衛의 부사과副司果로 승직되었다. 7월 11일, 사간원 정언正言에 제수되었다. 9월 10일, 사헌부 지평持平에 제수되어 무과감대武科監臺에 나아갔다.

1791년 (정조 15년, 30세)	5월 23일, 사간원 정언에 제수되었다. 10월 22일, 사헌부 지평에 제수되었다. 겨울에 『시경의』詩經義 800여 조를 지어 올려 임금으로부터 칭찬을 받았다. 임금이 그 책에 대해서 비지批旨를 내리기를 "널리 백가를 인용하여 문장으로 표현해 놓은 것이 무궁하니, 참으로 평소 학문이 축적되어 해박한 사람이 아니라면 어떻게 이와 같이 훌륭하게 할 수 있겠는가?"라 하였다. 겨울에는 호남에서 진산사건珍山事件(최초의 천주교도 박해사건인 신해사옥辛亥邪獄)이 일어났다.
1792년 (정조 16년, 31세)	3월 22일, 홍문관록弘文館錄에 뽑혔으며, 28일 도당회권都堂會圈에서 뽑혀, 29일 홍문관 수찬修撰에 제수되었다. 임금이 남인 가운데서 사간원·사헌부의 관직을 이을 사람을 채제공과 상의하였다. 다산이 28명의 명단을 작성하여 올리니 그 가운데 8명이 먼저 두 부서에 배치되었다. 4월 9일, 진주 임소에서 진주공의 상喪을 당했다. 5월, 충주에 반장返葬하고, 마현으로 돌아와 곡했다. 광주廣州에 여막을 짓고 거처했다. 겨울에 수원화성의 규제를 지어 올렸고, 『기중가도설』起重架圖說을 지어 올려서 4만 냥을 절약하였다.
1794년 (정조 18년, 33세)	6월에 삼년상을 마쳤다. 7월 23일, 성균관 직강直講에 제수되었다. 8월 10일, 비변랑備邊郎에 임명하는 계啓가 내렸다. 10월 27일, 홍문관 교리校理에 제수되었다가 28일 수찬에 제수되었다. 12월 7일, 경모궁景慕宮(정조의 아버지인 장헌세자의 신위神位를 모시던 궁)에 존호尊號를 추존해 올릴 때 도감都監의 도청都廳(우두머리)이 되었다.
1795년 (정조 19년, 34세)	1월 17일, 사간원 사간司諫에 제수되었다. 품계가 통정대부에 오르고 동부승지에 제수되었다. 2월 17일, 병조 참의에 제수되어, 임금이 수원으로 행차할 때 시위侍衛로서 따랐다. 3월 3일, 의궤청儀軌廳 찬집문신纂輯文臣으로 계하啓下되었고, 규영부奎瀛府 교서승校書承으로 부임할 것을 명받았다. 3월 20일, 우부승지右副承旨에 제수되었다. 『화성정리통고』華城整理通攷의 찬술과 원소園所(장헌세자의 능인 현륭원顯隆園의 터)를 설치하라는 명을 받고, 이가환·이만수·윤행임 등과 합작하였다. 4월에 규영부 교서 직에서 정직停職되었다. 이는 일종의 악당들이 헛소문을 선동하여 모함하고 헐뜯고 간사한 꾀를 썼기 때문이다. 다산이 이때부터 가슴속에 우울한 마음이 있었다. 마침내 다시는 대궐에 들어가 교서를 하지 아니하였다. 7월 26일, 주문모입국사건으로 금정도金井道(홍주洪州에 있는 지명) 찰방察訪으로 외보外補되었다. 12월 20일, 용양위 부사직으로 옮겨졌다.
1796년 (정조 20년, 35세)	10월에 규영부 교서가 되었다. 12월 1일, 병조 참지兵曹參知에 제수되었고, 3일에 우부승지에 제수되었다. 다음날 좌부승지에 올랐다가 부호군副護軍으로 옮겨졌다.
1797년 (정조 21년, 36세)	교서관校書館에 입직入直하면서 『춘추좌씨전』을 교정했다. 6월 22일, 좌부승지를 사퇴하는 변방사동부승지소辨謗辭同副承旨疏를 올렸다. 윤6월 2일, 곡산 부사谷山府使에 제수되었다. 겨울에 홍역을 치료하는 여러 가지 처방을 기록한 『마과회통』麻科會通 12권을 완성했다.

1799년 (정조 23년, 38세)	2월에 황주 영위사黃州迎慰使로 임명하는 교지를 받았다. 4월 24일, 내직으로 옮겨져 병조 참지에 제수되었다. 상경 도중인 5월 4일에 동부승지를 제수 받고 부호군에 옮겨졌다. 입성入城한 5월 5일에 형조 참의刑曹參議에 제수되었다. 12월에는 『춘추좌전』의 세서례洗書禮 때 어제시御製詩에 화답하는 시를 지어 올렸다. 이 달에 넷째아들 농장農牂이 태어났다.
1800년 (정조 24년, 39세)	봄에 다산은 세로世路가 위험하다고 느껴 전원으로 돌아갈 계획을 결단하였다. 6월 28일, 정조가 승하하였다. 겨울에 졸곡卒哭을 지낸 뒤 열수洌水(한강의 상류로 다산의 고향을 말함) 가로 돌아가기로 결심했다. 이에 다산은 초천苕川의 별장으로 돌아가 형제가 함께 모여 날마다 경전을 강講하고, 그 당堂에 '여유'與猶라는 편액을 달았다.
1801년 (순조 1년, 40세)	2월 8일, 사간원의 계啓로 인하여 9일 하옥되었다. '책롱사건'冊籠事件의 발단이었다. 19일 만인 2월 27일에 출옥되어 장기長鬐로 유배되었다. 10월, 황사영의 백서사건으로 손암과 함께 다시 투옥되었다. 11월, 다산은 강진현康津縣으로, 손암은 흑산도黑山島로 유배되었다.
1802년 (순조 2년, 41세)	큰아들 학연이 와서 근친覲親하였다. 겨울에 넷째아들 농장이 요절했다.
1805년 (순조 5, 44세)	겨울에 큰아들 학연이 찾아왔다. 이에 보은산방寶恩山房에 나가 밤낮으로 『주역』과 『예기』를 가르쳤다. 혹 의심스러운 곳이 있어 그가 질문한 것을 답변하여 기록해 놓았는데, 모두 52칙이었다. 이를 이름하여 '승암문답'僧菴問答이라고 하였다.
1807년 (순조 7년, 46세)	5월에 장손長孫 대림大林이 태어났다. 7월에 형의 아들 학초學樵의 부음을 받고 묘갈명을 썼다.
1808년 (순조 8년, 47세)	봄에 다산茶山으로 옮겨 거처했다. 다산은 강진현 남쪽에 있는 만덕사萬德寺 서쪽에 있는데, 처사處士 윤단尹慱의 산정山亭이다. 공이 다산으로 옮긴 뒤 대臺를 쌓고, 못을 파고, 꽃나무를 열을 지어 심고, 물을 끌어 폭포를 만들고, 동쪽 서쪽에 두 암자를 짓고, 서적 천여 권을 쌓아놓고 글을 지으며 스스로 즐기며 석벽石壁에 '정석'丁石 두 자를 새겼다.
1810년 (순조 10년, 49세)	9월에 큰아들 학연이 바라를 두드려 억울함을 상소했기 때문에 특별히 은총이 있었으나, 홍명주의 상소와 이기경의 대계臺啓가 있었기 때문에 석방되지 못했다.
1814년 (순조 14년, 53세)	4월에 장령掌令 조장한趙章漢이 사헌부에 나아가 특별히 대계臺啓를 정지시켜, 죄인명부에서 그 이름이 삭제되었다. 그때 의금부에서 관문關文을 발송하여 석방시키려 했는데 강준흠姜浚欽의 상소로 막혀서 발송하지 못했다.
1816년 (순조 16년, 55세)	6월, 손암巽菴의 부음을 들었다. 손암의 묘지명을 썼다.
1817년 (순조 17년, 56세)	『방례초본』邦禮艸本의 저술을 시작했는데 끝내지는 못했다. 뒤에 『경세유표』로 개명했다.

1818년 (순조 18년, 57세)	봄에 『목민심서』가 완성되었다. 8월에 이태순李泰淳의 상소로 관문關文을 발하여 다산을 떠나 14일 비로소 열수의 본집으로 돌아왔다.
1819년 (순조 19년, 58세)	여름에 『흠흠신서』欽欽新書가 완성되었다. 이 책의 처음 이름은 『명청록』明淸錄이었는데 후에 우서虞書의 '흠재흠재'欽哉欽哉, 즉 형벌을 신중히 하라는 뜻을 써서 이 이름으로 고쳤다.
1822년 (순조 22년, 61세)	이해는 다산의 회갑년이다. 「자찬묘지명」을 지었다.
1823년 (순조 23년, 62세)	9월 28일, 승지承旨 후보로 낙점되었으나 얼마 후 취소되었다.
1827년 (순조 27년, 66세)	10월에 윤극배尹克培가 '동뢰구언'冬雷求言으로 상소하여 다산을 참혹하게 무고하였으나 끝내 실현되지 못했다.
1830년 (순조 30년, 69세)	5월 5일에 약원藥院에서 탕제湯劑의 일로 아뢰어 부호군副護軍에 단부單付되었다. 그때 익종翼宗(순조 아들)이 위독하여 약원藥院에서 약을 논의할 것을 청했다. 약을 달여 올리기로 했는데, 채 올리기도 전 6일 세상을 떠났다.
1834년 (순조 34년, 73세)	순조의 환후가 급해 명을 받들고 출발했는데, 홍화문弘化門에서 초상이 있음을 듣고 이튿날 고향으로 돌아왔다.
1836년 (헌종 2년, 75세)	2월 22일 진시辰時에 열상洌上의 정침正寢에서 생을 마쳤다. 이 날은 다산의 회혼일回婚日이어서 족친族親이 모두 왔고 문생門生들이 다 모였다. 4월 1일에 유명遺命대로 여유당與猶堂 뒤편 광주廣州 초부방草阜坊 마현리馬峴里 자좌子坐의 언덕에 장사지냈다.
1910년	7월 18일에 특별히 정헌대부正憲大夫 규장각 제학奎章閣提學을 추증追贈하고 문도공文度公의 시호를 내렸다.

※한국고전번역원 '다산 연보' 참조

화성 축성 연표年表

연도	월	일	내용
1793년	12월	11일	화성 성터 조사
1794년	1월	7일	숙지산孰知山에서 석재를 뜨는 공사 착수
		14일	국왕 행차 때 표지를 세워 성터를 정함
		25일	팔달산에서 전체 성역 공사를 위한 고유제를 지냄
	2월	28일	장안문長安門, 팔달문八達門, 화홍문華虹門, 남수문南水門 지을 터를 닦는 것으로 화성 축성 착공
	3월	1일	수원천 준천濬川 착수
		14일	상남지上南池 굴착 착공
		16일	북지北池 굴착 착공
		29일	수원천 준천濬川 완료
	4월	7일	하동지下東池 굴착 및 북성北城(장안문의 동서편 성벽) 축성 착공
		16일	남성南城(팔달문의 동서편 성벽) 축성 착공
		21일	하동지 굴착 완료
	7월	9일	화홍문 정초定礎(주춧돌을 놓음) 공사
		10일	장안문 홍예虹蜺 완공
		12일	혹서기 축성 일시 정지
		15일	장안문의 정초 및 입주立柱 공사
		18일	장락당長樂堂 터 닦음
		27일	복내당福內堂 서북쪽 집 및 유여택維與宅 북쪽 집 짓는 공사 착공
		29일	봉수당奉壽堂 서쪽 행각行閣 공사 착공, 남쪽으로 복내당 서쪽까지 축성 재개
	8월	1일	축성 재개再開
		2일	팔달문 홍예 완공, 낙남헌洛南軒 터 닦음
1794년	8월	3일	화홍문 홍예 완공
		7일	팔달문 정초 및 입주
		11일	장락당 정초, 서장대西將臺 터 닦음
		13일	장락당 입주 및 상량上樑, 낙남헌 정초 공사
		15일	장안문 상량
		20일	서성西城(서장대 서쪽 성벽) 축성 착공, 대제학 홍양호洪良浩가 장안문 상량문을 써서 올림
		22일	낙남헌 입주 및 상량
		25일	팔달문 상량
	9월	4일	방화수류정訪花隨柳亭 터 닦음
		5일	장안문 중층누각中層樓閣 완성
		10일	서장대 정초 및 입주 공사
		15일	팔달문 중층누각 완성
		16일	서장대상량, 호궤犒饋
		22일	장락당 완공
		23일	북동포루北東砲樓 완공
		24일	북서포루北西砲樓 완공
		27일	경룡관景龍館(봉수당 남쪽 각도閣道)과 남북군영南北軍營 착공
		28일	낙남헌 완공
		29일	서장대 완공
	10월	7일	방화수류정 상량 (1796년 11월 상량문 완성)
		8일	경룡관 이하 행궁行宮 여러 곳 완공
		13일	화홍문 입주 및 상량
		19일	방화수류정 완공
		20일	북옹성北甕城 착공
	11월	1일	황정荒政(빈민구제) 해결까지 축성 중지

연도	월일	내용
1795년	1월 13일	화홍문 누각 완공(축성 중지 기간이나 을묘년 원행이 있어 국왕 행차할 곳 완공 후 다시 공사 정지)
	16일	북옹성 홍예 완공
	2월 12일	정조가 서장대에 올라 주야간 군사훈련 실시
	18일	강무당 뒤편 행각 공사 완공
	20일	북포루北舖樓 완공
	23일	남암문南暗門 홍예 완공
	27일	북옹성 완공
	28일	팔달문과 장안문 좌우 적대敵臺 및 서노대西弩臺 완공
	3월 1일	구천방龜川坊 성토 작업(흙 채우는 공사), 만석거萬石渠 둑쌓기 착공
	6일	수원부 아전 활쏘기 시험, 서울의 아전 및 서울과 수원부에 소속된 병졸에게 시상
	8일	수원부 아전에 대한 활쏘기 시험 합격자와 본부 공장들에게 시상
	29일	구천방 성토 작업 완공
	4월 2일	봉수당 북쪽 행각 공사 착공
	21일	팔달문 옹성 공사 착공 (1794년 11월 1일 축성 중지 이후 공사 재개함)
	5월 6일	문선왕묘文宣王廟 옮겨서 모실 터 닦음
	8일	창룡문蒼龍門 터 닦고 고유제
	12일	남옹성 홍예 완성, 봉수당 북쪽 행각 완공
	18일	만석거 완공
	20일	남옹성 완공
	29일	문선왕묘 정초 및 입주(묘시卯時, 오전 5~7시) 공사, 유시(酉時, 오후 5~7시)에 상량
	7월 15일	동장대東將臺 터 닦음
1795년	7월 17일	동성東城 (동장대 북쪽 성벽) 축성 착공
	18일	사직단社稷壇 터 닦음
	21일	화서문華西門 터 닦음
	26일	동장대 정초 및 입주 공사
	8월 6일	문선왕묘 대성전大成殿 및 동무東廡와 서무西廡 이하 모든 곳 완공
	7일	사직단社稷壇 신실神室 전사청典祀廳 완공
	9일	석전제釋奠祭로 인하여 시기를 맞춰 문선왕묘를 다시 옮겨 모심
	10일	가을제사 때문에 시기를 맞춰 사직단 신실神室 봉안, 동장대 상량
	25일	동장대 완공
	27일	영화정迎華亭 터 닦음
	9월 9일	영화정 정초 공사
	11일	창룡문 홍예 완공
	13일	영화정 입주 공사 및 상량
	14일	상동지上東池 굴착 착공
	16일	창룡문 정초 및 입주 공사
	23일	상동지 굴착 완공
	27일	창룡문 상량
	10월 3일	영화정迎華亭 완공
	17일	창룡문 누각 완공
	18일	남공심돈南空心墩 완공
	11월 13일	화서문 홍예 완공
	18일	화서문 정초 및 입주 공사
	12월 11일	화서문 상량

연도	월	일	내용
1796년	1월	8일	화서문 누각 완공
		16일	남수문 홍예문 완공 (터 닦은 후 공사 중단하고 1795년 11월 공사 재개)
	3월	10일	서북공심돈 완공
		25일	남수문 완공, 동암문 홍예 완공
		27일	북암문 홍예 완공
	4월	6일	서성 착공 시 고유제
		14일	동북노대 완공
		16일	화양루華陽樓 터 닦음
	5월	15일	동북포루東北舖樓(각건대角巾臺) 완공
		27일	유여택 남북 행각 공사 착공
		30일	서포루西砲樓 완공
	6월	2일	정리청整理廳 대청 공사 착공
		10일	유여택 북행각 완공
		17일	봉돈烽墩 완공
		18일	서암문 홍예 완공
	7월	3일	동이포루東二舖樓 완공
		6일	유여택 남행각 공사 완공
		7일	하남지下南池 굴착 착공
		9일	남포루南砲樓, 서북각루西北角樓 완공
		10일	동일포루東一舖樓 완공
		11일	성신사城神祠 터 닦음 및 고유제, 화양루 정초 및 입주 공사
		13일	화양루 상량
		16일	동포루 완공, 용도甬道 공사 착공
		19일	동북공심돈 완공
		20일	화양루 완공
		22일	성신사 정초 공사
		24일	성신사 입주 공사 및 상량
		25일	동남각루 완공
1796년	7월	27일	하남지 굴착 완공
		28일	수성고修城庫 착공
	8월	6일	서남암문 홍예문 및 중포사中舖舍 완공, 창룡문 옹성 착공
		8일	화서문 옹성 착공
		11일	서남포사 완공
		14일	창룡문 옹성 완공
		16일	화서문 옹성 완공
		18일	서포루西砲樓 완공, 성체城堞 축성 완공
		19일	대호궤를 열어 축성 기술자인 장인에게 시상
	9월	7일	용도 완공
		8일	정리대청 이하 모든 공관 완공
		9일	여장女墻 완공, 내포사 완공
		10일	수원화성 축성 완공, 이후 감동당상과 낭관이 복명
		16일	본부 기술자들에게 시상
		17일	성신사 완공
		19일	성신사 위판位版을 만들어 봉안 후 고유제 지낼 일정에 맞춤
		21일	봉돈의 간봉間烽 완공
	10월	16일	낙성연(정조는 당시 궁궐에 홍역이 창궐해 세자를 보호하고자 불참)
		18일	남공심돈南空心墩 완공
	11월	13일	화서문 홍예 완공
		18일	화서문 정초 및 입주 공사
	12월	11일	화서문 상량

화성,

정조와 다산의 꿈이 어우러진

대동의 도시

제1판 1쇄 인쇄 2017년 1월 12일
제1판 4쇄 발행 2021년 11월 25일

지은이 김준혁
펴낸이 김덕문

펴낸곳 더봄
등록일 2015년 4월 20일
주소 서울시 노원구 화랑로51길 78, 507동 1208호
대표전화 02-975-8007 || 팩스 02-975-8006
전자우편 thebom21@naver.com
블로그 blog.naver.com/thebom21

ISBN 979-11-86589-93-9 03900